U0922911

出版物防止侵权实用手册

CHUBANWU FANGZHI QINGQUAN SHIYONG SHOUCE

王葆柯/王中丽 著

山西出版集团 山西人民出版社

图书在版编目（CIP）数据

出版物防止侵权：实用手册/王葆柯，王中丽著．—太原：山西人民出版社，2011．8

ISBN 978－7－203－07273－7

Ⅰ．①出　Ⅱ．①王…②王…　Ⅲ．①出版物－侵权行为－研究　Ⅳ．①D923．414

中国版本图书馆 CIP 数据核字（2011）第 130775 号

出版物防止侵权：实用手册

著　　者：王葆柯　王中丽
责任编辑：贺　权
装帧设计：昭惠文化

出 版 者：山西出版集团·山西人民出版社
地　　址：太原市建设南路 21 号
邮　　编：030012
发行营销：0351－4922220　4955996　4956039
0351－4922127（传真）　4956038（邮购）
E－mail：sxskcb@163．com　发行部
sxskcb@126．com　总编室
网　　址：www．sxskcb．com

经 销 者：山西出版集团·山西人民出版社
承 印 者：山西出版集团·山西人民印刷有限责任公司

开　　本：787mm×960mm　1/16
印　　张：28．25
字　　数：500 千字
印　　数：1—5000 册
版　　次：2011 年 8 月第 1 版
印　　次：2011 年 8 月第 1 次印刷
书　　号：ISBN 978－7－203－07273－7
定　　价：48．00 元

目录

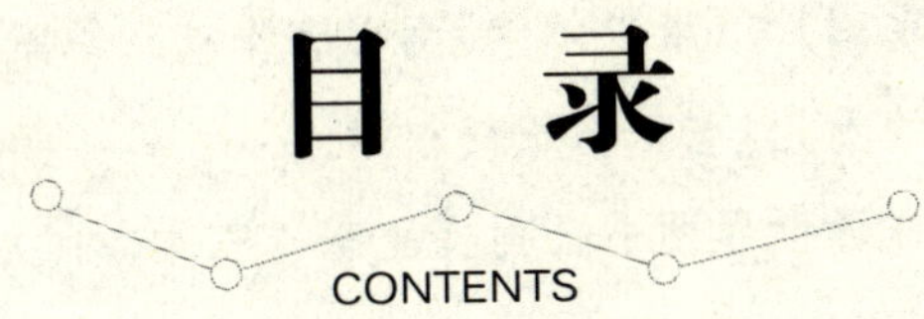

第二节 报刊的征稿和组稿

第二章 在图书书稿审查中防止侵权

第一节 著作权审查

第二节　人身权审查

第三章　在报刊稿件审查中防止侵权

第一节　人身权审查

第二节 著作权审查

第四章 在图片审查中防止侵权

第一节 著作权审查

第二节 肖像权审查

第三节　隐私权审查

第五章　在签订许可使用合同中防止侵权

第一节　报刊与图书使用合同方式的异同

第二节　合同主体资格的审查

第三节　合同内容的审查

第四节　版权贸易合同需注意的几个问题

第六章 在编辑加工中防止侵权

第一节 内容加工注意事项

第二节 文字加工注意事项

第三节 技术加工注意事项

第四节 装帧、封面设计注意事项

前　言

出版物如何防止侵权，这应当是编辑出版专业一门必修的课程。

出版物的侵权，主要是侵犯著作权和公民名誉权、肖像权以及发生合同纠纷等。随着我国社会主义法制建设的推进，各项民事权利法律体系的日益完善，出版物发生侵权纠纷的情况已日渐频繁。不少书、报、刊出版者不时地因侵权问题被告上法庭，以至于赔礼道歉，赔偿经济损失。既要付出经济代价，还得赔上自身的社会形象。因此，如何防止出版物侵权问题的发生，成为每一个出版者必须解决的课题。

编辑是出版者和著作权人之间的桥梁。作者投寄给出版社、报社、杂志社的稿件，首先要经过编辑之手才能进入出版工作流程，然后变成出版物中刊登或发表的作品。可以说，编辑是作品出版和发表的第一把关人、第一责任人。如果每一篇作品的责任编辑都能切切实实把好侵权关，那么，出版社、报社、杂志社发生侵权问题的可能性就可以基本解决了。从这一点上说，防止出版物侵权的最好办法，是提高每一个编辑把好侵权关的能力。

如何提高编辑的侵权把关能力呢？这是困扰众多出版者的一道难题。常听出版社的领导感叹：我们的编辑多次参加培训，著作权法也不知学了多少遍，考了多少回，侵权问题还是照样发生。其实，这种情况并不奇怪。比如开车的驾驶员，他们也都是经过培训学习、考试合格的，不也同样出交通事故吗？实际上，无论是司机防止交通事故还是编辑防止侵权纠纷，都是一项系统工程，涉及诸多方面的复杂因素，仅靠掌握理论知识或者培训合格是远远不够的。就拿驾驶员来说，即使是严格遵守交通规则，驾驶技术熟练的老司机，有时注意力不集中，就可能酿成事故。当然，编辑不需要像驾驶员一样，必须让两只眼睛时刻紧盯着前方，但在高度注意侵权问题这一点上，则并无不同。

最高人民法院（以下简称“高法”）在2002年发布的《关于审理著作权民事纠纷案件适用法律若干问题的解释》中，对出版者是否构成侵权规定了一个法律标准，叫做合理注意义务，其中最强调的就是“注意”两个字：“出版者对其出版行为的授权、稿件来源和署名、所编辑出版物的内容等未尽到合理注意义务的，依据著作权法第四十八条的规定，承担赔偿责任。出版者尽到了合理注意义务，著作权人也无证据证明出版者应当知道其出版涉及侵权的，依据民法通第一百一十七条第一款的规定，出版者承担停止侵权、返还其侵权所得利润的民事责任。出版者所尽合理注意义务的情况，由出版者承担举证责任。”

“高法”司法解释的这一规定，目前已成为各级人民法院在案件审理中认定出版者是否侵权的法律尺度。同时，这一规定也为出版者防止侵权指出了正确途径。但是，出版者如何尽到合理注意义务，如何在出版物编辑工作的全过程中，防止发生"高法"司法解释中指出的各种侵权问题呢？这些年来，讨论这方面的文章和观点不少，然而多数是针对单个问题的论述，全面系统地作出回答的不多。作者曾在网上找寻这方面的图书，却一直没有找到。正是基于这一情况，作者萌生出一个做这件事的念头。此后，作者遍查《民法通则》和《著作权法》颁布实施以来，有关出版物侵权的各类纠纷案件，归纳综合，分析研究，完成一份"关于出版物如何防止侵权"的讲课提纲，先后在图书编辑和报刊采编人员培训班上多次讲授，每次都受到编辑们的热烈欢迎。这使作者深受鼓舞。于是在原讲稿的基础上，进一步挖掘扩展，加工修改，终于成为现在这个样子。

本书在编写过程中，作者着重在三方面做了努力：一是内容力求全面系统。全书按照出版物的选题策划、组稿征稿、审稿定稿、合同签订、编辑加工以及整体设计等各项流程，详细阐述了出版物在稿件来源、出版行为授权、作者署名、作品内容以及作品插图、注释、版式、封面装帧设计等各个环节可能引发的各种侵权纠纷，并对侵权纠纷涉及的著作权、商标权、不正当竞争等知识产权以及公民名誉权、肖像权、隐私权等各项人身权权利，援引相关法规进行了比较详细的阐释和论述。二是坚持观点和案例结合。书中有观点必有案例，以案例印证观点，以案例加深读者的记忆和印象。所列举的100多个侵权案例各具代表性，基本上涵盖了出版物侵权的各种类型。读者只要记住一个案例，就记住了一条有关防止侵权的经验教训。三是力求方便实用。全书在结构上，各章、各节，各条目之间，既相互联系，又相对独立；作者还将所有案例在目录中载明。这样，读者可根据工作需要，或通读，或部分选读，或是置于案头，随时就某一问题或某个案例进行查阅，均比较方便。

本书从开始谋划、搜集资料到最后成书，前后历经5年多时间。虽然付出了极大努力，但限于自身的学识水平，作者的目标恐难实现。希望翻阅本书的广大编辑、作者以及法律工作者，读后不吝赐教，多多提出宝贵意见，作者将感激不尽。

王荣极

2010.5.25.

第一章

在选题和组稿、征稿中防止侵权

ZAIXUANTIHEZUGAO SHENGGAOZHONGFANGZHIQINQUAN

Chapter one

出版物的编辑出版，首先要设计、策划、确定选题。选题是编辑工作启动的标志，是整个编辑出版工作的基础。

一般说来，选题是编辑在采集信息的基础上，为适应社会、读者需要而提出的精神生产课题。报、刊的选题，是编辑根据办刊宗旨进行设计、策划的，然后按照确定的选题组织稿件。报、刊的选题有时候是某个时段内报道的主题，一个选题需要组织众多的稿件。出版社的选题，是编辑根据本社的出书范围策划、确定的，一般指的是特定的作品，这个作品既可能是单一的也可能是众多作品的集合或组合。由于自身的不同特点，报纸、期刊在策划确定选题阶段，涉及侵权问题的情况不多，而图书则不同，图书的侵权问题，必须从确定选题时就要注意。

第一节　图书的选题和组稿

图书选题是图书编辑通过市场信息的采集后策划确定的。选题的优劣，不但关系到图书的社会效益和经济效益，还会涉及侵犯他人著作权和专有出版权以及构成不正当竞争等问题。至于组稿征稿工作，需要注意的侵权问题就更多了，更要谨慎从事。

一、确定选题不可超越自身出书范围

我国的每一个出版社，都有固定的出书范围。这是根据全国出版单位总量、结构、布局规划的需要以及该出版社编辑力量的专业特长，由新闻出版总署在批准其成立之时就确定了的。这样有利于国家对出版资源的合理调控，有利于出版社培育发展自身的专业特长和优势。为此，编辑在策划选题时，一定要紧紧围绕本出版社的出书范围来设计选题，确定选题，要使确定的选题符合自身的出书范围。这既是遵守出版纪律的要求，也是发挥自身传统优势和奠定出版社市场形象的需要。

实际中，不少出版社在确定选题时，常常盲目迎合市场，喜欢“跟风炒作”、“搭便车”。盯着市场上哪一个题材热门，或者哪一本书卖得火，就不顾一切地赶紧上相同的选题，推出与其同类型的书，即使该选题不在自身出书范围也在所不惜。可是，这种“抢种别人田、荒芜自己地”的做法，不但违反国家出版纪律，还会因编辑专业不对路，导致对书稿质量的审查把关达不到应有的水准，造成侵犯他人著作权和专有出版权的问题。比如——

案例1 王同亿辞书作品侵权案

1956年，中国科学院语言研究所（从1977年5月起，改称中国社会科学院语言研究所以下简称语言所）接受国务院领导委托，开始编纂《现代汉语词典》（以下简称《现汉》）。他们当年就着手收集资料，1958年开始编写，1960年印出“试印本”征求意见，到1965年印出“试用本”送审稿，1973年又对“试用本”进行修订，直到1978年才由商务印书馆正式出版发行。以后，语言所为适应社会文化发展的需要，又于1988年完成了《现代汉语词典补编》（以下简称《补编》）的编纂工作，亦由商务印书馆出版发行。

《现汉》《补编》出版之初，正是我国改革开放之时，中国人经过10年“文化大革命”蓄积起来的文化饥渴症，立刻引发了出版界的各类小说热和持久的辞书热。那时候的出版社，不管有条件没条件，争先恐后出辞书，因为辞书销量大，辞书好赚钱。由此，也成就了当时号称“外语奇才”“编纂大师”的王同亿。据说他在20多年里先后主编、自编词典34部，字数两亿多，平均每天编撰3万多字。而王同亿主编的670万字的《现代汉语大词典》（以下简称《大现汉》）和420万字的《新现代汉语词典》（以下简称《新现汉》）。就是在《现汉》及其《补编》）出版不久的1992年的12月，由海南出版社推出的。在王同亿主编的这两部书出版以后不久，语言所的专家发现其严重地抄袭剽窃该所享有著作权的《现汉》和《补编》。遂于1993年7月，向北京市第一中级人民法院提起诉讼，把王同亿和海南出版社一起告上了法庭。

语言所和商务印书馆诉称：两被告未经原告许可，在其主编出版的《新现汉》和《大现汉》中，采用照抄、略加改动或者增删无关紧要的字、词等五种方式，抄袭剽窃了原告的《现汉》和《补编》中的大量内容，严重侵犯了原告的著作权和专有出版权。此外,被告在《新现汉》上还有意使用与原告的《现汉》近似的书名,仅加一“新”字,并通过新闻媒体宣传其为“换代产品”,构成不正当竞争。请求法院判令被告立即停止侵害,销毁库存侵权书籍,公开赔礼道歉,消除影响,赔偿语言所经济损失 25 万元,赔偿商务印书馆经济损失 60 万元,并承担本案的诉讼费用。

被告王同亿和海南出版社答辩称:原告所指控的抄袭是指对《现汉》及《补编》中的复字词条的一个或几个义项而言,这些义项在前人出版物中都有记载,在社会上已经约定俗成,属于可以共享的社会公用词语材料。语言所只不过对这些义项进行了“收集”和“记录”,不属于创作。而且,“义项”也不是独立作品,语言所只享有对《现汉》及《补编》的整体著作权,对其中的每一个单独的“义项”并不享有著作权。被告使用这些义项不构成对原告的侵权。此外,被告的《新现汉》与原告的《现汉》、《补编》的名称不同、类别不同,装潢不同;“现代汉语”四个字是通用名称,原告无权垄断,被告行为不构成不正当竞争。要求法院驳回原告诉讼请求。

北京第一中级人民法院在受理案件后, 对涉案辞书的抄袭问题,委托北京大学中文系进行了对比鉴定。鉴定报告结论为:《新现汉》中有 27830 余条义项与《现汉》、《补编》相同;而《大现汉》前、中、后共抽样 600 页,其中有 9820 余条义项与《现汉》、《补编》相同。

结合北京大学出具的鉴定报告,北京第一中级人民法院对该案前后进行了长达三年多时间的审理。1996 年报 12 月 24 日,北京市第一中级人民法院对该案作出了一审判决。

法院认定:《新现汉》抄袭《现汉》、《补编》的义项约 27830 余条,抄袭字数约 56 万字,占《新现汉》全书的 13%;《大现汉》按抽查 600 页抄袭义项 9820 余条推算,全书 1888 页,故认定抄袭义项约 30900 条,抄袭字数约为 108.2 万字,占《大现汉》的 16%。

法院认为:《现汉》、《补编》是语言所对大量词语使用频率、习惯等情况进行研究、筛选后,首次系统地对现代汉语词语给出了释义和例句,是独立创作完成的一部辞书类作品，语言所依法享有著作权。根据辞书类作品的特点，语言所对具有独创性的义项亦享有著作权。商务印书馆依法享有该书的专有出版权。

法院指出：词典的编纂不同于其他作品，它是在继承前代及先出词典的基础上编成的。后代辞书吸收前代辞书的释义成果，使立意有历史的、语言的根据，义项汇集更加丰富，这是辞书编纂特点和其特殊用途所决定的。但是继承应是有鉴别、有增益、有改进、有发展的，继承不等于抄袭。词典的释义如果在借鉴的基础上根据语言事实、词典性质的需要有所改进，就是一种具有独创性的劳动。被告认为"义项"不是独立作品，不享有著作权的观点不能成立，因为，判断抄袭行为不以所抄部分是否构成独立作品为要件。被告在《新现汉》和《大现汉》中使用《现汉》、《补编》中的大量词条，没有指明被使用作品作者姓名、作品名称，不是为了介绍、评论某一作品或说明某一问题，不属于著作权法中规定的合理使用行为。

被告王同亿作为《新现汉》与《大现汉》的主编，在这两部书中大量使用原告作品《现汉》、《补编》的内容，已构成抄袭。王同亿在该书出版时担任海南出版社的总编，应认定海南出版社明知《新现汉》与《大现汉》有抄袭内容，仍以营利为目的，复制发行侵权作品。两被告的行为已构成对原告著作权和专有出版权的侵害，应依法承担共同侵权责任。

最后，北京市第一中级人民法院一审判决：1.被告王同亿和海南出版社立即停止侵权，在删除侵权内容之前停止《新现汉》与《大现汉》的出版发行；2.被告王同亿和海南出版社在《光明日报》上刊登赔礼道歉声明；3.被告王同亿和海南出版社赔偿语言所损失147941元及因诉讼支出的合理费用58000元，赔偿商务印书馆损失147941元及因诉讼支出的合理费用26533元。4.驳回两原告的其他诉讼请求。

王同亿和海南出版社不服一审判决，向北京市高级人民法院提起上诉。

1997年7月25日，北京市高级人民法院对该上诉案作出终审判决：驳回上诉，维持原判。

本案是我国法院判决的第一例辞书作品侵权案。由于本案的判决，也从此揭开了王同亿编纂的一系列汉语类辞书的伪劣品质。此案判决后不久，王同亿又有四五部词典被法院判决抄袭侵权，包括海南出版社在内的五六家出版社为此都吃了官司。

但是，就在这样的情况下，仍然有出版社不接受教训。他们明知王同亿是个学物理的，他的专长是自然科学和多国外语，他在汉语言领域并无特别的功力，可还要出版王同亿编纂的汉语类辞书。2001年1月，王同亿在沉寂三年后，又由京华出版社推出了他的所谓"新世纪系列词典"。此系列词典共3部：一部叫做《新世纪现代汉语词典》，另外两部叫做《新世纪规范字典》和《新世纪字典》，基本上是《新世纪现代汉语词典》的减缩本。接着，王同亿采取改头换面的手法，又在《新世纪现代汉语词典》基础上又增加不足1%的条目，改书名为《高级现代汉语大词典》，然后找到内蒙古大学出版社交涉。半年之后，大开本的《高级现代汉语大词典》就由内蒙古大学出版社推向社会。

这些辞书出版后不久，被不少专家发现书中严重的胡编乱造，并充斥了不少污言秽语，遂向国家主管部门反映。不久，国家新闻出版总署下令对这两种书作出处理。内蒙古新闻出版局率先查封了《高级现代汉语大词典》一书，并责成有关同志做出检查。接着，北京市新闻出版局对《新世纪现代汉语词典》和京华出版社也给予了处理，下令此书停止销售。

辞书，是一个国家文化建设的基础性工程。大型的、权威性的工具书，是本国学术文化积累和现状的反映，代表着这个国家的文化学术水平。无论对国家的文化建设还是公民个人的成长，辞书都有着非常重要的作用。编纂一部综合性的大型辞书，如果没有相当的学术水平和编辑辞书的丰富经验，无论如何是保证不了质量的。我国的《现汉》及其《补编》，中国社会科学研究院语言研究所的专家们前后历经30年的时间才编纂出版，一个成立没几年的海南出版社，或者是后来的京华出版社、内蒙古大学出版社，本来就不是专业的辞书出版社，完全没有能力胜任此类综合性辞书的质量把关工作，却偏要抓辞书选题，出版辞书类图书，结果推出的是有严重问题的劣质产品，从而使自己受到了法律和管理部门的惩处。这样的教训足以让超范围出书者止步了。

二、确定选题不可“跟风”“搭车”

在选题上的“跟风”“搭车”会导致出版社违纪违规、超范围出书，那么，在本出版社的出书范围内，是不是可以“跟风”、“搭车”呢？也不可以。

图书是用来传播知识、承载文明的，重在其内在的社会价值。某一种图书热卖，说明该图书的出版者找到了读者的知识需求点，因此受到了市场的欢迎。如果另一出版者再出相同或者相近选题的书，必然是炒别人的“冷饭”，重复出版。比如，曾经有一本《水煮三国》受到欢迎，立刻有《水煎三国》、《水淘三国》等十几种三国书充斥于市场。当年译林出版社引进了克林顿的自传《我的生活》，书店里立刻出现了《克林顿的真实生活》、《克林顿的生活》、《图片故事：克林顿》等数不清的克林顿图书。这些书除了在书名上的紧紧靠拢，封面设计上的极力模仿，几乎达到以假乱真的效果，内容上却没有半点创新，完全是低水平的重复。作为出版者，不断给社会推出这样完全相同或相似的书，即使能赚点钱，又有多少社会效益呢？就如同某一家饭店推出一种广受欢迎的菜肴，别的饭店立刻争相模仿效法，都来制作出售这同一种菜肴，这样做眼前也可能争得一点利润，但久而久之呢？只能是大家的利润都缩小，最后都完蛋。

有人说，“跟风”、“搭车”可以做大市场，这不可能。任何一种书的市场需求都是有限度的，不是无限的。因此，“跟风”“搭车”的结果不是激发了读者需求，做大市场，倒可能是挤爆市场，搞乱市场。长期下去，必将滋生懒惰，不思进取，导致出版社创新精神的缺失。大家谁也懒于在市场调研上下功夫,谁也不肯搞原创,寻找新的需求点、增长点,都只会一个劲儿盯着别人,看见别人猪肉卖得火,我就搞个"注水猪肉",别人的牛肉卖得快,我就搞个"注水牛肉"。如此一来,图书出版业谈何可持续发展呢?

此外,这种低水平的模仿、重复,实质是搞不正当竞争,严重违反国家《反不正当竞争法》的规定。因此,还常常会导致出版社吃官司,从而付出更大的代价。比如——

案例 2 浙江教育出版公司诉北京出版集团不正当竞争案

1991 年儿童节前,浙江教育出版公司(以下简称浙教出版公司)向社会推出一套《中国少年儿童百科全书》(以下简称浙教版《少儿百科全书》)。这是他们精心打造的一部精品书。在历经 4 年时间的编写过程中,编辑人员三改框架,数易其稿,投入大量人力物力。

该书一经推出,受到社会各界的关注。它以丰富的知识内容、少年儿童喜闻乐见的形式,赢得了全国小读者的心。从 1992 年到 1998 年,连续四届全国书市,被评为"十大优秀畅销书"之一。1997 年,与上海少儿版《十万个为什么》一起被团中央等四家单位评为"全国最受少年儿童欢迎"的两种书。

但是,从该丛书问世以来,企图"搭便车"的书商和出版社多得数不胜数。据他们调查,全国仅是以《中国少年儿童百科全书》同一书名出版的就有七八种。由于这些"跟风""搭车"者的不正当竞争,使得浙教版《少儿百科全书》的销量逐年下降。到 2006 年,销售量仅有 3.3 万套。

2005 年 9 月,他们发现北京同盟浙少图书销售中心(以下简称同盟图书中心)销售的北京少年儿童出版社(以下简称北京少儿社)出版的一种《中国少年儿童百科全书》(以下简称北少版《少儿百科全书》),该书与浙教版《少儿百科全书》不仅同名,而且分卷名、装帧设计、编排体例、定价都很雷同，书中还有大量抄袭内容。

在致函要求北京出版社出版集团停止出版、销售、发行该图书无效的情况下，浙教出版公司于2006年3月，向北京朝阳区法院提起诉讼，将北京出版社出版集团及其所属北京少年儿童出版社、同盟图书中心一并告上法庭。

浙教出版公司在向法庭提交的诉状中称：1987年，我公司与北京师范大学交叉科学研究会（以下简称交叉科学研究会）共同组织编写了《少儿百科全书》，并约定著作权由双方共同享有，专有出版权由浙教出版公司单独享有。我公司自1991年4月开始出版浙教版《少儿百科全书》，截至2005年12月，累计印数超过240万套。该书多次获奖，还曾被中央电视台《焦点访谈》节目所介绍，具有很高的知名度。日前，我公司发现北京出版集团、北京少年儿童出版社出版的、同盟图书中心销售的北少版《少儿百科全书》，使用了与我公司浙教版《少儿百科全书》相同或近似的名称、编排体例、封面装帧设计、套印方式等，极易造成消费者混淆。我公司认为，北京出版集团、北京少年儿童出版社和同盟图书中心的上述行为构成了不正当竞争行为。为此，我公司请求法院判令：1.北京出版集团、北京少儿社立即停止出版、发行北少版《少儿百科全书》；2.同盟图书中心立即停止销售北少版《少儿百科全书》；3.北京出版集团与北京少儿社共同连带赔偿我公司经济损失及为制止侵权行为支出的合理费用共计50万元。

北京出版集团辩称：第一，浙教版《少儿百科全书》不是知名商品。第二，浙教版《少儿百科全书》的名称“中国少年儿童百科全书”不是特有的名称。第三，北少版《少儿百科全书》与浙教版《少儿百科全书》的封面、书脊和封底完全不同，而体例结构、词条目录、分册方式、内文设计和包装方式虽然相同，但这些相同内容并非浙教版《少儿百科全书》所独有，属于百科全书必然使用的内容。综上，我方出版的北少版《少儿百科全书》的装帧设计、封面、版式均与浙教版《少儿百科全书》不同，不会造成读者的混淆。我方出版北少版《少儿百科全书》的行为不构成不正当竞争行为，故不同意浙教出版公司的诉讼请求。

北京朝阳区人民法院在受理案件后，经过半年多时间的审理，在逐一查明事实的基础上，于2006年11月20日作出了一审判决。法院在判决书中指出：

我国《反不正当竞争法》规定，经营者不得擅自使用知名商品特有的名称、包装、装潢，或者使用与知名商品近似的名称、包装、装潢，造成和他人的知名商品相混淆，使购买者误认为是该知名商品。构成此项不正当竞争行为的条件有三个：第一，是否属于知名商品的特有名称；第二，在市场竞争中，竞争主体是否实施了对知名商品特有名称、包装、装潢的仿冒行为；第三，该仿冒行为是否导致了混淆和误认的后果。本案浙教出版公司的诉讼请求能否成立，需要对上述三个条件逐一分析。

对于第一个条件"是否属于知名商品的特有名称"。浙教版《少儿百科全书》多次荣获全国及省级的图书畅销类奖项，发行量也多达二百多万套，属于知名商品。而"中国少年儿童百科全书"作为知名商品浙教版《少儿百科全书》的书名，名称的组合具有一定显著性，可以成为识别该套丛书的标识。而且北京出版集团也未证明该名称在浙教出版公司作为书名前还有他人在使用。因此可以认定该名称是反不正当竞争法意义上的特有名称。

对于第二个条件"在市场竞争中，竞争主体是否实施了对知名商品特有名称、包装、装潢的仿冒行为"。对比浙教版《少儿百科全书》与北少版《少儿百科全书》：首先，可以看到两套书具有相同的名称。其次，两套书在封面布局、分卷名称、分卷数量、开本大小和版式设计上存在相同或近似，定价也均为168元。上述的相同或近似，可以得出的结论就是两套书名称相同以及整体的装帧设计上近似，这就构成了反不正当竞争法规定的对知名商品特有名称、包装、装潢的仿冒行为。北京出版集团虽答辩称两套书的上述相同和近似之处属于百科全书都会出现的内容，但就此答辩内容，其并未举证证明，故该答辩意见本院不予采纳。

对于第三个条件“该仿冒行为是否导致了混淆和误认的后果”。北少版《少儿百科全书》2005年才出版，对于之前的同类图书，尤其是畅销的、知名的1991年就出版的浙教版《少儿百科全书》，其可以借鉴和模仿其成功之处，这可以保持市场的正当竞争。但是这种借鉴和模仿不能超出法律所限定的范围，也就是不能使得消费者对两种图书产生混淆、误认，否则这种竞争就成为不正当的“竞争”。本案中，第一，北少版《少儿百科全书》使用了浙教版《少儿百科全书》的特有名称；第二，北少版《少儿百科全书》的装帧设计与浙教版《少儿百科全书》多处相同和近似，且相同和近似之处构成了浙教版《少儿百科全书》装帧设计的核心标识。通常情况下，消费者选购图书往往以图书的名称和装帧设计来识别图书。特别是涉案的少儿百科全书，它针对的读者群是少年儿童。对于少年儿童来说，在书名相同以及装帧设计近似的情况下，很难在购买时就能区分清楚涉案两套书的不同。这就可能使得消费者发生混淆，导致误买和误认。

综合以上三点，本院认定北京出版集团编辑出版北少版《少儿百科全书》的行为，构成了不正当竞争行为，其应当承担停止出版发行侵权图书、赔偿浙教出版公司经济损失的责任。对于同盟图书中心，因其销售的北少版《少儿百科全书》系侵权图书，故应承担停止销售的责任。

据此，2006年11月20日，北京朝阳区人民法院对该案作出一审判决：一、北京出版社出版集团立即停止以涉案的不正当竞争行为出版发行北少版《少儿百科全书》；二、北京出版社出版集团赔偿浙江教育出版社有限公司经济损失及为本案诉讼支出的合理费用共计二十万零八千元；三、北京同盟浙少图书销售中心立即停止销售北京出版社出版集团出版的涉案北少版《少儿百科全书》；四、驳回浙江教育出版社有限公司其他诉讼请求。

本案中的北京少年儿童出版社，虽然其推出的《中国少年儿童百科全书》完全符合自己出版社的出书范围，但由于在他之此前，《中国少年儿童百科全书》已经是浙江教育出版公司的知名畅销图书。在这种情况下，该出版社还要再出相同题材、相同内容、相同名称的书，岂不是典型的“跟风”“搭车”，搞不正当竞争吗？在这种情况下，不管你是有意还是无意，承认还是不承认，法院必然判决你搞不正当竞争。这是严肃国家法纪的需要，也是维护市场公平竞争的需要，你再喊冤枉也是白搭。因此，即使在自己出版社的出书范围内，也绝不可眼红别人的畅销书，搞什么“跟风”“搭车”的勾当。一个优秀的出版者，一定要坚持依法经营，敢于独辟蹊径走自己的路，坚持创出自己的畅销品牌，这才是上上策。

三、不可借口协作出书买卖书号

所谓协作出书，是指由出书单位自筹资金、出版社负责审查把关和印制的一种出版方式。由于这种方式能充分利用社会力量，扩大出版资金来源，解决部分学术著作出书难的问题，因而受到国家主管部门的肯定。但后来，针对协作出版范围有被扩大的情况，新闻出版署发出了《关于缩小协作出版范围的规定》的通知，明确要求协作出版图书，“只限于自然科学和工程技术类图书(不含科普读物和生活用书)。由省地方志办公室、省级党史资料办公室组织编纂和审订的地方志、党史资料”等四种，“其他图书，一律不得进行协作出版”。

但在实际中，出版社为谋求经济效益，常常偏离上述“协作出版”规定，把一些不在范围的作品以“协作出版”为名组织出版。更有甚者，为谋求高额的经济利益，和一些不法书商合作，拱手出让对书稿的终审终校和印刷控制权，导致“买卖书号”问题的发生。这种做法的结果，不但会使“问题书”、“垃圾书”以及一些有害社会的非法出版物流入市场而受到政府管理部门的处罚，同时，还会由于抄袭剽窃侵犯著作权而被告上法庭。比如——

案例3 赵安郎诉印刷工业出版社侵犯著作权案

2000年初，有一书商来找印刷工业出版社联系协作出书事宜。他说现在市场上有关"孙子兵法"的书销路好，他已策划出一部《孙子兵法全典》的书；由他组织专家编写，出版社负责审查定稿，提供书号和委印手续；而印制和发行事宜则全部由他包办。至于出版社所需的各项费用他都按最高标准支付。出版社的编辑一听他这种说法，告诉他该选题不在协作出书范围，此种做法也不符合规定的协作出书的原则。但他们经不住书商的多次游说以及对方优厚条件的吸引，就同意了。

2000年12月，由书商一手操办的《孙子兵法全典》由印刷工业出版社出版发行了。该书的扉页上标明："顾问：吴如嵩（国内著名孙子兵法专家、中国孙子兵法研究会副院长，博士生导师）、柴宇球（中国人民解放军南京陆军学院副院长）。主编：王光军。副主编：薛国安、宫玉振、赵海军。"该书版权页上标示，"孙子兵法全典／王光军编，北京：印刷工业出版社，印数：3000册，定价：296元"。

该《孙子兵法全典》出版后不久，其出版过程中的违规行为就被举报到国家新闻出版总署。2001年11月28日，新闻出版总署以新出图(2001)1584号文作出《关于对中国印刷工业出版社进行停业整顿的决定》。该决定认定，"该社在出版《孙子兵法全典》的过程中，在印刷和发行环节存在失控现象，构成了卖书号"。据此决定，"对中国印刷工业出版社进行停业整顿。自文到之日起，该社停止一切出版业务……"。

该社被停业整顿达三年之久。直到2004年9月28日，新闻出版总署才批准他们恢复了正常的出版经营活动。然而，他们的厄运并未结束。2006年1月，一份江苏省扬州市中级人民法院的《应诉通知书》寄到了该出版社，同时还附有一份原告赵安郎的起诉书。他们被这个既陌生又熟悉的人告上了法庭。

这赵安郎是江苏高邮市农业银行的一名职工。此人多年来潜心研究《孙子兵法》,考证、收集了大量有关《孙子兵法》的资料,编写成一本 42.6 万字的《孙子兵法百战韬略》。1992 年 8 月,由东南大学出版社出版。该书面世后,立刻受到社会各界的欢迎,产生轰动效应。到 1997 年月,已 8 次印刷,印数达到 8.7 万册,每册定价 18 元。由于他是个孙子兵法的研究者、资料收集者,所以,以印刷工业出版社名义出版的《孙子兵法全典》推出不久,就被他买到并仔细阅读,结果,发现该书严重抄袭其所著《孙子兵法百战韬略》一书的内容。于是,赵安郎立即和印刷工业出版社联系交涉,但由于该社停业整顿而均遭推托未果。

印刷工业出版社恢复业务后,赵安郎重新搜集证据。2005 年 7 月、11 月,他在扬州市古籍书店两次买到了正在销售的《孙子兵法全典》。于是,他在当年底即向扬州市中级人民法院提起了诉讼。

赵安郎在诉状中称:被告印刷工业出版社出于赢利目的,未经原告及东南大学出版社同意,将原告作品中约 27.7 万字左右的内容,剽窃编入该社出版的《孙子兵法全典》一书中,印刷工业出版社既未在该书中标注原告的署名,又未向原告支付相应的稿酬。该侵权书于 2001 年首次印刷发行后,2002 年 5 月又第二次印刷,导致原告所著作品销售锐减,利益受到严重损害。故要求法院判令两被告:1.立即停止侵害,消除影响、赔礼道歉,赔偿原告损失人民币 50 万元;2.承担原告因本案诉讼产生的全部费用。赵安郎在递交诉状的同时,还向法院提交了简装和精装两种版本的《孙子兵法全典》,其精装本定价高达 960 元。

被告印刷工业出版社在答辩状中称,原告要求被告赔偿损失 50 万元无依据。《孙子兵法全典》使用原告作品的字数最多 197370 字,原告的损失应按其实际损失给予赔偿。编著作品编著者的稿费标准普遍为每千字 10-30 元,若按每千字 25 元计算,其损失为 4950 元。原告作品销量下降与印刷工业出版社无任何联系。印刷工业出版社并非直接侵权,而是由于出版社原部分人员无视国家法律规定变卖书号所致，2001年12月至2004年9月该社被新闻出版署责令停业整顿，因此，不存在二次印刷问题。

扬州市中级人民法院经过审理查明事实后指出：原告赵安郎系《孙子兵法百战韬略》一书的著作权人。被告印刷工业出版社卖书号出版的《孙子兵法全典》抄袭了原告赵安郎《孙子兵法百战韬略》一书中近200 000字，未经赵安郎同意，也未署其姓名，向其支付稿酬，损害了原告的署名权、作品完整权和获得报酬权。

被告印刷工业出版社作为图书出版部门，应严格依照国家有关图书出版的法律法规从事图书出版活动，对其出版的出版物应尽合理的注意义务。其应对卖书号出版图书可能产生的侵犯他人著作权的法律后果具有前瞻性的预见，而不能因此免除和减轻出版社对外应承担的民事责任，故印刷工业出版社以该书的出版行为系出版社原部分工作人员卖书号所为，非出版社故意行为，故而认为应减轻责任的理由不能成立。

扬州市古籍书店通过合法正常途径经销《孙子兵法全典》，其主观上无侵权故意，客观上也无法审查到其合法经销的图书存在侵犯他人权益的行为，因此在此情形下，图书经销商应承担停止销售的民事责任，原告要求其承担连带赔偿责任的诉讼请求不予支持。

2006年8月9日，扬州市中级人民法对此案作出一审判决：一、被告印刷工业出版社立即停止侵权，在删除侵权内容前不得出版发行《孙子兵法全典》一书；二、被告印刷工业出版社赔偿原告赵安郎财产损失、合理开支等计人民币12万元；三、被告印刷工业出版社在一家全国发行的报刊上刊登声明，向原告公开致歉、消除影响；四、被告扬州市古籍书店停止销售未删除侵权内容的《孙子兵法全典》；五驳回赵安郎的其他诉讼请求。本案诉讼费计人民币14210元，原告赵安郎负担2842元，被告印刷工业出版社负担11368元。

本案是一起借口协作出版而“买卖书号”的典型案例。《孙子兵法全典》这样的书根本就不在国家规定的协作范围内，这一点印刷工业出版社的编辑们是心知肚明的，可一听坐着就能赚钱，就把所有的规定统统忘在脑后了。这也反映了“买卖书号”这个老问题，对于一部分出版者来说确实有一定的诱惑力，以至于一些编辑人员总想投机取巧、打打擦边球。然而大量事实证明，这类认识其实是愚蠢的。只想眼前一点蝇头小利，却不考虑违反国家规定可能带来的严重后果，就像本案中的印刷工业出版社一样，一次卖书号换来三年的停业整顿和12万元的诉讼赔偿，究竟怎么样有利，岂不是很明显事吗？

四、组稿、征稿要了解作者并注意作品完成情况是否正常

组稿是编辑按照确定的选题计划或思路约请作者撰写稿件。约请的作者可能是过去熟悉的老作者，也可能是初次联系的新作者；老作者不必说，对于新作者，编辑需了解其综合条件是否真正胜任选题的写作，是否是这方面的专家。为此，了解的内容应包括作者的专业知识与专业特长、思想水平、逻辑或者形象思维能力、文字修养以及是否有足够的写作时间等。这是成功组稿的前提。同样，对于征集到的稿件或者作者的主动投稿，编辑也要做相同情况的了解，以便为审定稿件提供保证。

其次，不管是约稿还是征稿，收到稿件后，不能一味地以是否符合选题、质量是否上乘为满足，还应当注意书稿的完成情况是否正常，书稿的内容、创作特色与作者的自身条件是否吻合，对这些方面的问题要多问几个为什么，作出认真的分析评估。事实证明，那种只“看稿子”不“看人”，一切以拿到好稿子为满足的认识是错误的，只会导致出版社上当受骗。比如——

案例4 张觉诉华龄出版社侵犯著作权案

2002年9月，华龄出版社出版了《中国历代文化丛书》，全套共18种、23册。该丛书出版一年后，多年从事古籍翻译工作的上海财经大学文学院教授张觉，从上海图书公司购得了该丛书中的《韩非子》和《搜神记》两种，经比对后发现，该《韩非子》抄袭剽窃他所译注的《韩非子全译》中的98%，而《搜神记》则抄袭剽窃他所译注的《全本搜神记评译》中的333个篇目的译文。于是，他把华龄出版社和上海图书公司告上法庭，要求两被告停止侵权，公开赔礼道歉，并分别赔偿两书的经济损失及合理费用10万余元和6.8万余元。

上海市第二中级人民法院先对《韩非子》侵权案进行了审理。法院查明：原告张觉对内容完整的古籍《韩非子》进行整理，对其加注了标点，对文字进行了校勘，具有独创性的智力劳动，在原作的基础上产生了新的演绎作品，因此原告对新的演绎部分享有著作权。而被告的《韩非子》，经和原告的《韩非子全译》比对，两者的译文完全相同；两者的原文标点符号也基本一致。且原告的《韩非子全译》在排版时标点符号遗漏、文字差错之处，被告华龄出版社出版的《韩非子》亦存在上述差错，被告华龄出版社对此不能做出合理解释。由此，法院认定，华龄出版社出版的《韩非子》部分抄袭了原告张觉的《韩非子全译》原文。同时，尽管华龄出版社向法院提供了选题申报表、出版合同、作者的身份证明、授权书、原稿审编记录等证据，但法院仍然指出其在著作权把关方面存在四点疏忽：一是该社出版发行的《中国历代文化丛书》中的《韩非子》和《搜神记》两书，从选题申报到作者交稿仅用了一个月时间，如此的高速度应当引起出版社的警觉和注意；二是被告华龄出版社不能提供作者的确切住址及联系方式；三是被告华龄出版社在出版发行《韩非子》前，理应了解到十多年前原告已译注了

《韩非子全译》;四是被告华龄出版社出版发行的《韩非子》对原告张觉的《韩非子全译》抄袭的程度较高,尤其译文部分几乎是完全抄袭。据此,法院认为华龄出版社在出版《韩非子》一书过程中未尽到合理注意义务,主观上具有过错。所以,法院判决华龄出版社败诉,赔偿原告张觉经济损失3万元。同样的情况,另一案《搜神记》被判决赔偿2.5万元。

本案中的作者完成稿件的速度太快了,两本书的翻译、点校工作,仅用一个月时间就完成了,真是快得惊人。可这样明显的不正常情况,却没有引起出版社编辑的任何警觉,可见编辑头脑中防止侵权的意识多么的淡薄。因此说,防止侵权其实并不是有多么难,关键是思想深处是否有防止侵权的意识。很多时候,侵权问题并不是防不住,而是思想上麻痹大意,压根儿就没有防。再比如——

案例5 故宫博物院诉中国商业出版社侵权案

1999年初,中国商业出版社确定了《中国清代瓷器图录》和《中国宋元瓷器图录》两个出书选题。供稿人为景戎华和帅茨平先生。他们在向出版社提供的这两部书稿中的大部分图片,都是保存在我国故宫博物院的宋元两代及清代的国家一、二级珍贵文物照片。商业出版社的编辑看到这些图片后,只觉得非常珍贵,却没有想到要向作者了解清楚这些图片如何摄制,如何得来,就与之签订了出版合同,并于当年8月和9月,正式出版了这两本书。

中国商业出版社推出的《中国清代瓷器图录》和《中国宋元瓷器图录》两书,第一次各印4000册,很快售出。2000年6月,他们又第二次各加印4000册,也一样销得很好。半年之后,即将大部分卖出。但是,正当他们为两本书的畅销高兴之际,2001年4月, 北京市第一中级人民法院的"传票"送到了他们手上。原来,北京的故宫博物院指控他们出版的这两本书侵犯其著作权，从而把他们告上了法庭。

故宫博物院是在我国明、清两代皇宫的基础上建立起来的国家级博物院，收藏有30余万件(套)国家一、二级中国古代珍贵文物。从1994年起，该院为纪录和传播院藏文物精品，弘扬祖国传统文化，决心将院藏瓷器文物精品分别拍摄制成图册编辑出版。他们组织院内专业人员从院藏近35万件瓷器文物中精选出972件(套)国家一、二级珍贵文物，进行摄影、研究、测量并编写出说明文字。1994年12月，该院在其下属的紫禁城出版社出版了《故宫博物院藏清盛世瓷选粹》一书。版权页标明：主编冯先铭、耿宝昌，副主编叶佩兰，摄影胡锤、马晓旋，并附中、英文声明：版权所有，翻印必究。1996年11月，该院又委托商务印书馆(香港)有限公司出版了《故宫博物院藏文物珍品全集[两宋瓷器]》(上、下册)。版权页标明：主编李辉柄、摄影胡锤、赵山、刘志岗。同样附中、英文声明：版权所有，不准以任何方式，在世界任何地区，以中文或任何文字翻印，仿制或转载本书图版和文字之一部分或全部。1998年10月，该院又在紫禁城出版社出版了《故宫藏传世瓷器真赝对比历代古窑址标本图录》一书，版权页标明：故宫博物院编，摄影赵山。

故宫博物院先后出版的三本书中使用的图片，均是他们制作的4×5彩色反转片。由于这些彩色摄影图片所展示的都是精选出来的国家一、二级珍贵文物，受到国内不少出版单位的关注。1997年，为弥补本院文物保护经费的不足，经向国务院申请，他们获准国家发展计划委员会颁发的《收费许可证》，据此，他们制定了《文物藏品影像资料借(租)用管理暂行办法》，根据该《办法》的规定：凡欲使用院藏品影像资料者，均须按照本办法支付图片使用费和图片制作费；使用4×5彩色反转片出版、发行文物及艺术类图册，每张需支付文物版权费400元、图片制作费400元，每张共计800元等。此后，国内先后有多个省、市的出版单位照此《办法》向故宫博物院租借使用了这些彩色反转片。

2000年下半年，故宫博物院发现了中国商业出版社出版的《中国宋元瓷器图录》和《中国清代瓷器图录》中，大量使用了他们出版的三本书中的古瓷器彩色摄影图片。于是，他们就向北京市第一中级人民法院起诉了中国商业出版社。

故宫博物院在诉状中称：被告连续两次出版的《中国宋元瓷器图录》和《中国清代瓷器图录》，未经原告许可，非法使用原告3部作品中的790幅文物图片，其行为严重侵犯了原告依法享有的著作权，侵权情节严重，使原告蒙受很大损失，被告理应承担民事责任。据此，请求法院判令被告：1.立即停止对原告著作权的侵害，公开消除影响，赔礼道歉。2.赔偿因侵犯原告著作权所导致的经济损失126万元以及调查费6046元；律师代理费4万元。3.承担本案全部诉讼费。

中国商业出版社接到法院传票后，开始还不以为然，认为自己手续齐全，编、印、发各个环节运作规范，何来侵权之说？后经向作者联系和询问图片的来源，两作者的回答含糊其辞，这使他们顿感不安和棘手。他们在向法院提交的答辩书中称：1999年8月至9月，我社出版《中国宋元瓷器图录》、《中国清代瓷器图录》两书。作者均为景戎华、帅茨平先生。我社在出版过程中，严格按照国家图书出版程序进行，得到该书作者拥有著作权的答复后，与该书作者及其代理人签订了出版合同。该合同第三条约定，作者应保证拥有该书的著作权，不得侵犯他人权利，如有侵权行为，作者负完全责任。由于该书责任编辑水平所限，难于博览群书，未能审查出侵权情况，且该书作者故意隐瞒真相，责编偏信了该书作者的承诺，造成了目前的局面。我社不存在故意侵权问题。

在北京市第一中级人民法院对案件进行审理的过程中，故宫博物院向法庭提交了其出版的三本古瓷器图书中的图片摄制人员胡锤、刘志岗、赵山、马晓旋共同出具的书面声明："我们是故宫博物院专职摄影人员，为出版《两宋瓷器》(上、下册)〔即《故宫博物院藏文物珍品全集〈两宋瓷器〉》(上、下册)〕、《清盛世瓷选粹》(即《故宫博物院藏清盛世瓷选粹》)、《故宫藏传世瓷器真赝对比历代古窑址标本图录》而拍摄的文物图片，是按照单位的工作任务、工作计划来完成的本职工作,为职务作品。我们享有署名权,这些文物图片的其他著作权归故宫博物院独家享有。特此申明。”

另外还提供了从1997年以后,该院分别与北京组恩斯科技文化有限公司、山西艺术珍品选编辑部、天津人民美术出版社、福建恒达集团公司等单位签订的5份文物影像资料租(借)用协议书和收费凭证,证明涉及租(借)用其4×5彩色反转片,每张费用均为800元。

2001年7月21日,北京市第一中级人民法院对此案作出一审判决。

法院认为:《故宫博物院藏清盛世瓷选粹》、《故宫博物院藏文物珍品全集〈两宋瓷器〉》(上、下册)、《故宫藏传世瓷器真赝对比历代古窑址标本图录》3部图书中收录的790幅文物彩色摄影作品,是原告的工作人员为完成原告的工作任务而拍摄,属于职务作品。该作品的作者亦表示原告对这些摄影作品享有除署名权以外的其他权利,被告对此不持异议。因此,原告依法享有上述摄影作品的使用权和获得报酬权。

被告出版《中国宋元瓷器图录》、《中国清代瓷器图录》两书,在未经原告许可的情况下,使用了原告享有使用权和获得报酬权的790幅文物彩色摄影作品,其行为侵犯了原告对该作品所享有的著作权。诉讼中,被告主张其行为属于过失,并非故意侵权,并以其与案外人的出版合同作为抗辩理由。然而,被告与案外人签订的出版合同所约定的免责条款仅对合同当事人产生效力,不能对抗合同之外善意第三人产生效力。被告将该出版合同作为不对原告承担侵权责任的抗辩理由缺乏法律依据,不能成立。被告作为出版单位,对其出版的作品是否存在侵权问题负有审查义务;并且被告使用的作品系原告馆藏文物的摄影作品,被告应当注意要求作品提供者提供作品的来源证明。但是,被告未尽到其应尽的合理审查义务,主观上存在过错,客观上给原告的著作权造成了侵害,应依法承担相应的侵权责任,停止侵权、公开赔礼道歉并赔偿原告因此所遭受的经济损失。原告因诉讼所支出的合理费用,也应由被告予以承担。

据此,北京一中院判决:一、被告中国商业出版社立即停止出版、发

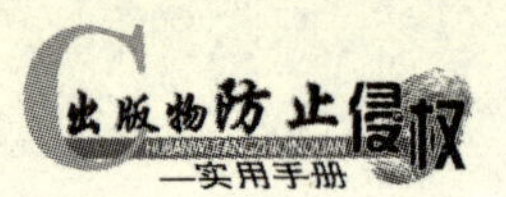

行《中国清代瓷器图录》、《中国宋元瓷器图录》两部图书；二、被告中国商业出版社在《光明日报》上刊登致歉声明，就其侵权行为向原告故宫博物院公开赔礼道歉；三、被告中国商业出版社赔偿原告故宫博物院经济损失 632 000 元；并负担原告故宫博物院诉讼合理支出 26 046 元和案件受理费 16540 元。

一审判决后，原、被告双方均表示不服，同时向北京市高级人民法院提出上诉。原告故宫博物院认为判决的赔偿数额偏低，他们不能接受；而被告中国商业出版社是感到委屈，他们认为一审法院不通知涉案图书的编著者景戎华、帅茨平参加诉讼，让他们独自承担不公正的判决不合理。但是，对于他们双方的上诉，北京市高级人民法院经过审理后，于 2001 年 12 月作出终审判决：驳回上诉，维持原判。

本案中中国商业出版社的错误犯得更低级。《中国宋元瓷器图录》和《中国清代瓷器图录》两部书稿中全是国家一、二级珍贵文物的彩图。即使普通老百姓也知道，属于国家一、二级文物的古瓷器，必然是保存于各级的博物院、博物馆等文物单位的。而这两本书的作者，一个是景戎华，为天津师范大学教授，虽长于书画，却长期从事的是院校的教学工作；另一个是帅茨平，为江西省工艺美术研究所年轻的高级工艺美术师，一直从事陶瓷工艺美术设计。这两位作者都没有在文物单位工作的经历，也都没有直接接触国家一、二级珍贵古瓷的工作条件，那么，他们是怎么得到这近 800 张古瓷图片的？是自己拍摄的，还是他人拍摄的？拍摄者又是在什么情况下或者通过什么渠道，获得这些图片的拍摄机会的？作为这两本书的责任编辑，这些都是起码应当掌握的情况，怎么能不询问清楚就签订合同出书？编辑头脑中连这样一点防止侵权的意识都没有，发生侵权问题岂不就是很正常的事吗？

五、要了解书稿的著作权权属关系

不管是约稿还是征稿，编辑在收到稿件后，除要注意了解稿件的创作完成情况，还要注意搞清稿件的著作权权属情况，诸如稿件是原创还是演绎？如果是原创，是个人作品还是合作作品？如果是演绎作品，除了改编、翻译、注释或汇编作者外，原创作者是谁或者原创作品的著作权人是谁，目前联系地址在哪里，能否与其取得联系并获得授权？这些问题必须了解清楚、搞准确，要在确信这些问题能够解决的情况下，方可考虑采用。凡是著作权授权有可能扯皮的，稿子再好也不能采用。

例如，当前社会上有不少文化工作室、翻译工作室之类的机构，专门从事书稿的汇编、翻译、搜集整理，然后通过出版社出版。而近几年来不少侵权案例表明，这些机构编辑的部分中、小学生作文选，很多是利用中、小学生的在校作文修改润色而来，并未获得国内小作者们的授权，也没有给他们支付报酬；而他们编辑的一些中、小学生英语读本或写作范文之类的书，也大多是到处摘抄甚至抄袭的，根本未取得国内外作者们的授权。这些书出版后虽然销路不错，经济效益可观，但其存在着的侵权隐患却可能给出版社带来麻烦。再比如，现在有的报刊单位把自己发表过的社会反响好的作品，汇集整理出版，以扩大影响并获取经济利益，但他们在出版之前，往往未取得这些作品的作者的授权。类似这样的书稿，如果估计取得所有原作者的授权确实有难度的，也不可轻易决定出版，否则，极可能惹火烧身。比如——

案例6 卜铁梅等39位作者诉中国华侨出版社侵权案

1998年7月，一位持有《北京纪事》杂志社委托书的代理人匡艳鹏来到中国华侨出版社，表示要出版一本题名为《京都内参》的书。他所持《北京纪事》杂志社的委托书中写明：委托匡艳鹏“全权处理《北京纪事》杂志相关稿件的出版整理工作，本社给予全力支持。”落款处盖着《北京纪事》杂志社的公章。匡艳鹏拿来的《京都内参》书稿，是由《北京纪事》杂志上发表过的 60 多篇作品组成的，稿件的内容和质量均好，编辑看后很满意，但美中不足的是没有 60 多位原作者的授权，华侨出版社对此感到犹豫。然而，匡艳鹏声称，《北京纪事》杂志社保证拥有全部作品的著作权；他是杂志社的全权代理人，如果发生版权问题责任全由我方承担。

华侨出版社经过商量，认为书稿很好，不出很可惜，但这样一部包括 60 多篇作品的合集，60 多位作者分布在全国各地，要获得每一个人的授权，需得一个一个去找，谈何容易，实际上是办不到的。现在既然《北京纪事》杂志社出面承担责任，反倒是一件好事。于是，他们就忽略了自己的审查注意义务。8 月 5 日，华侨出版社作为乙方和作为甲方的匡艳鹏签订了出版《京都内参》一书的《图书出版合同》。合同中约定：甲方拥有《京都内参》（名称可变动）的著作权或出版转让权，同意乙方出版该著作，并负责赔偿因发生版权纠纷给乙方造成的损失；乙方按 60 元 / 千字向甲方支付稿酬，等等。同日，中国华侨出版社按合同约定向匡艳鹏支付了预付稿酬 5000 元、排版输入费 3000 元。

1999 年 1 月，《京都内参》更名为《最新京城内参》后正式出版发行，书的署名是：编者亦文（匡艳鹏笔名）。可是，书出版之后不久，《北京纪事》杂志社的领导找上门来。原来，匡艳鹏两次和出版社的签约行动及约定的具体内容，均未及时给社里汇报，尤其是正式出版的《最新京城内参》一书上，只署了匡艳鹏一个人的笔名，杂志社及杂志社的其他人的名均未署。由此，《北京纪事》杂志社领导认为华侨出版社侵权，应给予补偿或重新再版。在华侨出版社拒绝其要求后，更大的麻烦来了。

2000 年，以《北京纪事》杂志社的法律顾问迟键为代理人的、《最新京城内参》的 39 名原作者将中国华侨出版社告上了法庭。2000 年 7 月，北京市朝阳区人民法院经审理后作出一审判决。法院指出:39名原告对其创作的作品享有著作权,《北京纪事》杂志社基于作者的许可,可以在《北京纪事》上使用这些作品,享有该作品的专有出版权,但该出版权的专有性仅限制在杂志社自己使用的范围内,而不应该包括将该作品不经作者许可而允许他人使用上述作品的权利。即《北京纪事》杂志社无权委托匡艳鹏将该杂志中已发表的相关稿件,交由其他出版社整理出版。虽然中国华侨出版社在与代理人匡艳鹏签订《最新京城内参》一书出版协议及补充条款时约定由代理人本人承担版权侵权责任,但是,《最新京城内参》作为一部汇编作品,中国华侨出版社在出版发行该书前有责任审查每个收编作品的权利状况,该社在代理人没有提供证据表明所收编的每篇作品已取得原著作权人授权的情况下,出版了《最新京城内参》一书,对此,该社未尽到必要的审查义务,应承担相应的法律责任。

据此,一审判令:中国华侨出版社立即停止发行涉案的《最新京城内参》一书,在《光明日报》、《新闻出版报》上向39名原告赔礼道歉,并分别赔偿39名原告经济损失合计76735元。

中国华侨出版社不服一审判决,上诉到北京市第二中级人民法院。2000年12月,北京市第二中级人民法院对此案作出了终审判决:驳回上诉,维持原判。

本案中国华侨出版社的错误有普遍性。他们在收到稿件之初,也懂得这样一本包括60多篇文章的汇编集,作者们都分布在全国各地,要获得每一个人的授权实际上难度很大。但由于觉得稿子好、放弃了太可惜,就怀着侥幸心理决定采用,其间还又与汇编人签订了补充协议,让汇编作者在补充协议中申明承担全部侵权责任,妄图以此开脱自己。据称本案使华侨出版社直接经济损失达10万元,其他无形的损失更无法计算了。该出版社在经历此案后曾总结说,他们花十万元买了个教训。他们在痛定思痛后表示,今后再遇到这类著作权权属不明确的书,在原作者的授权没有解决之前,决不再贸然出版。然而,案子结束后不久,他们又被人告上了法庭,犯的还是同样性质的错误。这就是——

案例7 赵源诉中国华侨出版社《两粒沙》侵权案

中国华侨出版社的美术编辑室在2002年的一天,从互联网上读到一篇题为《反反复复握不住一粒沙》的短文。文章虽然不足2000字,但写得活泼有趣,极富哲理性,一下子激发了他们的创作灵感,认为将此文讲述的故事改编成一本连环画册,一定受欢迎。于是,他们在互联网上反复搜索,想查找到该文的作者与其联系改编事宜,但网站之间互相转摘,查到的近10篇与该文内容基本相同的文章,其署名却各不相同。究竟谁是真正的作者,他们始终未搞清楚。在此情况下,他们觉得,既然各网站互相转载不侵犯著作权,我们用其故事梗概作基础改成绘画图书有什么不可。于是,他们就呈报社领导定下这一选题,并委托作者隋娜绘图,文字由责任编辑参照网上文章拟定,书名定为《两粒沙》。

2003年4月,《两粒沙》一书正式出版发行,作者署名:文字/佚名;绘图/隋娜,印数8000册,定价26元。该书为彩图本,图文并茂,书中描述故事情节的文字有2700多字。

《两粒沙》一书推出之后,华侨出版社对没有得到文字作者的授权仍然感到不放心。2003年5月28日,他们与北京一家版权代理公司签订了委托协议书,委托该公司按照每千字100元的标准,共计200元向原作者转付改编使用费。在委托书签订的当日他们还同时支付了该公司的代理费。他们以为这样就可以免除自己的侵权责任了,其实不然。

2003年6月初,北京市某公司的文学编辑赵源把华侨出版社告上了法庭。北京市朝阳区人民法院在受理此案后,进行了两次公开审理。赵源在法庭上诉称:2000年10月21日,我在一个名为NEWTYPE的互联网

站上发表了《反反复复握不住一粒沙》的短文，署名为“作者：维持圈内卫生猪猪有责(dashids)”。以后，该文又以相同署名发表在2000年第24期《中国青年》杂志上，2001年，以《沙粒》为标题发表在第13期《读者》杂志上，文前署名赵源，文尾注明“高艳琴摘自NEWTYPE网站”。2003年4月，在我毫不知情的情况下，华侨出版社将此文改名为《两粒沙》，并配画制成单行本出版发行，原作者署名为佚名。该出版社的行为严重侵犯了我的著作权，请求法院判令其停止侵害，收回并销毁已出版发行的全部单行本《两粒沙》，赔偿为制止侵权造成的误工、交通、电话费2171元，经济损失38829元，并承担诉讼费。

华侨出版社辩称：没有证据证明赵源是2000年10月互联网上刊载的《反反复复握不住一粒沙》一文的作者。我社出版的《两粒沙》并非根据此文改编，而是据互联网上的另外10篇文章改编而成。赵源的诉讼请求缺乏事实依据，我社不能同意。

朝阳区法院查明：华侨出版社向法院提交的从网上下载的10篇文章，与NEWTYPE网上的《反反复复握不住一粒沙》一文，虽标题不尽相同，但内容基本相同，均未署赵源的名字或“维持圈内卫生猪猪有责”，其发表或上载时间则均晚于后者。《两粒沙》一书与《反反复复握不住一粒沙》一文的故事情节及人物雷同，除人称外两者有482字完全相同，有961字意思相同表述不同。另外，赵源能够使用密码以“维持圈内卫生猪猪有责(dashids)”的名义回复《反反复复握不住一粒沙》一文，北京市公证处对此过程进行了公证。

据此，朝阳区人民法院认为：赵源是NEWTYPE网站刊发的《反反复复握不住一粒沙》一文的作者，对该作品享有著作权。华侨出版社在赵源创作的《反反复复握不住一粒沙》一文的基础上委托他人进行改编，出版发行《两粒沙》一书，未征得著作权人赵源的同意，也未以合理方式为原作者署名，侵犯了赵源的著作权。华侨出版社以无法查明作者为由提出其不侵犯著作权，于法无据。尽管华侨出版社在《两粒沙》一书出版之后将改编款项交付有关版权代理机构，但并不能免除其向赵源承担停止侵权、赔礼道歉、赔偿损失的民事责任。

据此，一审法院判决：一、华侨出版社立即停止出版发行《两粒沙》一书；二、华侨出版社书面向赵源道歉；三、华侨出版社赔偿赵源经济损失2万元。

一审判决后，华侨出版社不服，向北京市第二中级人民法院提起上诉。2003年11月19日，北京市二中院对此案作出终审判决：驳回上诉，维持原判。

一审案件受理费1730元，赵源负担230元，中国华侨出版社负担1500元；二审案件受理费1730元，全由华侨出版社负担。

中国华侨出版社连续发生的这两起侵权案表明，防止侵权意识的培养不是一件轻而易举的事，仅仅靠一次两次的总结教育是很难解决问题的。必须把这种防止侵权的教育经常化、制度化；要切实采取有效措施，让编辑人员从思想深处对侵权问题的危害有充分的认识，并要使这种认识变成每一位编辑的自觉行动。

本案还表明：使用互联网上的作品，必须要取得作者授权，不能因为作者不好联系就不联系，其结果必然要吃官司。现在由于互联网的迅速普及，国家对互联网的管理一时跟不上，使得网上对作品的使用很不规范，作者发表不规范，别人转载也不规范，以至有的作品的作者是谁一时很难搞清。但是，搞不清楚就不能用，只有搞清楚并获得作者许可了才能使用，这是原则。

另外，关于版权代理公司的职能和作用，出版者一定要明白。所谓版权代理，是指版权的代理人或代理机构，其职责就是代表享有版权的权利人处理具体事宜。因此，无论代理人还是代理公司，必须是在接受了权利人的委托授权之后才能代表权利人；如果没有取得权利人的委托授权，就无权代表权利人。如本案中的北京版权代理公司，它必须在著作权人赵源授权给它行使其权利的情况下，使用者把作品使用费交给它方可

免除责任;如果赵源没有给它授权,它就无权代表赵源收取作品使用费。在这种情况下,如果把作品使用费交给他,等于白交。

六、要了解稿件的既往出版情况

编辑对于征集到的稿件,还要注意了解其既往出版情况,防止作者“一稿多投”或者“一女两嫁”。

所谓“一稿多投”是指作者将稿件同时或先后投寄给两家以上出版单位发表或出版的情况。我国著作权法第32条规定,“著作权人向报社、期刊社投稿的,自稿件发出之日起十五日内未收到报社通知决定刊登的,或者自稿件发出之日起三十日内未收到期刊社通知决定刊登的,可以将同一作品向其他报社、期刊社投稿”。另外,国家版权局1999年发布的《出版文字作品报酬规定》的第16条规定:作者主动向图书出版社投稿,出版社应在六个月内决定是否采用。满六个月,既不与作者签订合同,不予采用又不通知作者的,出版社应按同类作品付酬标准平均值的30%向作者支付经济补偿。从上述这些规定看出,著作权人在向报社、期刊社、出版社投稿后的规定期限内,是不应该“一稿多投”的,但“多投”了怎么办,法律没有明确规定;显然,超过上述规定的期限,作者的“多投”就无可指责了。

所谓“一女两嫁”,是作者在与出版社签订的图书出版合同约定的有效期限内,又将该作品与另一出版社签约出书。著作权法没有明确禁止“一稿多投”,但却明确保护出版者通过图书出版合同取得的专有出版权,而且,依据《著作权法实施条例》第24条的规定,出版社在其获得的专有出版权期限内,有权排除包括著作权人在内的任何人以同样的方式使用该作品。这就是说,书稿的“一女两嫁”,是侵犯他人专有出版权的,是违反著作权法的侵权行为。因此,编辑在进行组稿、征稿工作时,一定要注意了解书稿有无既往出版和许可使用的情况,防止由于作者“一稿多投”而导致出现“一女两嫁”的情况。这是出版社必须尽到的审查把关义务，否则，就会惹上侵权官司。比如——

案例8 《汉字密码》与《唐汉解字》两书著作权纠纷案

2001年9月1日，长期从事汉字研究的西安市作者李洪琪，与北京市油脂公司干部王京民、北京儒生源文化有限责任公司法定代表人王涛，签订了《关于合作出版〈汉字密码〉一书的协议书》。协议书开头载明：甲方（著作权人）为李洪琪（笔名：唐汉），乙方（出版人）为王京民。著作名称：《汉字密码——中国人的造字故事》（以下简称《汉字密码》）。协议约定：甲方授予乙方在合同有效期五年内，在全国区域内出版发行该著作的国际32K形式版本，并享有该著作的中文简体专有使用权；甲方保证乙方的独家享有，保证该书内容不侵犯他人著作权，不得另授予第三方；甲方应于2001年9月1日将书稿授权书及打印稿、文字盘交给乙方，乙方以人民币10万元一次性买断付清后协议开始执行等。协议结尾的乙方由王京民、王涛两人共同签名。协议签订后的第四天——9月4日，李洪琪即签署一份授权书，授权王京民先生全权出版发行《汉字密码——中国人的造字故事》一书。同日，李洪琪在收到一张金额为人民币10万元的转账支票后出具一张收条，称收到王京民《汉字密码》一书稿费人民币10万元。

2001年10月5日，李洪琪又和上海学林出版社签订一份《图书出版合同》，约定将《汉字密码》的专有出版权授予上海学林出版社，李洪琪按版税率10%计酬，合同的有效期为5年等。

2002年3月，《汉字密码》（上、下册）一书由学林出版社出版，印数8,000套，定价为每套人民币58元。同年9月，学林出版社又将《汉字密码》一书进行第2次印刷，印数3,000册。

王京民与王涛于2002年7月发现学林出版社出版的《汉字密码》一书后，立即致函学林出版社，要求学林出版社停止侵权，赔偿损失，并于2003年1月，向上海市第一中级人民法院提起诉讼，控告李洪琪与学林出版社侵犯其专有使用权。

上海市第一中级人民法院受理该案后，于2003年11月作出一审判决。

法院认为：原告王京民、王涛与被告李洪琪之间签订的《关于合作出版〈汉字密码〉一书的协议书》，属于著作权许可使用和图书出版合同，是双方当事人的真实意思表示，故合法有效。依照《中华人民共和国著作权法》和《出版管理条例》的有关规定，著作权人有权对其享有的著作权进行处分，被许可方取得上述权利后并不意味着他必然以自己的名义从事出版活动，他可以通过与出版单位签订出版合同等方式实现这项权利。不能因为个人无权出版图书就想当然地认为个人无法通过许可或受让取得作品的专有出版权等著作权，因此原告王京民与王涛依据合同取得的专有出版权并未违反法律规定。

本案系争协议所涉及的作品专有出版权和使用权属于民事权利，作为著作权人的被告李洪琪既然已将《汉字密码》一书的专有出版权和中文简体专有使用权，授予原告王京民与王涛享有，并保证其独家享有系争权利，因此，系争权利应当仅由原告王京民与王涛行使，包括著作权人在内的任何其他人，未经原告王京民与王涛许可，均属侵犯两人的合法权利。在本案中，被告李洪琪以著作权人的名义与被告学上海林出版社签订合同出版《汉字密码》一书的行为，并未取得原告王京民与王涛的许可，因此被告李洪琪侵犯了原告王京民与王涛的合法权益。

至于被告学林出版社是否构成侵权的问题，本院认为，两被告签订《图书出版合同》时，被告李洪琪是以著作权人的身份签约，被告学林出版社经著作权人授予专有出版权后出版图书，符合出版行业的一般惯例与法律法规的规定。并且在本案中，原告王京民与王涛是在被告学林出版社两次出版印刷《汉字密码》一书之后，才致函被告学林出版社主张权利，因此被告学林出版社出版《汉字密码》一书，其主观上并无过错。尽管原告王京民与王涛在发给被告学林出版社的信函中称，之前7月份已告知被告学林出版社关于原告王京民与王涛已获得独家出版权之事，但原告王京民并未提供证据证明该节事实，被告学林出版社亦未作确认，故被告学林出版社并不知道李洪琪已将专有出版权和使用权许可给原告王京民与王涛享有。从另一方面而言，由于原告王京民与王涛是通过合同约定的方式从著作权人处继受取得专有出版权，而被告学林出版社的出版行为也是源于著作权人的授权，因此本案诉争是由作为著作权人的被告李洪琪重复授予他人专有出版权引起的，其过错在于被告李洪琪，被告学林出版社在既不知情，又获得著作权人授权的情况下，所实施的出版发行行为不应承担侵权的民事责任。

又如上所述，被告李洪琪作为著作权人重复授予他人专有出版权，他与被告学林出版社的签约行为既违反了他与原告王京民、王涛之间的协议约定，也侵犯了原告王京民与王涛应当享有的合法权利，故被告李洪琪的行为既构成违约，也构成侵权。当上述两种责任出现竞合时，原告可以选择其中之一，现原告选择的是侵权之诉，本院认为可予准许。但是，对于原告的诉讼请求，即要求确认两被告共同侵权和要求两被告共同承担赔偿责任的诉请，本院认为，既然两被告之间并不存在共同的侵权过错和行为，就不能认定两被告构成共同侵权，故原告要求确认被告学林出版社侵权，并要求两被告承担连带赔偿责任的诉讼请求，本院不予支持。又因被告学林出版社的行为不构成侵权，故原告要求被告学林出版社赔偿经济损失的诉请，本院不予支持。

据此，上海市第一中级人民法院一审判决：一、被告李洪琪赔偿原告王京民经济损失人民币65,000元；二、原告王京民的其余诉讼请求不予支持。

一审判决后，李洪琪不服，向上海市高级人民法院提出上诉。上海市高院经过审理后，于2004年7月22日作出终审判决：驳回上诉，维持原判。并由上诉人李洪琪负担二审案件受理费人民币6,981元。

《汉字密码》一书的侵权官司虽然在上海结束了，但由该书稿引发的另一场诉讼正在北京展开。原来在2003年3月的时候，当上海方面的官司还在一审进行之中，李洪琪又通过熟人关系找到山西人民出版社附属的山西古籍出版社，要求出版其编写的《唐汉解字》一书。该《唐汉解字》是李洪琪在《汉字密码》一书的基础上增加扩充而成。山西古籍出版社在不了解李洪琪此前写作出版《汉字密码》一书的情况下，于2003年3月20日与其正式签订出版合同，并于2003年7月正式出版发行了《唐汉解字》一书。

王京民在2003年秋天发现《唐汉解字》一书后，于2004年8月在北京国林风图书公司买到了《唐汉解字》一书。2004年12月，他向北京海淀区人民法院提起诉讼，把山西人民出版社与北京国林风图书公司告上法庭。王京民此次的诉讼请求是：1.山西人民出版社停止侵权行为，公开致歉，赔偿经济损失50万元，赔偿精神损失20万元并支付律师费；2.国林风公司停止侵权，赔偿损失2000元。

2005年10月20日，北京海淀区人民法院经过审理后，对此案作出一审宣判。法院指出："本院认为，王京民与李洪琪关于《汉字密码》一书的出版协议，依法成立，应属有效。据此，王京民取得了该书的专有出版权。在得到王京民明确通知的情况下，山西人民出版社通过与李洪琪订立出版合同，出版与《汉字密码》一书书稿内容相近似的《唐汉解字》一书，行为显属侵权，故该社应立即停止侵权并依法承担侵权责任。"

据此，海淀区法院一审判决：一、被告山西人民出版社停止出版发行《唐汉解字》一书，被告北京国林风图书有限公司停止销售此书；二、被告山西人民出版社赔偿原告王京民经济损失30万元；三、驳回原告王京民的其他诉讼请求。

山西人民出版社不服一审判决，依法向北京市第一中级人民法院提出上诉。其上诉理由仍然是一审答辩时强调的：《汉字密码》书稿与《唐汉解字》一书存在较大差别，两书的相似文字内容不足《唐汉解字》的三分之一，后者的内容大部分为新增。我社基于案外人李洪琪的书面授权出版《唐汉解字》一书在先，而王京民要求停止出版发行在后，我社的出版行为合法，不存在侵犯王京民著作权的主观故意。

2006年4月7日，北京市第一中级人民法院对该上诉案进行了公开审理。并于2006年12月20日作出终审判决。

北京市第一中级人民法院认为：基于查明的事实可以认定，《唐汉解字》一书与《汉字密码》书稿的作者均为李洪琪。《唐汉解字》一书除使用了《汉字密码》书稿的全部内容外，还在诸多自然科学领域进行了扩充。我国著作权法第三十条规定，图书出版者对著作权人交付出版的作品，按照合同约定享有的专有出版权受法律保护，他人不得出版该作品。在本案中，山西人民出版社出版发行《唐汉解字》一书正是基于与李洪琪订立的图书出版合同，并不知晓李洪琪在此之前曾与王京民就《汉字密码》书稿订立相关协议的情形，且《汉字密码》书稿从未合法出版发行（指上海学林出版社是基于李洪琪的重复授权出版，属违法）。因此，山西人民出版社基于作者授权取得对《唐汉解字》一书的专有出版权应当受到法律保护。其出版、发行的民事行为合法、有效，不构成对王京民著作权的侵犯。而王京民在本案中主张对《汉字密码》享有的专有出版权受到侵害，其预期财产权益无法实现的原因在于，李洪琪违反了与王京民订立协议书相关约定，因此，其民事权利受到损害的原因是基于李洪琪的违约行为，而非山西人民出版社的出版、发行行为。王京民应当通过向李洪琪主张违约的途径，来获得相应的民事救济。综上所述，王京民关于山西人民出版社出版、发行《唐汉解字》一书，国风林公司销售《唐汉解字》图书的行为侵犯其专有出版权的主张，缺乏事实和法律依据，本院不予支持。

原审法院认定事实不清，证据不足。据此，二审法院终审判决：一、撤销北京市海淀区人民法院作出的一审判决；二、驳回王京民的诉讼请求。

一审、二审案件受理费各12030元,均由王京民负担。

由《汉字密码》与《唐汉解字》两书引发的这两起侵权案,根子在于作者李洪琪的重复授权。这两个案子虽然法院判决两个出版社均不构成侵权,但教训是深刻的。无论是上海学林出版社还是山西古籍出版社,他们在与李洪琪签约出书之前,应当询问清楚是否有许可他人使用或出版的情况,包括书稿中是否含有既往出版作品部分内容的情况。然而,两个出版社都没有履行这方面的注意义务。按照法律规定,没有尽到注意义务是要承担侵权责任的,那么,为什么上海和北京两地的法院均判决其不构成侵权呢?其实是侥幸。侥幸在于作者李洪琪最先是将其作品的专有出版权授予了王京民、王涛等个人,而王京民、王涛又没有及时与出版社正式签约出书,这才使两家出版社"幸免于难"。如果本案中的作者李洪琪第一次将其作品的专有出版权授予的是出版社而不是个人,那么,此后再获得授权的出版社就难有这样的幸运了。比如——

案例9

《饥饿的女儿》重复出版侵权案

在重庆出生成长,1980年后开始在国内发表作品,1991年移居英国,现已蜚声世界文坛的著名女作家虹影,1997年在我国台湾出版了自传体长篇小说《饥饿的女儿》,并获当年台湾最佳图书奖。此后,该书被翻译成英、法、意等多种语言,在欧美多个国家和地区出版发行。

1998年2月,虹影与上海文艺出版社签订图书出版合同,将《饥饿的女儿》一书有关性描写的部分删削后改名为《十八劫》出版。双方在签订的合同中约定:虹影授予上海文艺出版社以图书形式出版该作品的简体中文本的专有使用权8年,并保证在授权期内,不将该作品另行出版、改编或录制。同年10月,上海文艺出版社出版了《十八劫》第一版,随后向虹影支付了稿酬。事过两年之后,虹影又将《十八劫》一书原删削部分做了增补修改，恢复其原名《饥饿的女儿》后交给四川文艺出版社出版。在双方签订的出版合同的第二条约定：作者保证其作品不侵犯他人的著作权、名誉权、商标权和肖像权等权利，如侵犯他人权利，作者承担全部责任并赔偿其造成的损失。2000 年 4 月，四川文艺出版社以中文图书形式出版《饥饿的女儿》一书。

上海文艺出版社发现四川文艺出版社出版的《饥饿的女儿》一书后，经查对，该书包含了《十八劫》的全部内容，仅增加了部分段落及对语句、文字的调整和修改；《十八劫》一书注明字数 161 千字，《饥饿的女儿》一书注明字数 192 千字，仅仅多了 3 万余字，明显构成了对上海文艺出版社拥有的《十八劫》一书专有出版权的侵犯。为了维护自己的合法利益，上海文艺出版社向上海市黄浦区人民法院提起诉讼，以"改名增字、重复出版"、侵犯专有出版权为由，将虹影及四川文艺出版社告上法庭。

上海市黄浦区人民法院受理立案后，二被告分别从英国伦敦和四川成都飞赴上海出庭应诉。经过法院两次开庭审理，虹影与上海文艺出版社均做出愿意庭外和解的高姿态。上海文艺出版社表示可以撤诉，但在他们起草的和解协议书中提出了几个和解的具体条件。其中之一是："《饥饿的女儿》之出版，违反了虹影与上海文艺出版社于 1998 年 2 月签订的关于《十八劫》的合同，对此，虹影与四川文艺出版社向上海文艺出版社诚意致歉。"对这一条，虹影表示接受，认为是客观叙述；而四川文艺出版社则拒绝接受。他们认为，"一女两嫁"的始作俑者是虹影，虹影应承担一切责任，如果虹影向上海文艺出版社道歉的话，也必须向他们道歉。他们要求在协议书上加上如下字样："四川文艺出版社在完全不知情的情况下，在虹影以合同保证拥有全部著作权后，才出版《饥饿的女儿》一书。"对此，虹影很不满意："如此词句，就是把我写成有意对四川文艺社行骗。"虹影认为，事实上，四川文艺出版社是在完全知情的情况下出书的。

由于虹影与四川文艺出版社在本质问题上的分歧，双方又僵持了好长一段时间。但在虹影的坚持下，最终还是以两被告的公开道歉、并补偿上海文艺出版社部分损失予以解决。

本案中的四川文艺出版社，对于《饥饿的女儿》一书的既往出版情况究竟是否知情，我们不得而知。但是可以肯定的是，如果知情，他们就是有意重复出版，如果不知情，他们就没有尽到应尽的注意义务。因此，不管他们知情不知情，其错误是明显的，不承认侵权没有道理。当然，由于《饥饿的女儿》一书当时销得很火，作者的版税与四川文艺出版社的利润回报都非常可观；而四川文艺出版社在诉讼一开始，就扣住了虹影的大笔稿费，他们可以依照和虹影签订的合同，让一切赔偿全由虹影承担，因此，他们在本案中自知其损失不会太大，这是他们作为侵权者却态度强硬的背后原因。

需要指出的是，四川文艺出版社免于承担侵权责任的一个重要原因，是由于本案在知名度很高的作家虹影的坚持下以和解方式解决，这其实也是一种侥幸，如果由法院依法判决，涉及侵犯他人专有出版权的情况，即使尽到了合理注意义务，也需返还违法所得利润。就是说，四川文艺出版社即使尽到了审查义务不构成侵权，造成侵权的责任完全在于作者虹影，那也要返还《饥饿的女儿》一书的全部利润。法律对此是有明确规定的。比如——

案例10 张克林诉世界图书公司侵犯著作权案

1997年初，成都市作者张克林与个体图书业者马舒建签订一份“图书授权出版合同”。合同载明：甲方（著作权人）张克林，乙方马舒建；作品名称《哈佛辩护》、《剑桥辩护》、《法庭之王》；张克林将其本人编著、选编、整理的上述作品授予马舒建独家拥有中文版权，作品文责由张克林自负；张克林保证拥有授予马舒建的全部权利，张克林不能将授予马舒建的权利许可第三方使用；马舒建尊重张克林确定的署名方式，马舒建不得随意更动上述作品,若需更动,更动结果应与张克林协商并征得许可;本书稿约 153 万字, 张克林于 1997 年 8 月 2 日前向马舒建交清全部书稿,马舒建收到稿件后,应于 1997 年 9 月 30 日前安排出版上述作品;马舒建若因不可抗拒的因素无法出版上述作品,双方可终止合同;若终止合同,马舒建将书稿退给张克林,张克林退还马舒建已付稿酬;本合同有效期为十年。

与张克林签订合同后,马舒建经与青海人民出版社联系,决定由青海人民出版社出版该 3 部作品,并将 3 本书统一定名为《世界著名律师辩护实录丛书》, 三册书的具体名称分别为:《超级说客》、《皇家辩士》、《法庭之王》。1997 年 8 月 19 日,双方正式签订图书出版合同。合同约定,马舒建将上述作品授予青海人民出版社在合同有效期内、在西宁地区以图书形式出版汉文本的专有使用权。

1997 年 9 月,一套三册的《世界著名大律师辩护实录丛书》在青海人民出版社出版,作品的编著者均署张克林的笔名"林正"。

《世界著名律师辩护实录丛书》出版 3 年后,马舒建感觉有机可乘。2000 年 5 月,他带着张克林原来的《哈佛辩护》、《剑桥辩护》、《法庭之王》三册书稿来到上海,他隐瞒了该书稿在青海出版的情况,经过联系决定由上海世界图书公司出版该书。当月的 31 日,马舒建又与上海世界图书公司签订图书出版合同。合同中载明:甲方(著作权人):马舒建(主编),乙方(出版者):世界图书公司;作品名称《哈佛辩护》、《剑桥辩护》、《谁是强者》;作者姓名:林正(马舒建的笔名)。该合同明确约定,马舒建授予世界图书公司出版上述作品中文文本的专有使用权。

2000 年 10 月,《哈佛辩护》、《剑桥辩护》、《法庭之王》3 本书由上海世界图书公司出版。2001 年 3 月,由于销路不错,该 3 种图书又第 2 次印刷,两次印数达 14000 册。

2001 年 9 月, 上海世界图书公司出版的《哈佛辩护》、《剑桥辩护》、《法庭之王》被张克林发现,张克林决心诉诸法律。为了取证,他聘请成都市公证处对其在黄河商业城（以下简称黄河书城）购买世界图书公司出版发行，由林正主编的《哈佛辩护》、《剑桥辩护》、《法庭之王》三本图书及开具发票一张的过程做了公证。2001年12月，他以上海世界图书公司和黄河书城为被告，向成都市中级人民法院提起了诉讼。

张克林诉称：被告世界图书公司，未经原告许可，也未支付稿酬，擅自出版发行了原告历经3年编著完成的《世界著名大律师辩护实录丛书》（一套三册），并在成都各大书店出售，其中包括黄河书城，严重侵犯其享有的著作权。原告虽然曾与马舒建签订过该书的图书授权出版合同，但因马舒建不是依法成立的出版单位，故合同无效。据此，诉请法院判令世界图书公司、黄河书城立即停止侵害，消除影响，赔礼道歉，赔偿经济损失473148元以及为制止侵权所产生的费用。

2002年4月9日，成都市中级人民法院对该案进行了第一次公开开庭审理后，又依法追加马舒建为本案第三人。

该案第一被告世界图书公司辩称：我公司出版的《哈佛辩护》、《剑桥辩护》、《法庭之王》图书是由本案第三人马舒建提供并主动要求出版的，马舒建当初对我公司作出担保，保证其拥有上述图书的著作权。我公司依照出版流程对《哈佛辩护》、《剑桥辩护》、《法庭之王》进行了三审。该书出版后，按合同约定的7%的版税先后两次向马舒建支付稿酬共计55162元。在接到张克林的诉状后，我公司立即向马舒建询问，马舒建称《哈佛辩护》、《剑桥辩护》、《法庭之王》的著作权已由张克林转让给马舒建拥有，并有马舒建与张克林签订的合同为证明。据此，原告认为，我公司与马舒建签订的合同真实合法有效，我公司没有侵权。

第二被告黄河书城辩称：销售该书是事实，但是从合法渠道进货，没有侵权。

第三人马舒建称：其于1997年与张克林签订了作品转让合同，并于当年与青海人民出版社签订出版合同且已出书，张克林至今未提出异议。该是依据与张克林签订的该转让合同，又与世界图书公司签订了出版合同。据此，马舒建认为，世界图书公司不存在侵权的事实，法院应对张克林的诉讼请求予以驳回。

成都市中级人民法院经过两次公开审理、查明事实后，于2003年6月5日对该案作出了一审宣判。

法院认为：1. 张克林将自己享有著作权的作品与马舒建签订图书授权出版合同，根据合同条款，应认定该合同实质上是著作权专有许可使用合同。张克林与马舒建签订的专有许可使用合同，是双方真实意思表示，不违反国家法律、行政法规的强制性规定，应属有效。马舒建根据该合同约定，取得了《哈佛辩护》、《剑桥辩护》、《法庭之王》的复制、出版、发行等相应的专有使用权。马舒建虽不是合法的出版单位，不能擅自从事出版物的出版工作，但不等于不能享有复制、出版、发行的著作权。

2.根据《中华人民共和国著作权法实施条例》第三十五条之规定，马舒建在取得出版、复制、发行等专有使用权后，在未征得著作权人张克林同意的情况下，无权再将《哈佛辩护》、《剑桥辩护》、《法庭之王》图书的专有出版权许可给世界图书公司，故马舒建与世界图书公司签订的《图书出版合同》无效。

3.根据最高人民法院发布的《关于审理著作权民事纠纷案件适用法律若干问题的解释》第二十条之规定，出版物侵犯他人著作权的，出版者应当根据其过错、侵权程度及损害结果等承担民事赔偿责任；出版者尽了合理注意义务的，著作权人也无证据证明出版者应当知道其出版涉及侵权的，依民法通则第一百一十七条第一款的规定，出版者承担停止侵权、返还其侵权所得利润的民事责任。世界图书公司在出版、发行《哈佛辩护》、《剑桥辩护》、《法庭之王》图书时，审查了图书文稿内容，著作权人是谁，尽到了注意义务，故世界图书公司应承担停止对《哈佛辩护》、《剑桥辩护》、《法庭之王》图书的出版和对库存书的发行，返还其侵权所得利润的民事责任。对张克林要求世界图书公司赔礼道歉及赔偿损失、合理开支损失的诉讼请求予以驳回。黄河书城虽然有合法的进货手续，不构成侵权,但也应承担停止发行的民事责任。

据此,一审判决:一、被告上海世界图书出版公司在未合法取得《哈佛辩护》、《剑桥辩护》、《法庭之王》图书出版、发行权期间,立即停止对《哈佛辩护》、《剑桥辩护》、《法庭之王》图书的出版、发行。二、被告成都黄河书城立即停止发行《哈佛辩护》、《剑桥辩护》、《法庭之王》图书。三、被告上海世界图书出版公司将因侵权所获得利润72303元返还给原告张克林。四、驳回原告张克林的其他诉讼请求。

本案中搞"一女两嫁"的不是作者本人,而是冒充著作权人的专有使用权获得者马舒建。但对于出版社,不管谁来投稿,都要注意了解作品的既往出版或许可使用情况,切实把住重复出版关。如本案中,虽然法院判决上海世界图书出版公司尽到了审查注意义务,不承担侵权责任,但所签出版合同无效,作品的出版和库存书的发行停止,辛辛苦苦赚得的7万多元利润要返还给作者张克林,出版社在一年半时间里为编辑、印制、发行该三本书付出的劳动全部归零。由此可以看出,上海世界图书出版公司虽然不构成侵权,但比之于四川文艺出版社构成侵权而付出的代价,要惨痛得多。因此,严格防止"一女两嫁",无论责任在谁,对于出版社绝不是一件小事。

第二节 报刊的组稿和征稿

报纸、期刊的侵权问题应当从组稿、征稿工作抓起。

报纸、期刊的稿件来源,一般有本报记者稿、通信员来稿、社外约稿、读者自发来稿、新华社新闻稿、转载稿,以及各类简报、资料等。其中,需要组织的稿件主要是本报记者稿、通信员来稿、社外约稿等，其他则主要依靠向社会征集。

报刊编辑在组稿、征稿中，经常要涉及到作者的著作权；严格执行著作权法的规定，尊重、维护作者的每一项权利，防止发生侵权纠纷，这是当前报刊编辑工作必须解决的重要课题。

一、征稿启事中要有著作权要约

向通讯员和广大读者发出征稿启事，是报纸、期刊普遍使用的组稿手段。刊物通过征稿启事，向通讯员、自由投稿人及广大读者说明征稿的事由、范围，稿件的内容、体裁等写作要求，同时向作者说明稿件的付酬标准等有关著作权事项，以调动其投稿的积极性。

根据我国著作权法第 32 条和著作权法实施条例第 23 条的规定，允许报纸、期刊在使用著作权人的投稿时，可以不采用书面合同形式。据此，在实际中，报刊一般采取默示方式向社会征稿。即刊物通过征稿启事发出合同要约，提出征稿的标准和要求及付酬等项条件，而作者对此征稿启事毋需用语言或者文字表示意见，只需以是否向该刊物投稿来表示其是否接受该征稿要约。刊物如果收到作者的稿件，就等于得到了作者接受征稿要约的合同承诺，于是按征稿启事中的约定，在稿件采用后，双方的合同关系即告成立。此后，该征稿启事就是双方间以默示形式达成的协议，双方间一旦发生纠纷，征稿启事中的约定就是解决纷争的重要依据。因此说，征稿启事既是联系出版者与作者之间的纽带，也是双方之间没有签字但却具有法律效力的合同文书。征稿启事中的各项条款订得好，不但能预防侵权纠纷的发生，而且在纠纷发生后可以有效维护自己的权益。比如——

案例11 马继辉设计公司诉甘肃省旅游局、武威市政府侵权案

2002年4月11日、4月12日,《甘肃日报》、《武威日报》分别在头版刊登了由甘肃省旅游局(以下简称旅游局)和武威市人民政府(以下简称武威市政府)组成的甘肃武威首届天马国际旅游节暨经贸洽谈会组委会(以下简称节会组委会)发出的"天马节会""会徽、会歌、吉祥物创作设计征稿启事"。征稿启事内容为:为展现武威悠久的历史、灿烂的文化、迷人的风采,甘肃省旅游局、武威市政府将于今年8月举办"天马节会",现面向社会征集"天马节会""会徽、会歌、吉祥物"创作设计方案。对会徽的征集要求是构思要独特、寓意要深刻,要有丰厚的文化内涵和鲜明的时代特色,要充分体现武威"开放、开发、合作、发展"的宗旨。会徽、吉祥物设计稿需用手绘或电脑制作彩色效果图,并附设计说明和寓意。节会组委会邀请省内外有关专家组成评委会,进行认真评选奖励。"会徽、会歌、吉祥物"各设一等奖1名,奖金10000元;二等奖1名,奖金2000元;三等奖1名,奖金1000元。稿件一经征用,使用权归组委会。征集时间自启事发布之日起至2002年5月10日。

广州市的美术作者马继辉根据这则征稿启事的要求,设计了会徽的彩色图样,于当年5月的一天投寄给了"天马节会"组委会。

"天马节会"组委会的征稿活动一共收到会徽参赛作品98件。为保证评选的公正性,组委会对参赛作品作了匿名和编号处理,马继辉的参赛作品被编为79号。后经专家组评审,马继辉的79号参赛作品被评为二等奖。鉴于所有会徽参赛作品均不符合组委会的要求,专家评审组建议采取组合设计方案,即将部分参赛作品中好的创意进行组合,形成新的会徽组合方案:图案造型选79号参赛作品即马继辉的参赛作品的"GW"造型、但色彩需作调整;背景选36号参赛作品的空心世界地图图

案和铜奔马造型;同时选93号参赛作品的节会名称的排列形状和顺序。专家评审组将这一新的组合设计方案归纳为7条意见书面提交组委会,同时还建议由79号作品的作者马继辉组织制作。2002年6月15日晚,节会组委会通过电话将专家评审组的7条意见转达给了马继辉。马继辉根据专家组意见按要求将会徽进行了修改,然后以电子邮件通过互联网发给了节会组委会。

2002年6月20日,节会组委会召开新闻发布会,将会徽二等奖授予马继辉。并向马继辉颁发了获奖证书和奖金2000元。2002年8月21日—23日“天马节会”如期举行,由于会徽没有评出一等奖,马继辉的作品作为“天马节会”的会徽在邀请函及武威日报等相关媒体使用。并在之后举行的“天马节会”上连续使用。

2004年6月26日,马继辉给武威市委宣传部写信,要求“按征集公告的承诺付给稿费10000元,现只给了2000元,请按原承诺补付8000元”。武威市委宣传部收信后未作答复。

2004年12月1日,马继辉作为法定代表人向广州市工商局申请注册了广州市马继辉设计服务有限公司(简称马继辉设计公司)。同时,马继辉将其所有创作的作品以书面形式转让给了马继辉设计公司。

2005年10月,马继辉设计公司向兰州市中级人民法院提起诉讼,指控甘肃省旅游局和武威市政府侵犯其会徽图案著作权,请求法院判令两被告立即停止使用该会徽图案,公开登报向原告赔礼道歉,并赔偿损失10万元,承担本案诉讼费用。

兰州市中级人民法院受理该案后,于2006年2月开庭进行了公开审理。

省旅游局和武威市政府在答辩中辩称:2002年4月中旬“天马节会”组委会在《甘肃日报》、甘肃电视台及市内媒体上发布了天马节会会徽、会歌、吉祥物的创作设计征稿启事,启事对会徽设计提出了具体要求,并明确约定,“稿件一经征用,使用权归组委会”。从合同法的角度讲,这是

一种要约行为，而被答辩人的投稿行为是具体的承诺，尤其被答辩人领取奖金和获奖证书的行为，是对答辩人要约条件的完全认可，故答辩人对原告设计的会徽的使用权是双方当事人事先约定的，没有违约行为。答辩人使用的会徽是经专家组提出了具体的七条修改意见，委托原告重新设计后才确定为目前这个图案。根据法律规定现在“天马节会”所使用的会徽，原告只是根据天马节会组委会的委托和具体要求而制作的，并不是具有自己独创性的作品，不应享有著作权。请求依法驳回原告的诉讼请求。

法院认为：马继辉根据节会组委会征稿启事的要求，设计制作了会徽图稿，投稿后经专家评审组评选提出修改意见后，其又根据修改意见对会徽图稿进行了修改。从法律规定看，著作权法保护的是作品的形式，不是构思也不是意见，因此马继辉是“天马节会”会徽以美术设计形式制作作品的创作人，应当享有著作权。

关于两被告辩称马继辉按专家评审组的修改意见对会徽的修改行为，不具有独创性，不应当享有著作权，著作权应归节会组委会的问题。《中华人民共和国著作权法实施条例》第三条规定：“著作权法所称创作，指直接产生文学、艺术和科学作品的智力活动。为他人创作进行组织工作、提供咨询意见、物质条件，或者进行其他辅助活动，均不视为创作。”因此，专家评审组提出的修改意见不是法律规定的直接产生作品的智力活动，其提出的意见还是通过马继辉之手以美术作品的形式完成的。因此两被告的辩护理由不能成立。

关于两被告使用“天马节会”会徽的行为是否构成侵权及是否应当向原告赔偿损失的问题。法院指出：本案双方当事人均无争议的征稿启事中的第四条明确约定：“稿件一经征用，使用权归组委会。”这等于节会组委会在发出征稿启事的要约邀请时，明确提出了使用权的归属问题。马继辉接受该要约邀请，其发出稿件履行要约时也明白这一点。节会组委会收到稿件后组织专家组评审，按照征稿启事给马继辉颁发奖状和奖金，并使用马继辉作品的行为，是法律意义上的承诺，至此双方当事人按照节会组委会的要约邀请完成了全部要约、承诺过程。根据《中华人民共和国合同法》第十五条、第三十六条的规定，应视为马继辉在投稿时向节会组委会转让了会徽的使用权，节会组委会依据征稿启事取得了会徽使用权，也向马继辉支付了报酬。原告请求判令被告停止侵权、赔偿损失、赔礼道歉的诉讼请求，无合同依据也无法律规定，本院不予支持。

据此，2006 年 3 月 23 日，兰州市中级人民法院一审判决：一、“天马节会”会徽的著作权归广州市马继辉设计公司享有；二、驳回广州马继辉设计公司的其他诉讼请求。

一审判决后，原、被告双方均未提出上诉，一审判决生效。

本案的事实充分证明了征稿启事在稿件征集活动中的重要性，足以引起各类征稿者的警惕和重视。案中的甘肃省旅游局、武威市政府，如果他们不是在征稿启事中具体地说明了会徽作品的评审规则和具体的奖励办法及奖金标准，并约定“稿件一经征用，使用权归组委会”，那么，当著作权人提起按一等奖标准补足奖金 1 万元以及赔偿经济损失 10 万元的诉讼官司时，他们很可能要付出不菲的代价。

在报刊出版工作中，有的刊物常常把征稿启事中的著作权问题，错误地简化为仅仅是一个稿酬问题。这是不对的。实际上，由于报纸、期刊与投稿的作者不签订书面合同，这使得双方之间很多需要涉及的著作权问题，都应当在征稿启事中加以约定。因此，如果是一则规范的征稿启事，其中凡是涉及出版者和作者双方之间权利、义务的内容，一定要尽可能地做到详尽、完备、无遗漏。这不但是尊重作者著作权的问题，也是关系到维护自身利益的大事。

那么，究竟有哪些问题，应当在征稿启事中明确约定呢？

一是稿件处理时间问题：著作权法规定，报纸要在收到作者的稿件的 15 天内，期刊要在收到稿件的 30 天内，必须决定是否采用、并将采用的决定通知作者，以便作者在超过这一期限后决定是否将稿件投给另外的刊物;著作权法同时还规定,“双方另有约定的除外”。实践中,不少报纸和期刊嫌15天和30天的时限太短,那么,就可依据著作权法的规定,在征稿启事中将稿件处理时间加以延长。具体的延长情况,有的2个月,有的3个月,有的6个月,均可。

二是限制一稿多投的问题:刊物编辑普遍讨厌作者一稿多投,但著作权法没有明确禁止一稿多投。这样,刊物只能通过征稿启事约束作者的行为。但刊物提出的要约必须符合法律的规定,违法的合同条款是没有法律效力的。比如,刊物可以在本刊物约定的稿件处理时限内,要求作者不得将稿件另投别的刊物,否则,刊物将把已决定采用的稿件撤下,并在今后不再采用该作者的稿件。然而,有的刊物在征稿启事中约定,“在收到我刊收稿回执3个月未收到稿件的处理通知可另投他刊,但要来信(挂号)通知我刊,否则因此造成的后果,要由作者承担责任”。像这样的约定就有违《著作权法》的规定。《著作权法》的“双方另有约定的除外”,指的是对稿件处理时间的约定,不是对作者投稿自由的约定。而且,《著作权法》规定的是没有接到采用通知的,作者可以另投别的刊物,而该刊物却要求作者“未收到稿件的处理通知可另投他刊”,还要寄挂号信通知刊物,否则造成的后果,要由作者承担。法律没有规定作者在超过约定的期限后“另投他刊”还必须用挂号信通知刊物,这是刊物自己在“立法”,作者没有义务履行刊物单方面的“立法”。所以,什么由此造成的后果由作者承担之类的话,只能是自言自语的空话,并无实际意义,因为他没有法律依据,不会得到法院的支持。

三是杜绝抄袭剽窃问题:抄袭剽窃不但败坏学术风气,侵害原作者利益,而且极易引发侵权纠纷。刊物应当在征稿启事中明确约定:来稿中不得有抄袭剽窃等侵犯他人著作权的行为,否则,由此给刊物成的经济损失要由作者承担。这样的免责条款虽然不能免除刊物的侵权连带责任,但对作者有提醒和警示作用,而且在事后,刊物还可据此约定向作者追索赔偿。

四是稿酬问题:《著作权法》第27 条规定:使用作品的付酬标准可以由当事人约定,也可以按照国务院著作权行政管理部门会同有关部门制定的付酬标准支付报酬。获得报酬是著作权人一项重要的经济权利,但具体付酬情况可由双方约定。报刊编辑部一般都是通过征稿启事进行约定。在刊物的征稿启事明确提出自己的付酬标准的情况下,作者仍向该刊物投稿的,即可视为对约定付酬标准的认可。

五是信息网络传播权的问题：以有线或无线方式向公众提供作品,使公众可以在其个人选定的时间或地点获得作品的权利,叫做信息网络传播权。当今,随着计算机网络的快速普及和发展,利用网络来传输和获取信息已成为人们生活中的一项重要内容。刊物上网也已成为扩大其影响的重要途径。而刊物作为汇编作品,其享有的是汇编作品著作权,但组成汇编作品的各个单个作品的原创著作权则归原作者独立享有。《著作权法》规定,汇编著作权人在行使权利时,不得侵犯原作品的著作权。为此,刊物在与其他网络公司或数据库制作者签订上网或入选数据库协议时,应当在征稿启事中以如下文字明确说明:本刊已加入 XX 光盘版、XX 网或 XX 数据库,来稿一经刊登即同时在 XX 学术光盘版和 XX 网及 XX 数据网等网络版上发表,作者著作权使用费与本刊稿酬一次性给付。作者若有异议务请来稿时特别说明;在来稿中没有说明不同意见的,视为本刊获得许可使用的授权。刊物在通过征稿启事发出这样的要约后,就可避免因没有获得原创作品著作权人的许可而引发纠纷。

六是期刊参考文献问题:任何作品都不可能凭空产生,都是在前人工作基础上加上自己日常积累而完成的。因此,作者在作品创作过程中必定要参考他人已发表作品的有关数字、思想、甚至专利的有关内容来说明或评论有关问题。按照《著作权法》的规定,适当引用他人作品并在文后指明作者姓名、作品名称和出处等,属于合理引用,不构成侵权。对于学术著作,认真标注参考文献是学术规范的基本要求。因此,期刊出版者在征稿启事中,应当要求作者将参考或者引用他人成果的部分,必须

以参考文献方式标出。这样的做法既是尊重他人著作权的具体体现,还能避免侵权问题的发生。

七是退稿问题:著作权法没有规定报纸、期刊要给作者退稿,所以,刊物对于不予采用的稿件无需给作者退稿。但有的作者强烈要求退稿,并在投稿时特别予以注明,有的还希望说明不采用的原因。也有的刊物为了体现对作者及知识产权的尊重,愿意承诺退回作者的手写原稿。总之,不管退还是不退以及怎么退,在征稿启事中表明刊物的态度,也是可以的,有利于避免不必要的麻烦。

此外,还有作者署名问题,作品修改问题,版面费问题,样刊问题,等等,都应当通过征稿启事向作者发出邀请要约。

二、转载、摘编其他报刊发表的作品要注意有无著作权人声明

报纸、期刊在转载、摘编其他报刊发表的作品时存在的一种错误倾向是,不注意作品的著作权人声明。我国《著作权法》在规定了法定许可使用制度的同时,还规定了著作权人声明制度。即在规定每一种法定许可使用时,都附带有"除外情形",如第32条中的"除著作权人声明不得转载、摘编的外"就是。

这种著作权人声明制度,是为了在限制著作权人的专有权利时,不忘赋予著作权人对其作品的控制权;让著作权人有权通过预先声明的方式,自主地排除法律推定其同意作品被再传播的可能,从而使著作权人始终保持着对作品的专有权,他人无法以法定许可使用作为其有意侵权使用的抗辩,这样既维护了著作权人的合法权益,也实现了公共利益和个人利益的平衡。

基于这一规定,报纸、期刊在转载、摘编其他报刊发表的作品时,一定要注意有无著作权人的声明。如果作者在作品发表时或者发表后,特别声明该作品不得转载、摘编的,那么,从声明之日起均不得转载或摘

编。否则，就是侵权行为。比如——

案例12 魏肇权诉作家出版社等侵犯著作权案

2001年2月19日，魏肇权在《法制文萃报》发表了《八届七中全会期间"江青匿名信案"》(以下称《匿名信案》)一文，全文约7800字，末尾写明"作者依法声明：谢绝转载、摘编，违者视为侵权"。2001年3月13日，作家出版社在其主办的《作家文摘》报上经删节摘编了《匿名信案》一文，计3690字。该转载、摘编行为被发现后，魏肇权向上海市第二中级人民法院提起诉讼，控告作家出版社侵犯著作权。2002年4月25日，上海市第二中级人民法院对此案作出一审判决，认定作家出版社的此一转载、摘编行为构成著作权侵权，判令作家出版社立即停止侵权，公开赔礼道歉，并赔偿了经济损失。一年多之后，魏肇权发现作家出版社又将此3902字的《匿名信案》一文摘编稿收入《作家文摘》合订本第67期出售，当即在上海东方书报刊服务有限公司(以下简称东方书刊公司)购买了该合订本。2004年初，魏肇权再次向上海市第二中级人民法院起诉了作家出版社。魏肇权诉称：被告作家出版社将此摘编稿收入《作家文摘》合订本第67期出售的行为，再次构成对原告著作权的侵权。据此，请求法院判令：1.被告立即停止侵犯原告著作权的行为；2. 被告就侵权事实在《新民晚报》、《新闻出版报》、《作家文摘》之法院指定位置刊登《道歉启事》；3.被告赔偿经济损失人民币5000元；4.支付打字及复印费75元；5.被告上海东方书刊公司停止销售《作家文摘》合订本67期。

被告作家出版社在向法院递交的书面意见中辩称：2002年4月，法院认定我社在《作家文摘》报上刊登原告作品《匿名信案》一文的摘编稿的行为构成著作权侵权之后，我社已认真执行了法院的判决。现原告在近两年之后就该一行为再次提起诉讼，是旧事重提，意在获得多次赔偿。

而且,2002年在法院的(2002)沪二中民五(知)初字第14号案的民事诉状送达之前,我社已将刊登有原告作品《匿名信案》一文摘编稿的《作家文摘》合订本第67期送交印刷,故不可能再作更动。因此,我社并无侵权故意,请求法院作出公正裁决。

法院经过审理查明事实后,于2004年6月25日对该案作出一审判决。

法院认为:公民对其创作的作品,依法享有著作权。作品刊登后,著作权人声明不得转载、摘编的,其他报刊不得转载、摘编,否则即构成著作权侵权。原告魏肇权作为《匿名信案》一文的作者,对上述文字作品享有的著作权受法律保护。在刊登上述文字作品的《法制文萃报》上,原告明确声明不得转载、摘编该作品。被告作家出版社在明知有原告声明的情况下,未经原告许可,在其出版、发行的《作家文摘》合订本第67期上摘编了原告作品《匿名信案》一文,且未向原告支付报酬,被告作家出版社的上述行为构成对原告的著作权侵害。鉴于2001年3月13日的《作家文摘》报与本案中的《作家文摘》合订本第67期是两个不同的汇编作品,本院2002年对前一行为的判决处理,并不影响原告在本案中就被告后一行为主张权利,本院对于原告的诉讼请求,予以支持。

据此,上海市第二中级人民法院一审判决:一、被告作家出版社停止对《八届七中全会期间"江青匿名信案"》一文著作权的侵害;二、被告作家出版社在《作家文摘》报上刊登启事向原告魏肇权赔礼道歉;三、被告作家出版社赔偿原告魏肇权经济损失人民币1920元;四、对原告魏肇权的其他诉讼请求不予支持。

一审宣判后,双方均未提出上诉,判决生效。

本案中作家出版社的错误是明显的,《匿名信案》一文发表时,文后清清楚楚地写明,"作者依法声明:谢绝转载、摘编,违者视为侵权"的字样,他们却视而不见,擅自转载、摘编。这种无视法律规定的法盲行为,当然要受到法律的惩处。从案中看,他们对第一次的吃官司也无话可说。然而到2004年，由于这一转载行为又被作者告上法庭时，他们显然是既想不到，又不服气。但正如法院在判决书中指出的，刊登转载、摘编作品的报纸和收录有该作品的合订本是两个不同的汇编作品，是同一作品的两次使用，当然构成了二次侵权，为此再吃官司也就理所应当。至于他们提出的接到法院传票时合订本已交付印刷、来不及撤稿的说法，只能是一种苍白无力的辩解，谁叫你不学法、不懂法，不及早撤除呢？当然，由于一次转载、摘编作品，两次吃官司，两次赔偿损失，确实有点惨，但这只能作为一次教训，深刻地铭记在心，使得今后再转载、摘编时，就会“长一智”了。

三、转载、摘编其他报刊发表的新闻作品要注意审查核实

我国《著作权法》第32条规定，著作权人的作品在报纸、期刊刊登后，“除著作权人声明不得转载、摘编的外，其他报刊可以转载或者作为文摘、资料刊登，但应当按照规定向著作权人支付报酬”。《著作权法》的这一规定通常叫法定许可使用。这种制度的设立虽然限制了著作权人的部分权利，但有利于作品的快速、广泛地传播，对社会有利。

在转载、摘编其他报刊发表的作品时，不少报纸、期刊存在一种错误倾向，只注重对作品内容新闻性、可读性的选择，却忽视对其内容的真实性等问题的审查，认为转载、摘编的作品原刊物已经审核过了，吃现成饭就行了，无需重复。这种错误认识和做法，等于放弃自己的把关职责，是一种不负责任的失职行为。其结果是，一旦别人出错，自己跟着犯错。尤其是内容失实的新闻作品，无论对当事人还是对社会，都会造成很大的负面影响，从而会给刊物带来严重的后果。比如——

案例13 陈家镛诉科学中国人杂志社和光明日报社侵权案

2005年1月,《科学中国人》杂志社编辑在当月26日的《中华读书报》上读到一则题为《2004年:中国科学界的损失》的报道,内容是:中国科学院资深院士陈家镛,于2004年8月15日逝世。《科学中国人》杂志社认为,科学院院士去世,这是科学界的一件大事,《科学中国人》杂志理应报道。于是,他们就依据这条消息,制作了一篇题为《2004:陨落的巨星(续)》的短文,登在他们刊物的2005年第3期上。同时,还配发了陈家镛的照片。没想到,这一期刊物发出不久,杂志社就接到陈家镛院士的家人打来的电话,质问他们凭什么捏造陈家镛去世的报道,老人活得好好的,他们这样做是什么目的?

这个电话把《科学中国人》杂志社一下子给搞瞢了,怎么这是一条假消息啊?他们立刻给《中华读书报》打电话联系,对方告诉他们,确实搞错了。

原来,2004年8月15日是有一位中科院院士去世了,也姓陈,但不是陈家镛。可《中华读书报》的一名记者得到这一信息时没有去采访核实,就主观猜想是陈家镛先生,随即将此消息发回报社。报社编辑收到后也未进行核实,就在该报刊登了。报纸一出,立刻接到陈家镛院士家人的抗议电话,他们才知道闯祸了。当即于第二天——2005年2月2日的《中华读书报》上刊登了《致歉声明》:"本报2005年1月26日第5版内容,未经中国科学院有关部门审核,发生了严重错误。这一错误,对陈家镛先生及家人造成了严重伤害。为此,我们向陈家镛先生及家属致以深深的歉意。"接着,为了弥补给陈家镛先生造成的损害,他们又赶写刊发了《陈家镛:无火炼真金》一文,全面介绍陈家镛老先生的生平事迹。可惜的是,他们的《致歉声明》和这篇补救文章,《科学中国人》杂志社竟然没有看到，导致他们在3月5日出版的第3期刊物上又以文字配发照片的方式来了个第二次误报。

《科学中国人》杂志社为弥补过错，立即以书面形式向陈家镛院士致歉，并组织力量采写了《点石成金——记中国科学院院士陈家镛》一文，连同《致歉声明》一并刊登于4月5日出版的第4期《科学中国人》杂志上。

再说陈家镛先生，本来在获悉《中华读书报》误报他去世一事就非常气愤，情绪受到极大伤害，可刚过一个月，还未缓过劲来，又冒出个《科学中国人》杂志，第二次向社会宣布他去世了。这使八十多岁高龄的老先生怎么也无法接受，于是，就把《科学中国人》杂志社告到海淀区人民法院。

陈家镛先生向法院诉称：我虽年逾八十但身体尚好，现还在上班，为科教兴国出力。《中华读书报》竟然在2005年1月26日刊登照片声称我于2004年8月15日去世，我认为这是有人在诅咒自己，非常气愤。在2005年2月2日《中华读书报》刊登《致歉声明》后，《科学中国人》杂志社又在2005年第3期第75页刊登《2004：陨落的巨星(续)》一文并配发我的照片，向全社会宣告我于2004年8月15日去世，因为我是中国科学院资深院士，这次误报惊动整个学界，严重损害我的声誉，给我及所在单位造成严重影响，使我精神遭受损害。请求法院判决：1.《科学中国人》杂志社承担恢复名誉、消除影响的民事责任；2.《科学中国人》杂志社赔偿精神抚慰金5万元。

作为被告的《科学中国人》杂志社在答辩状中称：刊登陈家镛去世的消息，是从《中华读书报》得知的，不是主观故意，而是因工作失误造成的。事后我社已尽力采取了补救措施，尽量收回涉诉的第3期杂志，尽量对陈家镛造成的损害予以补救。我社曾经多次提出向陈家镛当面道歉，均被拒绝。

北京海淀区人民法院经过审理后，于2005年6月23日作出了一审判决。法院认为：依据《最高人民法院关于确定民事侵权精神损害赔偿责任若干问题的解释》第一条第二款的规定，“违反社会公共利益、社会公德、侵害他人隐私或者其他人格利益，受害人以侵权为由向人民法院起诉请求赔偿精神损害的，人民法院应当依法予以受理”。《科学中国人》杂志社作为《科学中国人》的出版发行单位负有对文章内容进行审核的义务，其未经审核即载文报道陈家镛去世，并配有陈家镛的照片，该报道严重失实，足以造成对陈家镛人格利益的侵害。依我国文化传统、道德观念和民间习俗，忌讳谈论生者的死亡，尤其对年长者更属不敬。称生者死亡不但会引起周围亲朋的不安，也会使生者因此承受巨大的压力，并在精神上产生焦虑、烦恼。这种过错行为会对人格利益造成一定的损害的观点被一般社会公众所认同。陈家镛系我国中国科学院院士、化学工程学家，现年 84 岁高龄，其具有较高的知名度和社会影响，称其死亡的虚假消息的发布，足以给其带来比一般常人更严重的损害，尤其上述行为足以严重损害其身心健康，使其承受巨大精神痛苦，故而应予精神赔偿，使侵权者足以为戒，使受害者得到抚慰救济。但考虑到《科学中国人》杂志社已向陈家镛书面致歉，在《科学中国人》杂志上公开致歉并刊登正面宣传陈家镛的《点石成金——记中国科学院院士陈家镛》一文，故而应视为《科学中国人》杂志社在诉讼前及时采取适当的救济手段，承担了恢复名誉、消除影响的民事责任，对此行为予以认可，其不必再承担上述责任。但被告的救济行为，不足以完全抚慰被侵权人陈家镛，故综合侵权人的过错程度、侵权行为性质、侵权行为所造成的后果和侵权人的经济能力、本地经济生活水平，判决被告向原告赔偿精神抚慰金 3 万元。

一审判决后，原、被告双方均未上诉。

在起诉《科学中国人》杂志社之后不久，陈家镛先生也把《中华读书报》的主办单位《光明日报》社告上了北京市崇文区人民法院。2005 年 7 月 12 日，北京市崇文区人民法院以同样的理由对案件作出一审判决，判令《光明日报》社赔偿陈家镛先生精神抚慰金 2.5 万元。

至此，误报“巨星陨落”事件引出的两场官司以两家媒体分别作出精神损害赔偿画上句号。

本案中两家刊物误报陈家镛院士去世一事，属于典型的假新闻。之所以会发生这样的错误，就《中华读书报》说来，是记者采访不实、编辑把关不严造成的；而对于《科学中国人》杂志社，则在于他们对转载作品不加审查核实之故。其实，对转载的作品进行必要的审查，并不是一件多么难的事，毕竟有原刊物的审核可供参考或借鉴，只需给对方打个电话询问一下其审核情况，即可基本解决问题：如果对方有确切的依据，即可放心转载；如果认为对方的审核有疏漏，或者自己再行审核，或者放弃转载均可。所以，当前一些不实新闻被广为传播的情况，关键在于不少转载的刊物思想上的麻痹，他们根本就没有想到还要进行必要的审查核实。例如本案中的《科学中国人》杂志社，如果他们在转载陈家镛去世消息的刊物出版前的长达一个月的时间里，能给《中华读书报》打个电话了解一下该条消息的准确情况，还会有后来的又是赔礼道歉，又是吃官司，最终还要赔偿 3 万元精神损失费等一系列的麻烦吗？

四、连载或选载已出版的作品要获得授权

在报纸、期刊上连载畅销图书，或选择名著、名篇的部分内容甚至全文予以刊登，这是刊物进行版面策划和组稿时常用的方法，目的是丰富刊物内容，增强可读性。但是，这些连载或选载的图书内容，除了已过著作权保护期的作品外，其他作品在使用时必须获得著作权人的许可；并要注意审查著作权人与享有该图书专有出版权的出版社签订的出版合同，如果在合同中该作品的连载权已授予出版社专有使用，则要获得出版社的同意，否则，就会侵犯作者或者出版社的权利。有的出版者认为，报纸、期刊享有转载、摘编的法定许可权利，只要过后支付报酬，可以连载或者选载图书内容。这是错误的。报刊享有的法定许可权利的适用对象，仅限于在报刊上发表的作品；没有在报刊上发表的作品，事先不经许

可就擅自转载、摘编，必然构成著作权侵权。

还要指出的是，时下不少刊物喜欢和企业合作搞"冠名连载"，即刊物出版面，企业支付连载作品的使用费；作品连载时，在版面中加入企业的名称或标识。这样，既能宣传企业品牌，扩大其影响，又能使刊物减少支出，降低成本，可谓两全其美。但是，对于这样的连载作品，刊物出版者也要尽到审查把关义务，要保证作品事先取得了有关权利人的授权，否则，一旦引发侵权纠纷，刊物就要承担侵权责任。比如——

案例14 李亚玲诉甘肃信息时空报社等侵犯著作权案

2005年1月，成都商报社记者李亚玲创作完成的长篇小说《最后一页——复仇玩偶》(以下简称《最后一页》)，在北京知识出版社出版。该小说全书共24章、19万字，出版后受到社会欢迎，总计发行2万册。

2005年3月17日，兰州大地图书发行有限公司(以下简称大地公司)以其下属的广场书城(该书城已注销)作为甲方，与作为乙方的甘肃信息时空报社签订《合作协议书》。协议书第二条约定："乙方在《信息时空报》开辟图书连载专栏，刊登最优秀的畅销类图书，连载图书由甲方提供。有关连载图书的版权问题由甲方全权负责。""连载图书"的版面刊登有关"广场书城"标识的图、字等内容。2005年9月19日，甘肃信息时空报社又与甘肃纸中城邦书业有限公司(以下简称纸中城邦公司)联系并签订《合作协议书》，协议书第三条约定："乙方信息时空报社负责制作由甲方独家冠名的连载版面，并由乙方选择刊载优质图书内容。甲方为乙方提供连载版面的图书及相应版权。乙方在每期连载版面中显示甲方诸如纸中城邦公司的标志、纸中城邦协办、纸中城邦具体地址、电话及相关联系方法等冠名内容。"

从2005年7月6日开始，信息时空报社在其发行的《信息时空报》

上分期连载李亚玲创作的小说《最后一页》，并配有该书的封面图，载明作者为冷香暗渡（李亚玲网名）。前期连载的版面左上角文字说明“本书由广场书城提供”，并注明广场书城的地址和网址等内容。后期连载的版面说明“本书由甘肃纸中城邦图书广场提供”，版面正中有“纸中城邦图书广场”大字，并注明了地址及电话等内容。

2005 年 11 月初，作者李亚玲发现了《信息时空报》连载自己的小说《最后一页》，随及向《信息时空报》提出交涉。信息时空报遂于 2005 年 11 月 16 日停止连载。此时，该小说已连载 19 期，计 10 余万字。李亚玲认为信息时空报未经许可连载其小说的行为，侵犯其著作权。2006 年 3 月 23 日，她向兰州市中级人民法院提起诉讼，请求法院判令被告：1.向原告书面赔礼道歉；2.向原告支付赔偿金 5 万元，并负担为制止侵权支出的合理费用 8 千元；3.承担本案的诉讼费用。

兰州市中级人民法院受理立案后，经被告信息时空报社申请，追加大地公司、纸中城邦公司为该案第三人。经过审理查明事实后，于 2006 年 9 月 28 日作出一审判决。

法院认为：被告信息时空报社未经著作权人李亚玲同意，也未认真审查第三人提供的图书，擅自复制连载小说《最后一页》一书，侵犯了原告所享有的复制、发行及相应的获得报酬权，应当承担公开赔礼道歉、赔偿经济损失的侵权责任。第三人大地公司、纸中城邦公司在未取得原告李亚玲授权的情况下，为信息时空报提供小说《最后一页》供连载，其行为亦构成侵权，应承担相应的民事责任。据此，一审判决：一、被告甘肃信息时空报社、第三人兰州大地公司、第三人甘肃纸中城邦公司以书面形式向原告李亚玲公开致歉、消除影响；二、被告甘肃信息时空报社、第三人兰州大地公司、第三人甘肃纸中城邦公司赔偿原告李亚玲各项经济损失 23500 元。其中甘肃信息时空报社赔偿 9400 元，第三人兰州大地公司、甘肃纸中城邦公司各赔偿 7050 元。上述赔偿数额被告和第三人互负连带责任；三、驳回原告李亚玲的其他诉讼请求。

一审宣判后，甘肃信息时空报社不服，提起上诉。其主要上诉理由是：1.原审认定事实不清，确定赔偿数额过高。2.两个第三人在《合作协议书》中承诺保证解决版权问题，故本案侵权责任应由两个第三人承担。

甘肃省高级人民法院受理上诉后，于2007年3月7日公开开庭进行了审理。

甘肃高院指出：上诉人信息时空报社作为向社会公开发行的报纸，应当负有相对于一般公众而言更加严格的对著作权的注意义务，其以协议约定由第三人提供版权为由而疏于履行注意义务构成主观方面的过错。况且，协议约定由第三人提供版权，上诉人在没有审查第三人是否取得著作权人授权的情况下即轻率刊载，也是其疏于履行必要的注意义务的体现，故原审认定上诉人的行为构成侵权并无不当。两第三人为宣传之目的向上诉人提供被上诉人创作的小说用于刊载，刊载前未取得作者的授权，刊载后也未取得作者对许可使用的追认，主观上具有侵权的故意，客观上实施了侵权行为，原审认定两个第三人构成共同侵权也无不当。其陈述不构成侵权的理由缺乏事实和法律依据，本院不予支持。

据此，2007年4月6日，甘肃省高级人民法院终审判决：驳回上诉，维持原判。

从本案中的情况看出，甘肃信息时空报社是知道连载作品应当解决版权问题的，但他们以为通过《合作协议书》中约定由冠名企业承担连载图书的版权问题，就可以免除自己的责任，这是错误的。报纸、期刊出版者对自己所编辑出版物的审查把关义务，是必须履行的法定义务，刊物想通过签订一纸协议，就把应当由自己履行的义务转嫁给他人，这是不可能的。《合同法》明确规定，合同或协议内容必须符合相关法律的规定，否则该合同内容无效。何况，协议书只是约定由对方解决版权问题，至于是否解决了，这一注意义务仍然是出版者的。还有，即使合同内容合法，也只对签订协议的甲、乙双方有约束力，对第三方则是无效的。因此可以这样说，只要是刊登在报刊版面上的作品，刊物出版者都必须尽到审查把关义务，否则，就要承担侵权连带责任。

五、使用互联网上的作品必须获得作者许可

当前，在互联网迅速普及的时代，网络媒体已与报纸、期刊等传统纸媒体共同成为社会大众的信息提供者，二者之间相互使用部分新闻信息与作品已是不可避免的事。但是，作为传统媒体的报纸、期刊，在使用网络媒体的信息与作品时，除时事新闻和已进入公有领域的作品之外，使用其他作品一定要事先获得作者的许可。不经许可，借口转载、摘编而先使用后付酬的做法，属于著作权侵权行为。

在我国，网络媒体是从20世纪90年代中期兴起的。2000年12月，最高人民法院发布了《关于审理涉及计算机网络著作权纠纷案件适用法律若干问题的解释》(以下简称《网络司法解释》)，该司法解释中的第三条规定："已在报刊上刊登或者网络上传播的作品，除著作权人声明或者报刊、期刊社、网络服务提供者受著作权人委托声明不得转载、摘编的以外，在网络进行转载、摘编并按有关规定支付报酬、注明出处的，不构成侵权。"

2003年12月23日，最高人民法院对该《网络司法解释》进行了第一次修订，修订后的第三条改为："已在报刊上刊登或者网络上传播的作品，除著作权人声明或者报社、期刊社、网络服务提供者受著作权人委托声明不得转载、摘编的以外，在网络进行转载、摘编并按有关规定支付报酬、注明出处的，不构成侵权。但转载、摘编作品超过有关报刊转载作品范围的，应当认定为侵权。"

以上最高人民法院两次发布的《网络司法解释》，均对2001年10月修订前和修订后的新、旧著作权法第32条规定的法定许可的适用范围，做了两个方面的扩大：一是将报刊刊登作品的法定许可扩大到网络环境下，即除了报刊转载或摘编其他报刊刊登的作品外，网站也可以转载、摘

编其他报刊刊登的作品。二是将法定许可作品的范围扩大到除了报刊刊登的作品外,包括在网络上面刊登的作品。但应当注意的是,《网络司法解释》的扩大仅仅限于网络转载、摘编其他报刊和网站刊登的作品。有人将《网络司法解释》的扩大理解为报刊也可以直接转载、摘编网络上发表的作品,这是不对的。无论 2000 年 12 月发布的《网络司法解释》,还是 2003 年 12 月第一次修订后发布的《网络司法解释》,都没有报刊可以直接转载、摘编网络作品的内容。

2006 年 7 月 1 日,国务院制定颁布的《信息网络传播权保护条例》正式实施,条例中明确规定,任何组织或个人将他人的作品,通过信息网络向公众传播,应当取得权利人许可,并支付报酬,任何不经许可通过信息网络传播他人作品,或者应当支付报酬而没有支付报酬的,都属于侵犯著作权人信息网络传播权的行为。这就是说,《信息网络传播权保护条例》否定了此前最高人民法院《网络司法解释》第三条的规定。因此,根据《信息网络传播权保护条例》的规定,同年 12 月 7 日,最高人民法院再次对其发布的《网络司法解释》进行了修订,此次修订后的《网络司法解释》,完全删除了原司法解释第三条的内容。从此,网络媒体曾经依据最高人民法院《网络司法解释》享有的转载、摘编在报刊、网络上发表的作品的法定许可被完全取消了。至于报纸、期刊转载、摘编网络上的作品,从来就不在法定许可使用的范围之内,这一点报刊出版者一定要明确。如果报纸、期刊不经著作权人许可直接转载、摘编在网上发表的作品,必然构成侵权。比如——

案例 15 常宇诉现代快报社著作权侵权案

20 世纪 90 年代初,北京市青年作者常宇,创作了小说《风往南吹》。该小说创作完成后,作者先将其上载到“黄金书屋中文网站”发表。2001

年 11 月 19 日，常宇又与中国工人出版社签订《图书出版合同》，约定中国工人出版社享有在中国内地地区出版发行《风往南吹》小说的专有出版权，并约定作者署名为“淹死的鱼”，合同有效期 6 年。2002 年 1 月，《风往南吹》一书在中国工人出版社出版，首次印制 1 万册，每册字数 30 万，定价 22.80 元。

2002 年 4 月，江苏南京现代快报社主办的《现代快报》，未经作者许可，从“黄金书屋中文网站”上下载了小说《风往南吹》，并对其进行了文字性改动和删节，在保留原小说的主要情节、人物、冲突和构思等精华部分的基础上，删到剩约 5 万字。从 2002 年 4 月 19 日至 5 月 12 日，他们分 24 期在《现代快报》上连载该小说，作者署名为“淹死的鱼”。连载过后，现代快报社向常宇邮汇稿酬 2500 元，因汇款时将收款人填成“常羽”，致常宇未能从邮局收取稿酬。2002 年 8 月 12 日，常宇以现代快报社侵犯其著作权为由，向南京市中级人民法院提起诉讼。

常宇诉称：被告现代快报社未经原告许可，擅自对原告创作的小说《风往南吹》进行删节、修改，并在其主办的《现代快报》上连载，侵犯了我对《风往南吹》作品的著作权，给我造成了不良影响和财产及精神损失。请求法院判令被告消除影响、赔礼道歉，赔偿经济损失 21 万元、精神损失 6 万元，并承担因诉讼而产生的一切费用。

现代快报社辩称：我社编辑是从“黄金书屋中文网站”下载原告的作品，该网站没有注明“未经允许不得转载”字样；在转载过程中，我社取得了常宇的许可，并在转载后按规定及时支付了稿酬。限于篇幅，报纸转载小说作品进行必要的缩减是行业惯例，我社没有故意歪曲原作品的内容；我社没有通过转载常宇的小说获利，赔偿损失无事实和法律依据。请求法院依法驳回常某的诉讼请求。

南京市中级人民法院经过审理查明事实后，于是 2002 年 12 月 12 日对该案作出一审宣判。

法院认为：本案《风往南吹》小说是常宇独立创作完成。工人出版社出版的《风往南吹》小说文字作品与在"黄金书屋中文网站"传播的《风往南吹》数字化作品是同一作品，著作权均归常宇享有。

现代快报社辩称转载的作品来源于"黄金书屋中文网站"，但并未提供相关证据证明这一事实。即使其转载的是原告常宇在网上发表的作品，如果未经常宇许可，也是为法律所不允许的。所谓法定许可使用，是指根据法律的规定，以特定的方式使用已发表的作品，可以不经著作权人许可，但应向著作权人支付使用费，并尊重著作权人的其他权利的制度。根据《中华人民共和国著作权法》第三十二条第二款规定，作品刊登后，除著作权人声明不得转载、摘编的外，其他报刊可以转载或者作为文摘、资料刊登，但应当按照规定向著作权人支付报酬。最高人民法院《关于审理著作权民事纠纷案件适用法律若干问题的解释》第十七条规定，著作权法第三十二条第二款规定的转载，是指报纸、期刊刊登其他报刊已发表作品的行为。最高人民法院的《网络司法解释》第三条规定，已在报刊上刊登或者网络上传播的作品，除著作权人声明或者上载该作品的网络服务提供者受著作权人的委托声明不得转载、摘编的以外，网站予以转载、摘编并按有关规定支付报酬、注明出处的，不构成侵权。由此可见，转载的法定使用许可范围是受到法律及司法解释的严格限制的，不能对其进行扩大化的解释，报纸转载非报刊刊登的作品不在法定使用许可的范围之内。因此，有关转载的法定使用许可的规定并不适用本案。无论常宇是否提出禁用声明，也无论现代快报社转载的是工人出版社出版的还是"黄金书屋中文网站"传播的小说《风往南吹》，现代快报社均应取得常宇的许可。现代快报社认为常宇未声明不得转载，其可以依法转载使用的辩解不能成立，本院不予采纳。

现代快报社未经常宇许可，擅自在其主办的登有商业广告的报纸上连续转载《风往南吹》小说作品，为其商业目的扩大了作品的传播范围，侵犯了常宇的作品复制权和获得报酬权。同时，常宇与现代快报社之间并无签订许可使用合同，也未向《现代快报》投稿，故现代快报社无权对常宇的作品进行任何修改。现代快报社对常宇的《风往南吹》作品进行的擅自修改、删节，侵犯了常宇的修改权和保护作品完整权。因此，现代快报社应依法承担侵权责任，消除影响，向常宇公开赔礼道歉，赔偿由此给常宇造成的合理的经济损失。

对于常宇的赔偿请求，法院指出：虽然保护作品完整权是作者的人身权利，现代快报社擅自删节常宇的《风往南吹》作品，构成了对常宇的精神损害，但精神抚慰金并非弥补精神损害的唯一方式。根据《最高人民法院关于确定民事侵权精神损害赔偿责任若干问题的解释》第八条规定，判令侵权人赔偿精神抚慰金的法定条件是造成严重后果。从本案现代快报社的侵权情节及后果考虑，判令现代快报社公开赔礼道歉，已足以抚慰常宇所受精神损害及消除不良影响。故本院对常宇所诉赔偿精神损失 6 万元的请求不能支持。至于经济损失赔偿，常宇所选择的计算财产损失方法是现代快报社的侵权获利，即以《现代快报》的发行量 70 万份乘以该报的每份零售价 0.30 元，但《风往南吹》的每期连载仅占《现代快报》全部版面的一小部分，该计算方法并不能准确地反映现代快报社使用常宇作品的实际获利状况。故本院对于常宇主张的 21 万元的赔偿请求不能全部支持。

据此，南京市中级人民法院一审判决：一、被告现代快报社在其主办的《现代快报》上刊登声明向原告常宇公开致歉；二、被告现代快报社赔偿原告常宇经济损失共 5 万元；三、驳回原告常宇的其他诉讼请求。

一审宣判后，现代快报社不服，向江苏省高级人民法院提出上诉。江苏省高级人民法院经过审理后终审判决：驳回上诉，维持原判。

本案的初审和终审判决都是在最高人民法院的《网络司法解释》于 2000 年 12 月发布之后作出的。如果真的如有人错误认为的那样，最高人民法院的《网络司法解释》将报刊的法定许可扩大到了可以转载、摘编网络上的作品，那么，现代快报社在本案中还会被法院判决侵权吗？因此，本案的两审判决充分证明了，报纸、期刊享有的法定许可权利，仅限于转

载、摘编其他报刊上发表的作品，任何将其扩大解释为可以转载、摘编网络上的作品的说法，都是毫无根据的误传。正如法院判决中指出的："转载的法定许可使用范围是受到法律及司法解释的严格限制的，不能对其进行扩大化的解释，报纸转载非报刊刊登的作品不在法定使用许可的范围之内。"有鉴于此，报刊出版者在组稿和安排版面时，一定要注意发表在互联网上的作品，不经作者许可是不能擅自使用的。

第二章 

在图书书稿审查中防止侵权

ZAITUSHUSHUGAO SHENCHAZHONGFANGZHIQINQUAN

Chapter two

在书、报、刊的编辑出版工作中，审稿是非常重要的一环。稿件的导向问题、质量问题、侵权问题，都要通过稿件审查达到把关的目的。

一般而言，书、报、刊的审稿工作无论内容上还是要求标准上，基本都是相同的。不同之处在于，图书书稿经过审查后，要进入下一个流程——签订出版合同，只有和作者签订合同后，才算正式决定出版；而报刊的审稿工作则直接决定稿件是否采用，无需和作者签订合同。这就使报刊的审稿工作，实际上包含了图书审稿和签订合同两个阶段的内容。鉴于此，我们将图书和报刊的审稿工作分成两章叙述，这样比较切合二者不同的工作情况和特点。其次，无论图书还是报刊的审稿工作，都需要对稿件中的图片

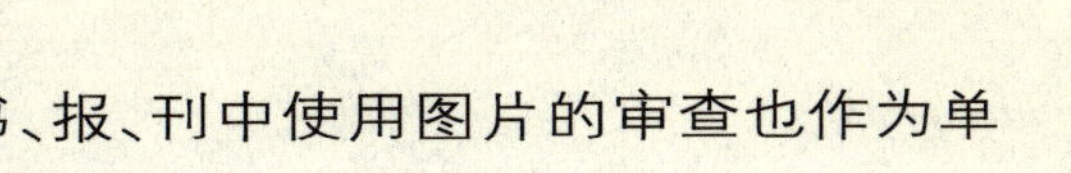

进行审查。为此，我们将书、报、刊中使用图片的审查也作为单独一章介绍，这样能避免重复。

鉴于图书审稿工作的许多内容，在和作者正式签订出版合同时还需进一步审查落实，比如涉及著作权等权利的许可授权手续，在正式签订合同时必须齐备，并要进一步审查其具体内容是否符合要求。这就使书稿审查和合同审查中的诸多内容不可避免地存在重叠。为避免叙述上的重复，一部分在签订合同时必须再作审查的项目，本章从略。

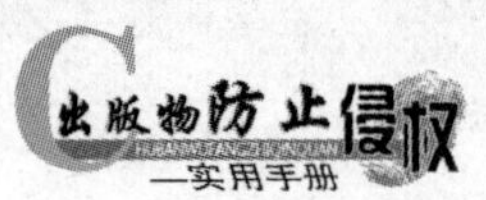

第一节 著作权审查

书稿的侵权审查,首先是著作权审查。著作权审查一般包括著作权人权利审查,作品署名审查,书稿内文审查等几个方面。如上所述,由于著作权人权利与作品署名审查两项内容,合并到出版合同审查一章,本节主要介绍如何审查书稿内文中的侵权问题。

一、“五法”审查抄袭剽窃

抄袭是书稿中最为常见的侵权问题。从著作权法颁布 17 年来发生的图书侵权案例看,涉嫌抄袭剽窃的占到很大比例,所以,书稿内文审查的首要任务是防止抄袭剽窃。

抄袭剽窃也是编辑审稿工作中的一大难点,是所有编辑无不感到头疼的课题。人常说,天下文章一大抄。这说明了作品抄袭问题的普遍性。当然,这个“抄”字里边也包含了对他人作品的合理引用。我们在审查抄袭剽窃时,必须注意把抄袭剽窃与合理引用区别开来,不是说凡是使用别人作品的情况,一概都属于抄袭。

那么,如何区别引用与抄袭剽窃呢?

所谓引用,是指引述别人的话或借用别人的材料来证明自己的观点。而所谓抄袭,是指将他人作品的部分或者全部以自己的名义发表。在著作权法律上,抄袭和剽窃是同义语,都是有意无意地将他人作品的部分或全部以自己的名义公开发表。换句话说，只要是使用他人作品却不指明作者姓名、作品名称的，就是抄袭剽窃。这是引用与抄袭剽窃的根本区别。

抄袭还可以分为原封不动地抄袭和改头换面地抄袭两种。原封不动地抄袭也叫低级抄袭，就是将他人作品的部分或全部原封不动地照搬到自己的作品中，却不指明作者姓名、作品名称。改头换面地抄袭也叫高级抄袭，一般没有全部照搬的情况，而是对抄袭部分进行一定的改写和加工，注入抄袭者一定量的创造性劳动，但却窃取了被使用作品的观点、论据和部分情节、内容。低级抄袭的认定比较容易，高级抄袭的认定则比较难，必需下功夫仔细地辨别，甚至需要由专家鉴定后方可确认。

低级抄袭虽说容易认定，但要在审稿中发现它却不容易。图书书稿的篇幅，少则几万、十几万、几十万字，多则上百万、几百万、甚至几千万字。要发现其中抄袭了别人的几千、几万或者几十万字，谈何容易。这就如同作者拿了别人的东西藏在自己屋子里而要编辑找出来一样难。基于这样的原因，现实中不断上演着这样的活剧：作者抄袭，出版社担责任；作者吃官司，出版社一起陪坐被告席上当“垫背”。对此，不少出版者感到冤枉和委屈，但这是法律的规定，守法是每个公民的义务，喊委屈也没有用。何况，审查稿件中的抄袭剽窃，是国家《出版管理条例》规定的出版者应尽的职责。再说，从古至今，出版物中不许有抄袭，也是一以贯之的要求，无论中国外国，概不例外。因此，审查抄袭剽窃的难度再大，对于编辑，这是必须严防死守的一道关口；把不住这道关，法律就要追究你的责任。

为了有效防止抄袭剽窃，编辑在审稿时一般采用以下五种方法。

1. 熟读稿件、细心体察有无照抄照搬他人作品的情况

审查书稿首先要细读稿件，使书稿的内容了然于胸，这是审稿的前提，也是审稿的基础。没有入目入心地细读，是达不到“审”的目的的，更谈不到审出侵权问题。编辑只有在细读熟读稿件的过程中，充分调动自

己的思维潜能，细心体察有无照抄照搬他人作品的情况，才能达到对作品进行初步的识别和判断的目的。

一般的说，编辑都有广泛的阅读面，尤其是对自己所从事的专业领域的图书，应该有比一般人更熟悉和了解。如果在细读书稿的过程中，书稿的某些部分有似曾相识的感觉，或者出现上下文不连贯、不协调的情况，就要引起警惕。这时进行必要的查对，很可能成为发现抄袭的契机。曾听有的编辑介绍说：他们常有在阅稿过程中，突然感觉部分文字风格和作品整体风格不协调，显得前后突兀、不一致，经向作者追问，承认是抄袭别人的。这种精细入微的审稿精神，值得提倡和发扬，同时也充分表明了仔细审阅稿件的重要性。

有的编辑对看稿子采取应付态度，不愿意潜心细读，这是审查抄袭剽窃的大忌。这种不愿意悉心细读稿件的态度，会使那些破绽非常明显的低级抄袭行为，从编辑的眼皮底下蒙混过去。比如——

案例16 蔡吉祥诉贾益东和中国财政经济出版社抄袭侵权案

2003年的12月25日，无形资产学专家蔡吉祥在天津新华龙门图书销售公司买到一套名为《无形资产经营》的书。该书由中国财政经济出版社于2002年12月出版，作者为山西财经大学教授贾益东。蔡吉祥经过仔细阅读，发现全书的14章中，有10章的内容不同程度地抄袭了他的《无形资产学》一书，有的部分是整章整节地照抄，也有的是将标题稍作改动，内容却不变，而且抄袭的都是他的著作的核心和精髓部分，总计抄袭达72800余字。

蔡吉祥当即将贾益东的剽窃行为向媒体做了披露。不久，贾益东给蔡吉祥打电话要求私了，蔡吉祥则提出了停止侵权，自行销毁侵权作品并赔偿损失等要求。对此，贾益东一直拖延不肯解决。后来她干脆躲了起来。蔡吉祥在两年中找了无数次都找不着她，没办法多次托她的家人和山西财大的同事转告，要求她尽快协商解决问题，可一直杳无音信。

2005年一个偶然的机会，蔡吉祥在网上查找资料，无意间发现贾益东由山西财经大学换到了新的单位——广东科学技术职业学院。使蔡吉祥更为生气的是，贾益东到了新的单位也不想改正错误，反而把她存在严重抄袭剽窃内容的《无形资产经营》一书，放在广东科学技术职业学院的网站《学院概况》“精英荟萃”栏目里，还炫耀是其第一专业成果。对这种故意逃避责任又不肯改正错误的人，蔡吉祥先生感到非常愤怒，他是无论如何也不肯原谅她。

2005年4月，蔡吉祥向天津市第一中级人民法院提起诉讼，控告广东科学技术职业学院管理系教授贾益东(原山西财经大学教授)和中国财政经济出版社，在侵权书《无形资产经营》中，剽窃其《无形资产学》和《神奇的财富：无形资产(无形资产学导论)》7万多字，请求法院判令两被告立即停止侵权，销毁侵权图书，公开赔礼道歉，并连带支付侵权赔偿金28万元，支付原告为维权而支付的合理开支4.2万元，合计32.2万元。

蔡吉祥在起诉状中特别指出，贾益东教授在其出版的《无形资产经营》一书中，由于照抄照搬居然创造了一个“跨世纪剽窃”和“无言的结局”。具体情况是：蔡吉祥在其专著的第27页鲜明地指出：“商誉这个概念产生于本世纪初的西方企业，那时候无形资产理论和实践刚刚兴起尚不完善……但在今天与本世纪初截然不同……关于商誉问题在本书有专门章节予以论述。”这里所说的“本世纪”显然指的是20世纪，然而3年之后的2002年，贾益东在其《无形资产经营》的第48页竟将这段话一字不漏地复制下来。她忘了蔡吉祥的论述是上个世纪的事，而她出书是21世纪的事，由此创造了一个“跨世纪剽窃”。同时，蔡吉祥在其专著中说，“关于商誉问题在本书有专门章节予以论述”，然后在其原著的第二节“商誉透析”中对商誉问题进行了比较分析；贾益东原封不动地抄了这句话之后，却没有了下文。这就又创造了一个“无言的结局”的抄袭。

案件进入诉讼程序后，天津一中院应蔡吉祥财产保全的请求，立即查封了中国财政经济出版社账户，冻结了相应数额的资金。并于2005年12月到2006年1月间，两次开庭审理此案。法院查明：贾益东是《无形资产经营》书稿的作者。本人将完成后的书稿交给了山西财经大学国际贸易学院。2002年8月1日，该学院与中国财政经济出版社签订出版合同出版发行了该书。书的作者署名为贾益东。其后，贾益东在广东科学技术职业学院的网站上，将此书列为自己的学术成果。经鉴定，该书抄袭原告蔡吉祥享有著作权的《无形资产学》和《神奇的财富：无形资产（无形资产学导论）》两作品内容26处，共计66000余字。

法院认为：被告贾益东未经著作权人许可，擅自使用原告作品达6万余字，已构成剽窃他人作品的侵权行为，依法应承担民事责任。虽然贾益东未与中国财政经济出版社直接签订出版合同，但是贾益东将书稿交与学校的行为，以及其所写《无形资产经营》一书后记的内容，均可以证明贾益东是知道学校要出版该书的行为的。并且在《无形资产经营》出版后，贾益东不但未作否认表示，而且以作者身份对该书进行了使用和宣传。由此，山西财经大学国际贸易学院与中国财政经济出版社签订的出版合同行为，视为代理贾益东而为之。所以，贾益东应对《无形资产经营》出版承担侵权责任。中国财政经济出版社对所编辑的出版物的合法授权及内容未尽到审查义务，发行含有剽窃他人作品内容的《无形资产经营》一书，其行为已构成对原告蔡吉祥所享有的著作权的侵害，对此应依法承担侵权连带责任。

为此，天津市第一中级人民法院作出一审判决：1. 被告贾益东与中国财政经济出版社立即停止侵权行为；2. 被告贾益东与中国财政经济出版社在国家级报刊上刊登声明公开向原告蔡吉祥赔礼道歉并承担公告费用；3. 被告贾益东与中国财政经济出版社连带赔偿原告蔡吉祥的经济损失人民币10万元。4. 驳回原告蔡吉祥的其他诉讼请求。案件受理费7349元，保全费2170元，共计9519元，由原告蔡吉祥担负2519元，被告贾益东及被告中国财政经济出版社共同担负7000元。

一审宣判后，贾益东和中国财政经济出版社不服一审判决，上诉至天津市高级人民法院。贾益东上诉的理由是：引用他人作品部分内容属于合理使用；《无形资产经营》书稿交给学校是为了履行职务，对于学校出版发行该书，她既不知情也未委托过校方出版。此外，贾益东和中国财政经济出版社以存在出版合同为由，请求追加山西财经大学国际贸易学院为诉讼当事人。

2006年6月19日，天津市高级人民法院对贾益东及中国财政经济出版社的上诉作出终审判决。

天津市高院在判决书中指出：贾益东提出引用他人作品部分内容属于合理使用，《无形资产经营》书稿交给学校是为了履行职务，以及其对学校出版涉讼书既不知情也未作过委托等主张，均没有事实和法律依据，本院不予支持。鉴于本案是侵权之诉，故蔡吉祥作为权利人选择侵权主体提起诉讼和主张权利并无不当。因此，对两上诉人以存在出版合同为由，请求追加山西财经大学国际贸易学院为涉讼主体的主张，本院不予支持。原审法院认定：贾益东在《无形资产经营》一书中未经许可，擅自使用蔡吉祥作品的部分，属于剽窃他人作品行为；中国财政经济出版社对编辑出版《无形资产经营》一书未尽到审查义务，其行为构成侵权，应与贾益东共同承担民事责任，有事实和法律依据。

据此，天津市高院终审判决：驳回上诉，维持原判。

本案涉案作品《无形资产经营》一书中的抄袭部分，完全是简单的照抄照搬，有的抄袭部分连与作者自己创作部分的弥合工作都没有做，以至于出现了蔡吉祥指控的“跨世纪剽窃”和“无言的结局”两处漏洞。这两处漏洞充分表明中国财政经济出版社的编辑在审稿时没有仔细阅读稿件，否则，这样明显的漏洞编辑是不可能发现不了的。因此，要防止抄袭剽窃，认真细读熟读稿件是最重要也是首要的方法，不肯在阅读稿件上下功夫，是谈不到防止抄袭剽窃的。

2. 上网查询同名称和同类书品中的名著力作进行比对

在仔细阅读稿件的基础上，编辑还要上网查询与书稿名称相同或相近的作品，比对其目录，对其中章、节小标题也相同或相近部分进行审查比对。比如案例16中，山西财经大学交给中国财政经济出版社的书稿名称为《无形资产经营》。编辑在细读稿件的基础上，再上网查询相同或相近名称的作品，那么，蔡吉祥的《无形资产学》就在审查比对之列。如果再选择其各章、节内容相同或相近部分进行审查比对，该书的抄袭剽窃问题当可被发现。这样一来，那场付出10万元赔偿费的官司就不会发生了。

其次，如果查不到相同或相近书名的作品，还应当查询同类题材或内容的作品中的名著力作，选择其中相同或相近部分进行审查比对。比如——

案例17 陈明芳诉罗二虎、四川教育出版社侵权案

陈明芳是四川省民族研究所研究员，主要从事南方民族史和民族学研究。她早在20世纪70年代初在中山大学读书时，就遵从导师、国内著名文化人类学家梁钊韬教授的嘱托，开始专心研究中国悬棺葬问题。她为了写作《中国悬棺葬》(以下简称《中》书)一书，花费了十余年的时间，通过大量实地调查，系统地阐述了崖葬、崖棺葬、崖洞葬的考古命名、各种类型及其文化内涵。1992年12月，《中》书由重庆出版社出版发行，全书28万字，定价20.3元。1994年12月，该书荣获四川省人民政府颁发的全省第六次哲学社会科学优秀科研成果三等奖。1996年4月，《中》书又第二次印刷，共计印数4000册。

1996年12月，四川教育出版社与四川大学历史文化学院教授罗二虎签订《出版合同》，约定由罗二虎撰写一本介绍悬棺与崖葬的图书，作

为该社正在组织编纂的《华夏文明探索丛书》(王仁湘主编,共计 40 册)之一册,并要求罗二虎于 1997 年 4 月 30 日以前交稿。1997 年 7 月,罗二虎将其名为《魂归俏壁——悬棺与崖葬》(以下简称《魂》书)的书稿交给四川教育出版社。该书稿先后经过四川民族出版社副编审杨林初审,四川教育出版社文化编辑室责任编辑赵小平二审,四川省博物馆专家范桂杰三审,出版社编辑室主任复审和总编辑终审后正式出版发行。《魂》书共计 15 万多字,6 个插页,印数 4000 册。

1999 年初,陈明芳发现《魂》书严重抄袭她的《中》书的内容和观点,经和作者罗二虎交涉未果后,就于当年的 10 月向成都市武侯区人民法院提起诉讼,把罗二虎和四川教育出版社告上了法庭。

陈明芳诉称:原告所著的《中》书为国内第一部全面系统深入探讨悬棺葬奥秘的学术专著,填补了该研究领域的空白。而被告罗二虎出版的《魂》书未经原告许可,大量使用《中》书中最具价值的关键性部分并在其整体框架结构、重要观点、某些章节标题上与《中》书基本一样。在语言文字方面,被告使用《中》书中的语言文字总计达七万余字,占《魂》书的 50%以上;《中》书中的插图、照片也被放到了《魂》书的相同位置,就连《中》书中的印刷错误、注释、笔误等都被原封不动地照抄,甚至任继愈先生为《中》书所作的序也被作为了《魂》书的结语。由于罗二虎超出正常范围使用原告的作品,构成了对原告著作权的侵犯,而出版社未尽到审查义务,应承担连带赔偿责任。为此,请求法院依法判令被告立即停止侵权行为;在《魂》书所影响的全国性报刊、杂志上公开赔礼道歉,并赔偿原告人民币 10 万元。

被告罗二虎辩称:《中》书属于考古学术著作,而《魂》书则属于学术普及著作,《魂》书作为《华夏文明探索丛书》中的一本,出于社会公共利益和大众文化传播的需要,旨在普及文物考古学知识,这是两书在性质上的区别。被告承认《魂》书在引用材料的选取、编排上与《中》书存在少部分的相同或相似,但被告引用的材料绝大多数属于公共领域的资源,不是任何人的个人财产，况且被告在所引用的原文后面都加上了通俗注解，所以，被告对原告材料的引用属于正常参考和合理借鉴。《中》书与《魂》书在论点和论据上有部分相似，这取决于前人的考古发现和科研成果（包括原告的一些理论），但两书在论证方式和语言表达方式上却存在着差别，各自都有其独创的内容。况且，原告是以全国为范围研讨论述，而被告是分地区进行论述；被告所使用的32幅插图，除一幅外，其他都来自于他人书籍。总之，《魂》书在创作思维形式、写作方法、题材运用、主要观点和框架结构等方面均与《中》书存在根本的区别，不存在原告所称的抄袭和剽窃事实，请求法院驳回原告的诉讼请求。

被告四川教育出版社辩称：出版社对作品的审查并不是对作品内容的实质审查，也不是创作性的再审查，而是着重对作品政治方向的审查以及根据出版要求对文字规范、逻辑层次和篇章节点是否统一进行审查。由于《魂》书涉及考古学和民俗学的内容，为慎重起见，被告除了严格遵循三审终审原则之外，还聘请了对考古和民俗颇有研究的学者采用内编外审的方式进行了共计五道工序的审查。所以，原告称被告未尽审查义务是不能成立的。其次，被告在主观上没有侵害原告著作权的故意，客观上没有实施抄袭、剽窃的侵权行为，原告要求被告承担民事连带责任没有法律依据。此外，被告出版《魂》书旨在弘扬考古文化，普及考古知识，没有获得任何利润，并且在原告起诉后被告就发文停止了该书的销售。所以，原告称被告侵害其著作权没有事实依据和法律依据，请求法院驳回其诉讼请求。

成都市武侯区人民法院在该案的审理过程中，委托中国版权保护中心版权鉴定委员会对涉案的《魂》书和《中》书进行了鉴定。鉴定委员会在出具《鉴定报告》之后，法庭又将原、被告双方对《鉴定报告》提出的解释和质疑交给鉴定委员会。2001年7月20日，鉴定委员会又出具了《补充鉴定报告》，对《鉴定报告》的部分内容进行了修正。《补充鉴定报告》认为：《魂》书与《中》书在部分章节的语言表达，材料的选取、编排以及所使用的插图方面具有相同或相似的地方。在语言表达上，两书相同或相似的字数为13,808字；对地名的论述上，两书存在相同的笔误6处；两书引用相同且结构编排相似的材料为77处；在选用材料上，两书存在相同的笔误11处；在插图上，《魂》书与《中》书相同的手绘插图有5幅。

2001年8月27日，武侯区人民法院对该案作出了一审宣判。

法院认为：依照《中华人民共和国著作权法》的规定，陈明芳对其创作的《中》书依法享有著作权。根据鉴定委员会出具的《补充鉴定报告》，涉案的《魂》书与《中》书相同或相似的字数为13,808字，并且在相同或相似的材料选取、编排以及插图的使用甚至两书所存在的多处相同笔误，已经构成了《魂》书的主要部分，故本院认定罗二虎侵害了陈明芳的著作权，应当承担相应的民事责任。四川教育出版社对《魂》书在著作权方面存在的问题疏于审查并以营利为目的进行了出版发行，同样构成了对陈明芳著作权的侵害，应依法承担共同侵权责任。

据此，一审判决：一、罗二虎立即停止侵权；二、四川教育出版社立即停止对《魂》书的出版发行；三、罗二虎、四川教育出版社在《中国文物报》上刊登向陈明芳赔礼道歉的声明；四、罗二虎赔偿陈明芳4418.56元及因诉讼支出的合理费用4918元；五、四川教育出版社赔偿陈明芳15,600元及因诉讼支出的合理费用4918元。六、驳回陈明芳的其他诉讼请求。

一审判决后，罗二虎、四川教育出版社不服。向成都市中级人民法院提起上诉。2002年9月25日，成都市中级人民法院下达民事裁定书，裁定撤销原判，发回重审。

武侯区人民法院经过重审后，于2003年8月20日下达了重审判决书。这回认定罗二虎和四川教育出版社均未侵权，对陈明芳的诉讼请求不予支持。

陈明芳不服该重审判决，向成都市中级人民法院提起上诉，请求撤销该重审判决，判令罗二虎与四川教育出版社立即停止侵权行为，并在报纸上公开赔礼道歉和赔偿经济财产损失10万元及合理开支42156元。

此后,2004年8月11日至10月13日,先后开庭14次审理此案,但久拖未决。最后,罗二虎与四川教育出版社申请调解,经成都市中院主持调解,当事人达成协议:四川教育出版社不再以任何形式出版《魂》书;罗二虎与四川教育出版社向陈明芳赔偿人民币10万元。2005年1月,成都市中级人民法院下达民事裁定书:确认双方和解协议合法有效。这桩历经五年多的抄袭侵权官司,至此结案。

本案是一桩引起国内舆论界和学术界高度关注的抄袭侵权官司。由于各方舆论的声援和支持,案件虽然历经波折,但最后终于得到双芳满意的解决。案中的四川教育出版社对《魂归峭壁——悬棺与崖葬》一书书稿的审查,不可谓不重视,专门从社外聘请对考古和民俗颇有研究的省内两位专家进行审查,社内又由责任编辑、编辑室主任、总编辑进行了三审,结果五道关口也未能审出书稿中的抄袭问题。为什么呢?关键是他们在审稿过程中没有与陈明芳所著《中国悬棺葬》一书进行比对,这无疑是问题的症结所在。然而,审稿者怎么能知道还有一本《中国悬棺葬》的书呢?这就要靠查询。这也是为什么说编辑必须有丰富的知识面和阅读面的道理。这种查阅工作,在没有互联网之前,只能靠审稿人的知识和阅读记忆去寻找,而现在有了互联网,等于我们的电脑里放着一个巨大的图书馆,我们完全可以通过电脑,上网查询同名称或者同类题材和内容的作品进行审查比对。比如本案中陈明芳的《中国悬棺葬》一书,属于悬棺葬研究领域填补空白的著作,虽然罗二虎《魂归峭壁——悬棺与崖葬》一书的书名与其有很大的不同,但毕竟两者的内容都是相同的,如果审查者能上网查询有关悬棺葬问题的著作,《中国悬棺葬》一书必然会进入视野,那样的话,审查出《魂归峭壁——悬棺与崖葬》一书的抄袭剽窃不就成为可能了吗?

因此说,书稿审查如果只是一个劲儿地盯着稿子读,单凭审稿者自己的记忆储存对书稿进行识别,那是很不够的。因为任何一个人的知识面、阅读面再广博,也毕竟是有限的,何况还有个遗忘的问题,谁能把自己读过的书都能记得很清楚。所以,审查书稿时在细读熟读的基础上,还要上网查询同名称或者同类题材的部分作品进行一定的比对,以弥补我们阅读面或者记忆力的局限。而且,这种查询比对的面越宽越广,审查的就越彻底,发现抄袭的可能性就越大。当然,这样做会耗费很多时间和精力,还可能白费力气,但这是防止抄袭剽窃最笨拙也是最有效的方法之一。其实,这种查询比对工作虽然繁琐、量大,但要和应付侵权官司相比,还是主动得多,省事得多,也划算得多。

3. 对书稿的前言、后记、序、跋中提及的作品进行审查比对

作者在书后参考文献中列出或者在书稿的前言、后记、序、跋中提到的作品，可以说是作者向读者坦承自己在写作时借鉴或参考过这些作品。换一个角度说,这实际上等于为编辑提供了一张审查抄袭剽窃的路线图。因为,作者在参考借鉴的过程中,有没有抄袭这些作品,只有经过检查才能肯定。所以,为了保险起见,编辑对这些作品进行一定的浏览和比对,是非常必要的。比如案例 17 中,罗二虎在其《魂归峭壁——悬棺与崖葬》一书的附录“参考文献”中共列举了 35 种文献资料,其中第一种就是陈明芳所著的《中国悬棺葬》一书。如果五位审稿者中有一位,能对列为“参考文献”第一种的此书进行一定的翻阅,其抄袭问题很可能被发现,那场 5 年多的官司可能就不会发生了。此外,作者在前言、后记、序、跋中提到的作品,也同样不乏出现抄袭剽窃的案例。比如——

案例18 《三点一测丛书·初三数学》著作权侵权案

1996 年 6 月,辽宁省实验中学教师刘国材及沈阳市第二中学教师吴万用,接受河南省教育杂志社杨希祥的委托,决定组织人员编写一套名为《三点一测丛书》的初、高中教辅图书。约定杨希祥出任主编(以希扬笔名出现),刘国材、吴万用出任副主编,并授权杨希祥与科学出版社联系丛

书的出版事宜。

1996年7月,《三点一测丛书·初三数学》一书出版,该册书版权页写明主编为刘国材。杨希祥为该书作序。编委会署名为:名誉主编雷洁琼,主编希扬(杨希祥笔名),副主编刘国材、吴万用,其余是8个编委的姓名。

《三点一测丛书·初三数学》出版后,刘国材委托其同校的教师杨慧丽、陈继红、孟祥安等人编写修订版。并约定,向他们支付报酬,但著作权归属刘国材,同时在修订本的《前言》中说明修订者的姓名。

杨慧丽、陈继红、孟祥安等人在原版基础上,完成了该书的第一次修订版。该第一次修订版由科学出版社于1997年出版发行,署名陈继红、杨慧丽编(孟祥安放弃署名)。1998年、1999年,科学出版社又分别出版了该书的第二、三次修订版。署名也均为陈继红、杨慧丽。编委会署名则与原版相同。

在《三点一测丛书·初三数学》连续出版三次修订版之后,从2000年起,科学出版社决定与清华大学附属中学合作,重新编写《三点一测丛书》第四至七次修订版,希望进一步提高丛书的质量。在双方正式签订《图书出版合同》中约定,将清华大学附属中学编写的《三点一测丛书》初中部分第四至七次修订版(共计12本)的专有出版权,赋予科学出版社,合同有效期为10年。科学出版社以60元/千字的标准付酬。

2000年至2003年,科学出版社陆续出版了《三点一测丛书·初三数学》第四至七次修订版,署名作者为清华附中数学组编。编委会的署名改为:名誉主编雷洁琼,主编希扬,副主编吴万用、赵庆刚、董芳明及编委6人的姓名。取消了刘国材、杨慧丽、陈继红、孟祥安等人的名字。

《三点一测·初三数学》第四次修订版出版发行后,刘国材等经过认真比对,发现其基本上沿用了原版及第三次修订版的体例,各章节项下的具体内容也有约20%与他们的第三次修订版相同。遂向科学出版社提出交涉。科学出版社于2002年1月、5月,曾将买断该书著作权的合同文本寄给刘国材等寻求解决，但被刘国材等拒绝。

2003年8月，刘国材、杨慧丽、陈继红、孟祥安四人向北京市第二中级人民法院提起诉讼，把科学出版社告上了法庭，要求赔偿经济损失82.65万元。

北京市二中院受理案件后，组织专人对其第四至第七次修订本与第三次修订本进行了比对和鉴定后认定："该书第四至七次修订版，不仅沿用了刘国材、杨慧丽、陈继红、孟祥安编著的以前版本的书名，而且体例及相当部分的内容与刘国材、杨慧丽、陈继红、孟祥安编著的以前版本也相同或相似。不仅如此，在该书第四至第七次修订本的前言中，也明确说明是在以前版本的基础上重新修订而来。"

据此，2004年底，北京市第二中级人民法院对该案作出一审判决。法院认定被告科学出版社侵犯了原告刘国材、杨慧丽、陈继红、孟祥安的署名权及获得报酬权，判决科学出版社立即停止出版、发行涉案图书，向四原告赔礼道歉，并赔偿损失16.29万元。

刘国材等不服一审判决，向北京市高级法院提出上诉。

2006年3月17日，北京市高级法院对该上诉案作出终审判决：驳回上诉，维持原判。

本案的教训很清楚，作者已经在前言中说明，该书是在前一版本的基础上重新修订或调整而来。这"重新修订或调整"一词的本身已表明是一种使用，编辑却没有进行审查比对，如此的粗心大意，怎能防止抄袭剽窃呢。

4. 必须与作者当面沟通

书稿在反复审阅之后，编辑一定要面见作者，和作者当面沟通。这种面对面地沟通，有时能起到单纯审稿达不到的效果。

首先，通过沟通，能把审稿中的各种疑点问题向作者询问清楚，使编辑对作品有更深入的了解，从而提高审稿工作质量。其次，通过当面沟通，能教育作者充分认识抄袭剽窃的危害和后果，并告诉作者书稿中不得有抄袭剽窃是要写入合同约定的，这样有助于提高作者避免抄袭剽窃的自觉性。再次，也是最重要的一点，这种沟通实质上是对作者的一次当面审核。在书稿上署名的人是不是真正的作者，出版者要想审查清楚，必须与其当面沟通，就书稿的创作情况和书中的有关问题进行交流，这是防止盗版或者大面积抄袭剽窃必不可少的一环。那些假作者们一般来说是经不起这种审查的。比如——

案例19 蔡吉祥诉汪平及中国统计出版社等侵犯著作权案

蔡吉祥是国内著名无形资产学专家。他从1995年出版第一本无形资产学专著《神奇的财富：无形资产（无形资产学导论）》一书，到1999年6月修订再版时，将其正式定名为《无形资产学》（第2版）。2002年6月，该书又出第3版。由于《无形资产学》三次出版后均受到学界好评和读者的欢迎，连年畅销且连续获奖，由此，该书便成为众多抄袭、剽窃者的狩猎对象。

2003年3月，中国统计出版社出版了一套名为《最新无形资产评估方法、技巧、参数及案例分析》的书。该书一套三本，标价698元，总字数160万。书的封面和版权页上标明的编委会主任委员为：首都经济贸易大学会计学院副院长、理财学研究所所长汪平；副主任委员为财政部《国有资产》杂志社副主任郑伟、铁道部科学研究院主任刘泰山、江苏省注册会计师协会秘书长张明达。

2003年7月，蔡吉祥在天津市买到《最新无形资产评估方法、技巧、参数及案例分析》一书后，发现该书的部分目录和他的《无形资产学》的目录完全相同。经比对，书中大量抄袭他的《无形资产学》第3版，抄袭字数竟然高达28万多字，占他原作的83.46%，有的章节是一字不漏地照抄。于是，蔡吉祥在收集了相关证据后，于2003年8月，把书上所列的编委会主任、副主任四人和中国统计出版社以及销售单位一同告到了天津市中级人民法院。请求法院判令4名作者和中国统计出版社立即停止侵权，销毁涉案图书印刷版和所有库存书；在媒体上公开赔礼道歉，承认侵权，消除影响；赔偿原告经济损失69.8万元，支付原告为制止侵权而支出的合理费用，以及诉讼费和证据保全费。

天津市中级人民法院经过审理，查明该书是由统计出版社策划出版，北京瑞和公司组稿编写，为保证销量，特别邀请汪平、张明达等4人分别担任主编、副主编，但汪平等人并未参加实际的编写工作，也未看过书稿全文，只是审阅了已撰写好的目录和前言部分，就在主编、副主编署名处签上字，收取了2000元或1000元的审阅费后完事（张明达收取的1000元后退回）。

2004年1月，天津市中级人民法院对此案作出了一审判决。

法院认为：被告汪平、郑伟、刘泰山、张明达四人未经著作权人许可，擅自使用其作品已构成剽窃他人作品，依法应承担停止侵害、消除影响、赔礼道歉、赔偿损失等民事责任。被告统计出版社未经著作权人许可，复制、发行含有剽窃他人作品的《最新无形资产评估方法、技巧、参数及案例分析》一书，其行为已构成对蔡吉祥所享有的著作权的侵害，依法应承担停止侵害、消除影响、赔礼道歉、赔偿损失等民事责任，并与汪平、郑伟、刘泰山、张明达共同承担连带赔偿责任。

据此，法院判决：1.汪平、郑伟、刘泰山、张明达及中国统计出版社立即停止侵害蔡吉祥著作权之行为，并自行销毁尚存的《最新无形资产评估方法、技巧、参数及案例分析》一书；2.汪平、郑伟、刘泰山、张明达及中国统计出版社在国家级报刊上刊登声明，公开向蔡吉祥赔礼道歉；3.汪平、郑伟、刘泰山、张明达及中国统计出版社共同连带赔偿蔡吉祥的经济损失人民币45万元；4.驳回蔡吉祥的其他诉讼请求。

汪平、张明达和统计出版社不服天津市中院的一审判决，向天津市高级人民法院提出上诉。

天津市高级人民法院经过审理，于2004年7月14日作出终审判决：统计出版社赔偿被上诉人蔡吉祥经济损失45万元；上诉人汪平赔偿被上诉人蔡吉祥经济损失5000元；其余均维持一审的判决。至于统计出版社提出的案外人北京瑞和公司的责任问题，法院指出应另案解决。

本案从中国统计出版社来说，《最新无形资产评估方法、技巧、参数及案例分析》显然是他们的一套想赚大钱的书。出书赚钱的想法无可厚非，精心策划包装也属应当，关键是不能为了赚钱而造假。而且，对于造假的事，他们可真是用足了心思：聘请什么人当挂名的主编、副主编，给多少报酬，办什么手续等事项，想得多么周到！反过来，对如何保证书稿的质量，却未见做了什么努力，下了什么工夫。尤其对书稿的实际编写人是谁，其学术、专业素质能否达到书稿质量要求，在案件审理过程中始终未见他们提及。他们可能认为那是负责组稿的北京瑞和公司的事，与他们无关，以至于一再要求法院追究北京瑞和公司的责任。其实，这是一种缺乏法律知识的表现。瑞和公司应当负的是编者方的责任，它既不可能代替、也不可能减轻出版社的责任。要想真正防止抄袭剽窃，唯一的办法还是要靠自己的努力，出版社自己不肯尽到审查把关职责，防止抄袭剽就必然是一句空话。

本案给予我们另一条最重要的启示是，为了防止抄袭剽窃，出版者一定要与作者进行当面的沟通和了解。那些在书稿上署名的主编、副主编或其他什么的作者，如果真的是连书稿都没有看过的如汪平、张明达一样的挂名者，在面对责任编辑提出的各种问题时，是不可能不露马脚的。因此，这种方法对于时下流行的书商雇用“枪手”炮制书稿、再署专家或名人的名字充当作者的情况，绝对是有效的一招。

5. 细读熟读加分析比对，识别改头换面的高级抄袭

改头换面的高级抄袭的识别，目前还比较难，原因在于我国法律法规对抄袭剽窃至今没有明确的释义，没有一个具体的鉴别标准。虽然国家版权局对抄袭剽窃这一概念作出了解释，并将抄袭划分为原样照搬的

低级抄袭和改头换面的高级抄袭两种，但对于什么是改头换面的高级抄袭，却没有作进一步的解释。这样在实际中，原样照搬的低级抄袭可以从字面的相同与否进行识别，而改头换面的高级抄袭，由于对抄袭部分进行了一定的改写和加工，这种改写和加工与作者的独立创作之间如何区别，由于没有具体的法律界限，其认定就比较困难。不过，近几年来，我国法院在这方面取得了进展。北京市第一中级人民法院和北京市高级人民法院，前后用了两年半的时间，完成了一起涉及高级抄袭的著作权纠纷案件的审理和判决，为高级抄袭的鉴别提供了一个成功的范例。这就是——

案例20 庄羽诉郭敬明、春风文艺出版社侵犯著作权案

2002年8月14日，庄羽以“许愿的猪”为笔名将其创作的小说《圈里圈外》(简称《圈》)在天涯社区网站的舞文弄墨版发表。2003年2月，《圈》书由中国文联出版社出版，作品署名庄羽。《圈》书以主人公初晓与现男朋友高源及前男朋友张小北的感情经历为主线，在描写初晓与高源之间的爱情生活及矛盾冲突的同时，描写了初晓与张小北之间的感情纠葛，同时还描写了初晓的朋友李穹与张小北的婚姻生活以及张小北与情人张萌萌的婚外情，高源与张萌萌的两性关系及合作拍戏等。2003年8月19日，郭敬明与春风文艺出版社就其创作的小说《梦里花落知多少》(简称《梦》)一书订立图书出版合同。2003年11月，春风出版社出版了郭敬明的《梦》书。《梦》书以主人公林岚与现男朋友陆叙及前男朋友顾小北的感情经历为主线，在描写林岚与陆叙的爱情生活及矛盾冲突的同时，交替描写了林岚与顾小北的感情纠葛，顾小北与现女友姚姗姗的感情经历，林岚、闻婧、微微之间的友情以及她们和李茉莉的冲突等。

2003年11月17日，庄羽在图书大厦公司购买了两本《梦》书，每本

价格20元。经比对,发现《梦》书严重抄袭其《圈》书。遂于2003年12月下旬,向北京市第一中级人民法院提起诉讼,指控郭敬明抄袭侵权。庄羽在诉状中称:小说《梦》抄袭了《圈》书的具有独创性的构思、故事的主要线索、大部分情节、主要人物特征、作品的语言风格等,甚至还照搬了《圈》书的片断以及能够表达作品内容的部分语句等。庄羽将其指控郭敬明侵权的事实分别列表予以明确,包括主要情节侵权事实12处(列为附表1);一般情节、语句侵权事实98处(列为附表2),及主要人物侵权事实8处(列为附表3)。庄羽将所列附表随其他证据和诉状一并递交法庭,要求判令二被告公开赔礼道歉,赔偿经济损失50万元,精神损失费1万元,律师费2万元。

北京一中院受理立案后,经过审理认为:作品构思和语言风格不属于作品的"表达",因此对庄羽关于郭敬明侵犯其作品独创性构思和语言风格的主张不予支持,对庄羽关于郭敬明侵犯其作品主要人物特征著作权的主张也不予支持。但认为具有独创性的人物关系和故事情节属于作品的"表达",应当受到著作权法的保护。

法官经过具体地比对,认定郭敬明在其创作的《梦》书中,剽窃了《圈》书中具有独创性的人物关系,剽窃了庄羽作品《圈》书中具有独创性的人物关系的内容及部分情节和语句,侵犯了庄羽的著作权,春风出版社未尽到合理注意义务,致使该书得以出版,其行为存在过错,而且在作品中有12个主要情节与《圈》书雷同,在一般情节和语句上共有57处雷同,造成《梦》书与《圈》书整体上构成实质性相似,侵犯了原告的著作权,应当承担停止侵害、赔礼道歉、赔偿损失的民事责任。春风文艺出版社未尽到合理注意义务,致使侵权作品《梦》书得以出版,存在过错,除应当承担停止侵害、赔礼道歉的民事责任外,还应当与郭敬明承担连带赔偿责任。

2004年12月3日,北京一中院对此案作出一审判决:一、郭敬明、春风文艺出版社立即停止侵权,即停止《梦》书的出版发行;二、郭敬明、春风文艺出版社共同赔偿庄羽经济损失20万元;三、郭敬明、春风文艺出版社在《中国青年报》上公开向庄羽赔礼道歉;四、图书大厦公司停止销售《梦》书;五、驳回庄羽的其他诉讼请求。

郭敬明认为一审判决对普遍存在于现实生活中的一般情节素材和流行语言,只因原、被告作品中均有体现,就武断地将这些公有领域中的素材作为原告创作的作品保护并认定被告剽窃,这违背了基本的客观事实。他称自己的作品是独立创作的,与庄羽的作品不存在实质上的相似。春风文艺出版社认为该社尽到了合理注意义务,判决其承担连带赔偿责任没有法律依据。两被告均不服一审判决。庄羽则认为判决的赔偿数额偏低,法院又未支持其精神损失费的诉讼请求,也不服一审判决。于是,双方相继向北京市高级人民法院提起上诉。

北京市高院受理该上诉案后,经过审理认为:"小说是典型的叙事性文学体裁,长篇小说又是小说中叙事性最强、叙事最复杂的一种类型。同时,文学创作是一种独立的智力创造过程,更离不开作者独特的生命体验。因此,即使以同一时代为背景,甚至以相同的题材、事件为创作对象,尽管两部作品中也可能出现个别情节和一些语句上的巧合,不同的作者创作的作品也不可能雷同。本案中,涉案两部作品都是以现实生活中青年人的感情纠葛为题材的长篇小说,从本院认定的构成相似的主要情节和一般情节、语句的数量来看,已经远远超出了可以用"巧合"来解释的程度,结合郭敬明在创作《梦》书之前已经接触过《圈》书的事实,应当可以推定《梦》书中的这些情节和语句并非郭敬明独立创作的结果,其来源于庄羽的作品《圈》书。"

"在小说创作中,人物需要通过叙事来刻画,叙事又要以人物为中心。无论是人物的特征,还是人物关系,都是通过相关联的故事情节塑造和体现的。单纯的人物特征,如人物的相貌、个性、品质等,或者单纯的人物关系,如恋人关系、母女关系等,都属于公有领域的素材,不属于著作权法保护的对象。但是一部具有独创性的作品,以其相应的故事情节及语句，赋予了这些“人物”以独特的内涵，则这些人物与故事情节和语句一起成为了著作权法保护的对象。”

“因此，一审判决认定郭敬明未经许可，在其作品《梦》书中剽窃了庄羽作品《圈》书中具有独创性的人物关系的内容及部分情节和语句，造成《梦》书与《圈》书整体上构成实质性相似，侵犯了庄羽的著作权，应当承担停止侵害、赔礼道歉、赔偿损失的民事责任是正确的。春风文艺出版社作为专业的出版机构，应当对其出版的作品是否侵犯他人著作权进行严格审查，但其并未尽到应有的注意义务，导致侵权作品《梦》书得以出版，与郭敬明共同造成了对庄羽著作权侵害结果的发生，因此，春风文艺出版社不仅应当承担相应的民事责任，还应当与郭敬明承担连带赔偿责任。春风文艺出版社的上诉请求和理由无事实和法律依据，本院不予支持。”

据此，2006 年 5 月 22 日，北京市高级人民法院终审判决：一、维持北京市第一中级人民法院(2004)一中民初字第 47 号民事判决第一项、第二项、第三项、第四项，即郭敬明、春风文艺出版社立即停止侵权，即停止《梦》书的出版发行；郭敬明、春风文艺出版社共同赔偿庄羽经济损失 20 万元；郭敬明、春风文艺出版社在《中国青年报》上公开向庄羽赔礼道歉。二、郭敬明、春风文艺出版社共同赔偿庄羽精神损害抚慰金 1 万元。三、驳回庄羽、郭敬明、春风文艺出版社的其他诉讼请求。

一审案件受理费 10 310 元，由庄羽负担 300 元，由郭敬明、春风文艺出版社共同负担 10 010 元；二审案件受理费 10310 元，由庄羽负担 300 元，由郭敬明、春风文艺出版社共同负担 10010 元。

本案的判决，可以说是对抄袭侵权案件审理的一次突破。它第一次明确认定小说中的人物关系、故事情节和语句一起构成作品的表达，属于著作权法保护的客体。尽管我国属于大陆法系，严格实行成文法，判例不能作为法律引用，但这并不能减弱本案判决的典型示范意义。尤其对于高级抄袭的鉴别，此前虽然理论上有说法，但实际中可供参考的实例很少,而本案的判决,正好弥补了这一不足。我们从本案的判决中,可以得到许多有关鉴别高级抄袭的有益启示。

启示一,既然作品的人物关系和故事情节属于受著作权法保护的作品表达形式,那么审稿时就必须细读熟读稿件,使作品的内容了然于胸,这是识别改头换面的高级抄袭的基础。如在本案中,不仔细阅读《梦》书,即使读过《圈》书,又如何能发现《梦》书的人物关系和故事情节与《圈》书构成实质性相似?

启示二,既然要判断稿件中的人物关系和故事情节,是否与别人的作品构成实质性相似,显然,仅仅细读熟读稿件是不够的,编辑还必须有对别的作品,至少与稿件属于相同领域的作品的广泛的阅读积累,否则,如何能识别此作品与彼作品存在相似?如在本案中,没有读过小说《圈》书,就不可能发现《梦》书的人物关系和故事情节与其相似或雷同。

启示三,即使发现书稿与某一作品可能存在雷同或相似,但要作出抄袭的认定,也是一件极其慎重的事情。必须将两个作品中的人物、情节、环境等诸要素进行认真的分析比对,才能加以确认。与此相对应,对于学术类作品,则要对作品中的理论观点、论据材料等要素进行分析比对,辨别其是否构成实质性相似,以确定其是否抄袭。

总之,郭敬明抄袭侵权一案的判决实践告诉我们,要想在审稿中发现和识别改头换面的高级抄袭,编辑必须在平常就要有广泛的阅读积累,再加审稿时对稿件的仔细阅读,掌握书稿的全部内容,然后与疑似作品作认真地分析比对,才能对隐蔽于改头换面的字面之下的高级抄袭作出鉴别。

二、注意书稿中有无使用或附录他人作品

作者的书稿中,常常有使用他人作品的情况。这种使用由于不属于合理引用,所以必须获得著作权人的许可。

图书使用他人作品的情况一般有两种:

1. 插图、数据、表格或者图片使用他人作品

在文字作品中使用他人的美术、摄影类作品作为插图,或者借用他人的实验数据列表或调查数据列表等来证明自己的观点，或者是美术、摄影图册中的说明文字为他人撰写,这三种情况如果没有获得作者许可并为其署名、支付报酬的,均属于侵权行为。比如——

《一百个人的十年》(以下简称《十年》)一书,是作家冯骥才从1986年开始发表的一系列反思“文化大革命”灾难的纪实作品集,书中记录并展现了“文化大革命”十年中一桩桩令人震撼、令人警醒的往事。这些作品发表之初就被翻译成多国文字,在海内外产生广泛影响。《十年》一书最初由江苏文艺出版社于1991年出版发行,此后又两次再版重印。但该书在出版时却使用了摄影家李振盛的4幅“文化大革命”摄影照片。这些照片事先未经作者许可,也未署作者姓名,亦未按规定给作者支付稿酬。

李振盛发现自己的作品被《十年》一书使用后,就与出版社和冯骥才进行了交涉,在没有结果的情况下,于1993年11月向南京市中级人民法院提起诉讼,把冯骥才和出版社告上了法庭。1995年3月1日,南京市中级人民法院对该案作出一审判决,江苏文艺出版社被判侵权,承担经济赔偿责任,“冯骥才作为文字作者,对出版社如何使用插图、是否合法使用,没有法定的审核义务,故不构成对李振盛著作权的侵害”,不承担侵权责任。李振盛对此不服,上诉到江苏省高级人民法院。1995年12月6日,江苏高院作出判决:驳回上诉,维持原判。二审诉讼费530元由李振盛负担。

2003年7月,时代文艺出版社经冯骥才授权、出版了北京牧童之春

文化公司策划编辑的《一百个人的十年(插图本)》(以下简称《十年(插图本)》)。该书再次使用了李振盛的4幅"文化大革命"摄影照片。具体是:1.由武装民兵押解的"四类分子"到场听会;2."文化大革命"中的哈尔滨市群众斗争会的现场;3.红卫兵给黑龙江省省长李范五剃"鬼头";4.哈尔滨市"极乐寺"和尚被迫拿着批判佛经的标语的照相。其中,第三、第四幅正是10年前被江苏文艺出版社侵权使用过的两幅照片。

《十年(插图本)》出版后,李振盛再次把冯骥才和时代文艺出版社及牧童之春公司一并告上法庭。北京市第二中级人民法院受理后,于2004年8月24日进行了公开审理。

原告李振盛诉称:2003年7月,经冯骥才先生授权,时代文艺出版社出版了由北京市牧童之春公司策划编辑的《十年(插图本)》。该书中再次不经许可、也不署名,使用了原告公开发表的4幅旧照片,出版后也不支付稿酬。看来,冯骥才先生至今未从1994年4月那场版权官司中汲取应有的教训。在该书编辑过程中,策划编辑提出要选一批"文化大革命"图片以增强历史感。冯骥才居然"同意这些图片跟他的文字配合使用",他又一次支持与默认出版社在其著作中实施侵权行为。前后十年间,同一位作家的同一本书,对同一位摄影者的相同照片重复侵权,故要求3被告停止侵害,消除影响,赔礼道歉,赔偿经济损失5万元。被告冯骥才辩称:自己没有侵权。他说:该书的再版从一开始出版社与其本人联系时,他就询问了照片的来源,出版社答复是从新华社图片库购买的,有问题由他们自行解决;其次,从整个书的策划到出版期间,冯本人一直在奥地利访问,书中所有照片全是出版社选的,冯没有也不可能参与照片选用事宜;其三,冯回国后,在2003年7月初和出版社补签合同时,特别约定了一条,图书选用的插图版权问题由出版社解决。此外,冯只是书的文字作者,对书中的图片既未参与审查,法律上亦无审查的义务,法院此前已经有过判决,因此,他不承担侵权责任。

牧童之春公司称,《十年(插图本)》由我公司策划,并由我公司和时代文艺出版社共同发行，由于工作上的疏忽，对照片未尽到审查义务，造成对李振盛先生的侵权，我公司愿意承担相应责任，与冯骥才先生无关。

被告时代文艺出版社的代表、《十年（插图本）》的策划人和责任编辑张明表示：这4幅照片是他从红旗出版社的《共和国相册》中选的，因为上面没有署名，所以他也没署。这完全是他的责任，与冯骥才先生无关。他还说，他已和李振盛多次协商，只要不牵涉到冯骥才，他们愿将赔偿数额由5000元提高到3万元，但李振盛还是不同意。

对此，李振盛当即表示，钱并不重要，只要冯骥才愿意承担责任，起码对我说一声“对不起”，我就撤诉。但这个要求遭到了冯骥才代理人的拒绝。

法院经过审理后认为：根据本案查明的事实，涉案《十年（插图本）》中，使用了原告李振盛享有的著作权的4幅涉案摄影作品，且未予署名，亦未支付稿酬，对李振盛所享有的上述摄影作品的署名权、复制权、发行权及获得报酬权构成了侵害。按照我国著作权法的规定，修改权应由著作权人行使或由其授权的他人行使。在《十年（插图本）》一书中，对所使用的3幅涉案照片擅自进行了裁剪，构成对李振盛对涉案照片所享有的修改权的侵犯。

被告冯骥才系《十年（插图本）》一书的作者，虽其主张只是该书文字作者，并与时代文艺出版社在出版合同中约定该书选用的插图版权问题由出版社解决，但该合同双方的上述约定不能对抗所涉插图照片的权利人；且江苏文艺出版社在出版《十年（插图本）》时，李振盛曾与其因所著图书使用的照片产生诉讼，江苏省高级人民法院民事判决书对此进行了处理，其应对所著图书使用插图照片涉嫌侵权有所警示；现在其相同文字作品《十年（插图本）》再次出版，仍然选用了李振盛享有著作权的照片，且未经许可，未予署名，虽照片由时代文艺出版社与牧童之春公司选取，但冯骥才作为《十年（插图本）》出版合同一方的作者，其对该书使用涉案照片的行为具有主观过错。冯骥才应当与时代文艺出版社和牧童之春公司对涉案侵权行为共同承担民事责任。

2004年12月17日，北京市一中院作出一审判决：三被告停止在其出版的《十年(插图本)》一书中使用涉案4幅摄影作品，并在《新闻出版报》上向李振盛赔礼道歉，共同赔偿李振盛经济损失4800元。

冯骥才不服一审判决，当即上诉至北京市高级人民法院。北京市高院对该案再次进行了公开审理，并于2005年5月30日作出终审判决。终审法院认定：冯骥才作为《十年(插图本)》一书的作者，明知该书出版时要使用插图，且插图内容与书的文字内容紧密联系，构成全书的有机组成部分。作为该书的作者，冯骥才对书的出版所产生的法律问题应该负有责任。因此，无论其事实上是否参与过选用照片的工作，冯骥才都对所著图书中使用插图的著作权问题负有注意义务。因而，终审判决：驳回上诉，维持原判。

本案中的《一百个人的十年》一书的出版，前后两次引发侵权官司。在这两起官司的判决中可以看到，书的作者冯骥才虽然只在后一次被判侵权，但对于出版社来说，无论是在1994年的第一次诉讼，还是在2004年的第二次官司，均无一例外地被判侵权，承担经济赔偿责任。这就表明，编辑在书稿审查中，一定要注意插图、数据表格或美术、摄影类作品中的文字说明部分是否为作者自己的创作成果；如果不是作者自己所作，就必须获得原作者的许可授权并予以署名，否则，就是侵权行为。当然，如果这些作品像本案中的情况一样为编者所加，那同样要获得许可，否则，吃官司是铁定的。

2. 序言、附录等辅文中使用他人作品

书稿除正文之外，常常还有内容提要、序言、前言、目次、附录、后记等辅文；辅文是用来说明书稿内容或者对正文起辅助参考作用的。辅文中如果使用了他人的作品，也必须获得原作者的许可，否则就构成侵权。

我国历来有出书请人作序的习惯。这种请人做的序文，当然都是序作者许可使用的，不存在侵权问题。但编辑应当看到序作者签名的原件，并注意审核序文中表达的意愿应当不影响出版使用。再如书稿编列的附录作品，如果是不受著作权保护的法律、法规或政府公文，或者是已进入公有领域的历史年代表、汉语拼音方案、汉字简化方案、数、理、化用表、公式等，这些都不存在侵权问题，但是，如果附录的是他人享有著作权的作品，却没有获得原作者的许可，就会引发侵权纠纷。比如——

案例22 于宗翰诉沙叶新、上海人民出版社侵权案

1998年9月，著名剧作家沙叶新在上海人民出版社出版了他的文学作品集《尊严》。该书主要由沙叶新创作的反映留日青年生活的两个剧本、十几篇报告文学组成，全书共22.2万字。因为《尊严》一书中的报告文学《东京的月亮圆不圆》，当初在报纸上发表后曾引起争议，所以，沙叶新在此书的《序》中说："上海《联合时报》曾为此提供两个整版的篇目集中发表10多篇文章对我进行批评……这是我始料未及和为之抱歉的。在这个集子里，我将当时批评我的文章以及鼓励我的文章都附录于后。这决不是争个是非，而是为今后研究上海留学生历史的专家们留下一份真实的思想资料。"在附录的文章中，有年届古稀的中国科学院上海生理研究所研究员于宗翰先生写的《我对旅日青年如是说》（以下简称《我》文）一文。该文公开发表于1993年5月10日的《联合时报》，约一千余字。沙叶新在收录《我》文时，未征得于宗翰先生的同意，但在文后署有作者姓名、出处。

《尊严》一书出版后，沙叶新托请上海人民出版社责编与《联合时报》联系向作者支付稿酬。1999年6月11日，《联合时报》社寄给于宗翰先生稿酬20元，被于宗翰退回。

2001年5月，于宗翰先生一纸诉状将沙叶新和上海人民出版社以及《联合时报》社告上法庭。认为三被告随意使用原告作品构成侵权，请求法院判令其停止侵害，消除影响，赔礼道歉，赔偿有关损失2000元人民币。

2001 年 7 月 16 日,上海市第一中级人民法院公开审理此案。被告方沙叶新的代理人和上海人民出版社的责任编辑唐燕能到庭应诉。被告沙叶新辩称,将发表过的《我》文收入《尊严》一书作为附录,是为介绍评论其作品和说明问题,是适当引用,属合理使用。被告上海人民出版社辩称,《尊严》一书引用原告的文章是通常做法,被告在引用原告作品时注明了原告的姓名、文章名称,未对文章进行篡改,并通过其他方式给原告支付了稿酬。

2001 年 8 月 7 日,上海一中院对此案作出一审判决。法院认为,《尊严》一书不是沙叶新的专著,而是一部编辑作品(即汇编作品);从使用于宗瀚先生的《我》文的方式来看,已经超出了我国著作权法规定的合理使用的范围,不是引用,而是复制使用;该书经过专业单位出版、发行、印刷、经销等完整的运作程序,具有明显的商业特征,故沙叶新和人民出版社使用包括于宗瀚先生《我》文在内的文章或信函的行为具有商业目的。据此,法院判决:被告沙叶新和上海人民出版社向原告于宗瀚先生书面赔礼道歉,并赔偿原告经济损失 1000 元。

沙叶新和上海人民出版社不服一审判决,向上海市高级人民法院提出上诉。上海市高级人民法院受理后,于 2002 年 1 月进行了公开审理,在沙叶新表示道歉后,双方得到了沟通。最终,在法院的调解下,双方达成和解:沙叶新向对方认错,并撤回上诉,于宗翰先生放弃对沙叶新的诉讼要求。

本案虽然双方最终和解解决了,但教训是明确的:附录他人作品不属于合理引用,附录他人作品必须获得原作者许可,否则,就是侵权行为。

第二节　人身权审查

人身权是指与权利主体不可分离又无直接财产内容的权利。人身权因主体不同可分为公民人身权和法人人身权两种。公民的人身权包括人格权和身份权两大类，其中人格权为生命权、健康权、身体权、姓名权、名誉权、肖像权、隐私权等权利，身份权为亲属权、监护权、署名权、荣誉权等。法人的人身权仅指名称、名誉、荣誉、信用等权利。

我国《民法通则》第120条规定："公民的姓名权、肖像权、名誉权、荣誉权受到侵害的，有权要求停止侵害，恢复名誉，消除影响，赔礼道歉，并可以要求赔偿损失。法人的名称权、名誉权、荣誉权受到侵害的，适用前款规定。"我国《出版管理条例》第27条规定："出版物的内容不真实或者不公正，致使公民、法人或者其他组织的合法权益受到侵害的，其出版单位应当公开更正，消除影响，并依法承担民事责任。"根据法律法规的这些规定，在书稿审查中，除了著作权审查之外，还要注意审查侵犯公民、法人人身权的问题。

出版社出版的图书，门类繁多，各色各样，但就其总体而言，可以分为纪实和非纪实两大类：纪实类作品是以真实人物为描写对象的，如传记、特写、纪实小说等；非纪实类作品也可以叫虚构类作品，是以非真实人物为描写对象的，如小说、诗歌、散文、剧本等。前者注重于真实性，以真实为主；后者注重于艺术性，以虚构为主。但不管是纪实类还是虚构类，审稿时一定要注意，作品中不得有侵犯公民、法人的人身权等合法权益的问题。

一、纪实类作品要防止内容失实

纪实作品由于是纪实的，如传记、特写、报告文学或纪实小说等作品，读者是以真实的眼光看待书中所述的人和事的。这些人和事一旦失实，必然影响所写人物的名誉或荣誉，影响到他们的社会评价，从而侵犯其名誉权。有鉴于此，最高人民法院在1993年发布的《关于审理名誉权案件若干问题的解答》中规定，编辑出版者对真实性作品应当承担事实真实性的审查义务。这就是说，对于纪实作品，出版者对其内容的真实性必须进行审查核实，否则，一旦其内容失实侵犯公民、法人的名誉权，必然引发侵权纠纷。比如——

案例23 "喜儿"茅惠芳名誉侵权案

曾经是"文化大革命"八个革命样板戏之一的舞剧《白毛女》，是上海芭蕾舞团于1965年创作演出的。在该剧中扮演"喜儿"的茅惠芳，以其俊美的扮相和高超的舞技为当时的国人所称道。

2000年5月，河南文艺出版社出版的杂志《名人传记》2000第6期，刊登了胡晓虹的纪实性文章《"喜儿" 茅惠芳浮沉录》(以下简称《浮沉录》)，该文是四川江津市作家罗学蓬以其妻胡晓红之名作为笔名发表的。在文章的引言部分有一段概括全文主题的话:"普通百姓只知道舞台与银幕上的'喜儿'光彩照人的一面,却不知道现实生活中的茅惠芳是如何利用其美貌与名气,与康生、张春桥等勾搭,从戏剧舞台跳上政治舞台,最后又从政治舞台跳进监狱";文章最后的"结论"是:"畸形的时代,畸变的政治,造成了'喜儿'这样一个政治远多于艺术的尤物。她最终的命运,是到监狱中去以泪洗面,每日三省吾身……"

此文的刊出立刻引起轰动，全国十几家报纸和网站纷纷以《"喜儿"茅惠芳的悲剧人生》、《康生与"喜儿"茅惠芳》等为题予以转载。美国的《新世界日报》、新加坡《半岛晨报》、加拿大华人报《东方之星文汇报》也曾转载该文。特别是《广州日报》周末版在转载此文时，不仅冠以《"喜儿"勾结康生王洪文》作标题，而且还刊登了"文革"中的"上海市革委会主任"徐景贤的照片，在下面写道："他是茅惠芳的情夫。"

《浮沉录》一文被茅惠芳在上海的亲戚发现后，告知了远在美国密歇根州教授舞蹈的茅惠芳。于是，无端受辱的茅惠芳立刻决定回国告状，洗刷自己的冤屈。2000 年 8 月 4 日，茅惠芳向上海第一中级人民法院提起诉讼，把罗学蓬和河南文艺出版社以及 11 家摘转此文的媒体告上了法庭。

茅惠芳在诉状中称：被告胡晓虹杜撰了原告所谓"利用美貌和名气与康生、张春桥等人勾搭，从戏剧舞台跳上政治舞台，最后又从政治舞台跳进监狱"的虚假故事。并使用大量侮辱性语言，以大量篇幅虚构原告的心理活动，捏造了极其庸俗下流的荒诞情节，将原告诋毁为一个利用美色不择手段获取政治利益的道德败坏的人物。原告认为被告胡晓虹、河南文艺出版社及 11 家转载该文的刊物对原告名誉权构成了严重侵害。请求法院判令被告停止侵权；公开在全国性报刊向原告赔礼道歉，消除影响，恢复名誉；赔偿原告经济损失 32 万元和精神抚慰金 100 万元。

上海市第一中级人民法院受理立案后，经过审理查明，《浮沉录》一文完全失实。茅惠芳从在"文化大革命"中饰演"喜儿"一角后，"文化大革命"后还在舞台上演过《梁山伯与祝英台》中的祝英台，《雷雨》中的繁漪。1978 年至 1983 年间，她还先后担任上海市政协常委。1984 年，茅惠芳随丈夫沈维滇出国深造，后一直旅居美国任教至今，何来什么"从政治舞台跳进监狱"，又在"监狱中去以泪洗面"的事呢？由于该文内容纯属无中生有的诽谤，所以了解茅惠芳的上海各家媒体，没有一家予以转载。

在案件审理过程中，茅惠芳原在的上海芭蕾舞团《白毛女》剧组的导演、同事都纷纷为她出庭作证。“杨白劳”的原扮演者、现上海芭蕾舞团副团长、著名舞蹈家董锡麟说:“茅惠芳是我的学生,我们《白毛女》剧组一起下乡,一起拍电影,一起出国巡演访问。作为一个集体,大家都非常熟悉了解,绝对不可能有诽谤文章所写的那种情况,《浮沉录》通篇是凭空瞎编,无中生有,造谣污蔑,我对此感到很气愤。在那个特殊年代,《白毛女》剧组其实很少受到北京‘中央文革’首长接见,哪有什么单独接见茅惠芳跳舞的事!何况,茅惠芳不是那样的人,她蛮老实、腼腆害羞、说话不多、交际能力不强,并不是个性张扬的人……”

被告罗学蓬在提供给法庭的材料中称:《浮沉录》一文中所涉及的有关茅惠芳的种种事实,“绝非空穴来风,而有充分的书证为据”。罗学蓬所称的书证,是四川文艺出版社于1986年出版的《疯狂的上海》。他说:“我不过是借用了《疯狂的上海》一书中的一点点‘史实资料’为素材。该书正文之前的主要人物表中写得清清楚楚:芳芳,26岁,上海市革委会委员,上海文艺界红色造反司令部副司令,244小组成员。”“此书的正文中,明白无误地写明是上海芭蕾舞学校的芳芳、在革命样板芭蕾舞剧《白毛女》中扮演‘喜儿’A角。”“我们江津所有看过《疯狂的上海》的读者,都认为书中的“芳芳”就是茅惠芳。”

罗学蓬曾是“插队”知青,一辈子没有到过上海。当年,他在看过“样板戏”《白毛女》后,对茅惠芳曾经是顶礼膜拜。但据他说,他是在看到《疯狂的上海》一书后,感情陡然产生裂变,认为自己的心灵过去是受了欺骗和愚弄,作为一个专业作家,他要通过文字抨击这种虚伪和丑恶。他还辩解说:“如果有关茅惠芳的描写与事实有出入,首先是《疯狂的上海》的问题,侵权责任在这本书。如果说造谣,那始作俑者并不是我。”

可是,《疯狂的上海》一书的作者,现任浙江省文艺创作中心主任的胡月伟对此表示:他并不认识茅惠芳,他在“文化大革命”中也没有听说过茅惠芳这个人,“芳芳”完全是他虚构的一个角色。他说:我写的是小说,不是纪实。但是《疯狂的上海》中的主要事件和主要情节都有出处,里面的历史人物都是真名，如江青、张春桥、姚文元、王洪文等。我认为，真实的历史人物、虚构的小人物在一部小说中可以共存，这不违反文艺创作的规律。罗学蓬却把小说作为纪实，指名道姓，这种做法不够严肃，也不妥当，而且他的托词也站不住脚。

茅惠芳的律师说：经他们查阅，《疯狂的上海》一书是一部32万字的长篇小说。把小说中的'芳芳'推断为生活中的茅惠芳，把虚构的东西当史料，真是滑天下之大稽。但退一步讲，即使罗学蓬把《疯狂的上海》作为依据，但经我们相互对照，《浮沉录》的描写又有发挥。

2001年8月17日，上海市第一中级人民法院对该案作出一审判决：被告罗学蓬以及河南文艺出版社等11家媒体，均构成对原告茅惠芳的名誉侵权，应立即停止侵害，赔礼道歉；并对其中侵权责任较为严重的罗学蓬和两家媒体河南文艺出版社、广州日报社，判令其共同承担赔偿原告经济损失及精神损害费计人民币23万余元。

一审判决后，各方均没有上诉。

本案中的《浮沉录》一文失实的可谓太过离谱。作者罗学篷居然把小说中的内容当史料对待，还振振有词说自己有根据。对于这样糊涂的作者，我们无法说什么，但对于出版物的编辑，本案不啻是敲响的警钟。因为类似罗学篷一类的作者，生活中不会是绝无仅有，类似《浮沉录》这样的作品，也不会从此决不再有。作为出版者，一定牢记法律的规定，对于作者标明是纪实作品的，必须注意对其所述事实的真伪进行核实，否则，决不可轻易出版或发表。

那么，如何对纪实作品的真实性进行审查核实呢？最简便的办法是：征得作品描写对象的审阅同意，获得其许可。需要注意的是，有的出版社图省事，只注意获得作品的主人公和主要人物许可，对于作品中的次要人物或其他人物的许可就觉得可有可无了。这是不对的。不管是主要人物还是次要人物，只要是生活中的真实人物，并且是涉及其名誉、荣誉、隐私等问题的，都应当慎重对待，获得其许可。否则，就可能引发纠纷。比如——

案例24 娄师白诉中华书局名誉侵权案

2004年10月，中华书局与湖南湘潭图书馆组织的《齐白石辞典》编辑委员会（以下简称"辞典编委会"）合作出版了《齐白石辞典》。该辞典的第127页在介绍齐白石弟子娄师白时写道："娄师白……'文化大革命'中，曾改名娄批白，并声明与老师划清界限。'文化大革命'后又改名为师白。现为北京画院画师。"就是这不足60个字的几句话，2005年11月，中华书局被90岁的国家一级美术师、著名国画家娄师白告上了法庭。

娄师白早年是著名国画大师齐白石的入室弟子。他本名娄少怀，是拜师后齐白石大师为他改名为娄师白，取"师从齐白石"之意。他从14岁起跟随齐白石，直到大师去世，前后长达25年。

作为国家级的老字号出版单位，在该辞典的审稿过程中，中华书局是发现了这个问题的，并要求"辞典编委会"对描写娄师白这段文字内容的真实性进行核实。对此，"辞典编委会"提供了《中国书画》杂志、《大师访谈录二》以及齐白石家人陈述等证明材料，坚持他们这样的陈述有依据。中华书局向"辞典编委会"强调了几次"文责自负"后，也就没有再坚持，依约于2004年10月出版了《齐白石辞典》。

当画家娄师白看到这本辞典后，非常气愤。过去他也听说过这样的谣言，但一直没有太理会。现在，这谣言竟然落在供人查阅的辞典上，他不能不诉诸法律了。于是，他毅然将中华书局告上了法庭。

娄师白在诉状中称：该辞典中的这些文字内容，等于向社会传递这样一个信息："娄师白是齐白石的弟子，但在'文化大革命'非常时期却公然更名，取批斗齐白石之意。"可事实截然相反，娄师白从未更名为"娄批白"。中华书局作为国家级出版单位，担负着传承事实、教化公民的职责，现在竟然将社会流传的谣言当成事实刊载于出版物中，这是对我名誉的诋毁，给我的精神上带来沉重的创伤。辞典是供人查询的工具，只要这种错误不能得到更正，对我的伤害就将一直存在。而且，作为一位国内知名画家，对我的声誉的这种损害范围将更大。

为此，娄师白要求：中华书局在媒体上公开更正失实的内容，并向他本人道歉；收回所有已经出售、尚未售出或赠与图书馆、文献部门、美术院校、美术研究所、专业美术机构等的辞典，并与库存辞典一齐销毁；重新出版发行经过更正的《齐白石辞典》，发行量等同于该辞典更正前的发行量，并确保用已经更正的辞典撤换所有出售、尚未售出或赠与的未作更正的辞典。娄师白还向中华书局提起赔偿精神损失费人民币 50 万元。

北京市西城区人民法院受理案件后，经过审理后认为：辞典是收集词汇加以解释，供人检查参考的工具书。具有特定的适用性、明确的规范性、必要的知识性及较高的权威性、指导性，并有传承文化信息的重要价值。故辞典的编纂是一项极为科学严谨的工作。辞典的编纂者，应在充分查明客观事实的情况下，对相关的资料认真鉴别，深入考查核实，以纠正讹误，努力做到资料准确翔实。中华书局作为出版单位应遵循上述原则，保持科学审慎的态度，充分尽到审查义务，以确保编纂程序和内容设置方面的客观公正与全面。

然而，中华书局在出版发行《齐白石辞典》的过程中，在没有全面、翔实的资料及确切证据的情况下，仅凭他人口头传述，即确定娄师白在“文化大革命”中有改名及与老师齐白石划清界限的表现并纳入词条。娄师白系著名画家，该辞典的出版、流传，势必损害娄师白先生的社会评价。加之中华书局对该辞典发行所持的放任态度，导致除库存书外，其余难以收回更正；这给娄师白造成了较大的名誉损失，已构成对娄师白名誉权的侵害。

2006 年 9 月 7 日，北京市西城区人民法院对此案作出一审判决：

中华书局在《人民日报》、《北京晚报》等六大刊物上刊登致歉声明：

收回并销毁所有已经出售、赠出及库存的《齐白石辞典》；重新印刷不含侵权内容的《齐白石辞典》；赔偿原告娄师白精神损害抚慰金人民币30万元。

中华书局不服一审判决，决定向北京市第一中级人民法院提起上诉。

北京市一中院受理该上诉案后，经过积极地做工作，组织双方进行了多次协商。最后，在互谅互让的基础上，双方终于达成和解。

中华书局承认，出版具有涉案内容的《齐白石辞典》，疏于严格审查是不恰当的，对娄师白造成的损害，中华书局深表遗憾；中华书局决定于2007年5月前重新印制5000册《齐白石辞典》。重新印制的辞典内容一定经娄师白审核。重新印制的辞典，赠送娄师白1000册。

娄师白先生在其要求中华书局道歉并重新出书的两项基本诉求得到满足的情况下，考虑到中华书局是个百年老字号，在出版行业有着重要的影响力，应当加以爱护。多年来他本人与中华书局关系良好，这回的麻烦也并非中华书局本意。于是，他决定放弃30万元的精神损害抚慰金赔偿，同时对于案件审理过程中，因新闻媒体报道，给中华书局造成的负面影响，也表示遗憾。他向中华书局表达的最后一点希望是：在壮大出版事业的基础上，千万不要忘了自己的审查责任。

至此，这起持续一年多时间的名誉侵权案，终于尘埃落定。

本案的教训很典型，仅仅是一本几十万字的《齐白石词典》中的一个词条，涉及的也仅仅是齐白石先生的一个弟子的生平介绍问题，却惹出如此大的一场官司。真可谓文章千古事，字字有责任。

应当说，此案中的中华书局侵权把关意识还是比较强的，作为纪实作品的辞典的内容必须加以核实这一点，他们是懂得的也是坚持了的，但他们犯了两个错误：一是只知道“文责自负”，不知道法律规定出版者必须尽到合理注意义务。就是说，仅仅“注意”还不够，必须“尽到”；中华书局“注意”到了，但他们没有在“尽到”上下足功夫，以致让自己吃了官司；二是涉及侵犯人身权的问题，必须有经得起法律检验的确凿的证据。案中湖南湘潭图书馆的“辞典编委会”拿出的那些书刊及家人陈述既不是司法系统的公证或判决书，又不是组织鉴定和结论，均不能算“确切证据”，法院只把它看作个人的“口头传述”而不予采信。这是中华书局的教训，也是所有出版者的教训。

二、虚构类作品涉及真人真事要防止侵犯名誉权

虚构类作品由于描写的是虚构的人和事，一般来说不会涉及公民和法人的人身权问题，法律也没有要求出版者必须对虚构作品内容的真伪进行核实。但这并不是说，虚构类作品在审稿时，就无需注意侵犯人身权的问题了。实际上，由于作者思想认识和写作情况的千差万别，有的作者以小说的手法写真人真事，有的在虚构的故事情节中使用真实的人名、地名以加强真实性。这种在虚构的名义下写真实的人和事的做法，一旦处理不当，就容易造成侵犯公民名誉权一类的问题。因此，在审稿工作中，对于虚构类作品，编辑也要注意问清楚作者，作品中有无纪实的成分，有无使用真实的人名、地名及情节等。如果有，要对其是否会构成侵犯公民、法人人身权的问题作出认真的估量，并要注意做审稿记录。

从 1987 年我国《民法通则》贯彻实施以来，虚构类作品侵犯公民、法人人身权的问题，比之于纪实类作品当然要少得多，但也并不罕见。有的侵权行为造成的后果还是非常严重的，教训可谓深刻。

最早如福建省女作家唐敏于 1986 年创作发表的小说《太姥山妖氛》，该小说主要描写知识青年插队太姥山地区与当地农民发生的故事。小说使用真实姓名描写真实人物生产队干部王某，编造了王某与其妻如何利用职权，欺压百姓，以及王某奸污女知青等荒诞事件和行为。1990 年，当时王某已去世，其妻朱某向法院起诉唐敏，指责其小说对其夫妻的

描写构成诽谤，要求追究其诽谤罪的刑事责任。结果，法院以诽谤罪判处唐敏有期徒刑一年。同年6月，发表该小说的《青春》杂志也被起诉到法院，刊物出版者同样被判侵害原告朱某3人的名誉权，承担了民事责任。因小说侵犯名誉权被追究刑事责任，此案的判决虽然后来受到舆论界的批评，但作者、编辑出版者为其侵权行为承担民事责任是不存在问题的。

再如2003年，湖北大学教授涂怀章通过中国文联出版社出版了38万字的小说《人殃》一书。很快被该大学的原主管领导及教授、副教授等13人起诉到法院。他们认为该书名为“小说”实为“写实”，书中特定人物的简历、肖像以及人物与事件的结合、人物群落间关系等等，与他们中的特定人具有排他性关联关系，故事发生场景与湖北大学高度相似，人物名称与他们当中的某些人具有“谐音”、“变形”等关联性，书中核心事件与湖北大学历史上发生的某一事件基本一致。因此，他们指控涂怀章该书是蓄意影射他们，对他们进行了丑化、侮辱和诽谤。2005年12月6日，武汉市武昌区人民法院对该案作出一审判决，判处涂怀章诽谤罪成立，拘役6个月，驳回原告的民事赔偿诉讼请求。该书的出版单位中国文联出版社侥幸没有被起诉，算是逃过一劫。

从1990年的《太姥山妖氛》到2005年的《人殃》，这些不时发生的虚构作品被诉侵犯公民名誉权的案件表明，总会有一些作者由于这样那样的原因会冲撞人身权的红线。因此，为了引起出版、传媒编辑者们对这个问题的重视，中央电视台曾经播出一起小说和电视剧同时侵犯公民名誉权的案例，值得所有出版社和影视编者们的注意。这就是——

案例25 小说和电视连续剧《在一起》侵犯名誉权案

龚应恬是一位在国内享有较高知名度的作家。他创作改编新版的《射雕英雄传》、《布衣天子》、《蟋蟀宰相》等电视剧上映后受到了观众的欢迎。2001年6、7月间，他又构思创作了一部描写白血病题材的电视剧。该剧本2002年3月定稿，命名为《在一起》（又名《边缘》）。2002年8月，由三家影视公司联合制作出品为同名二十二集电视连续剧。2002年9月，龚应恬又将剧本《在一起》改编为同名小说，交由盲文出版社出版。

该小说的故事梗概和电视剧一样：燕江市轴承厂职工秦大庆和妻子郭英10岁的儿子“多多”，患上了L2型急性淋巴细胞白血病。女主人公为救儿子再次怀孕，生下妹妹为哥哥移植脐血。在为儿子治病的过程中，夫妻俩四处举债无门，历尽坎坷，尝尽了世态炎凉。秦大庆绝望之中投入了旧情人丁晓彤的怀抱；一向依赖丈夫的郭英在绝望内疚之下，险些抱着儿子跳下医院的天台，幸被警察罗建凡救下……从此罗建凡走进了郭英的生活，两人发生婚外恋情等。

盲文出版社接下这部书稿后，觉得电视剧已出品正在热播，由剧本改编而来的小说还能有问题？他们二话不说，以最快的编校速度安排付印，两个月之后就摆上书架发行了。但令他们没有想到的是，2003年3月，有一对名字叫秦长庆和郭英的夫妇俩，把他们告到了北京市第一中级人民法院。法院送来传票，通知他们于2003年的3月18日出庭应诉。

原来，1999年2月，河南省辉县轴承厂的下岗职工秦长庆、妻子郭英年仅10岁的儿子秦鹏飞被诊断为血癌，医生告诉他们，救孩子的唯一办法是实施脐血移植，用新生儿的脐带血溶入秦鹏飞体内。夫妇俩救子心切，于是，下决心再生一胎。2000年1月，郭英再度怀孕，生下一女儿，这给挽救儿子的生命带来了希望。为给儿子准备脐血移植所需的巨额手术费用，夫妇俩一边拼命打工赚钱，一边倾家荡产四处筹钱。他们的遭遇被媒体披露以后，受到了社会的广泛关注。加之这又是国内首例异性脐血移植手术，全国先后有五十家报纸、二十多家杂志广泛报道，五六家电视台播映。全国四面八方的好心人给他们写信并捐款，使他们凑足了13.5万元的手术费。在将妹妹身上的脐血输入哥哥体内后，在只有四分之一治愈可能的情况下，秦鹏飞奇迹般地被救活了，并于当年9月开始正常的学习生活。但可能是因为小鹏飞是兄妹异性脐血移植的原因,在2001年5月的一天,小鹏飞突然呼吸困难,并于当晚离开人世。

在巨大的悲痛随着女儿一天天地长大逐渐消解的时候,电视剧《在一起》的播出及其同名小说的发行,又骤然间给他们的生活掀起了波澜。

从2002年2月开始,先是一个亲戚给他们说,正在播出的电视剧《在一起》里的故事和你们家的遭遇特别像,赶快看看吧。接着,又有很多人把电话打进郭英家里,询问他们什么时候把家里的事编成书出版了,还在电视上放映?还有的人气愤地质问他们:你们夫妻二人是怎么回事?当时不是得到了全社会的爱心帮助吗,怎么搞起婚外情了?你们这样做能对得起谁?

平常,他们夫妇根本没有时间看电视,看小说。接到这些电话后,才专门看了电视,又专程去买了一本小说《在一起》。电视和小说里面的人物和故事情节确实与他们的遭遇几乎如出一辙,但是,后面的那些东西却让他们无法看下去了……事实是,他们夫妇始终风雨同舟、患难与共,他们何时搞过婚外情?他们认为,电视剧和小说侵犯了他们一家人的姓名权和名誉权,如果不用法律讨个公道,他们无法向全国那么多帮过他们的好心人交代,今后也没有脸面做人。为此,他们走上了法庭,起诉了作者龚应恬和盲文出版社以及三个电视剧拍摄单位,并索赔精神损害250万元。他们要以此证明自己的清白。

在法庭上,被告龚应恬称,他曾照顾过得白血病的岳父,小说是根据自己的这段经历所写,小说也综合了现实生活的诸多故事,其中的人物和情节都是虚构的,因此,自己不存在侵权的主观故意。龚应恬认为,这对夫妇是在"对号入座",而且对索赔250万元精神损失费表示无法接受。

中国盲文出版社则对原告将其作为被告表示疑惑,而且在得知此事后,为避免小说侵权已经停止出版。参与电视剧拍摄的三个单位均认为,电视剧故事情节是虚构,并非描写真人真事,而且通过了有关部门的审批，不存在侵权的主观故意，索赔250万元精神损失费于法无据，也无法接受。

2004年10月22日，北京市第一中级人民法院对该案作出一审判决。

法院认为：虽无证据证实电视剧、小说《在一起》的作者有对特定人即本案原告进行侮辱、诽谤或者披露隐私的主观故意，但因作品中基本沿用了秦长庆、郭英的真实姓名、身份背景、生活经历，在他们夫妻的家庭经历已经通过媒体广为知晓的情况下，极易造成对特定人的不利社会印象和社会评价降低，造成秦、郭一定精神损害的后果。由此，法院认定电视剧、小说《在一起》的部分内容侵害了秦长庆、郭英的姓名权、名誉权。遂依法判决5被告在媒体上发表道歉声明，并赔偿秦长庆与郭英精神损失共10万元。

本案中作者、出版者和电视剧制作者的错误是明显的。电视剧和小说本来是以非真实人物为描写对象的虚构类作品，却偏要使用真实人的姓名、身份背景、生活经历，并且还把一些虚构的乌七八糟的情节加在该真实人的身上，岂能不造成严重的侵犯名誉权后果。因此，作者、出版者和电视剧制作者为此吃官司，既偶然，也属必然。

三、作品涉及个人隐私必须获得许可

所谓隐私，是指不愿告人或不愿公开的个人信息和私事。隐私权是指自然人不让他人知悉、禁止他人干涉自己隐私的权利。

我国《民法通则》没有单独规定一项隐私权。最高人民法院1988年1月发布的《关于贯彻执行中华人民共和国民法通则若干问题的意见》（以下简称《意见》）的第140条规定："以书面、口头等形式宣扬他人的隐私，或者捏造事实公然丑化他人人格，以及用侮辱、诽谤等方式损害他人名誉，造成一定影响的，应当认定为侵害公民名誉权的行为。"而最高人民法院在1993年8月7日颁发的《关于审理名誉权案件若干问题的解答》(以下简称《解答》)中也规定:“对未经他人同意,擅自公开他人的隐私材料或以书面、口头等形式宣扬他人隐私致人名誉受到损害的,应当按照侵害他人名誉权处理。”根据上述两个法律,我国是将隐私权作为名誉权的一部分予以保护的。虽然同属于名誉权给以保护,但二者有着不同的特征:侵害名誉权一般是以捏造事实、无中生有等方式侮辱、诽谤公民和法人的名誉和荣誉,而侵害隐私权则是以散布真实但不公开的内容侵害自然人的名誉;前者的特征是失实,后者的特征可以说是“过实”。

隐私权是一项自主性很强的私人权利,权利人对属于自己的隐私,有权决定是否公开。因此,书稿中涉及个人隐私的,必须获得权利人的许可。否则,必然引发侵权纠纷。

2008年,我国成功举办奥运会之后,奥运会开幕式总导演张艺谋的名字深深地印在了中国人的心中。趁着这股热潮,华夏出版社推出了《印象中国——张艺谋传》(以下简称《张艺谋传》)一书。该书是第一本比较完整的有关张艺谋的传记作品,作者是湖北籍作家黄晓阳。传记共分11部分,全面讲述了张艺谋的成长历程、艺术追求和感情经历,从而受到读者的热烈追捧。但不久,报纸和互联网上纷纷报道,该书披露的有关张艺谋家庭婚姻生活部分未经张艺谋授权,说“老谋子”已聘请了律师起诉作者和出版社的侵权行为。果然,2008年12月初,张艺谋授权代理律师佟洁在互联网上发出声明称:“该书未经张艺谋授权许可使用其个人肖像、伪造其签名,书中大量内容系作者道听途说、肆意捏造,严重侵犯了张艺谋的姓名权、肖像权、隐私权,严重损害了张艺谋的名誉;特别是在书的封面上伪造张艺谋的签名,欺骗了广大读者,造成了极为恶劣的影响。”张艺谋在声明中要求华夏出版社及经销商立即停止一切侵权行为,包括该书的再版印刷、发行和销售,封存所有已经出版但尚未发出的书册,收回已发出的书册,并对正在销售的予以下架、封存。在全国性媒体上刊登道歉声明。2009年1月13日,张艺谋的代理律师佟洁再次向《北京晨报》

记者披露:张艺谋已委托他正式向北京市第一中级人民法院递交了起诉书,要求华夏出版社和作者黄晓阳停止侵权,并向其本人公开道歉,北京市一中院已经受理此案。

目前,从媒体报道的情况看,作者黄晓阳对该书涉及侵权一事保持沉默;华夏出版社《张艺谋传》一书的策划者则向媒体表示,该书出版之前确实未得到张艺谋本人的授权,但他说张艺谋是公众人物,推出传记并不一定需要传主的授权,至于书中使用的80余张张艺谋图片,他表示已经购买了这些图片的使用权,也不存在侵权。

眼下,法院对该案虽然还没有作出判决,但从两方面各自的表态看,教训已经是很清楚的了。

《张艺谋传》一书的内容没有获得张艺谋的许可,这是该书出版时的严重缺失。对张艺谋指控该书侵犯其姓名权、肖像权以及伪造签名等问题姑且不说,单说侵犯隐私权这一点,作为出版社,理当在出书之前要坚持获得传主的许可。为什么呢?

诚如该书的策划者所言,我国法律并没有规定传记类作品必须经传主的授权才能出版,而且,名人或公众人物的隐私保护范围比之于普通人,确实要受到一定的限制,但这种限制,主要是指名人或公众人物在公开场合的、或者是履行公务、涉及社会公共利益的活动时,其名誉权的保护要受到限制。而对于其个人私事,本人不愿告人或不愿公开的私生活领域的信息,肯定是要受到保护的。具体到《张艺谋传》一书,从作者和出版者一方说,必然是希望书中有尽可能多的不为人知的内容,这样才能最大限度地满足社会公众的好奇心理,获得读者的追捧;而从法律角度说,只要是此前没有公开的有关张艺谋的私事或个人信息,都属于隐私范畴。出版者要将其公之于众,需获得其许可;未经许可就擅自公开,如果导致张艺谋的社会评价降低,就侵犯了张的隐私权。而对于一本讲述张艺谋几十年成长经历的传记作品,内容涉及其人生、艺术各个领域,尤其又涉及其婚恋生活方面的许多趣闻轶事,出版者如何能保证这些内容都是公开过的呢？而且，即使全部是公开过的，出版者又如何保证其真实可靠呢？只要有不实的成分，又会陷入侵犯名誉权的窘境，就如案例 24 之中华书局出版的《齐白石大辞典》一书，在涉及娄师白曾用名的介绍由于证据的可靠性不足侵犯名誉权一样。因此，为了防止侵权，作品如果涉及个人隐私，一定要获得权利人的许可。这是最有效最保险的办法。

当然，之所以这样做，前提是出版者对书稿内容是否属于已公开的社会事实，没有充足的把握；如果有把握，那就另当别论了。比如——

年过三十的高婷婷原本是山东小伙，当过兵，结过婚，是一对双胞胎的父亲。早在 1994 年他就开始穿女装生活，媒体曾报道他要把自己打造成“东方第一美女”。2004 年，他与南京一家医院签订变性手术协议，但手术只进行了胸乳、咽喉和胡须等部分，并未成功变性，由此被称为“准变性人”。后来，他在一家酒店工作，老板用他的姓名和肖像，制作了写有“来自特别报道的变性美女——高婷婷真诚服务”的广告牌，悬挂于店门外。到第二天，很多人为了看他而赶到酒店，使酒店营业额由此大增一倍。山东的《生活日报》为此刊登出一篇题为“变性美女成揽客招牌”的文章，对此事进行了报道。该报道中写有“许多市民认为此举不雅，有悖社会伦理让人不舒服”，“煞费苦心结果适得其反，这也是想借变性人做广告大赚一笔所始料不及的”等文字。

笔名吴兴人的上海杂文作家邵传烈，在 20 世纪 80 年代初，由于采访报道中国首例男变女变性手术一事，而结识了完成该手术的长征医院整形外科主任何清濂教授。第二年，何教授又完成首例女变男手术，邵传烈再次获得授权在媒体上予以披露。此后，何教授又先后完成变性手术 150 多例，无一例失败，被誉为“中国变性手术之父”。依据十几年间与何教授的交往，邵传烈积累了大量有关变性人的第一手资料，据此写成了《纠正上帝的错误——“中国变性手术之父”何清濂的非常记忆》（以下简称《纠正上帝的错误》）一书。该书介绍了“中国变性手术之父”何清濂对变性等问题的看法，其中涉及许多实例。书的第四部分《大可不必的做法》一节，引述了山东《生活日报》刊登的“变性美女成揽客招牌”一文的内容。提到了高婷婷被济南一家酒店当做招牌、做变性手术医院输官司赔偿其5万元等事件。

2005年8月，《纠正上帝的错误》一书由上海文艺出版总社出版。高婷婷在北京的王府井书店购得此书。2006年12月，高婷婷向北京市东城区人民法院提起诉讼，把上海文艺出版总社、作者邵传烈、北京新浪互联网公司、北京市新华书店王府井书店一齐告上了法庭。

高婷婷诉称：《纠正上帝的错误》一书的第231页、232页章节中，引用了山东省《生活日报》刊登的题为“变性美女成揽客招牌”的报道，使用了他的真实姓名。他认为变性是自己的隐私，变性人的人身权、名誉权、隐私权，受宪法和法律保护。该报道的作者当时并未采访他，也未经他本人同意，属于侵权报道。而涉案一书的作者邵传烈擅自使用该侵权报道，且言语用词带有贬义色彩，严重侵犯了他的隐私权、名誉权及生存权，造成他身心的极大伤害，使他失去工作，居无定所。故请求法院判令被告上海文艺出版总社、邵传烈、北京新浪互联信息服务有限公司各自赔偿其精神损失38万元；北京市新华书店王府井书店赔偿10万元，共计124万元；并删除该书和新浪网中相关内容。

北京市东城区人民法院受理该案后，于2007年3月26日开庭进行了审理。

被告上海文艺出版总社辩称：《纠正上帝的错误》一书中所指，是对餐馆老板经营手段的评论，文中对原告的变性行为是尊重和理解的；原告作为准变性人的事实，在被告出版该书之前，已经被媒体广为报道，原告多次向媒体公开过自己的变性经历，还曾就著作权起诉过相关媒体，原告的变性人身份也已经不属于原告隐私范畴。因此,《纠正上帝的错误》一书的出版并未侵犯原告隐私权。被告不同意原告的诉讼请求。

第二被告邵传烈辩称:书中涉及原告的内容,已经被多家媒体报道过,原告为酒店做的灯箱广告就公开设在酒店门口,因此,原告的变性人身份已经公开,不属于个人隐私,因此不同意原告诉请。

第三被告王府井书店和新浪互联网公司均辩称:作为书店仅有从合法正当渠道购进图书进行销售的义务;作为网站也仅有经出版单位同意进行转载的义务,并没有义务审查文章本身内容是否属实,新浪网也已经在接到起诉书后删除了有关高婷婷的相关内容。二被告的经营行为并未侵犯原告名誉权,不同意原告的诉讼请求。

2007年4月15日,北京市东城区人民法院对此案作出了一审宣判。法院认为:根据已查明的事实,书中所述内容是对餐馆使用高婷婷的姓名和肖像制作广告牌悬挂于该店门外、并经媒体报道等事实的一种认识和评判。其中虽引用了部分已在媒体上发表过的文章内容,但上述文章中涉及原告的变性事实是经过原告同意向社会公开的内容,已不属于原告的隐私,且该文章并未捏造事实丑化原告的人格及侮辱、诽谤原告。被告邵传烈依据原告的公开事实,撰写涉案书籍中有关原告变性的内容,不属于宣扬原告隐私或者捏造事实丑化原告人格,不构成侵犯原告的隐私权、名誉权,也未侵犯原告的生存权、发展权。而被告上海文艺出版总社、王府井书店、新浪公司在出版发行、转载、销售涉案书籍过程中亦不存在对原告的名誉侵权行为,故原告依据其诉讼理由认为四被告侵犯其隐私权、名誉权、生存权、发展权,并使其身心受到极大伤害,甚至无法稳定工作、居无定所的严重后果,没有事实和法律依据。

据此,法院驳回了原告高婷婷的全部诉讼请求。

本案中上海文艺出版总社出版的《纠正上帝的错误》一书中,涉及变性人高婷婷的有关内容,由于此前已为相关媒体所报道,并且该报道有充足的事实根据,不存在失实问题,因此,虽然没有获得当事人高婷婷的许可,也不构成侵犯其隐私权的问题。事实上,再私密的事,一旦公开报道,就不再是隐私,这是隐私和非隐私的最大区别。我们应当从《张艺谋传》一书陷入侵权纠纷的困境,和本案《纠正上帝的错误》一书遭当事人起诉后,最后却被法院驳回一案的比较中,正确领会和把握侵犯隐私权的界限。

第三章 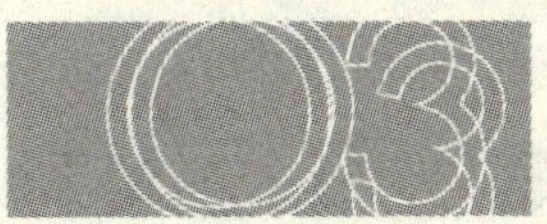

在报刊稿件审查中防止侵权

ZAIBAOKANGAOJIANSHENCHAZHONGFANGZHIQINQUAN

Chapter three

报纸、期刊审稿工作的特点是审和定同步进行，审稿的过程就是定稿的过程。作者的稿件到达编辑部，经登记后交给初审；初审筛选后，拟采用的稿件进入二审；二审通过后发排印出清样；清样经领导终审最后敲定。由于报刊稿件的导向问题、质量问题、侵权问题，全要在审定稿件的过程中把好关。因此，报刊的审稿工作，是报刊出版工作中最具关键性的环节。

第一节　人身权审查

报纸、期刊作为社会大众获取信息的重要媒介，具有覆盖面广，受众人数多，传播速度快，影响力大等特点。这使得报刊一旦侵权，尤其是侵犯公民、法人名誉权等人身权，会给权利人造成严重后果。因此，报刊的人身权审查，比之于著作权审查更具紧迫性。

最高人民法院早在1988年发布的《关于侵害名誉权案件有关报刊杂志社应否列为被告和如何适用管辖问题的批复》中就指出："报刊杂志社对所发表的稿件应负责审查核实，其稿件如侵害了公民的名誉权，作者和报刊杂志社都有责任。"国务院2001年颁发的《出版管理条例》第二十八条规定进一步明确规定："出版物的内容不真实或者不公正，致使公民、法人或其他组织的合法权益受到侵害的，其出版单位应当公开更正，消除影响，并依法承担其他民事责任。"以上规定，是法律赋予报刊出版者义不容辞的责任，也是报刊出版者必须对稿件进行人身权审查的法律依据。

一、"三招"防止新闻造假或失实

新闻的本源是事实，对事实的报道就是新闻。真实是新闻的生命，是新闻的本质。新闻如果失去事实做依据，就是假新闻，其实质与谎言无二。

不实新闻有两种，一种是作者故意编造的假新闻，一种是由作者的工作失误造成的失实新闻。这两种新闻的区别在于作者主观上的不同，就稿件本身来说，二者其实并无实质区别，都属于脱离事实的不实消息。

近几年来，随着出版体制改革的深化，部分新闻从业人员片面追求个人名利，不遵守职业道德规范，使得假新闻或失实新闻不时见诸媒体或报端，呈现泛滥之势。诸如"纸馅包子"、华南虎照片"、"比尔·盖茨北京亿元租房看奥运"，甚至2009年我国海军舰艇赴亚丁湾海域护航都有人编造假新闻。

一般来说，假新闻或者失实新闻都是危害国家、社会、或者公民个人利益的：有的损害公民、法人或其他组织的真实形象，导致他们的社会评价降低；有的则会扰乱社会生活秩序，造成群众人心惶惶的局面，从而影响社会稳定。因此，报纸、期刊等新闻媒体，必须把防止假新闻和失实新闻作为一个重要课题对待。

防止假新闻和失实新闻，有三个方法必须坚持。

1. 核实消息来源是否准确

对于新闻稿件的审查，必须核实消息来源是否准确。编辑应当向作者了解采访经过和消息来源的依据，分析其是否准确可靠。如果消息不是来源于第一渠道，可靠性有疑问，应当责成作者重新核实或者编辑自己核实，否则，稿件不能使用。

目前假新闻泛滥的一个重要原因，是部分采编人员凭一些道听途说、捕风捉影的事就发布新闻消息，懒于去做核实工作。如案例13陈家镛诉科学中国人杂志社和光明日报社侵权案中，《中华读书报》刊登的中国科学院陈家镛院士去世一则新闻，是该报采访的记者听到别人说中国科学院一位姓陈的院士去世了。由于他知道科学院有个陈家镛院士，而且年届80多岁的高龄，就简单地判定是陈家镛院士去世了，并目写成稿子发回报社。编辑接到稿件也不加过问就发稿，于是造成了陈家镛院士去世的假新闻出笼。接着是《科学中国人》杂志不加核实就转载，使陈家镛老人不得不诉诸法律。其实这件事无论是记者还是编辑，只需给中国科学院有关部门打个电话就能核实清楚的事，可都没有去做，以至于成为假新闻的制造者、传播者。这件事告诉我们,记者不能简单地有闻必录,必须对采访到的内容进行核实,否则,就是缺乏职业道德,不负责任;刊物更不能有闻必报,一定要经过审查核实之后方可刊用,否则,就是出版者的失职。

需要指出的是,有的假新闻,如“比尔·盖茨北京亿元租房看奥运”,虽然社会影响不好,可由于涉及的当事人情况特殊,刊物只需向社会道个歉即可了事。但不是所有假新闻或失实新闻都可以如此简单地了结。很多时候,发布假新闻或失实新闻是要付出代价的。比如——

案例27 无锡日报社诉中国足协侵犯名誉权案

1999年6月,奥运会足球预选赛小组赛第二阶段比赛在上海进行,国奥队的表现引起广泛关注,国内众多媒体的记者赶到现场进行采访。《无锡日报》体育记者胡建明由于和国奥队领队李晓光是大学同学,于是他给李晓光打电话了解情况。在通话过程中,李晓光说到了某些球员可能要面临调整的情况。旁边的几名记者有人听到了“舒畅、李蕾蕾扬言要退队”这样的话,过后在饭桌上就把这个消息传了开来。于是,有的记者就据此写成报道发回报社,而胡建明本人在打过电话后,并没有把这些东西写出来予以报道。但是,第二天,《都市快报》、《重庆晨报》、《成都商报》、《大河报》等都刊登了题为《舒畅欲退出国奥队》的新闻。接着,其他一些报纸也相继转载了这一消息。

1999年6月15日,中国足协新闻办公室在新闻发布会上宣布:舒畅已明确否认曾说过退出国奥队这类的话,这则消息是假新闻。

1999年7月26日,中国足协在北京召开新闻发布会,发布了《关于奥运会足球预选赛上海赛区假新闻事件的处理决定》(体足字[1999]302号,以下简称《302号文件》)。该文件称:奥运会足球亚洲预选赛第7小组第二阶段比赛发生了以“舒畅、李蕾蕾扬言要退队”为主要内容的假新闻事件，给中国国奥队和舒畅、李蕾蕾本人的训练、比赛带来了极大的干扰，在国内广大球迷等各方面都产生了极坏的影响。事件发生后，新闻办及时采取措施，制止了假新闻的进一步蔓延，并对此事件进行了调查。经调查发现，共有《成都商报》、《重庆晨报》、《现代经济报》、《杭州都市快报》、《大河报》等数家报社刊发了这条假新闻，其主要作者和制造假新闻的为《杭州都市快报》的李琛和《无锡日报》的胡建明。据此，中国足协新闻办作出如下处理：一、上述报社必须在报纸上公开发表对国奥队和舒畅、李蕾蕾的致歉信，以消除影响。二、上述报社必须对有关责任者做出严肃处理并上报中国足协新闻办。三、在有关报社未能做到以上两条期间，足协新闻办将停止《成都商报》、南京《现代经济报》、《杭州都市快报》、河南《大河报》、《无锡日报》报社记者采访中国足协主办的所有比赛的资格。

这份文件以消息形式发布后，当即被全国数十家报刊登载，《无锡日报》认为其声誉受到了损害。该报社于8月2日致函中国足协表示：中国足协“打假”打错人，《无锡日报》既没有刊登过假新闻，其记者胡建明也没有制造假新闻，处理决定给《无锡日报》的声誉带来了极大损害，并造成恶劣的社会影响。无锡日报社提出：“中国足协必须撤销这一决定”，并“应该以同样形式发文，纠正原决定中的不实之处，为《无锡日报》恢复名誉，并向无锡日报社公开致歉。”

此后，双方几经交涉均没有结果。9月初，胡建明申请采访在上海举行的九强赛时，中国足协拒绝发给他采访证。9月10日，无锡日报社向无锡市崇安区法院提起诉讼，要求法院判令：中国足协撤销停止原告采访比赛资格的决定，恢复原告的合法采访权；公开向原告赔礼道歉，并通过新闻媒体为原告恢复名誉，消除影响；赔偿原告经济损失33.5万元，并负担本案全部诉讼费用。

2000年1月5日，法院公开开庭审理此案。中国足协没有到庭应诉，仅向法院递交了一份延期审理申请函。该函称:“中国足协是管理全国足球事务的社团法人……中国足协按国际惯例加强对本行业赛事采访进行管理,制定了《全国足球比赛新闻采访规定》,对违规者中国足协有权拒绝其采访。此次假新闻事件正是严重违反了此规定,且假新闻发生时正值中国国奥队为争夺奥运入场券团结一致为祖国而战之时,采访本赛事的《无锡日报》记者所制造的假新闻,起到了破坏队伍稳定、瓦解军心的作用, 造成了极其恶劣的影响”;“中国足协当时针对无锡日报社发放采访证,现在同样针对无锡日报社收回采访证,停止该报采访足协举办的赛事,手续合法。无锡日报社曲解中国足协的处理决定,以至于贸然对中国足协采取诉讼行动,是令人费解的”。本会认为,“无锡日报社在此次假新闻事件中,其自身虽未报道登载,但新闻源来自其所派记者,无锡日报社对其记者疏于教育,在这一点上是有责任的”;“中国足协认为,鉴于本案的处理与已经进行和行将进行的相关诉讼案件在案件事实上有直接牵连,为使人民法院全面、客观地了解案情,中国足协认为,本案的审理应当在与本案有关的其他案件事实查清之后进行”。

法院合议庭认为:被告中国足协提交的延期开庭审理申请函理由与本案无直接关系,被告经法庭合法传唤拒不到庭,又无正当理由,其请求予以驳回。法庭依法进行缺席审理。

经过审理质证之后,合议庭认为:被告中国足协所发布的《302 号文件》在没有事实依据的情况下,做出了停止《无锡日报》采访中国足协主办的所有比赛资格的决定,虽然该文没有明示《无锡日报》刊登了假新闻,但该文发出后,《北京晚报》等多家报刊报道转载,均认为《无锡日报》刊登了假新闻。据此,中国足协应当承担其侵害《无锡日报》名誉权的民事责任。

2000 年 1 月 15 日, 无锡市崇安区人民法院对该案作出一审判决:一、中国足协在《中国新闻报》、《中华读书报》上刊登文章,公开向《无锡日报》赔礼道歉、消除影响。二、中国足协赔偿《无锡日报》直接经济损失 3

万元。三、驳回《无锡日报》要求中国足协赔偿其因名誉受到侵害而致发行量下降损失30万元的诉讼请求。四、驳回《无锡日报》要求撤销中国足协《302号文件》中有关对他们报社的处理意见,并恢复其采访权的诉讼请求。法院认为该请求不属民事上的权利义务关系,不属法院审理范围,故本案不予理涉。诉讼费100元,由无锡日报负担10元,由中国足协负担90元。

2000年1月26日,中国足协向无锡市中级人民法院提起上诉。

2000年4月21日,本案最后在法庭主持下双方达成和解,以中国足协道歉、纠正其对无锡日报社的错误处理决定了结。

本案让人们清楚地看到了一则假新闻的产生、传播过程,以及其造成的社会纷扰和危害。案中不但发布假新闻的报刊受到了中国足协的通报和惩罚,而且连假新闻的受害者的中国足协,也由于在打假过程中调查核实有误而被推上了被告席。这充分表明了认真核实消息来源的重要性,否则,谁搞错了都要承担后果,付出代价。

2. 注意是否经单位或当事人认可

时事新闻一类的消息报道,可以通过核实消息来源得到证实,如果是篇幅较长的新闻通讯,就不能仅靠核实消息来源就能防止其失实。对此,新闻采访工作有一个老传统,记者或通讯员在稿件写成之后,要送当事的单位或者当事人审核认可,加盖公章或者签注意见后才发回报社。这一做法对于防止新闻造假或失实具有非常好的效果,必须坚持。而且还要注意的是,鉴于新闻的真实性原则,稿件中涉及的每一个人的每一件事,都应当是真实无误、经得起实践检验的,因此,稿件不但要获得单位或部门的认可,还应当尽可能地得到稿件中所涉及的每一个当事人的认可。因为有的时候,虽然是作品的个别情节或部分文字失实,从而影响到公民、法人的人格评价的,也可能引发侵权纠纷。比如——

案例28 张静诉德州广播电视报社等侵犯名誉权案

2000年3月,吉林通化的于春江因儿子于曦在山东犯故意伤害罪被当地公安部门抓捕关押。于春江为救儿子从东北老家来到德州,被一个姓张的开"摩的"的人所坑。旅馆的老板、退休老工人牛洪德非常同情他的遭遇,把他请到自己家里,介绍他与一位名叫张静的律师认识。就在牛洪德家里,于春江与张静签订了委托辩护协议,委托张静作为于曦故意伤害一案的辩护律师。并按照委托辩护协议的约定,于春江当场付给张静律师委托费2000元,张静则向其出具了盖有山东德兴光大律师事务所公章的收款收据。之后,张静根据于春江提供的信息,查知于曦案件由德城公安分局刑警一队承办,当即将情况告知了于春江。3月底,张静持山东德兴光大律师事务所的公函及相关证件到承办该案的刑警一队了解案情,并请求安排会见犯罪嫌疑人于曦,因办案人员当时外出抓捕于曦的同案犯而未予安排会见。以后,张静又去了两三次,也由于同样的原因未能见到于曦。待于曦的同案犯被抓捕归案后,张静再次赴刑警一队,又因公安部门正就于曦等犯罪嫌疑人向检察院提请批捕期间,其案卷已移交检察院办理批捕手续而未能安排会见。这期间,张静多次将案件进展情况通过长途电话告知于春江。但于春江认为,两个多月过去了,律师连儿子的人影都没有见到,显然是在糊弄自己,根本就没有认真办。于是,在5月底6月初的一天,约张静在牛洪德家中见面后,要求解除双方的委托辩护协议,并要张静退还2000元律师委托费。张静以自己已经工作两个多月,又是委托方提出解除协议,所以不同意退款。此后,双方的委托关系即告终止。

后来,一个偶然的机会于春江接受了《德州电视报》的记者李淑青的采访,向她诉说了自己来德州救儿子的经过。这位李记者就根据于春江

的陈述写成了《一对情愿替儿伏法的夫妇》一文。在稿子完成后，李淑青还就文章内容的客观真实性向公安部门进行了核实，但没有找律师张静核实，只把‘张静’的名字改为‘张敬’，以为这样就可以避免本人“对号入座”了。稿件发回报社后，报社编辑认为此稿已经公安部门审核，不会有问题，很快安排发表。2000 年 12 月 19 日，《德州电视报》第 51 期第 14 版的“社会传真”栏目中，登出了此文。这篇文章中有一节的小标题是：“救子心切为找律师两次被人坑”。这一节的大意是：于春江为找律师第一次被“摩的”司机所坑，第二次被姓牛的旅店老板和律师张敬所坑。有关张敬的内容是这样描写的：在于春江和张敬签订协议后，张敬查出于曦关押在市第二看守所，于春江的心里算有了着落，他给妻子打电话，通报找到了儿子，让她再带钱来。4 月，王晶燕（于春江之妻）来到德州，夫妻二人又交给张敬 1000 元钱，让他替儿子交上生活费，实际却未交。时间又一天一天地过去了，钱花了，“这位张律师却始终没能替他们办事”。

现实中的律师张静看到此文后，不能接受，认为自己接受于春江的委托后是认真履行义务的，没有任何坑骗的意思；他确实按约收取了 2000 元律师委托费，但绝没有再收过什么转交于曦的 1000 元生活费；《德州广播电视报》上的这篇文章虽然写的是“这位张律师却始终没能替他们办事”，但该段文字隐含的意思显然是指他也坑了于春江。他为此把记者李淑青供职的报纸德州广播电视报社及主管该电视报的法人单位德州市广播电视局一同告上了法庭。

德州市德城区人民法院受理立案后，对此案进行了公开审理。在庭审中，张静向法庭诉称：被告德州广播电视报社作为新闻媒体机构，应坚持“客观、公正、真实”的新闻报道基本原则，但被告却偏听轻信当事人的不实之词，不经调查核实，杜撰发表与事实真相完全相悖、严重失实的文章，其行为严重损害了原告的社会声誉和形象，严重侵犯了原告的名誉权。故原告起诉要求被告在《德州电视报》上刊登“致歉启事”，向原告赔礼道歉，为原告消除影响，恢复名誉，并给付原告精神抚慰金 30000 元。

被告德州电视报社则辩称:《一对情愿替儿伏法的夫妇》中的“张敬”律师不是原告,原告与本案没有利害关系,应裁定驳回原告的起诉;该文涉及“张敬”的内容是作者根据于春江的陈述及提供的素材所写,是客观真实的,没有污辱原告的语言,没有侵犯原告的名誉权,原告的诉讼请求没有事实和法律依据,应判决驳回。

2001 年 5 月,德州市德城区人民法院下达了(2001)德城民初字第 384 号判决书,对此案作出一审判决。法院认为,《一对情愿替儿伏法的夫妇》属纪实作品,描述的是真人真事。其中“救子心切为找律师两次被人坑”一节主题思想是于春江在德州市区救子被坑,第一次被姓张的开“摩的”的人所坑,第二次被姓牛的旅店老板和“张敬”律师所坑。“张敬”律师即是现实生活中的原告,这已为原告与于春江签订的委托辩护协议等证据予以证实,当事人亦无异议。“救子心切为找律师两次被人坑”一节中关于原告收取于春江 1000 元生活费而且未交于曦的情节, 不仅原告不认可,而且证人牛洪德也证明不知此事,其客观真实性自不难断言。“救子心切为找律师两次被人坑”一节中作者对原告与于春江委托辩护关系存续情况未作细述,特别没有细述原告接受委托后做了哪些工作?结果怎样?原因何在?“这位张律师却始终没能替他们办事”简短的一句话,保留了对原告不利的结论性内容,隐去了对原告有利的过程性内容,不是对原告接受于春江委托后所进行工作全部过程的全面、客观、公正的报道,而是以点带面、以偏概全的片面报道。于春江对原告所做的委托工作不满意,不能推断出原告主观上具有坑害于春江的故意,当然也不能得出原告坑害了于春江的必然结果。故“救子心切为找律师两次被人坑”一节中所含原告坑害于春江的结论是对原告作出的错误评判,贬损了原告的职业道德及人格。

《德州电视报》刊登《一对情愿替儿伏法的夫妇》一文时,未认真履行审查核实稿件内容真实性的义务,导致文章部分内容失实,侵犯了原告张静的名誉权。错误发生后,又不采取更正等补救措施,具有明显过错,应承担民事责任。

法院还指出：庭审中被告德州广播电视报社以此“张静”非彼“张敬”为由辩称原告与本案无利害关系，涉讼文章没有侵害原告名誉权，文中“张敬”确是现实生活中的“张静”即原告，这是不争之事实，原告与本案有利害关系。文章将原告的名字“静”写为同音字“敬”，正是被告德州广播电视报社未认真履行审查核实稿件内容真实性义务的表现。尽管将原告的名字“张静”写为“张敬”，尽管不对“张敬”律师自身情况详细介绍，但联系文章前后内容，不难看出文中的“张敬”律师已被界定在德州市区这个特定区域，被告德州广播电视报社的代理律师都称德州市律师中没有叫“张敬”的，叫“张静”的律师其又能找出几个呢?汉语中同音异字很多，知道原告叫“zhangjing”的人未必知道原告是“张敬”还是“张静”，被告德州广播电视报社无法排除读者阅文后将原告与文中的“张敬”律师加以联系的可能，故其辩称无理，不予采信。

原告要求被告德州广播电视报社在发表侵权作品的报纸上向其赔礼道歉，为其恢复名誉，消除影响，依法应予支持，其要求给付30 000元精神抚慰金，因被告德州广播电视报社的侵权行为未给其造成严重后果，故不予支持。

据此，法院判令两被告在《德州电视报》上公开向原告赔礼道歉，为原告恢复名誉，消除影响。所需费用均由两被告承担。

本案中《一对情愿替儿伏法的夫妇》一文主要是写于春江的救子经历的。作者显然只听了于春江一人的讲述，未听张静的意见，使作品表现出一定的倾向性，有失公正。作者也有防止失实意识，稿件完成后获得了公安部门的审核认可，但却没有获得另一当事人律师张静的认可，从而引发和张静的诉讼纠纷。而《德州电视报》的编辑在审稿时，也没有把好关，没有对作者手中的事实依据进行审查，指导作者采取补救措施或者修改部分不恰当的表述，结果只好替作者承担责任当被告。此案的教训告诉我们，刊物编辑在审稿时，要尽可能地要求作者获得每一个相关单位或者当事人的审核认可。这样做看似麻烦，其实是防止失实最便捷、最有效的办法。

3. 批评性报道要证据确凿并应注意后续报道

有的新闻作品，如批评性报道，一般是不可能得到被批评单位或个人的认同的。对此，采访者要特别注意取得相关单位的处分决定、批评通报、简报等公文及司法机关的起诉书、判决书等法律文书，以及采访录音、录像、采访记录、知情者证言等事实材料，并应妥善保存。这是因为批评性报道与被批评单位或个人的社会评价之间的“关联度”很强，每一篇都可能蕴涵侵权风险，所以，无论作者写作还是编辑审稿，必须采取非常慎重的态度。编辑不但要对作者获得的事实材料是否可靠进行审查，还要对材料的证据力作出分析和评估。只要稿件采用后可能对公民个人或者法人的名誉权造成伤害，作者又提供不出确凿的证据的，就不能使用。比如——

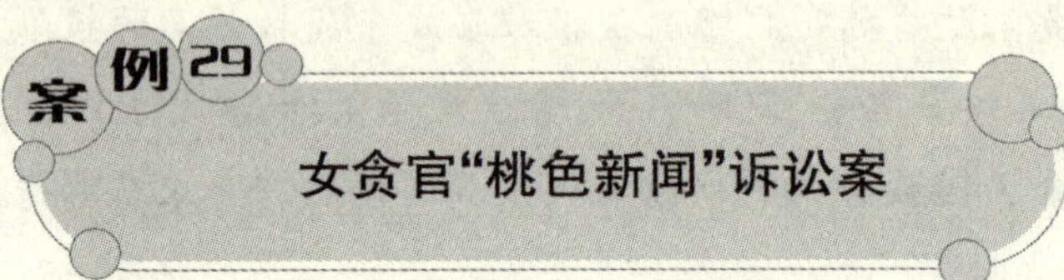

案例29 女贪官“桃色新闻”诉讼案

2006年3月，曾先后担任过阜阳市中级人民法院院长、阜阳市副市长、阜阳市委副书记、安徽省卫生厅副厅长的尚军因涉嫌受贿，被安庆市检察院宣布逮捕。

尚军原来是一个只有初中文化程度的普通女工。在阜阳当地的官场上，人们私下里都说她是后来傍上了两位省级高官，平步青云，直升机般地上升。在不到6年的时间里，完成了从副科级到副厅级干部的升迁，被戏称为“直升机厅长”。在尚军落马之后，当地从事反腐作品写作的一些写手，以其特殊的新闻嗅觉察觉到了尚军这一题材中蕴涵的“宝藏”，就把有关尚军的各种街谈巷议收集起来进行加工创作，写成作品。

2006年5月，有人拿着《俩省级高官后面的女人：以色谋权噩梦醒来一场空》的文章，先后找到尚军的两个妹妹，要求她们拿出7万元，稿子就不发了，否则，今后是要后悔的。在她们拒绝了来人的要求后，对方还不死心，特地留下一个电子邮箱，要她们考虑好后尽快回话。过后，尚军的家人按照稿子后面留的信箱给对方回复了一封邮件，表示稿子写得太假，已经构成对尚军的诽谤，希望其住手，但对方没有回应。

2006年8月，湖北的《前卫》杂志刊出《傍上两个"副省"，为何保不住她的亨通仕途》(以下简称《傍》)一文，作者署名为丁香、小钟。该文开篇写道：一个权欲熏心的女人，凭借几分姿色，傍上了两位副省级高官，竟然官至副厅级，祸乱一方。这个发生在安徽阜阳的真实故事，既匪夷所思，又令人切齿。接下来，文章以"丢掉自尊'傍'领导、一心一意向上爬"，"权欲熏心不知足、以色为本攀高官"，"机关算尽太聪明，竹篮打水一场空"等三个小标题，对尚军"令人切齿"的"真实故事"进行了全面的"披露"：文章从尚军与县公安局的主要领导李某的不正当关系开始，写到她成了王昭耀的周末情人，再成为王怀忠在阜阳国际大酒店总统套房住处的常客，"王怀忠经常在酒桌上公开称尚军为'老婆'，而尚军竟然也脸都不红地回称王怀忠为'老公'。"

这篇文章刊出后，国内乃至境外众多报刊、网站先后以"女高官的桃色新闻"、"直升机厅长"等为标题，进行了广泛转载。一时间，不少媒体热炒尚军的桃色新闻，让尚军的家人抬不起头。鉴于尚军的家人认为《傍》文是侮辱、诽谤，找到《前卫》杂志进行交涉，但没有结果。

2007年2月2日，安庆市中级人民法院对尚军的刑事案作出一审判决，以受贿罪、巨额财产来源不明罪判处其有期徒刑十年。然而，判决书中并无尚军以色谋权的内容，也无尚军在"审查期间交代自己与他人特殊关系"的内容。此前，对尚军进行过党、政纪调查处理的安徽省纪委有关办案人员，也没有掌握尚军以色谋权的任何线索，他们不知道《傍》文中有关尚军和王昭耀、王怀忠之间那些绘声绘色的故事，是从哪儿"采访"来的。

2008年3月份，尚军以侵犯自己名誉权为由，将《前卫》杂志的主办单位湖北日报传媒集团告到了法院。尚军诉称：被告《前卫》杂志社刊登的《傍》文，内容严重失实，侮辱了原告的人格，侵犯了原告的名誉权，在社会上造成恶劣影响，对原告造成致命的精神打击，原告为此经常出现失眠、头痛、精神恍惚等症状。同时，该文还伤害了原告的家人和亲朋好友。原告的老父亲得知该文捏造的内容后，精神受到打击，导致心脏病发作，住院治疗了两个多月。为此，原告请求法院判令被告向原告赔礼道歉，并赔偿精神损害抚慰金32万元。

3月28日，合肥市蜀山区法院不公开审理了此案。

在庭审中，湖北日报传媒集团辩称：《傍》文是安徽省“知名写手”、《家庭》杂志签约作者张国华采写，应追加张国华为被告。但由于尚军没有追加张国华为被告，依据民事诉讼法“不告不理”的诉讼原则，法院没有追加张国华为被告。

法院经过审理后认为：尚军作为公众人物，理应接受媒体的监督，但其作为公民的名誉权仍受法律保护。《傍》文虚构尚军“利用身体资源”，是王昭耀与王怀忠的情人，给人以尚军的任职、升迁完全是“靠色相”、“傍领导”获取的认识。同时，文中用“狐狸精”、“鬼混”、“厮混”等带有污辱性的言语诋毁尚军名誉。《前卫》杂志在刊发该文时，本应负责审查核实，但该杂志提供的证据不能证实其对该文尽到了审查之责，以至于传播了不利于尚军名誉的虚假事实，且被其他媒体广泛转载、转摘，严重侵害了尚军的名誉权，依法应承担相应的民事责任。

据此，2008年5月25日，蜀山区法院一审判令湖北日报传媒集团书面向尚军赔礼道歉，同时赔偿尚军精神损害抚慰金6万元。

一审判决后，双方均没有提起上诉，判决生效。

本案中《前卫》杂志刊登的《傍》文，是一篇以贪官为题材，并以贪官的所谓“桃色新闻”为重点描写内容的纪实作品。由于此类作品容易引起社会关注，更容易对当事人的名誉造成伤害，这就要求作者必须采取非常慎重的态度,要有确凿的依据方可见诸文字。可《傍》文作者居然凭借收集到的社会传闻编造故事,手中没有任何相关部门的结论性材料就以真名实姓的纪实作品发表,这种做法是少见的。要知道,那些社会上的流言飞语,或者是人们作为笑料相传的“黄段子”故事,可以作为文学创作的素材,但不能成为新闻写作的事实。《前卫》杂志在决定采用《傍》文前,竟然不对作者的事实依据进行审查,放弃出版者的审查把关职责,吃官司付出代价是理所当然。

此外还要注意的是,批评性报道需以陈述事实为主,实事求是地向读者展现事件的前因后果,尽量少发表议论。作者即使要表达意见,应当做到客观公正,分寸把握得当。而《傍》文在这一点上也是严重错误的,随意使用一些侮辱性言辞,什么“利用身体资源”、“靠色相”、“傍领导”,什么“狐狸精”、“鬼混”、“厮混”,等等。贪官虽然落马,但她的人格仍然受到保护,不能用如此尖酸刻薄的言辞,肆意对其诋毁和侮辱。媒体的任务是报道事实,反映人民心声,但不是法官,不是社会裁判员,不可随意褒贬,妄加评论。尤其对于政府和法律部门没有结论的问题,不可轻易表现出倾向性,更不可擅自下结论。在这方面,有的刊物就处理得比较好,比如——

案例30 张铁林诉周美凝及成都商报社侵犯名誉权案

2003年6月28日下午,别名周璇的成都女歌手周美凝,在举行其创作的小说《绝爱》的签名售书活动时,当众爆料说:当她去北京邀请一个影视大腕来蓉担当其签名售书的嘉宾时,对方提出以性做交易,被她予以拒绝。该影视大腕是以演皇帝而出名的。在现场采访的《成都商报》的记者周帅当晚据此写成稿件发回报社,经编辑审核加工后刊登于第二天——6月29日的《成都商报》上,全文标题为《“皇上”提出怪要求》,副标题为“周璇昨在签售现场突曝曾遭某影视大腕骚扰”。文章在复述周璇曝出的秘闻的内容后,还详细介绍了签售结束后记者对周璇的进一步采访情况及周璇当时与该影视大腕电话通话的过程。但整篇文章仅限于对周璇暴料的复述,演皇帝的大腕是谁不作任何猜测和杜撰,也不对事情做任何评论。

2003年7月2日,《成都商报》就此事刊登了第二篇报道,文章为《张铁林怒否“皇阿玛”》。该文称:新快报记者就周璇爆料一事向张铁林求证,张铁林回答:“你们传媒猜测是我?可我根本不认识她。她所指的那个人不是我。”这是该报就此事特别转述新快报记者的追踪采访,如实报道张铁林的态度,显示其公正客观的立场。

2003年7月4日,《成都商报》就此事刊登了第三篇报道,文章为《“皇阿玛”就是张铁林!》,副标题为“周璇昨在蓉公开‘皇阿玛’身份并称要与其打官司”。该文称:周璇、夏雨在蓉紧急约见记者,……在会上周璇首次当众明确指出——皇阿玛”就是张铁林!……周璇复述了当晚她和张铁林在北京名人饭店相会的情景,并提供了她和张铁林在该饭店当时的合影照片作为证据。

《成都商报》的上述三篇文章刊登后,全国众多媒体纷纷转载,从而使这件事迅速传遍全国。为此,张铁林把周美凝及成都商报社告上了法庭。认为成都商报社在未经核实的情况下,就以“‘皇上’提出怪要求”、“‘皇阿玛’就是张铁林!”为题刊登周美凝对他的诽谤言辞,从而严重侵犯了他的名誉权,要求周美凝和成都商报社停止侵害,在全国性的报纸上向他赔礼道歉,消除影响,并共同赔偿他的精神损害抚慰金100万元。

此案在北京市第二中级人民法院开庭审理时,周美凝在答辩时却来了个矢口否认。她说:她从未说过“以性做交易”、“‘皇上’提出怪要求”的话,成都商报社记者的评论我不承担责任;我向新闻媒体说“皇阿玛”就是张铁林,也不代表我说过张铁林提出怪要求、性交易;我只是向成都商报社记者讲述情况,是提供消息,并没有向社会公布,所以我不应该成为本案被告,我不同意张铁林的诉讼请求。

被告成都商报社辩称:周璇在签售现场公开说出"性交易事件",我报社据此采访报道,消息来源真实,没有空穴来风,杜撰新闻。报道均来源于周璇和张铁林的说法,没有夸张、歪曲内容。故没有侵害张铁林的名誉权,要求驳回张铁林对我报社的诉讼请求。

在法庭审理过程中,张铁林提交了向金小山作的调查笔录。金小山证明:2003 年 6 月 22 日晚,他到北京名人国际大酒店与张铁林、周美凝见面,3 人一起谈话,最后他与张铁林一同离开了酒店;席间,张铁林未曾对周美凝提出性要求或说过其他此类暗示性的话,张铁林对周美凝未征得自己的同意即向成都媒体宣布自己会到场参加周美凝的新书签售活动很生气,对周美凝说其不懂规矩。但在案件开庭后,金小山并未出庭作证。周美凝称金小山未全程见证其与张铁林的会面,金小山的陈述不完全是事实,并称金小山与张铁林是多年的挚友,有密切关系。

周美凝则请来苏杰、黄立奇两人为她出庭作证。这两人在法庭上都证明:周美凝在其小说《绝爱》的签售活动中,没有讲到周去北京邀请"影视大腕"时对方曾提出来蓉担当签售嘉宾要以性作交易,只是该"影视大腕"说周美凝不懂规矩。张铁林称苏杰、黄立奇是周美凝的歌迷,双方有密切关系,对此证言不予认可。

可是,法院经过审理后查明,周美凝在其 2003 年 6 月 28 日下午举行的签名售书活动现场,当着众多媒体的记者确实说了《"皇上"提出怪要求》一文中话。在成都商报社向法院提交的同时期的《天府早报》、《成都晚报》、《华西都市报》等蓉城多家媒体上,都有类似的报道。国内媒体如《重庆商报》、新浪网的"新浪娱乐"等,还有比《成都商报》更详尽的报道。

据此,北京市第二中级人民法院认为:根据民法通则的规定,公民享有的名誉权受法律保护,禁止用侮辱、诽谤等方式损害公民的名誉;涉外民事关系中侵权行为的损害赔偿,适用侵权行为地法律,故本案外国人张铁林(大不列颠及北爱尔兰联合王国国籍)名誉侵权诉讼,适用《中华人民共和国民法通则》。

“张铁林指认周美凝在2003年6月29日、7月4日《成都商报》涉案文章中的说法侵害其名誉权,周美凝辩称其从未说过‘以性做交易’、‘皇上提出怪要求的话’。根据当日及事后其他新闻媒体的相关报道,周美凝在举行其小说《绝爱》的签售活动时所谈到的她去北京邀请一个影视大腕来蓉担当签售的嘉宾一事与涉案文章所用的标题、行文的词语意思相当,内容相近。现周美凝并无证据证明其在涉案文章中的说法是真实的,而此说法直接影响到张铁林的社会评价,在此情形下,周美凝的行为构成对张铁林名誉权的侵害,理应承担侵权的民事责任,其辩解本院不予采信。成都商报社对周美凝举行小说《绝爱》签售活动时‘性交易事件’的报道,来源于周美凝的叙述,反映的内容基本真实,在没有对方姓名的情况下也无核实的义务;对周美凝主动约见记者,公开当众明确指出其邀请来蓉担当签售嘉宾的影视大腕——‘皇阿玛’就是张铁林的报道,反映的内容亦基本真实,没有夸张、歪曲事实,故均不构成对张铁林名誉权的侵害。”

2003年12月18日,北京市第二中级人民法院对此案下达了(2003)二中民初字第7230号一审判决书,判令:1.周美凝就其侵害张铁林的名誉权的行为在《成都商报》发表致歉声明,费用自行负担;2.赔偿张铁林精神损害抚慰金人民币1万元。3.驳回张铁林的其他诉讼请求。案件受理费15010元,由张铁林负担14860元(已交纳),由周美凝负担150元。

本案中成都商报社值得称道之处在于,他们对女歌手亲自曝出的、以“演皇帝出名”的“影视大腕”提出“性要求”这样一则非常“惹眼”的新闻信息的处理,理智冷静,把握得当,事情有多少说多少,不增不减,不作任何渲染,不下任何结论,从而使自己经受住了法律的检验。不过,他们是否保存有现场采访录音,我们无从得知,好在女歌手曝光是在公开场合,众多媒体记者在场,过后各家均作了报道,如果是独家报道,像周美凝这样自己说过的话又很快矢口否认,如果没有现场采访录音这样确切的证据，就可能使曝料的媒体非常被动。这也再次证明了确凿的证据对于批评性报道的极端重要性。

本案成都商报社另一值得称道之处在于，他们对该则批评报道坚持作好后续的追踪报道。为什么要注意后续报道呢？因为事物的真相和本质有时不可能一下子就呈现在人们的面前，媒体和读者都需要有个逐步了解认识的过程。因此，一个事件，有时单凭一次报道很难反映事情的全貌或真相，需要连续地向读者提供不同角度和不同侧面的报道，以使社会大众逐步做出正确判断。案中成都商报社在6月29日刊登了《“皇上”提出怪要求》的报道后，7月2日又刊登了《张铁林怒否“皇阿玛”》一文，报道了张铁林对周美凝曝光事件的反映和态度。接着又在7月4日发出《“皇上”就是张铁林》的报道，把周美凝进一步的爆料披露给读者，以及以后对双方诉讼纠纷的报道，把事件的全部进展提供给读者，让读者做出正确判断。这种连续地追踪报道，既是对读者负责任的表现，也能纠正前期报道中的不足和失误；既符合事物发展的实际进程，也容易使读者接受和理解。他们的这一做法，值得所有媒体学习。

二、言论作品要防止事例失实或批评过火

言论作品如社论、时评、杂文、随笔等，是报刊版面组成中的一个重要内容，对于引导舆论，匡正时弊，帮助读者明辨是非有着极其重要的作用。但言论作品如果列举的事例失实或者批评言语过火，也会引发与公民、法人的名誉权纠纷。

1. 事例失实　言论作品一般都是针对某类社会现象发表评论的，也有的是针对现实生活中的某一事件进行评论。对具体事件进行评论的作品，有的由于作者对事情的真实情况核实不准，也有的是作者对媒体报道的情况随意发挥和扩大，以至于使作品中的事例与实际严重不符，导致公民、法人的社会评价降低，从而引发名誉权纠纷。比如——

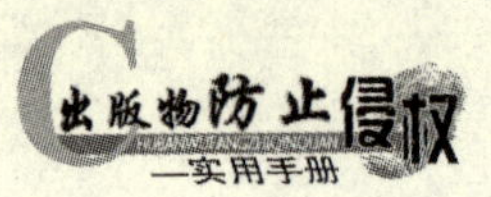

案例31 兵马俑发现者杨志发名誉权案

2002年1月4日,《广州日报》"每日闲情"版刊登了署名赵牧的一篇文章——《三个画圈的人》。这篇文章是从兵马俑的发现者——西安临潼农民杨志发写起,说他是一个大字不识的画圈人,同时联想到历史上第一个画圈人——王安石,又联想到鲁迅小说中临死前在死刑判决书上画圈的阿Q,由这三个画圈人作者生发出诸多的人生感慨。关于杨志发,文章里有这样一段话:"1998年,美国总统克林顿访华到西安参观兵马俑。这时兵马俑博物馆早已蜚声世界,财源滚滚。它的发现人杨志发仍在下河村当他一文不名的农民。然而,谁也没想到,就在这时,克林顿要求见兵马俑的发现人,就这么一个不可预知的事情彻底改变了老农杨志发的命运。陕西省政府火速请来杨志发,让他穿上新衣服去见克林顿。克林顿见了杨志发就请他为自己签名。有趣的是,杨志发大字不识一个,不肯签名。在工作人员的劝导下,更令人发噱的场面出现了,杨志发哆哆嗦嗦在本子上划了三个小圆圈。"接下来,文章又说:上头又"安排当地最有名的书法家教杨志发练了几个月书法——专练签名。接着,杨志发被任命为兵马俑博物馆名誉馆长,据说月薪高达8000元人民币。据说如今年逾七十的杨志发如果每月在馆内坐馆十天,为中外游客签名,还可另得5000元津贴"等。

《三个画圈的人》一文在《广州日报》发表后,《杂文选刊》2002年第3期全文转载了赵牧的文章,并配一幅题图,图中一小人物张开双臂挣扎于一巨人的牙齿之间,题图题记为:"有时一个人的命运如何,实在不是自己能掌握得了的,往往被某些人在一张一合之间就定了乾坤。"

《读者》杂志2002年第12期亦转载了赵牧的文章,同时配有题图,题图中有一农民模样的人,锄头撂在一旁,赤脚、衣服褴褛、双膝跪地,同

"王安石"、"阿Q"一起，眼巴巴地看着正在旋转的硬币。

杨志发得知《三个画圈的人》一文的内容后，认为该文严重失实，侵犯了自己的名誉权。2002年7月8日，他一纸诉状将这三家媒体告到了西安市临潼区人民法院。杨志发诉称：《广州日报》发表的赵牧《三个画圈的人》一文，指名道姓对原告进行歪曲事实的贬损和丑化，文中说原告是"大字不识一个"的文盲，在克林顿面前因不会写字而可怜的"哆哆嗦嗦在本本上画了三个小圆圈"，严重侮辱了原告人格。该文还编虚弄假说"上头指示安排当地最有名的书法家教杨志发练了几个月书法——专练签名"等，对原告进行讽刺和贬损。《杂文选刊》和《读者》两家刊物转载该文时加配的题图，对原告人格更是极尽侮辱之能事。故诉请法院判令三被告为原告恢复名誉，消除影响并赔礼道歉，由第一被告赔偿精神损害抚慰金三万元，第二被告赔偿两万元，第三被告赔偿两万元。

此案在开庭审理前，广州日报社与杨志发达成了和解协议，由广州日报社在该报"每日闲情"版刊登道歉声明，为杨志发恢复名誉，并赔偿杨志发名誉损失4000元人民币。

第二被告《杂文选刊》杂志社向法院提交了答辩状，但未出庭。其在答辩状中辩称：《三个画圈的人》没有对原告构成侵权。该篇文章取材于新闻媒体的报道，文章行文也看不出对原告的贬损和丑化，文章突出的是原告淳朴、敦厚的老实农民形象，任何读者阅读此文均会对原告产生敬意。认为原告索要精神赔偿于法无据，是借诉讼行炒作之实，要求驳回原告诉讼请求。

第三被告《读者》经营部未送答辩状，亦未出庭参加诉讼。

法院在审理查明案件事实后还了解到，原告杨志发生于1938年3月，小学文化程度，1958年参加中国人民解放军，1964年退伍回乡务农，曾任大队民兵连连长，多次任生产队队长，1966年加入中国共产党，1974年同村民为生产队打井时，挖出了埋藏的秦兵马俑。1995年6月被秦兵马俑博物馆旅游服务公司请去为游客签名。1998年6月，在会见来华访问参观的美国前总统克林顿时，曾将签好名的书送给了克林顿。现在原告杨志发每天为前来参观的游客签名留念，但未担任秦兵马俑博物馆名誉馆长，也无8000元月薪及5000元津贴之事实。三被告先后刊登转载《三个画圈的人》后，前来参观秦兵马俑博物馆的游客中，不断有人要求原告杨志发用画圈代替签名。许多村民多次询问杨志发的名誉馆长及高薪等问题，使杨志发莫名其妙，苦恼不堪。

2002年11月8日，临潼区人民法院对此案作出一审判决。法院认为，报刊、杂志对发表使用真人真实姓名的作品，负有核实事实的义务，反映的事情应当真实。而《三个画圈的人》一文的作者，编造虚构原告杨志发为"一个大字不识"的农民，因被克林顿会见而一夜出名，靠书法家教了几个月才会签名，每月有大笔薪金等情节，特别是《杂文选刊》和《读者》杂志社转载时又加配了明显贬低、丑化原告的插图，给原告的名誉造成一定侵害，致原告的精神受到一定的创伤。原告杨志发因同村民打井而发现了秦兵马俑，国内各媒体多有报道，本人在社会上已有一定知名度。报刊发表文章时应当核实，但未尽核实义务，故三被告应当承担民事法律责任。判决《读者》经营部和《杂文选刊》杂志社在各自刊物向原告杨志发赔礼道歉，消除影响，恢复名誉，分别赔偿杨志发2万元人民币并承担诉讼费用。

一审宣判后，原、被告均未提出上诉，一审判决书生效，案件就此结束。

本案中《广州日报》等三家媒体的编辑，大概都没有想到一篇杂文会引发一场严重的名誉权纠纷。这表明，不管任何形式的作品，只要涉及真名实姓的人和事，必须对其有无可靠的依据进行审查，言论作品也不例外。虽然宪法规定言论自由，但言论自由不等于信口开河，不等于可以侵犯他人的人身权利。在涉及公民、法人名誉权的情况下，发表言论者必须言之有据；如果言之所据不实，就可能侵犯他人权利。

《杂文选刊》杂志社在向法院提交的答辩状中强调，"该篇文章取材于新闻媒体的报道”。该杂志社虽然没有就此辩解向法院举证，但这一说法涉及一个问题，即如何看待和使用媒体上的报道？对此，一要注意审查核实，因为媒体的报道也有出错的时候，如果不加核实，就会导致他错你也跟着错；二要注意保存，一旦发生侵权纠纷，可以以此为据证明信息的出处，在一定情况下能减轻责任。然而，具体到《三个画圈的人》一文，则是另一种情况。该文对杨志发的叙述和描写，比如“大字不识一个”这样的话，显然是作者的信口开河，随意夸张，是经不住推敲的。农民中有文化的人少是事实，但真正的一个字也不认识的人并不多，起码认识自己名字的人为数不少，何况一个参过军，入了党，又当了多年村干部的杨志发呢。这种明显是言过其实的说法之所以能通过编辑的眼睛，不是识别不了，根本的原因是其思想深处就没有防止失实的意识和观念，以至于视而不见。

2. 观点偏激，批评过火　有的言论作品虽然所举事实没有失实，但作者的认识偏激，言辞过火，构成了对他人名誉的贬低，也会引发侵权纠纷。比如——

案例32

郑北京诉余杰侵犯名誉权案

北京青年作家郑北京，从自己多年的写作实践经验中，总结独创了“爆破作文”训练法。并于2001年7月出版了《郑北京爆破作文》一书，主要介绍如何训练学生“快速审题、快速构思，快速修改”等综合写作能力，受到了广大学生和家长的欢迎，并成立了北京天下作文俱乐部有限公司，郑任董事长，亲自授课，对该作文训练方式进行商业经营。

另一位北京青年作家，号称“北大怪才”的自由职业者余杰，针对此事写了一篇评论文章，发表在2004年4月22日的《南方周末》上。文章的标题是《作文岂能“爆破”？》。在该标题下首先题记着一段话：“这个世界上没有最恶劣的事情，只有更恶劣的事情——无论如何，我们也不能低估骗子们的丑陋。”接下来，余杰在文章中说：“我在北京某报上看到一则‘暑假作文班’的招生广告。小小的一个豆腐块，眉飞色舞地写着：‘作文研究所所长、《郑北京爆破作文》（北京教育出版社隆重推出）发明人郑北京老师亲自讲授爆破思维，训练学生‘快速审题’、‘快速构思’、‘快速行文’、‘快速修改’等综合写作能力。’读着这些文字，我忍俊不禁，简直以为是一个愚人节的笑话……”；“也亏得郑北京先生，‘异想天开’，在他那里‘作文’居然是可以‘爆破’的”；“鲁迅先生早就说过，那些讲述‘速成’的‘作文作法’和‘文坛登龙术’的书籍，都是一文不值的垃圾。读着郑北京先生打出的‘暑期作文班’的广告，我在一笑之余，又感到十分愤怒：用一堆垃圾来骗取孩子（其实是家长）的钱，这样的行为比起当街明火执仗的抢劫来又有什么本质的区别呢？其行为之恶劣甚至有过之而无不及”；“郑北京先生的小把戏，趁早可以休矣。郑北京固然可恶，刊登广告的北京某报等媒体也应当承担一定的责任——这难道不是公然刊登虚假广告吗？”

郑北京看到该文后，认为这是对他人格的侮辱，侵犯了他的名誉权。于是，2004年5月，向北京市朝阳区人民法院提起诉讼，起诉余杰在《作文岂能“爆破”？》一文中，以“爆破作文”是“骗子的丑陋”，“愚人节的笑话”、“一文不值的垃圾”、“抢劫”、“小把戏” 等侮辱性言词对原告进行恶意贬损，给原告造成了极大的精神压力和痛苦。请求法院判令被告停止侵权，在《南方周末》上向原告赔礼道歉，消除影响，并赔偿原告精神损失2万元人民币。

朝阳区人民法院受理立案后，公开开庭进行了审理。于2006年7月18日作出一审判决。

法院认为：公民享有言论自由的权利，同时法律亦规定公民的人格尊严受法律保护，禁止使用侮辱、诽谤等方式损害公民的名誉。故被告有权对原告所创“爆破作文”方法发表评论，但所发表的评论内容应当客观

真实或基本真实,不应使用侮辱、贬损他人人格的语言。

法院指出:被告2004年4月22日在《南方周末》上发表的《作文岂能“爆破”?》一文中,主张原告所创“爆破作文”方法带有欺骗性,原告“就是骗子”,该主张缺乏事实依据。故本院认为其所发表的《作文岂能“爆破”?》一文基本内容失实,损害了原告的名誉和人格尊严,构成对原告名誉权的侵犯,被告应当承担侵权责任。据此,法院判决:

一、被告余杰在《南方周末》上向原告郑北京赔礼道歉,费用由被告余杰承担。

二、被告余杰赔偿原告郑北京精神抚慰金一万元。

一审判决后,余杰不服,上诉到北京市第二中级人民法院。

北京市第二中级人民法院经过审理后,于2006年12月7日对该案作出终审判决:驳回上诉,维持原判。

本案中作者批评的事实是存在的,余杰的出发点也并不错,他对“爆破作文”法有疑义,认为其可能误人子弟。但是,这种作文训练方法是否有效,要经过小学生的实践检验,余杰作为一个公民,可以对其发表自己的看法和见解,但不可无根据地断定这就是一种欺骗,尤其不应该由此就断定对方是骗子。骗子涉及刑事犯罪问题,是不是骗子,要由法院裁决,你余杰不是法院,不能下这个结论。即使如鲁迅先生的尖锐,也只是说某类书籍是垃圾,而从没有说对方就是骗子。因此,余杰《作文岂能“爆破”?》一文这种偏激的观点,过火的言辞,武断的结论,实在不可取。

这个案子中郑北京没有起诉发表侵权文章的报纸,但这是侥幸,并不等于刊物没有责任。实际上,如果郑北京连同刊物一起告,《南方周末》是难辞其咎的。所以,余杰的教训,也是报社的教训。这一教训表明:言论作品应当坚持对事不对人的原则,批评对象应当是事情本身,而不是具体人;评论本身应当是一种看法的表达,不能擅自下结论;文字上应当客观、平和,不得使用侮辱、谩骂的语言。编辑在审稿时,要认真把握这些原则,切实把好关。

三、学术争鸣要防止涉及人身攻击

在学术研究中开展“百家争鸣”，这是党和国家为促进科学进步，提高国家科技水平的一贯政策。但在具体的争鸣过程中，有时由于双方争辩过于激烈，情绪激动，忘记了同志式的、充分说理的争鸣原则，以至于演变成相互间的谩骂、攻击，从而引发诉讼。比如——

案例33 方舟子诉《探索与争鸣》杂志侵犯名誉权案

方舟子的本名叫方是民，1990 年中国科技大学毕业后，赴美国留学获得生物化学博士学位，以后放弃科学研究成为定居美国的自由职业人。进入 21 世纪以来，方舟子在其网站上不断揭露国内学术界的腐败行为，使他顿时名声大噪，成为著名的学术打假人士。然而，他的打假行动在赢得一片喝彩的同时，也招来不少人的反感、批评和质疑，以至于批评和反批评者双方间的纷争不断。这之中，曾多次爆发侵权官司，方舟子起诉《探索与争鸣》杂志一案，就是其中之一。

2003 年，上海市社会科学界联合会下属的《探索与争鸣》杂志第 3－5 期的争鸣栏目中，连续刊登了作者野鹤的 3 篇文章：《关于方舟子现象的反思与断想(一)——令人生疑的反腐英雄》，《关于方舟子现象的反思与断想(二)——洋奴气十足的绝对真理观》，《关于方舟子现象的反思与断想(三)——为辩而辩的偏执狂》。这些文章的主要内容是对方舟子发表的一些文章及言论进行了否定性的评价。方舟子认为这组文章对他进行了恶意诬蔑和诽谤，于是，就把《探索与争鸣》杂志的主管单位上海市社会科学界联合会，告到了北京市西城区人民法院。

方是民向法院诉称：被告上海市社会科学界联合会主办的《探索与

争鸣》杂志在2003年第3－5期连续刊登署名“野鹤”的文章，使用大量侮辱性的言辞点名指责、谩骂原告。被告上海市社会科学界联合会不履行对其主办杂志的监督、审核职责，致使该杂志连续三期发表无中生有、捏造事实、断章取义的文章，对方是民进行侮辱、诽谤、谩骂、诬蔑，严重侵害了方是民的名誉权，对原告方是民的人格和名誉造成了极其恶劣的影响，并给方是民身心造成巨大伤害。请求判令被告在《探索与争鸣》杂志显著位置连续刊登三期致歉声明，向原告赔礼道歉；判令被告赔偿原告直接经济损失7041元和精神抚慰金人民币10万元。

被告上海市社会科学界联合会在答辩中称：涉案争议文章是由作者野鹤投稿而来，具有合法来源。文章都是经过杂志社审核予以刊登的，文章内容并未超越学术争鸣的范畴，杂志社尽到了出版者的审查义务。文章所批评的问题是真实的，引文也有合法的出处，并且模仿了方舟子等惯用的笔法和文风。这些文章始终围绕方舟子有关言论开展学术批评，文章批评的是方舟子现象，而非方是民个人，不存在恶意中伤的文字。其中一些尖锐的字眼也源自于方是民批评他人的文章，或出自其他作者批评原告的文章。这种文字表现方式是文人惯用笔法。本案争议文章没有侮辱方是民人格的内容，方是民并没有因为上海市社会科学界联合会刊登的文章而名誉受损。不同意方是民的诉讼请求。

北京市西城区人民法院经过审理后，于2004年5月25日对该案作出一审宣判。法院认为：涉案的争议文章刊登在《探索与争鸣》杂志学术争鸣栏目，文章主要涉及对原告一些文章观点的反驳与批评，也涉及对方舟子现象的批评，属于争鸣性质。因文引到人，虽个别文字对原告有过激评价，但该文文风是开展批评，属于学术争鸣的范畴，不构成对原告名誉权的侵害。因此，法院一审驳回了原告方是民的诉讼请求。

方舟子不服一审判决，向北京市高级人民法院提出上诉。

北京市高院经过审理后认为：本案《探索与争鸣》刊登的《关于方舟子现象的反思与断想》一组文章，其内容主要涉及对方是民公开发表的文章观点的反驳和批评,属于学术争鸣的范畴。该文就方舟子现象的动机、后果、文风所做评论,无论是否成立,均为正常的学术批评。因此,就争议文章的整体而言,不构成对方是民名誉权的侵犯。但是,争议文章使用了“江湖骗子”、“假洋鬼子”、“无赖相”这些言辞,这些言辞具有较强的侮辱性,其针对的不是被批评对象方舟子的观点或言行,而是其人格,且这些言辞不是正常的学术批评所必需。因此,争议文章所使用的这些言辞,构成对方是民名誉权的侵害。上海市社会科学界联合会虽主张方是民在一些文章中也使用了类似的言辞,但其没有举证证明方是民这些文章所针对的是上海市社会科学界联合会或《方舟子现象的反思与断想》一文的作者,故方是民在其他文章中所使用的言辞与本案无关,不能成为争议文章不构成侵权的根据。上海市社会科学界联合会的其他抗辩理由亦不能成立。本案争议文章公开发表在《探索与争鸣》杂志上,该杂志社对此文章是否构成侵权负有审查责任。在争议文章明显使用不当言辞的情况下,杂志社仍然发表该文章,主观上具备过错。但由于争议文章在整体上不构成对方是民名誉权的侵犯,构成侵权的仅为文章所使用的个别言辞,故应当就该个别言辞向方是民承担侵犯名誉权的责任。因杂志社是上海市社会科学界联合会下属单位,相关责任应由上海市社会科学界联合会承担,承担责任的方式本院酌情予以确定。作为因其自身言行而在公众中存在一定影响的人物,方是民对负面的评判应具有一定的承受能力。方是民未能证明其所花费的费用是由上海市社会科学界联合会的侵权行为直接造成的,故方是民主张的这部分损失本院不予认定。方是民过高的诉讼请求本院不予支持。

据此,2004 年 12 月 24 日, 北京市高级人民法院对该上诉案作出终审判决:一、撤销北京市西城区人民法院一审判决;二、上海市社会科学界联合会就《探索与争鸣》杂志刊登的《方舟子现象的反思与断想》一文所使用的侵犯方是民名誉权的言辞,向方是民书面赔礼道歉。一、二审案件受理费各 80 元,均由上海市社会科学界联合会负担。

本案中的方舟子的许多打假言论都是公开发表的，对公开发表的文章进行否定性评价，本来属于正当的批评及争鸣范畴。无论批评或争鸣文章的观点是否成立及是否有充分的理论依据，均不构成对批评或争鸣的相对人的名誉权的侵害。就批评或争鸣文章使用的言辞而言，过激或贬义的言辞，一般也是可以允许的，但如果文章使用的言辞属于侮辱性的，而且是针对相对人的人格，就构成侵犯名誉权。因此，本案给予我们的教训是，学术批评或争鸣必须坚持同志式的、充分说理的原则，对争鸣作品中的言辞，一定要注意分寸和界限，凡是有可能涉及人身攻击的言词一定要坚决删改，否则，一旦惹出法律官司，就得不偿失了。

四、公众人物的名誉权保护

公众人物的概念起源于美国，我国法律中目前还没有这一概念。2002年，上海市静安区法院在审理范志毅诉文汇新民联合报业集团侵犯名誉权一案时，首次在判决书中提出了公众人物的概念。此后，陆续有一些法院引入和运用了公众人物的理论来审理案件，学术界也展开了广泛的探讨，遂使公众人物这一概念在我国的司法实际中得到确立。

所谓公众人物，一般是指具有较高的社会知名度并为公众普遍熟悉或关注的人物，如国家高官、社会组织领导人、歌星、影星、体育明星、知名作家、艺术家、科学家、企业家、劳动模范以及有恶名的“反面人物”等。由于公众人物拥有特殊的地位、职权和名声，他们的某些个人信息以及他们所从事的活动常常关系到公共利益，公众对他们有极大的关注热情和了解兴趣，为满足人民知情权的需要，并接受民众的监督，公众人物的人身权中的名誉权、隐私权、肖像权及姓名权等权利，应当受到一定的限制。比如——

案例34 范志毅诉文汇新民联合报业集团侵犯名誉权案

2002年6月14日,《体坛周报》刊出一篇题为《某国脚涉嫌赌球》的文章。2002年6月16日,文汇新民联合报业集团在其出版发行的《东方体育日报》第一版中刊出题为《中哥战传闻范志毅涉嫌赌球》的报道,该文章转载了《体坛周报》的文章,接着对文章中涉及的国脚进行排除式分析后,指明涉嫌球员为范志毅。该文刊登后,《东方体育日报》于6月17日、19日又对该事件进行了连续报道,刊登了对范志毅父亲的采访及范志毅坚称自己没有赌球的声明;6月20日,《体坛周报》对出自不实消息来源的报道声明道歉;6月21日《东方体育日报》以《真相大白:范志毅没有涉嫌赌球》为题,为整件事件撰写了编后文章,该文指出:"有关包括范志毅在内的中国国家足球队员涉嫌赌球的传闻,已真相大白。事实表明范志毅没有赌球,在社会上包括网络中所流传的所谓范志毅赌球的谎言已不攻自破。本报通过连续报道为范志毅澄清事实真相,洗刷无端罪名的目的已达到。"

然而,2002年7月,范志毅以《东方体育日报》在2002年6月16日刊登的《中哥战传闻范志毅涉嫌赌球》一文侵害其名誉权为由,向上海市静安区法院起诉文汇新民联合报业集团,要求被告赔礼道歉,并赔偿精神损失费5万元人民币。

上海市静安区人民法院受理该案后,经过审理,于2002年12月18日作出一审判决。法院认为:

首先,被告主观上不存在过错,行为也不违法。2002年是中国国家足球队第一次打进世界杯,在世界杯举行期间,中国国家队的表现是社会各界关注的焦点,本案原告系中国著名球星,自然是社会公众人物,在此期间关于中国国家队和原告的任何消息,都将引起社会公众和传媒的广泛兴趣和普遍关注。2002年6月14日，在世界杯举行期间，《体坛周报》刊登了关于《某国脚涉嫌赌球》的报道，此报道一经刊出，即引起社会公众和广大球迷的议论、猜疑。此"赌球传闻"也足以影响到整个中国足球队的形象，乃至中国足球的纯洁性。在这种情况下，被告作为新闻单位有义务行使舆论监督权，报道该事件的真相。本案争议报道的消息来源并非被告主观臆造，且从其文章的结构和内容来看，旨在连续调查"赌球传闻"的真实性，故被告主观上并不存在过错。

虽然作为新闻媒体发表稿件，负有审查新闻来源的真实性，防治侵害他人名誉权的积极义务，但是，新闻报道由于其时效性的特点，不能苛求其内容完全反映客观事实。原告涉嫌赌球的传闻在被告未作报道前，已在社会中流传，被告正是为了求证这一新闻事实的真实性和客观性，才作出了包括争议报道在内的一系列调查式报道。争议报道中没有对原告进行批评、诽谤，不存在恶意，故其行为也无违法性。

其次，被告的报道并未对原告名誉造成损害后果。细读争议报道，可以看出其内容不是一种肯定的主观判断，是根据新闻传闻做的求证式的报道，且被告经过一系列的报道后，最终又及时地以《真相大白：范志毅没有涉嫌赌球》为题为原告澄清了传闻，给社会公众以真相，端正了视听。被告的系列报道是有机的、连续的，它客观地反映了事件的全部情况，是一组完整的连续报道，就本案的情况而言，不应当将该组报道割裂开来审读。被告的报道并未造成原告社会评价降低的后果，上海市卢湾区公证处的公证书也证明了这一点。

最后，被告的新闻报道是以为社会公众利益进行新闻宣传和舆论监督为目的，应当受法律保护。本案争议的报道是被告处在"世界杯"的特定背景下，遵循新闻规律，从新闻媒体的社会责任与义务出发，为了满足社会大众对公众人物的知情权而采写的监督性报道。关于原告赌球的传言，从表面上看，是涉及原告个人的私事或名誉，但原告这一私事或名誉与社会公众关注"世界杯"、关心中国足球相联系时，原告的私事或名誉就不是一般意义的个人之事，而属于社会公共利益的一部分，当然可以成为新闻报道的内容。被告作为新闻媒体，对社会关注的焦点进行调查，行使其报道与舆论监督的权利，以期给社会公众一个明确的说法，并无不当。即使原告认为争议的报道点名道姓称其涉嫌赌球有损其名誉，但作为公众人物的原告，对媒体在行使正当舆论监督的过程中，可能造成的轻微损害应当予以容忍与理解。

据此，法院判决：一、原告范志毅要求被告文汇新民联合报业集团赔礼道歉的诉讼请求，不予支持；二、原告范志毅要求被告文汇新民联合报业集团赔偿精神损失费人民币5万元的诉讼请求，不予支持。案件受理费人民币2,110元，由原告范志毅承担。

公众人物的人格权应当受到限制，不等于公众人物没有人格权，相反，作为社会中的自然人，公众人物的人格权同样也受到保护。公众人物的人格权只是在基于公共利益和公众兴趣的需要而在他人合理使用的范围内受到必要的限制，除此之外，对于涉及公众人物的私人生活、私人住宅，出于商业目的使用公众人物的肖像、宣扬其隐私，或恶意贬损其人格尊严等行为，公众人物都可以主张其人格权。比如——

案例35 臧天朔诉网蛙数字音乐公司、网易公司“丑星评选”侵权案

2000年底，北京一家名为网蛙公司的“三九网蛙音乐网”推出了“国内歌坛十大丑星评选活动”。评选活动同时在网易公司的“网易音乐频道”互动链接。在事先并未征求歌手意见的情况下，网站向广大网民提供了有臧天朔、那英、刘欢、田震、蔡国庆、韦唯及赵薇等在内的30余名国内歌手的照片及文字资料，在臧天朔的相片下还加配了调侃性的文字。在活动期间由网民投票选举产生“十大丑星”。2000年11月13日，“三九网蛙音乐网”公布了评选结果，蔡国庆、韦唯、臧天朔等歌手均榜上有名，

臧天朔还以16911张的得票排名丑星第三。

2000年12月22日，臧天朔向北京市朝阳区人民法院提起诉讼，认为网蛙公司的“评丑活动”严重侵犯了自己的肖像权、人格权和名誉权，给自己造成重大经济损失和精神损失。要求二被告网蛙数字音乐公司和网易公司停止侵害，在《新华社通稿》、《北京青年报》、《南方周末》等报刊和网蛙、网易、新浪、搜狐等网站上公开赔礼道歉，消除影响，并赔偿经济损失65万元，精神损失20万元，承担律师费10万元和公证费1500元。

网蛙、网易公司在向法庭出具的答辩状中称：他们搞“评丑”活动，不是给臧天朔的外貌美丑下定义，只是让网民们选出他们心目中有特点和个性的歌坛人物，而且臧天朔是公众人物，理应有被公众评价的心理准备。他们还说，网站使用的臧天朔的照片和所配的评论均是有关媒体已经公开报道过的，并非网站杜撰。网站举办这一活动，也没有获利或其他目的。

朝阳区人民法院对该案进行了公开审理。法院认为：网站是继广播、电视和报纸之后兴起的新的传播媒介。网站和网站经营者的正当言论自由和舆论监督权利受法律保护，但是其在行使上述权利时，不应侵犯公民的合法权益。原告臧天朔在国内歌坛是具有一定知名度的歌手，虽然属于社会关注的公众人物，但其仍是社会中的自然人，其享有的合法权益同样受到法律保护。被告网蛙公司和网易公司在未告知臧天朔并经其本人同意的情况下，擅自将臧天朔列为“国内歌坛十大丑星评选活动”的候选人，在“评丑”的前提下，又擅自加配了涉及人身的调侃性的文字，让网民发表评选意见，并最终给臧天朔冠以国内歌坛十大丑星第三名的称谓。原告臧天朔因此受到他人无端干扰，产生不安和痛苦，已经超越了其作为公众人物的正常承载范畴，属正常的内心感受。二被告的行为侵犯了臧天朔作为社会一般人应受尊重的权利，构成了对臧天朔人格尊严的侵害。此外，二被告在其“评丑”活动中，使用的虽然是臧天朔的公开演出照片，但既未经本人同意，也不是对臧天朔的社会活动进行报道或评论，且“评丑”活动客观上增加了网民对二被告网站的点击率，是以营利为目的的经营性行为，构成了对臧天朔肖像权的侵害。被告网蛙公司所称的使用已公开的照片不构成肖像侵权的抗辩主张，不是法律规定的阻却肖像违法的事由，法院不予采纳。原告臧天朔没有提供充分证据证明二被告的行为已造成其社会评价降低的法律后果，因此，法院不予认定和支持臧天朔的名誉权受到了侵犯的诉讼主张。

2001年9月24日，北京朝阳区法院一审判决：被告网蛙公司和网易公司立即停止对臧天朔人格权和肖像权的侵权行为，并在各自的网站上发布赔礼道歉声明；并一次性赔偿臧天朔经济损失人民币1500元，人格权受到侵害的精神抚慰金人民币10000元，肖像权受到侵害的精神抚慰金人民币10000元。其中，网蛙公司承担3/4，网易公司承担1/4。案件受理费870元由网蛙公司负担652元，网易公司负担218元。

二被告不服一审判决，遂提起上诉。2002年8月1日，北京市第二中级人民法院判决：驳回上诉，维持原判。

臧天朔名誉权案件的判决，体现了法律对公众人物人格权的正当保护。案件虽然涉及的是两家网络公司，但对报刊出版者的教训是一样的。由于公众人物常常是社会公众关注的焦点，也是报刊媒体追踪报道的对象；因此，有关公众人物人格权的限制和保护问题，就成为报刊审稿工作中回避不了的问题。编辑应当通过对该类判决案例的学习研究，正确把握对公众人物人格权的限制和保护的界限，以便有效防止该类侵权纠纷问题的发生。

五、死者的人格利益保护

死者的名誉权保护问题，在世界各国的法律规定中是不一样的，有的给予保护，有的则不保护。我国从1988年起，最高人民法院发布了一系列的司法解释，确认对死者的人格利益给予一定的保护。具体的保护范围有六种：姓名、肖像、名誉、荣誉、隐私以及遗体遗骨。至于保护的具体办法，最高人民法院在 1993 年 8 月发布的《关于审理名誉权案件若干问题的解答》中进一步规定："死者名誉受到损害的，其近亲属有权向人民法院起诉。近亲属包括：配偶、父母、子女、兄弟姐妹、祖父母、外祖父母、孙子女、外孙子女。"根据司法解释的这一规定，出版物中如果有涉及死者姓名、肖像、名誉、荣誉、隐私以及遗体遗骨等六方面的人格利益内容的，作者应当有确切可靠的依据，没有证据或证据不确切的，作品不可轻易使用，否则，会引出侵权纠纷。比如——

案例36 陈永贵亲属诉北京青年报社、吴思侵犯名誉权案

2002 年春天，《炎黄春秋》杂志社执行主编、历史学家吴思创作完成了《陈永贵——毛泽东的农民》一书，并将在海南出版社出版。从 4 月 23 日起，北京青年报社决定在《北京青年报》第 31 版"每日连载"栏目中连载该书。该书的部分内容，提到陈永贵参加过日伪特务外围组织"兴亚会"，当过大寨村伪维持会的代表等历史情节。

2002 年 5 月，陈永贵的夫人宋玉林，儿子陈明珠向北京市西城区人民法院提起诉讼，控告《北京青年报》和吴思在《陈永贵——毛泽东的农民》一书中所述的大量情节与事实不符，有的情节甚至任意编造、杜撰，对陈永贵的人格进行贬损，严重侵害了死者陈永贵的名誉权。要求北京青年报社、吴思在《北京青年报》上赔礼道歉，并赔偿二原告精神损失 10 万元。

被告吴思在答辩中称：作为《陈永贵——毛泽东的农民》一书的作者，在该书写作过程中参考了大量的历史资料，进行了多方的采访。书中所有情节均有相应的历史依据，并非本人编造、杜撰，且该书对陈永贵的历史定位及评价均符合史实，未对陈永贵进行贬损、侮辱，没有侵害陈永

贵的名誉权。

被告北京青年报社辩称,报社在刊载《陈永贵——毛泽东的农民》一书之前,已经获得了作者以及出版社的授权,该书的内容是客观、真实的,不存在作者任意编造、杜撰的情况。而且该书中没有使用任何侮辱、诽谤性的语言,亦没有涉及陈永贵的个人隐私,未构成对陈永贵名誉权的侵犯。

北京市西城区人民法院经审理后确认:死者的名誉受法律保护。被告吴思所写《陈永贵——毛泽东的农民》一文所引用的关于"陈永贵参加兴亚会"一节的具体文章,均系他人所写回忆性文章,非权威性文献记载,被告吴思亦没有其他证据予以佐证此事实的存在,故对上述证据的真实性不予认可。该描写客观上对陈永贵形象有贬损,客观上造成其社会评价的降低,被告吴思的行为已构成对陈永贵名誉的侵害。陈永贵现已死亡,二原告作为陈永贵的近亲属起诉,要求被告吴思赔礼道歉,赔偿精神损害抚慰金,理由正当,本院予以支持。但原告要求赔偿精神损害抚慰金的数额偏高,具体数额由本院根据侵权人的过错程度、侵权行为的具体情节、给原告造成精神损害的后果等情况酌定。被告北京青年报社在刊登上述文章时未尽到审查职责, 亦应对侵权后果承担部分赔偿责任。

2003年4月,西城区法院作出一审判决:一、被告吴思、北京青年报社在《北京青年报》上刊登向原告宋玉林、陈明珠的致歉声明;二、被告吴思赔偿原告宋玉林、陈明亮精神损害抚慰金两万元;三、被告北京青年报社赔偿原告宋玉林、陈明亮精神损害抚慰金两千元;四、驳回原告宋玉林、陈明亮其他诉讼请求。

一审判决后,北京青年报社、吴思不服,向北京市第一中级人民法院提起上诉。在上诉期间,北京青年报社、吴思向法院提交中共中央转发中央组织部《关于陈永贵同志历史问题的审查结论》的文件(1980年12月26日发)。文件指出:"陈永贵同志在入党前历史上有三个问题:关于当伪

代表问题、关于参加‘兴亚会’的问题、关于被日伪警察逮捕问题。均在入党前及向中央的报告中作了具体陈述,属一般历史问题。”

2003年12月29日,北京市一中院对该案作出终审判决。终审法院认为:评价历史人物应当真实、客观。吴思撰写的《陈永贵——毛泽东的农民》一文引用了大量他人所写回忆性文章,而回忆性文章系作者根据本人及当事人的回忆,对历史事件的追记,未经考证,非权威文献记载。因此,引用回忆性文章再创作,应对事件、人物予以评考、核实。吴思在《陈永贵——毛泽东的农民》一文中,对陈永贵的大量历史事件予以评价,无证据证实吴思对所引用的他人所写回忆性文章,进行了考证。部分情节客观上对陈永贵形象有所贬损,如“受到共产党方面的拘留,在村里挨了斗,据说还是‘五花大绑’,挨了几拳。共产党领导下的第一任大寨村村长叫赵怀恩,陈永贵担心自己过不了这一关,曾向赵怀恩托孤说……”等,造成了陈永贵的社会评价降低。原审法院确认吴思的行为已构成对陈永贵名誉的侵害,并无不当。北京青年报社上诉认为报社在刊载《陈永贵——毛泽东的农民》一书之前进行了合理的审查及原判事实不清未提供证据证明。吴思关于原判认定他人所写回忆性文章,非权威文献记载,无法律依据的理由,不能成立,所要求追加其他作者为被告,无法律规定。据此,终审判决:驳回上诉,维持原判。

本案的判决虽然引发很多争议,涉及公众人物的名誉权限制、言论自由、创作自由与证据的确凿性等诸多问题,但这些都是理论界的探讨和争鸣。在实际中可以肯定的一点是,从1988年最高人民法院针对陈秀琴诉小说《荷花女》作者魏锡林和《今晚报》侵犯女儿名誉权一案作出的批复开始,到2001年2月最高人民法院又发布《关于确定民事侵权精神损害赔偿责任若干问题的解释》中的第三条再次规定:自然人死亡后,其近亲属因下列侵权行为遭受精神痛苦,向人民法院起诉请求赔偿精神损害的,人民法院应当依法予以受理。这一系列的司法解释都明确肯定,死者的人格利益受到保护。因此,报刊出版者要吸取《北京青年报》的教训,对于涉及死者名誉问题的作品，应注意审查把关，防止惹出侵权纠纷。

六、隐去真名的免责问题

有的新闻作品，为了避免侵犯名誉权问题的发生，作者常常把稿件中的真实人名隐去，改为张某、李某，或张某某、李某某等，或者干脆换一个假名字。这种做法虽然可能影响读者情绪，不如真名实姓引人关注，但在避免侵犯名誉权这一点上，却是可取的，值得肯定。然而，是不是只要隐去真名就不会发生侵犯名誉权纠纷呢?也不一定。1993 年 8 月 7 日，最高人民法院《关于审理名誉权案件若干问题的解答》第九条规定："描写真人真事的文学作品，对特定人进行侮辱、诽谤或者披露隐私损害其名誉的；或者虽未写明真实姓名和住址，但事实是以特定人或者特定人的特定事实为描写对象，文中有侮辱、诽谤或者披露隐私的内容，致使名誉受到损害的，应认定为侵害他人名誉权。"这就是说，仅仅隐去真名，但仍以特定人或者特定人的特定事实为描写对象，又有侮辱、诽谤的内容，还是无法免责的。比如案例 28 中的记者虽然将律师张静的名字改为同音的张敬，但这样做的结果法院认为并不足以免责，还是因失实被判侵权，就是这个缘故。

那么，什么情况下隐去真名能免责，什么情况下隐去真名却不能免责呢？这需要作具体分析。一般的说，隐去真名以后，他人根据作品的内容无法推测出现实中某一特定的人，这种情况下就可以免责；如果隐去真名以后，他人根据作品的内容仍然可以推断出现实中的那个特定的人，那就不能免责。比如——

案例37 《家破人亡后，中奖五百万元值不值》一文失实侵权案

2006年1月3日，湖南省汉寿县公安局一基层派出所一名姓李的所长购买的双色球彩票，幸运地中了一等奖500万元，为此全家人沉浸在快乐之中。可没过几个月，他听单位同事说，有一本《打工》杂志上刊登了一篇文章，专门写他买彩票中大奖的事。他听说后赶紧找到这本杂志，可读了那篇文章后却把他气得要死。原来，这本当年5月出版的2006年第9期《打工》杂志的特别策划栏目中，刊登了一篇《大讨论——家破人亡后，中奖五百万元值不值》的文章。该文描写一个名叫"陈阳"的沉迷博彩的"小木匠"，他将儿子的"奶粉钱"用于买彩票；为买彩票导致"左手残疾"；为买彩票不管2岁多的儿子，导致年幼的儿子"从三楼摔下死亡"；为买彩票妻子与其离婚并远嫁江西；为买彩票已身无分文，捡"别人吃剩的米粉"充饥等等。文章里的这个"陈阳"虽然不是他的名字，但文章中描写的中奖时间、地点、彩票种类、中奖金额都与他的中奖情况完全吻合。这不是写我还能是写谁？在汉寿县只要提起彩票中奖500万元的事，谁不知道是他李某，可他何尝有过这些近乎疯狂的"赌徒"行为？这显然是在污蔑和侮辱他。气愤之余，他把《打工》杂志的主办者湖北省妇女联合会知音杂志社以及文章的作者黄戈、李林、王兵三人，一起告上了法庭。

李在诉状中称：《打工》杂志刊登的《大讨论——家破人亡后，中奖五百万元值不值》一文的作者黄戈、李林、王兵三人，故意弄虚作假，捏造事实，侮辱诽谤原告的名誉；湖北省妇女联合会知音杂志社对损害原告名誉的文章，审查不力，把关不严，对文章描写的近乎疯狂又违背常理的赌徒形象，不作任何核实和鉴别，就予以发表，并在自己的网站上组织网民公开讨论，构成对原告人格的侮辱和诽谤，严重损害了原告的名誉。请求法院判令四被告公开赔礼道歉，消除影响，赔偿精神损失费20万元并承

担全部诉讼费用。

汉寿县人民法院受理立案后，对此案公开开庭进行了审理，并于2006年11月10日作出一审判决。法院认为：湖北省妇女联合会知音杂志社的作者黄戈、李林、王兵撰写的《大讨论——家破人亡后，中奖五百万元值不值》一文，描写了一个名为“陈阳”的人疯狂博彩，在2006年1月3日中得500万元的大奖，却最终家破人亡的故事。经比对，文章中描写的中奖时间、地点、彩票种类、中奖金额都与李某的中奖情况相吻合，可以使人排他性地认为这是一篇以原告李某为原型的纪实性文章。除中奖部分外，《大讨论——家破人亡后，中奖500万元值不值》一文对原告李某一家的其他部分的描写均与事实严重不符，侵害了原告李某一家的名誉权。被告知音杂志社没有经过认真核实，即将此文刊载在其所属的《打工》杂志上，且在明知《大讨论——家破人亡后，中奖500万元值不值》一文内容严重失实的情况，仍不采取措施，为原告李某一家消除影响，致使该文章继续流传于社会，扩大了不良影响，侵害了原告李某一家的名誉权。

据此，法院判令：湖北省妇女联合会知音杂志社在其旗下《打工》杂志上连续三次刊载致歉声明，向原告李某一家赔礼道歉消除影响，并赔偿精神损失费共计3万元。

本案中《打工》杂志组织撰写《大讨论——家破人亡后，中奖500万元值不值》一文的出发点是好的，文章主旨是告诉人们沉迷于博彩的坏处，并发起在刊物上展开大讨论，以扩大教育的效果。可问题是，在真人真事的基础上编造荒诞不经的故事，这样的做法不可取。尽管他们隐去李某的真名换成一个假名字，但由于彩票中大奖这件事的特殊性和唯一性，以至于在当地，人们一看文章便能猜想到中奖的李某而不会是别的人。因此，不能简单地以为隐去真名就能免责了。就如在案例27中，那个第一次坑了于春江的“姓张的‘摩的’司机”，作者在这里采取的就是隐去真名的办法，但在这里的效果就很好，为什么？因为任何一个城市，姓张的'摩的'司机绝不是三个五个、十个八个,谁能猜出文章里说的是哪一个。因此,像这样的隐去真名,就完全可以免责了。

七、公开个人隐私需获得许可

关于隐私的概念以及相关的司法解释,在前一章关于书稿隐私权审查中已作介绍。根据最高人民法院司法解释的规定:"对未经他人同意,擅自公开他人的隐私材料或以书面、口头等形式宣扬他人隐私致人名誉受到损害的,应当按照侵害他人名誉权处理。"因此,不但书稿中,就是报刊稿件中,只要涉及公开个人隐私的,必须获得权利人的许可。而且,由于报刊的影响力大,对权利人的损害更大,更要给予特别的注意。

从上世纪 90 年代以来,报纸期刊由于涉及他人隐私而引发诉讼的案例不少,其根源在于新闻与隐私二者之间存在着根本的冲突。新闻的生命在于真实,越是真实的信息越有新闻价值,越能引起大众的关注和兴趣。但对于涉及个人隐私方面的新闻,报道的越真实越具体,对公民隐私权的侵害往往可能越严重。隐私要求"不为人知",新闻却要"广为人知",二者之间的这对矛盾一旦把握不当,就可能导致侵权纠纷。比如——

案例38 肖镇诉陕西《收藏》杂志社侵害隐私权案

陕西《收藏》杂志是一家向国内外及港澳地区发行的收藏类大众月刊。该刊 1998 年第 11 期(总第 71 期)的第 20 页,刊登了《上海民间收藏有关资料》一文,文中载有肖镇为"佛像收藏馆馆主",以及肖镇的家庭住址和邮政编码等信息。

自从该"资料"刊登后,肖镇接连收到全国各地的大量来信。来信大都是说，他们是从1998年第11期的《收藏》月刊上得知了佛像收藏家肖镇及其家庭住址等相关信息，有的是请求肖镇为其鉴定佛像的真伪及价值；有的是要求登门拜访肖镇，参观肖镇的收藏品；还有的是想向肖镇推销佛像，有的甚至想推销"春药"。这给肖镇平静的晚年生活带来了很大烦恼，也使他感觉到自己的居住安全也受到了威胁。于是，他花了8.5元钱购买了1998年第11期《收藏》月刊，证实了该月刊确实刊登了他的住址及邮政编码。接着，他委托律师致函《收藏》杂志社，要求停止侵权、澄清事实，赔礼道歉，赔偿损失。2000年1月，《收藏》杂志社回函表示，他们对肖镇的姓名及隐私并未构成干涉、盗用、假冒的行为，不属侵权范畴。在双方意见不合的情况下，肖镇遂向上海市徐汇区人民法院提起诉讼，要求《收藏》杂志社停止侵权，不得再行公布原告住址；并在相关新闻媒体上赔礼道歉、澄清事实；赔偿精神损失费1元、搜集证据费用8.5元，并承担本案的诉讼费。

被告陕西《收藏》杂志社没有派人出庭，但向法院提供了书面答辩意见。他们在答辩状中称：原告地址是来稿者提供的，我社主观上认为来稿者已与原告就公开住址一事达成了共识，未再进行核实。至于原告处是否建立了佛像收藏馆，我社客观上无法核实。由于原告确为佛像收藏者，被告刊登原告姓名、地址，目的是为原告提高知名度，扩大社会影响，属于公益性质。被告刊登原告地址后，各地来信、来访者的动机虽然大都为善意，但客观上干扰和影响原告正常生活，造成不安全因素。对此，被告表示歉意；愿意在《收藏》月刊刊登道歉文告消除影响，内容可与原告商定；赔偿原告精神损失费1元、搜集证据费用8.5元。

上海市徐汇区人民法院对该案审理后，于2000年8月24日下达了(2000)徐民初字第1430号判决书，对该案作出了一审宣判。

法院认为：公民的姓名、住址以及个人爱好作为公民的私人信息，与公民享有的家居正常生活安宁，均受到法律保护，他人不得非法侵扰、利用和公开。被告作为社会大众刊物的出版发行机构，在既未征得原告同意又无其他法定理由的情况下，擅自在所属《收藏》月刊中刊登、公布原告的姓名、住址等个人信息，并由此在一定程度上造成原告正常生活遭受侵扰，对此被告已侵害了原告合法人身权益，理应承担相应民事责任。故原告要求被告停止侵害，向原告赔礼道歉并进行赔偿的诉讼请求，依法予以支持。据此，一审法院判决：被告立即停止对原告的侵害；被告在《收藏》月刊上刊登向原告赔礼道歉、消除影响的启事；被告应赔偿原告精神损失费1元、搜集证据费用8.5元。本案受理费150元，亦由被告负担。

一审宣判后，双方当事人均未提出上诉。

本案败诉的陕西《收藏》杂志社的错误是明显的。作为一家社会大众刊物，来稿《上海民间收藏有关资料》一文中明明涉及原告肖镇先生的姓名、个人爱好、家庭住址等属于个人隐私等信息，该刊物却既不向投稿人作核实工作，也不和权利人肖镇先生联系并征得其同意，就擅自在所属《收藏》月刊上刊登、公布肖镇住址等个人信息，以致侵犯原告肖镇的隐私权，其吃官司可谓理所应当。好在肖镇先生不是个图钱的人，否则，即使当时法律对侵犯隐私权的精神损害赔偿还没有明确规定，这场官司也不是两百元钱就能了结的事。此案判决后的2001年2月，最高人民法院公布了《关于确定民事侵权精神损害赔偿若干问题的解释》，该解释规定违反社会公共利益、社会公德侵害他人隐私或者其他人格利益的，人民法院应当受理受害人提出赔偿精神损害的起诉。这就使侵害自然人隐私权的精神损害赔偿有了明确的法律依据。此后，类似案件的精神损害赔偿额度就和该案大不相同了。比如——

案例39 实名报道艾滋病孤儿侵权案

河南省新蔡县一名19岁的艾滋孤儿小莉(化名)，父母因卖血感染艾滋病离世，小莉被寄养到姨母家。姨母家好吃懒做、不务正业、找不到媳妇的大龄儿子打起了小莉的歪主意。在好心人靳薇、高耀洁等的帮助下，小莉隐瞒了身份，离开家乡，被托养到山东曹县一家人家继续上学。后来，靳薇、高耀洁发现小莉的养母为图钱财不想让她读书，遂决定由靳薇做了小莉的监护人。

2005年12月2日，北京市《××时报》刊登了一篇两个版面的长篇报道，以小莉的真名、曾用名描写了其父母因艾滋病去世后家境如何贫困的情况，还刊登了小莉的大幅脸部特写照片和父亲及弟弟的照片，并大量报道了未经小莉同意的个人隐私。

报道刊登后不久，小莉的班主任老师给靳薇打来电话，说他看过这篇报道后，担心同学认出小莉，引起学生家长的不满到学校来闹，这样小莉就很难在学校继续学习了。与此同时，小莉也给靳薇打来电话，说她看到这则报道后，时时担心学校不要她，晚上经常做噩梦、哭醒，以至于学习成绩大幅下降，整天提心吊胆地生活在恐惧中。

对此，靳薇认为《××时报》的行为侵害了小莉及其父亲的肖像权和小莉本人的隐私权、名誉权。遂受小莉的委托，将××时报社告到了北京市朝阳区人民法院。要求该报社在相关版面上赔礼道歉，并赔偿精神损害10万元人民币。

××时报社接到法院的传票后，在向法院提交的答辩状中称：刊登文章的初衷是要引起社会对艾滋病的关注，是出于一种好的愿望，即使侵权也属无意。该报社承认侵犯了肖像权，不承认侵犯小莉的隐私权和名誉权，因为在该媒体的报道之前，已有媒体对小莉的情况进行了报道，小莉的情况已为公众知晓，根据公众知晓原则（学术界的一种主张），不存在侵犯隐私权的问题。

朝阳区法院经过审理后查明，《××时报》在刊登这篇报道之前并未采访过原告小莉，未征得原告小莉的同意，就在文章中使用真名和照片披露了小莉成为艾滋孤儿等一些令人难以启齿的经历。法院认为，这些事实都属于小莉的隐私，在目前对艾滋病患者歧视未消除的环境下，报道上述隐私对小莉今后的生活不利，也违反了社会公德。我国《艾滋病防治条例》第39条规定："未经本人或者其监护人同意，任何单位或个人不得公开艾滋病病毒感染者、艾滋病病人及其家属的姓名、住址、工作单位、肖像、病史资料以及其他可能推断出其具体身份的资讯。"因此，应当认定这篇报道侵犯了小莉的肖像权、隐私权和名誉权。

据此，2006年7月15日，北京市朝阳区人民法院对该案作出一审判决：判令该媒体在该报头版刊登道歉声明，并赔偿小莉精神抚慰金2万元。

一审宣判后，双方接受判决，均没有提出上诉。

本案中被判侵权媒体的教训在于，他们对艾滋孤儿进行报道时，没有按照国家《艾滋病防治条例》的规定执行，也没有获得艾滋孤儿的同意，却以一个学术界所谓的公众知晓原则，即该艾滋孤儿已为其他媒体报道过，已不属于个人隐私的理由为自己辩解。这是不对的。艾滋病是世界上的一种特殊病，艾滋病人和麻风病人一样特别容易遭到社会歧视，所以，《艾滋病防治条例》对艾滋病人作出了特别的保护性规定。在这种情况下，就不能无视条例的规定，以什么媒体报道过为由不经许可擅自再作宣传。条例属于国家法律，有法必依是办刊的起码原则，违法必究也是法制社会的必然结果。

第二节　著作权审查

报纸、期刊出版者在审稿工作中，除了审查人身权侵权问题，还要审查著作权侵权问题。报刊稿件的著作权审查，由于无需与作者签订合同，使用作品涉及的各项著作权权利，都要在审定稿件的过程中解决。因此，审稿时不但要注意抄袭问题，还要注意署名问题，以及使用他人作品的授权许可等问题。

一、新闻类作品的著作权鉴别

报纸、期刊是我国社会的重要宣传媒介，新闻类作品又是报刊出版物的重要传播内容。但是，由于不同的新闻作品的著作权保护情况不同，有的没有著作权，有的虽然有著作权但可以被合理使用，而有的则享有完整的著作权。这就要求刊物出版者在审稿时，需要对各种新闻作品作出正确的区分，防止搞混而导致著作权侵权。

1. 时事新闻的鉴别

我国著作权法第 5 条规定，时事新闻不适用于著作权法保护。这一规定符合国际著作权公约的规定，也是通行的国际准则。世界上不少国家的著作权法或有关判例，也都规定时事新闻或者日常新闻不受著作权法保护或没有著作权。因此，刊物在使用时事新闻时，只需按照最高人民法院司法解释的规定，注明出处即可，而无需考虑其著作权问题。但是，除时事新闻之外的其他新闻作品，如通讯、特写、述评、采访札记、调查报告、评论、杂文、散文、报告文学、小品文等，都受著作权法保护，都享有著作权。刊物在使用这些新闻作品时，必须按照著作权法的规定，尊重作者的专有权利。

那么，怎么区别时事新闻和其他新闻作品呢？按照著作权法实施条例的规定，“时事新闻是指通过报纸、期刊、广播电台、电视台等媒体报道的单纯事实消息”。这就是说，时事新闻是对客观发生的事实的单纯描述，如某时某地发生了某事，结果如何如何，这之中纯粹是对事实的陈述，没有刻意地描写或议论，不具有独创性的特点。在实践中，各类媒体报道的新闻消息，一般都属于时事新闻，都没有著作权，而除消息报道之外的其他新闻作品，都不同程度地受著作权法保护。因此，如果不能正确区分时事新闻和其他新闻作品，就可能将二者搞混而引发侵权纠纷。比如——

案例40 厦门商报社侵犯赵峻著作权案

2000年7月，《厦门商报》编辑人员在互联网上下载了《高校合并，就有了中国剑桥？》（以下简称《剑》文）一文，刊登在该报当月31日的版面上。该文是针对高校合并中出现的问题进行分析评论的，有较强的新闻性，作者署名陈家丽。

2000年8月3日，《剑》文被《华声月报》转载，作者署名仍为陈家丽。之后，华声月报社按照转载作品的规定，将给作者支付的稿酬汇到厦门商报社，在汇款单据的汇款人简短附言栏中附言：《华声月报》"透视中国"专栏转载贵报所载《高校合并，就有了中国剑桥吗？》一文稿费，敬请接收转交作者（陈家丽）。"但厦门商报社在收到汇款后，将其退回了华声月报社，因为作者陈家丽的联系方式，他们也不知道；他们错误地认为，《剑》文属于时事新闻，无需支付稿酬。

2000年10月初的一天，厦门商报社收到了《视点》杂志社记者赵峻的电子邮件，指出其刊登的《剑》文，抄袭了他发表的《高校合并不能搞大跃进》（以下简称《跃》文）一文的大部分内容，《跃》文发表时署名欧阳雨龙，是他的笔名，所以，《剑》文侵犯了他的著作权，要求他们作出解释和说明。厦门商报社感觉情况不对，当即给赵峻回复电子邮件致歉并支付了100元稿酬。但是，他们和华声月报社最终还是被赵峻起诉到了北京市第一中级人民法院。

赵峻在诉状中称：原告撰写的《跃》文刊登于中国新闻社《视点》杂志2000年第6期，原告对该文享有著作权。2000年8月5日原告质疑网易网站刊登的署名"陈家丽"的《剑》文，网易网站举证该文来源于《华声月报》,《华声月报》电子版负责人欧刚举证文章来源于《厦门商报》。原告认为该文是一篇抄袭、剽窃之作,侵犯了原告的著作权。故请求法院判令两被告赔偿原告的经济损失 3000 元,并承担原告因诉讼支出的相关费用。

2001 年 2 月 28 日,北京市第一中级人民法院开庭审理此案。

法院查明:由中国新闻社主办、视点杂志社出版的《视点》杂志(月刊)2000 年第 6 期登载了署名欧阳雨龙的《跃》文,该文对中国高校合并中出现的问题进行了分析,并提出了作者的一些观点。全文约 5000 字。2000 年 7 月 31 日,《厦门商报》电子版上登载了署名陈家丽的《剑》文,该文由《跃》文中的部分段落稍作文字修改组合构成,全文约 3000 字。《视点》杂志社向法院出具的书面证明表明:欧阳雨龙是赵峻的笔名,《视点》杂志 2000 年第 6 期所载《跃》文系由赵峻撰写。

被告厦门商报社没有到庭参加庭审,他们提交的书面答辩称:我国著作权法不适用于时事新闻,而且还规定,为报道时事新闻,在报纸、期刊、广播、电视节目或者新闻纪录影片中使用已经发表的作品可以不经著作权人许可,不向其支付报酬。由于《跃》文是已经发表的作品,适用于上述规定,因此我社未侵犯原告的著作权。另外,我社在接到原告提出异议的电子邮件后,立即回复电子邮件致歉并支付了 100 元稿酬。原告收取了该款,说明其已经接受了被告的处理方式。故请求驳回原告的诉讼请求。

被告《华声月报》社辩称:我社电子版 2000 年 8 月 3 日所载署名为"陈家丽"的《剑》文是从《厦门商报》电子版转载而来,陈家丽和厦门商报社均未声明不得对此文进行转载,我社转载该文时注明了转自《厦门商报》以及作者的姓名,并在该文转载之后即将有关稿酬支付给《厦门商报》,委托其转交作者。故刊登陈家丽的文章属于转载,且符合有关的法律、法规,不构成对原告著作权的侵犯。

2001 年 3 月 20 日,北京市第一中级人民法院对该案作出了一审判决。

法院认为:原告赵峻为《跃》文的作者,对该文享有著作权。虽然《跃》

文刊登在新闻性刊物上，但该文并非单纯的时事新闻报道，其主要内容是对中国高校合并中出现的问题进行分析，并就这一社会现象提出作者的观点、看法。因此，该文不是时事新闻，而是社会科学类文字作品，应当受到著作权法的保护。被告厦门商报社认为该文属于时事新闻，不受著作权法保护的主张没有事实依据，本院不予支持。

将《厦门商报》电子版和《华声月报》电子版登载的《剑》文，与《视点》杂志刊登的《跃》文进行对比，可以确认《剑》文是将《跃》文部分段落稍作文字修改后组合构成，并署名为陈家丽。《剑》文作者这种使用原告作品的行为侵犯了原告的著作权，构成对原告作品的抄袭、剽窃。

关于厦门商报社的行为是否构成侵权。根据著作权法的规定，使用他人作品应当征得著作权人的许可。厦门商报社在使用原告作品时并未征得其同意。尽管厦门商报社辩称《剑》文是从网上下载而来，但未提供证据。且厦门商报社既不能证明陈家丽为《剑》文的作者，也不能举证证明《剑》文的来源。在登载《剑》文后，厦门商报社也未按有关转载其他报刊作品的规定向其认为是作者的陈家丽支付稿酬。以上事实说明厦门商报社在登载该文的过程中始终没有尽到应尽的注意义务，存在主观过错。因此，厦门商报社的行为已经构成对原告著作权的侵害，应承担相应的民事责任。原告要求其赔偿经济损失的请求于法有据，本院予以支持。

从华声月报社的转载行为看，其转载没有超越报刊转载的正常范围，在文章末尾注明了《剑》文来源、《厦门商报》所署作者姓名，并向作者支付了稿酬，故华声月报社的上述行为说明其在转载过程中已经尽到了法律、法规要求其尽到的相关义务。故《华声月报》电子版虽然刊载了侵权作品，但刊载者主观上不存在过错。尽管华声月报社支付给陈家丽的稿酬被退汇，但退汇并非由华声月报社的原因所致，该事由并不影响对其行为的认定。因此华声月报社的行为不构成对原告著作权的侵害，原告要求华声月报社承担侵权责任，没有法律依据，本院不予支持。但华声月报社有消除影响并向原告支付稿酬的义务。鉴于原告在诉讼中未提出消除影响的诉讼请求，华声月报社仅应承担按有关规定向原告支付稿酬的民事责任。

据此，一审判决：一、被告厦门商报社赔偿原告赵峻经济损失1500元；二、被告华声月报社向原告赵峻支付稿酬150元；三、驳回原告赵峻的其他诉讼请求。案件受理费1000元，由被告厦门商报社负担。

本案中原、被告双方争执的一个焦点是，《高校合并，就有了中国剑桥？》与《高校合并不能搞大跃进》两文是否属于时事新闻。从案中的情况看，答案显然是否定的。根据著作权法的规定，时事新闻是"单纯事实消息"，那么，有关高校合并工作的时事新闻作品，应当是报道某高校与某高校合并或者某高校合并中发生什么事、出现什么情况等。而本案中的两篇文章，从标题到内容，一看便知是针对高校合并工作的议论作品，与时事新闻明显不是一回事。因此，厦门商报社坚称上述两篇文章是时事新闻是错误的，被法院驳回当属必然。至于他们究竟是出于一种辩解，还是真的将涉案文章当作时事新闻对待，我们不得而知，但这桩案子明确告诉我们一点：不能把有著作权的新闻作品与时事新闻混为一谈，否则，会引出侵权纠纷。

2. 时事性文章的鉴别

著作权法第22条规定："报纸、期刊、广播电台、电视台等媒体刊登或者播放其他报纸、期刊、广播电台、电视台等媒体已经发表的关于政治、经济、宗教问题的时事性文章，但作者声明不许刊登、播放的除外。"著作权法的这一规定表明，发表在报刊上的时事性文章，与不适用于著作权法保护的时事新闻不同，它享有著作权，受著作权法保护。但是，只要作者在发表时没有声明不许使用，其他的报纸、期刊可以合理使用，即，不经作者许可，在自己的刊物上免费登载，同时指明作者姓名，作品名称。这又与除时事新闻之外的其他新闻作品不同，因为在同样的情况下，报纸、期刊要使用其他新闻作品，是必须向作者支付报酬的。鉴于此，如何正确鉴别该类时事性文章，也成为报刊出版者必须解决的问题。

目前,我国著作权法律对于什么是时事性文章,没有作明确的解释。这使得我们在鉴别时事性文章时,缺乏统一的标准和尺度。但是,近两年来,法院在这方面取得了突破,成功地审结了几起涉及对时事性文章的案例。比如——

案例41 《国产手机乱象》一文著作权纠纷案

2004年11月1日,唐雄飞、钟超军首次将《国产手机乱象》一文发表于"中国营销传播网",但未声明"不得转载"。三天后,安徽合肥邦略科技发展有限公司(以下简称邦略公司)在其"邦略·中国"网站的相关网页上刊载了该文。邦略公司刊载该文时,不仅标注了作者姓名,还注有"来源:中国营销传播网"的字样。

2005年3月1日,北京三面向公司与《国产手机乱象》一文的合作作者之一钟超军签订了《委托汇编与版权转让合同书》。另一合作作者唐雄飞不久对该合同书追加认可。

该合同约定:乙方(北京三面向公司)委托甲方(钟超军)汇编一本名为《中国营销与策划精英论坛——品牌攻略》(以下简称《品牌攻略》的书,该书及该书中包含的每篇文章(含《国产手机乱象》一文),除署名权和本合同约定的转让金额外,在自发表之日起至本合同期满为止版权归乙方所有。甲方不得将乙方委托汇编的上述作品以同名或变换名称、全部或部分地以转让或授予等形式许可任何第三方使用。

合同签订后不久,三面向公司发现了邦略公司在其网站上刊载《国产手机乱象》一文的行为。2005年5月17日,三面向公司聘请北京市海淀区第二公证处对该刊载行为予以公证。另外,三面向公司委托钟超军汇编的《品牌攻略》一书,于2006年1月由中国农业出版社出版。

2007年4月,三面向公司以邦略公司侵犯其合法权益为由,向合肥市中级人民法院提起诉讼，要求邦略公司赔偿其作品使用费500元,以及制止侵权的合理费用3225元。

合肥市中级人民法院经过审理后认为:《国产手机乱象》一文的评述,针对的是当时经济领域较受关注的、国产手机企业所面临的严峻市场环境及经营窘境的现实经济时事问题,具有明显的时效性,当属我国现行《著作权法》和《信息网络传播权保护条例》规定的合理使用制度所列举的关于政治、经济乃至宗教的"时事性文章"。"邦略·中国"网站为满足公众对相关信息的需求,在网络上转载已由作者先行在中国营销传播网发表、且未曾声明不得转载的"时事性文章"《国产手机乱象》一文,并在转载时依法标明了文章的出处、标示了作品的名称和作者姓名。除此之外并没有实施侵犯该作品著作权人依法享有的其他权利的行为,并无可归责的法定事由，当属前述法律规定的合理使用该作品的行为,不构成对该作品作者或作品著作权相关权益受让人权利的侵犯。由此认定,邦略公司不构成侵权,一审判决:驳回三面向公司的诉求。

三面向公司不服一审判决,向安徽省高级人民法院提出上诉。其上诉的理由是:所谓"时事"是指近期国内外大事,"时事性文章"经常是"党政机关为某一特定事件而发表的文章,类似于官方文件"。手机厂商经营中遇到的问题不能归纳到"事件"。而且,手机只是数十万种商品中的一种商品,将手机行业遇到的问题归结为"大事"是对"时事"做扩大化解释。

2007年11月6日,安徽省高级人民法院经过审理后,对该案作出了终审宣判。

安徽高院认为:《现代汉语词典》对"时事"的解释是,"最近期间的国内外大事"。可见,"时事"具备两个显著特征,即时效性和重大性。从内容上来说,"时事性文章"也应具备上述两特征。《国产手机乱象》一文,作者从国产手机厂家面临的严峻形势起笔,主要评论了他们各自寻求出路的营销策略。

原审判决将"时事性文章"界定为"当前受到公众关注的涉及政治、

经济或宗教问题的文章"显然失之于宽,过于关注时效性,而忽略了重大性,不利于对著作权人的保护。北京三面向公司将"时事性文章"理解为"党政机关为某一特定事件而发表的文章,类似于官方文件"显然失之于严,过于关注主体特定性和重大性,而忽略了时效性,不利于公众信息权的保障。可见,上述两种解释均不足取。

由于"国产手机乱象"并不能归结为"国内外大事",缺乏重大性特征,该文虽可以认定为关于经济问题的文章,但不能当然地认定为经济问题的"时事性文章"。有鉴于此,邦略公司未经著作权人许可转载该文,在三面向公司受让取得《国产手机乱象》一文的相关权利后,仍未支付相应费用,构成了对三面向公司的侵权。

据此,安徽省高级人民法院终审判决:一、撤销安徽省合肥市中级人民法院(2007)合民三初字第66号民事判决;二、合肥邦略公司赔偿北京三面向公司1500元;三、驳回合肥邦略公司的其他诉讼请求。

本判决为终审判决。

本案中安徽省高级人民法院依据《现代汉语词典》对"时事"一词的解释,对"时事性文章"作出界定,指出其必须同时具备时效性和重大性两个特征。这对时事性文章的认定提供了重要的参考依据,值得我们在确定是否为"时事性文章"时学习和借鉴。

二、防止抄袭剽窃

报刊的审稿工作和书稿的审查一样,要严防抄袭剽窃。本书在书稿审查一章中介绍的防止抄袭的五种方法,原则上也适用于报刊稿件的审查。不过,报刊出版毕竟与图书出版有不同的特点,因此,报刊出版者防止抄袭剽窃,应当以五种方法中的前两种为主:

1. 熟读稿件,细心体察,严防抄袭

防止抄袭剽窃,是一个看似简单实际上却十分困难的问题,需要出版者付出极其艰苦的劳动。首先,编辑必须仔细地审读稿件,使书稿的内容了然于胸;并在细读熟读稿件的过程中,调动自己的思维潜能,细心体察有无照抄照搬他人作品的情况。如果没有对稿件的仔细阅读,编辑的知识再广博,阅读面再广泛,也都是白搭。当然,谁也不敢说细读、熟读稿件,就一定能发现抄袭。所谓防止抄袭非常难,难就难在这里。不过,虽然细读稿件不能保证发现抄袭,可要想防止抄袭还必须细读稿件。没有对稿件的细读、熟读,要想发现抄袭就等于缘木求鱼,绝无可能。而且,如果不认真读稿子,别说抄袭其他出版物的东西,就连抄袭了自家刊物的东西,都可能辨认不出来。比如——

案例42 刘喆诉北京青年报社等侵犯著作权案

2000年10月22日,北京市自由撰稿人刘喆在《北京青年报》上发表了《世纪时髦病 知识焦虑症》一文。2001年3月17日,刘喆在该报上发表了另一篇文章《你知道怎样看心理医生吗?》,该文的作者署名为萧寒。

2001年6月1日、7月20日、8月3日,《北京青年报》上又陆续刊登了《知识越多越焦虑》、《看心理门诊的不是病人》、《心理咨询不是普通聊天》三篇文章,分别署名侯建鹏、舒衡、蔚阳。

刘喆发现这三篇文章均抄袭了其两篇文章的内容。经过打听,三篇文章的真实作者均为北京青年报社的特约编辑侯建鹏,舒衡、蔚阳只是侯建鹏的笔名。刘喆在两次致函北京青年报社无结果后,遂向北京市朝阳区人民法院提起诉讼,将北京青年报社和侯建鹏告上法庭。要求二被告在《北京青年报》上登载与侵权版面相当、与侵权次数相同的赔礼道歉声明;当面与书面赔礼道歉;支付稿费160元;支付精神损失费8000元;并负担本案诉讼相关费用。

朝阳区法院在审理中经专门比对:1.《知识越多越焦虑》与《世纪时髦

病 知识焦虑症》两文有不少内容和文字表达相同之处，只是病症名称等个别词语略有不同。2.《看心理门诊的不是病人》全文共两个自然段，与《你知道怎样看心理医生吗？》一文中的两个段落的内容、文字完全相同。3.《心理咨询不是普通聊天》全文共4个自然段，其中3个自然段从文字到内容与《你知道怎样看心理医生吗？》一文的4个段落完全相同。

朝阳区人民法院认为：刘喆作为涉案文章的署名作者，侯建鹏与北京青年报社提供的证据不足以反驳刘喆的作者身份，亦不足以证明侯建鹏3篇文章的合法来源。因此，刘喆依法对涉案2篇文章享有著作权。侯建鹏没有进行创作，将他人文章的全部或部分作为自己的文章，并以作者名义署名发表，侵犯了刘喆对其作品享有的著作权，应承担赔礼道歉、赔偿损失的民事责任。刘喆撰写的2篇文章在先发表于《北京青年报》，而侯建鹏作为该报社的特约编辑，其文章在后发表于该报，应当说北京青年报社作为出版单位，有义务也有能力对后发表的文章内容进行审查。其没有尽到必要的审查之责，以致产生侵权后果，故亦应承担侵权责任。

考虑到侵权行为的具体情节、后果及影响范围，原审法院认为刘喆主张的160元稿费应视为其合理损失而予以支持。刘喆要求侯建鹏、北京青年报社在《北京青年报》上赔礼道歉，没有超出法律规定的合理范围，亦应予支持。但因一次致歉已足以弥补其著作人身权所受侵害，故对刘喆其他缺乏依据的诉讼请求不予支持。

2002年12月，朝阳区法院一审判决：一、侯建鹏、北京青年报社在《北京青年报》上向刘喆赔礼道歉；二、侯建鹏赔偿刘喆损失160元；三、北京青年报社对上述第二项承担连带责任；四、驳回刘喆其他诉讼请求。

刘喆不服一审判决，向北京市第二中级人民法院提出上诉。认为原审判决所述上诉人主张稿费160元与事实不符，该数额是在调解过程中提出的，并非对原诉讼请求的变更。请求撤销原判，并改判被上诉人支付稿酬400元，赔偿经济损失6200元和精神损失3万元并承担其他诉讼费用。

北京市第二中级人民法院受理其上诉后，于2003年2月13日作出终审判决：驳回上诉，维持原判。

本案中北京青年报社之所以吃官司，就在于细读熟读稿件不够。三篇抄袭之作和被抄袭的两篇文章，都是发表在该报同一个栏目上的作品，而且两者的发表时间仅仅相距半年多一点，责任编辑和复审的组长或部主任，以及终审的领导，无一能辨别出来。为什么呢？唯一的答案是，他们没有认真阅读这些稿件。我们说为了防止抄袭，编辑要有广博的知识和广泛的阅读面，然而，连7个月前在自己栏目上编发的稿子都懒得细读，那还谈何广泛地阅读。想要防止抄袭却不肯熟读稿件，那是防止不了的，其结果必然是缘木求鱼。

2. 上网查询名称相同或相近的作品进行比对

一个人的阅读量再广博，面对浩如烟海的书刊出版物，充其量不过是其中的一小部分，更何况对读过的东西要留下记忆和印象，更是小部分中的小部分。这是防止抄袭之所以难的一个重要原因。现在，科学技术的发展为我们解决这一难题提供了一个功能强大的帮手——互联网。在互联网上，编辑可以不受时空限制地浏览海量的信息，可以方便地查阅国内媒体上的任何作品。这给防止抄袭剽窃提供了极大的便利。如果编辑在仔细阅读稿件的基础上，再能充分运用互联网这一技术手段，上网查询与稿件名称相同或相近似的作品进行比对，就可能使很多抄袭之作露出原形。令人遗憾的是，不少编辑至今仍然是“看一遍就算”，对于拟采用的稿件不愿再到网上查询有无名称相同或相近似的作品存在。编辑中的这种不想付出辛勤劳动的懒惰作风，常常为抄袭之作闯过审稿一关提供了可乘之机。比如——

案例43 健康时报社诉家庭医生报社抄袭侵权案

《健康时报》是2000年由人民日报社创办的。该报由于有《人民日报》的强大新闻信息资源作依托，在短短几年间就成为全国很有影响的一份健康生活服务类周报。而江西南昌市卫生局主办的《家庭医生报》，则创刊时间早，发展速度快，也是全国发行量较大的健康生活服务类报纸之一。就是这样两家资质、实力均无可挑剔的报纸，却发生了一场不该发生的侵权纠纷。

事情的起源是：2004年11月11日的《健康时报》上，刊登了该报记者叶依采写的《脑梗塞患者为啥99%被耽误》(以下简称《耽误》)一文。10天后，即2004年11月22日，《家庭医生报》上也刊登了一篇关于脑梗塞救治的文章，题目为《冬春季节到，脑梗塞多发，专家总结救治三条经验》(以下简称《经验》)，署名为本报记者黄跃成、通讯员叶依。叶依怎么成了《家庭医生报》的通讯员呢？《健康时报》的编辑读过这篇文章后发现，该文和叶依写的《耽误》一文的内容和文字表述大部分相同，是一篇抄袭之作。遂于2005年4月15日，向南昌市中级人民法院提起诉讼，把《家庭医生报》告上了法庭。要求法院判令被告在《健康时报》、《健康报》、《家庭医生报》刊登道歉声明，向健康时报社公开道歉；并判令被告赔偿原告损失5万元、差旅费3000元、律师代理费4000元，以及承担本案诉讼费用。

被告家庭医生报社在送交法院的答辩状中称：原、被告两家报刊登载的两篇文章确实绝大部分内容相同，但该两篇文章都是记者采访同一位专家而写出的科普性文章，专家介绍的情况是相同的，所以写出来的文章内容也基本相同，不属于抄袭侵权，请求法院驳回原告的诉讼请求。

南昌市中级人民法院经审理查明：《健康时报》刊登的《耽误》一文，是该报记者叶依采访北京120急救中心放射科主任郑加生副主任医师后写成。此后不久,《家庭医生报》上发表的《经验》一文,是该报记者黄跃成也采访郑加生副主任医师后写成。《经验》一文还加有副标题——访北京120急救中心副主任医师郑加生。将两篇文章进行比对,其内容绝大部分相同,《经验》一文仅仅是在《耽误》一文基础上进行了个别字句的修改。

据此,法院认为:叶依系原告单位的专职记者,其作品为职务作品,著作权为原告所拥有。黄跃成系被告单位的记者,其行为属职务行为。以上两家报纸发表的两篇文章,虽然是经过采访同一位医生写成的,主要的观点会相同,但不至于文字内容也相同。原告发表的文章在前,被告发表的文章在后, 被告的文章与原告的文章在文字表达上亦绝大部分相同,侵犯了原告的著作权,应承担相应的民事责任。

2005年6月29日,法院一审判决:一、被告家庭医生报社在《健康时报》、《健康报》、《家庭医生报》刊登道歉声明,向原告健康时报社公开道歉;二、被告家庭医生报社赔偿原告健康时报社20000元人民币。案件受理费2 220元,由被告家庭医生报社承担。

本案中的《家庭医生报》和《健康时报》,同为国内两家发行量大、影响也大的健康生活服务类报纸。他们在网上都有自己的电子版,涉案的两篇文章又都是谈脑梗塞救治的。如果《家庭医生报》的编辑当初在审稿时,能上网查询一下关于“脑梗塞救治”或者是“郑加生医生访谈”一类的文章进行比对,其记者黄跃成文章的抄袭情况就很可能被发现。可他们没有这样做,以至于10天前发表在人家报纸上的文章,被抄袭者拿过来只改动了个别字句后投给他们,他们却毫无察觉地刊登了。这种置现成的互联网技术不用,甘愿被抄袭者蒙蔽的人,实在应当尽快作出改变了。相反,现在有为数不少的抄袭剽窃行为,是被别人从网上发现的,这又从另一方面证明了上网查询对于防治抄袭剽窃的有效性。比如——

汕头大学胡兴荣教授涉嫌论文抄袭事件

2002年，复旦大学新闻学院研究生张志安，与其学友合作写出了《传媒职业经理人初探》一文，在当年的复旦大学研究生学术年会上发表。随后，他们又将该文的简略版发表在2002年12月的《新闻记者》杂志上。2004年，张志安在网上无意中发现，香港的《中国传媒报告》2004年第2期上，刊登了汕头大学长江新闻与传播学院教授胡兴荣的论文《中国呼唤权威型经理人》。因为同是论述传媒业经理人的，张志安认真阅读了这篇文章。结果发现，该文中有好几处和自己的论文雷同，但没有作为引文加引号并标注出处。此时已为博士生的张志安认定这是抄袭，就写了一篇《学术打假:〈中国传媒业呼唤权威型经理人〉一文是否存在严重抄袭？》的文章，于2004年12月14日发表在中华传媒网上。

该文在网上一经发表，立刻成为汕头大学郁金香BBS站的“十大热门话题”。汕头大学的学子们被这起学术丑闻搅得沸腾了：“我羞于做他的学生”，“丢了汕大的脸”等等的留言，不断地发到BBS网站上。

汕头大学是一所接受李嘉诚基金会资助、实行校长负责制的高校。它的各学院也相应地实行院长负责制。其时受聘担任长江新闻与传播学院院长的陈婉莹当日在网上看到该文后，认为是关系到学院声誉的大事，立刻开始关注事态发展。

15日晚，胡兴荣在“中华传媒网”上发布了向张志安道歉的帖子。

16日下午，陈婉莹院长立刻在学院的BBS网上以《新闻学院院长公开信》为题，发布了一个安定学生情绪的帖子，通报了此事处理进展：“他(胡兴荣)已正式公开道歉。我正根据指控以及胡教授的回应，与校方及学院教师商讨进一步的处理办法。”

胡兴荣教授是汕大的合同制外籍教师，拥有台湾大学学士、台湾东海大学硕士、北京大学博士等学位，并曾在香港时事杂志担任编辑。他与学校签订的三年合同，正好在2004年年底到期。本来，这件事完全可以等到当月底不再续聘即顺便了结，但汕大长江新闻与传播学院没有让这件事拖到月底。

12月17日上午，陈婉莹飞回汕头，与学院的党委书记、副总监(主要负责学院行政工作)开会，很快达成共识。下午3点，陈婉莹与胡兴荣见面，胡兴荣提出辞职。17日晚10时40分，陈婉莹在汕大BBS上再发帖子，宣布："胡兴荣教授今天向学院提出辞职，我已经接受了他的辞呈，即日生效。"此时，距张志安发出揭发帖子，不到80小时。

这起抄袭事件中汕头大学的严肃果断作风和胡兴荣教授勇于认错的负责精神令人尊敬。可以推测，胡兴荣教授大概觉得他的文章要发表在香港的《中国传媒报告》杂志上，以为内地人不容易看到，于是抄袭了内地刊物上的作品。这和现在国内许多人抄袭国外学术论文的想法是一样的。可是，互联网技术完全打破了这种内、外地间的区隔，使得这起抄袭行为很便当地被发现了。试想，如果学子张志安不到网上浏览查询，怎能发现远在香港杂志上的抄袭文章呢？因此，上网查询是防止抄袭剽窃的有效手段，报刊出版者一定要用好这一手段，使它成为审稿工作的得力工具。

3. 关于防抄袭软件的使用

近年来，抄袭剽窃行为在我国广为蔓延，涉及的人员，上至科学院院士、著名作家、大学校长、教授，下至在读的博士生、硕士生、本科生，还有社会各行业为评、聘职称的各类公职人员，可谓是各色人等，应有尽有。这种丧失诚信的腐败造假行为，严重败坏了学术风气，造成了极坏的影响。2007年，科技部、教育部、中国科学院、中国工程院、国家自然科学基金管理委员会、中国科学技术协会等六个部门和单位决定建立科研诚信建设部门联席会议制度，并设立科研诚信建设办公室，加强全社会的学术诚信建设。从2008年底以来，国家诚信建设办公室先后推出了《科技期刊学术不端文献检测系统》、《社科期刊学术不端文献检测系统》和《学位论文学术不端文献检测系统》等多种防抄袭软件,用于对抄袭剽窃等各类造假行为进行检测。

以“科技期刊学术不端文献检测系统”(简称 AMLC)为例,据其开发者介绍,该检测系统软件是由中国学术期刊(光盘版)电子杂志社和同方知网共同研制成功的,其背后连接着一个强大的数据库,即《中国学术文献网络出版总库》。该数据库范围涵盖中国学术期刊网络出版总库、中国博士论文网络出版总库、中国优秀硕士论文网络出版总库、中国报纸全文数据库、中国专利全文数据库、中国科技成果数据库、中国年鉴网络出版总库、中国工具书数据库、中国标准数据库等。安装该检测系统后,可以对抄袭、伪造、一稿多投、篡改、不正当署名、一个成果多篇发表等多种学术不端行为进行检测。只要将任意一篇需要检测的文章,与比对资源库中的文献进行比对,原则上,只要检测文章与比对文献存在一个相同的句子,就能被检测系统发现。检测系统在对论文进行检测之后,生成检测报告,从而为判断论文性质提供相关依据。

上述几种检测系统软件推出后,有《浙江大学学报》以及青岛、武汉等多所大学率先启用了该检测系统,对学报的来稿或者学生论文进行学术不端疑似文献检测。据说效果不错。武汉某高校对该校 783 篇学生和教师自由命题的论文进行检测。结果,涉嫌抄袭者过半:全文剽窃的论文有 161 篇,占 20.4%;段落剽窃 256 篇,占 33.2%。其中一个院系的 30 篇博士学位论文中,存在学术不端行为的有 4 篇,绝大多数论文存在标注不规范的问题。

但是, 由于该类检测系统软件目前还存在诸多缺陷和不完善的地方,不少高校的老师和学生对其准确性和科学性提出质疑,继而引发了激烈的争论。质疑的主要几个问题是:一、软件本身及其比对资源库中的文献本身均存在抄袭,如何能用来检测别人的文章是否抄袭?二、对于硕士、博士论文、应用类型论文以及一般的评职称论文,要求大部分内容全部原创是否可行？三、该检测系统只是简单地将文字是否相同进行比对，也不区分是引用还是抄袭，功能过于“低端”。如果论文的观点和内容全是抄袭得来，但只要将表述文字做改头换面的变动，该软件就无法做出识别。这样的结果可靠性在哪里？

质疑者提出的这三个方面的问题都是有一定道理的，也确实是检测系统软件存在的问题。有鉴于此，目前如果单凭该类软件的检测结果来作出是否抄袭的结论是靠不住的。但是，如果用它来发现抄袭嫌疑却是大有好处的。正如质疑者指出的，它的作用是能把被检测的作品与比对资源库中的文献是否有相同的段落、句子检测出来，这就帮助编辑解决了一个最大的难题，至于这些相同部分是属于引用还是抄袭，一般来说编辑们都是可以作出正确的判断的。因此，对于科技类的刊物，如果能积极地采用这类检测系统软件，对于有效地防止抄袭剽窃，一定能提供极大的帮助。

三、审查演绎作品有无授权

演绎作品是指在原有作品基础上经过再创作而产生的作品，主要包括改编、翻译、注释、整理、汇编创作的作品。我国《著作权法》第 34 条规定：“出版改编、翻译、注释、整理、汇编已有作品而产生的作品，应当取得改编、翻译、注释、整理、汇编作品的著作权人和原作品的著作权人的许可，并支付报酬。”根据著作权法的此项规定，报纸杂志刊登演绎作品，必须获得演绎作品作者和原作者的许可。编辑在审稿中，如果作者的投稿是演绎作品的，要注意其是否提供了原作者许可使用的授权证明。比如，根据小说改编的电影剧本，需提供原小说作者许可其改编的证明；根据国外作品翻译的名篇名作或科学文献，要提供外国作者同意其翻译发表的授权文书；注释、整理、汇编作品也要有原作者许可其注释、整理、汇编的证明。如果刊物收到的授权证明是复制件的，还应当以电话和电子邮件的方式和原作者联系获得其确认，或者通过互联网或著作权认证部门作必要的审查核实，防止造假。

需要注意的是，刊物有时需要使用已进入公有领域的中文或外文古典作品，同时为了使读者明白易懂，还需刊用该中文或外文古典作品的注释、点校或翻译作品，那么，这些注释、点校或翻译作品的著作权只要还在保护期内的，就应当取得其作者的授权许可，否则，同样会引发侵权纠纷。比如——

案例45 朱和兴诉浙江大鸿广告有限公司等著作权侵权案

我国有几千年栽培兰花的历史，也有不少记载兰花栽培的书籍。1923年，杭州一位终生从事兰花养植研究的文人吴恩元编撰的《兰蕙小史》，在另一位也同样酷爱兰花、并在上海文明书局工作的江苏人唐驼的资助合作下出版了。这是我国第一部关于兰蕙方面的专著。全书分上、中、下三卷，对140多个兰花品种的分类、养植、观赏进行了系统的论述，并附有100多幅兰花黑白照片及几十幅绘制精妙的兰蕙图稿。但《兰蕙小史》使用的是繁体字、半白话文，无标点、不分段，现代人读起来很不方便。

2002年，我国从事兰花典籍整理的专家朱和兴将《兰蕙小史》中的文字，由繁体字、异体字改成现在使用的简化字，再加注标点，分段，并将原著译成现代白话文附于其后，还把原著的黑白照片改成彩色照片，由此编著成《兰蕙小史新版(暨"艺兰心得")》，于2003年3月在中国人事出版社出版。

2004年，杭州的大鸿广告有限公司（以下简称大鸿公司）所属的《兰蕙》杂志社，在其编辑的第9、10期《兰蕙》杂志上，连载了《兰蕙小史》一文。其中第9期上使用的是朱和兴加注标点、分段的《兰蕙小史》上卷和中卷;第10期上不仅使用了朱和兴加注标点、分段的《兰蕙小史》下卷,还将朱和兴的白话文译文一并用上。《兰蕙》杂志在连载《兰蕙小史》一文时注明,“兰谱由金振昌提供”。该刊物被朱和兴发现后,遂向《兰蕙》杂志社以及大鸿公司交涉,对方承认侵权但不肯作出赔偿。

2005年1月,朱和兴向杭州市中级人民法院提起诉讼,把大鸿公司(因为《兰蕙》杂志社不具有独立法人资格,其民事责任只能由大鸿公司承担)和金振昌告上法庭。请求法院判令两被告:1.停止侵权。未经原告同意,不得再在《兰蕙》杂志上刊登《兰蕙小史新版》一书中的文章,已刊登的两期杂志不得进行再版。2.在《中国兰花》杂志上公开赔礼道歉。赔偿原告人民币3万元。3.承担原告支付的律师代理费2000元及诉讼费。

2005年5月23日,杭州市中级人民法院对该案公开开庭进行审理。在庭审中,被告大鸿公司辩称:我公司使用原告作品是事实。但原告要求赔偿3万元及律师费没有法律依据。被告金振昌辩称:我是向兰蕙杂志社提供过原版的《兰蕙小史》,但不是原告的《兰蕙小史新版》。

法院在审理查明事实后认为:《兰蕙小史》的作者吴恩元去世已过五十年,其撰写的《兰蕙小史》已进入公有领域,著作财产权已不受法律保护,他人可以使用其著作并对其进行注释、改编。原告朱和兴将《兰蕙小史》的文字改成简化字版的现代白话文,分段,注上标点,并配以译文,所形成的注释作品——《兰蕙小史新版(暨”艺兰心得”)》是一种演绎作品。朱和兴作为演绎作品的著作权人享有的著作权受国家法律保护。《兰蕙》杂志社未经朱和兴许可,将朱和兴享有著作权的《兰蕙小史新版(暨”艺兰心得”)》一书登载于该杂志上,未给朱和兴署名,也未向其支付报酬,侵犯了朱和兴对作品享有的著作权。

被告金振昌向《兰蕙》杂志社提供的是吴恩元所著的《兰蕙小史》,未提供朱和兴的《兰蕙小史新版(暨”艺兰心得”)》,对《兰蕙》杂志社使用朱和兴作品的行为并不知情,故被告金振昌的行为不构成侵权。

据此,2005年9月14日,杭州市中级人民法院下达了(2005)杭民三初字第36号民事判决书。判决:一、大鸿公司不得再在《兰蕙》杂志上刊登《兰蕙小史新版》一书中的文章,已刊登的两期杂志不得进行再版。二、大鸿公司在《中国兰花》杂志上向朱和兴公开赔礼道歉。三、大鸿公司赔偿朱和兴经济损失人民币3万元。四、驳回朱和兴的其他诉讼请求。案件受理费1290元,由浙江大鸿公司负担。

该案一审宣判后,浙江大鸿公司不服,向浙江省高级人民法院提出上诉。后在浙江省高院的主持下,双方在一审判决基础上达成和解协议。2005年12月7日,大鸿公司主动提出撤诉。2005年12月9日,浙江省高院下达(2005)浙民三终字第265号民事裁定书,准予撤诉。

本案的《兰蕙》杂志社,为了向读者介绍有关兰花的知识,特别约请有关专家推荐了这方面的专著,但由于推荐的专著《兰蕙小史》是半文言性作品,读者阅读有困难,编者于是想到要使用朱和兴的演绎作品。然而,由于原创作品《兰蕙小史》已进入公有领域无需付酬,而朱和兴的演绎作品还没有过保护期,需要支付报酬。这使杂志社有点不甘心,于是就投机取巧,既不经朱和兴许可,也不给朱和兴署名,还假托是推荐者金振昌供稿,想以此蒙混过去,没想到被作者发现,以至于弄巧成拙。《兰蕙》杂志社的教训再次表明,刊物要防止侵权纠纷的发生,还是要坚持依法办事,诚信经营。这才是防止侵权的根本之道。

四、防止署名错误

署名权是著作权的一项最重要的精神权利,是作者与其作品之间存在关联的特有标志,具有永久属于作者的特性。《著作权法》第十一条规定,“如无相反证明,在作品上署名者为作者”,可见署名对于作者的重要性。一旦署名出错,等于是割断或改变作者和作品之间的联系,必然引发和作者的纷争。为此,对于作品的署名问题,出版者必须慎重对待,决不可掉以轻心。

在图书出版中,出版社为了防止发生署名纠纷,通常要把署名作为一项重要内容在出版合同作出明确约定,而报纸杂志由于使用作者投稿无需签订合同,这就需要在审定稿件的过程中,正确确定作品的署名。

1. 作品署名的原则和方法

《著作权法》第十一条规定:“著作权属于作者,本法另有规定的除外。创作作品的公民是作者。由法人或者其他组织主持,代表法人或者其他组织意志创作,并由法人或者其他组织承担责任的作品,法人或者其他组织视为作者。”《著作权法》的这一规定表明,除“法人或者其他组织视为作者”的这一种例外,其他只要是实际参加了作品创作的作者,都享有属于作者永久性权利的著作人身权,即在作品上署名等权利。

作者在作品上如何署名,署真名还是署笔名、别名或化名,是作者的权利,报刊出版者必须尊重作者确定的署名方式,不得干涉。另一方面,根据法律的规定,出版者对作品的署名需尽到审查把关义务,防止出现署名错误,使作者的署名权受到侵犯。

确定作品署名的正确方法是:

个人作品,由创作了作品的作者署名。

合作作品,由参与创作的合作作者共同署名。

演绎作品,既要为改编、翻译、注释、整理、汇编等演绎作者署名,还要为作品的原作者署名。

职务作品,如果是公民个人为完成工作任务而创作的作品,由作者署名;如果是著作权由法人或者其他组织享有的作品,由法人或者其他组织和创作作品的作者共同署名。

法人或者其他组织视为作者的作品,由法人或者其他组织署名,参加创作的作者是否署名,由法人或者其他组织决定。

受委托创作的作品,不管作品的著作权归委托人还是受托人享有,实际参加创作的作者都享有在作品上署名的权利(通过合同约定自愿放弃署名者除外)。

另外，通过继承、馈赠或转让等方式成为著作权人（包括引进境外版权）的，因为该类著作权人没有参加作品的创作，所以不得在作品上署名。

2. 两个以上的署名要向作者核实

报刊出版者在审定作品的署名时，对于单个作者投寄的原创作品，确定署名比较简单，一般说来，按照作者在稿件中注明的方式署名就可以了，同时，注意登记作者的通信地址和电话及电子邮件联系方式。如果作品发表时要署笔名或别名的，还要登记其身份证上的真实姓名，以方便联系。

对于多个署名的作品（包括法人和其他组织），以及非原创作品的署名，相对复杂一些。需要进行一定的审查核实工作。比如，《著作权法》第十三条规定，"没有参加创作的人，不能成为合作作者"。这就要求在审定合作作品的署名时，必须注意防止没有参与创作的人在作品上署名，导致作品创作者的著作权受到侵犯。为此，编辑需要逐一向每个署名者联系核实，——只有得到每个署名者的同意，这样的署名才是正确可靠的。反之，哪怕只有一个署名者有异议，也会引发署名权纠纷。比如——

案例46 陈肩与羊城晚报社署名权纠纷案

广州羊城晚报社的综合副刊部，在2000年初推出一个"联名得意"的栏目。随栏目配发的广告写道："欢迎读者报上姓名、职业、爱好，联名得意为你拟联、挥毫、治印。传真：87664976转联名得意工作室，来信：羊城晚报《家庭广角》收转联名得意工作室"。依据这则广告的宣示，该栏目开设后的做法是，由读者向报社报上自己的姓名、职业、爱好等情况，然后由栏目的编辑据此拟写对联，再将对联制成书法、篆刻作品，然后配上绘画或摄影图案，刊登在《羊城晚报》的B4家庭广角版上。

报社依据读者的职业、爱好等情况，撰写成一付嵌入读者姓名的对联，又免费刊登在晚报上，对于这一做法，不少读者表现出极大兴趣。以至于该栏目从推出之日起，就受到读者的追捧。由此，每周一期的“联名得意”栏目，很快在社会上声名远扬。

“联名得意”栏目的编创人员共四名：罗韬、钟兵、钟国康，陈肩。四名栏目编创人员的工作方式是，三个人负责对联的拟写，修改，审定，另有一人专事书法、篆刻，图案编排。这四人各司所长，通力合作，把栏目办得有声有色。

“联名得意”栏目在设立之初，时任晚报综合副刊部主任的何厚础与大家商量，鉴于栏目的对联作品要经过几个人的斟词酌句，反复琢磨，才得佳作，其中出题、立意、修改等等均融入了集体劳动，因此约定，栏目所有联语均以集体笔名“联名得意工作室”署名见报，均不署个人姓名，并将此约定告知了每一个栏目编创人员。此后，如在2000年3月12日的《羊城晚报》B4家庭广角版“联名得意”栏上，登载了为广东省美协主席林墉撰写的对联：“折花正开，林间异彩随风远；言人未发，墉下奇谈尽日高”。栏目同时配发了以该对联为内容的扇形书法图案，作品署名为“撰联：联名得意工作室，书法：林墉”。此联之所以注明“书法：林墉”，是因为对联的书法是由林墉自己写的，林墉不是栏目工作人员，所以要为其署名。如果是工作室自己书写，就只署联名得意工作室。比如，2000年4月23日的《羊城晚报》B4家庭广角版“联名得意”栏目上，刊登了为钟海夫（广州市农林下路小学生，10岁）撰写的对联：“名著情钟老人与海；微时节见小子为夫”。作品署名为：“本栏撰联、书法、治印、配画、配照均为联名得意工作室”。

2001年初，陈肩因故要退出联名得意工作室。为此，在2001年3月4日的《羊城晚报》B4家庭广角版上，刊登了以联名得意工作室名义发布的《小启》，内容为：首创集书画、影、印、联于一体的联名得意工作室于2000年初成立后，约请自由撰稿人陈肩先生为初创期的主要撰稿人之一。至2000年11月，陈在执行本室创意工作中，约拟400余稿；从去年11月到今年1月14日，共发19联。在陈肩先生离开本工作室之际，谨对他曾为“联名得意”付出的创造性劳动深表谢意。

陈肩退出羊城晚报的“联名得意”栏目后，该栏目继续开办，依旧以联名得意工作室名义署名。2002年元旦至2月28日期间，陈肩个人以联名得意工作室为主办单位的名义，在广州天河体育馆举行了一项“联名得意诗联书画名家迎春挥毫”活动。对此，羊城晚报社认为陈肩打着报社栏目名义搞赢利活动有损报社的声誉。于是在2002年2月8日，他们以联名得意工作室的名义在其晚报上刊登了一则《声明》，内容是：联名得意工作室本着沟通读者、弘扬传统艺术的宗旨，在《羊城晚报》“联名得意”栏目上为读者撰拟对联一律免费。由2000年1月创办至今，一直严格执行此规定。凡冒用“羊城晚报联名得意工作室”或“联名得意工作室”名义撰联进行牟利者均与本室无关。

联名得意工作室的这则《声明》，对于陈肩正在举办的“联名得意诗联书画名家迎春挥毫”活动，显然是一个有力的打击，由此引发了陈肩对羊城晚报社的强烈愤慨。2002年8月，陈肩以其在“联名得意”栏目创作撰写对联，报社不予署名，侵犯其作品署名权为由，向广州市中级人民法院提起诉讼，把羊城晚报社告上了法庭，并请求法院判令羊城晚报社就其侵害陈肩著作权的行为公开赔礼道歉，并赔偿其经济损失人民币3万元及承担本案诉讼费等。

广州市中级人民法院经过审理查明事实后认为：本案的争议在于羊城晚报社刊登相关作品(对联)以“联名得意工作室”署名是否侵犯了陈肩的署名权。根据羊城晚报社一方的证人证言证实，这一栏目在设立之初即商定，此栏所有联语均以集体笔名“联名得意工作室”署名见报。羊城晚报社的这一决定虽然未形成书面协议，但考虑到以上署名方式为除陈肩在外的其他工作室成员所证实和遵守，特别是根据陈肩在工作室一年多时间内，对栏目作品的署名方式未提出异议并长期领取稿酬，以及其个人曾以"联名得意工作室"名义对外进行商业活动的情况，综合判断，相信以"联名得意工作室"名义署名的方式是得到当时包括陈肩在内的工作室全体成员认同的事实。由于以集体笔名的方式署名并不违背陈肩当时的真实意愿，也与相关法律规定无悖，故本案羊城晚报社不构成对陈肩署名权的侵权。为此，广州市中级人民法院一审判决：驳回陈肩的诉讼请求。案件受理费1210元由陈肩负担。

陈肩对一审判决不服，向广东省高级人民法院提起上诉。理由是，被上诉人自始就侵犯上诉人的署名权，一是不署名，二是署上他人姓名。为此，请求法院撤销一审判决。

广东省高院经审理后认为：署名权即表明作者身份，在作品上署名的权利。上诉人主张，其自始就要求被上诉人羊城晚报社在其出版发行的《羊城晚报》家庭广角版"联名得意"专栏署上本人名字刊登对联，并且上诉人多次找被上诉人交涉要求署上本人名字；而被上诉人主张，在栏目设立之初即约定，该专栏所有联语均以集体笔名"联名得意工作室"署名见报。鉴于双方当事人未就署名问题签订书面协议，因此，判断究竟以何种名义署名，只能依据双方提供的其他证据认定。虽然被上诉人提供的证人证言本身并不足以证明存在以集体笔名"联名得意工作室"署名的事实，但上诉人自参与联名得意专栏撰写对联工作，至离开"联名得意工作室"，一直从被上诉人处及时领取稿酬，双方不存在稿酬支付上的争议。这一事实与被上诉人提供的证人证言相互印证，足以证明上诉人对被上诉人刊登对联，并以"联名得意工作室"名义署名发表，没有异议。而且，上诉人主张刊登的对联是其独立创作，上诉人也未能提供证据证明。根据《中华人民共和国著作权法》第11条第4款的规定，如无相反证明，在作品上署名的公民、法人或者其他组织为作者，应认定联名得意工作室为对联的作者。因此，上诉人主张被上诉人以"联名得意工作室"名义署名发表对联，侵犯其作品署名权，证据不足，本院不予支持。

据此，2004年5月20日，广东省高级人民法院对该案作出终审判

决:驳回上诉,维持原判。二审案件受理费1210元,由上诉人陈肩负担。

本案是一起典型的作品署名权纠纷案。羊城晚报社开办的“联名得意”栏目刊登的所有对联作品,均为四名编创人员的集体创作,按照《著作权法》的规定,这属于合作作品。合作作品可以由四个作者共同署名,也可以署四个人的集体名称——“联名得意工作室”,但不管采用哪种方式,都必须获得四个人的认可。而且,由于本案中的四名编创人员是报社特聘员工,非投稿作者,所以,无论是四个人共同署名,还是署四个人的集体名称,都应当征得每个人的同意,并要形成书面协议。羊城晚报社征得了四个人的同意,但没有签订书面协议,导致陈肩在和报社发生矛盾后以此为借口把刊物告上了法庭。陈肩之所以告输了,因为他告的毕竟不符合事实,输官司理所应当,但这件事的教训是深刻的。官司从2002年打到2004年,经过两级法院的两次审理判决最后才了结。这要耗费多少时间和精力呢。因此,对于有两个以上作者署名的稿件,出版者在审稿时,应当和每个署名的作者逐一联系核实,获得其认可,并注意记载保留证据,方可有效防止署名错误。否则,一旦如陈肩一样的个别作者提出反对意见并诉诸法律,报刊社如果要拿不出曾经征得每个署名者同意的证据,就会由于没有尽到审查把关义务而吃官司。

3. 不可擅自增加作者署名

报刊社的出版权是政府授予的一种行政权。这种行政权意味着在作者许可的情况下(包括作者投稿),刊物可以将其作品复制成纸介质或其他介质的出版物向社会公开发行。需要注意的是,这种复制和发行,必须是在作者许可的情况下;如果没有作者的许可,刊物是无权进行这种复制和发行的。为什么呢?因为作品的著作权属于作者,不属于刊物,所以,没有作者的许可,刊物不得擅自行使涉及作品著作权的任何权利。有的报刊社无视法律的这一规定,利用自己握有决定作者作品能否发表的权利,有时不经作者许可就擅自增加作品的署名,这是极其错误的,必然引发和作者的纠纷。比如——

案例47 窦应泰诉知音杂志社侵犯署名权案

2003年的《知音》杂志海外版总第79期上，刊登了《王小屯:山高水长嫁李敖》一文。这篇文章本来是作家汪幸福发给刊物的作品，可是在发表时，杂志编辑部却加上了作家窦应泰的名字。为什么呢？据《知音》杂志社后来的解释是，在该文刊出之前，他们也接到了作家窦应泰向该刊投寄的同一题材的稿件。该社从文章的内容、写作角度出发，最终选择了汪幸福的稿件。但考虑两位作者都是知名作家，出于礼貌，他们就在汪幸福作品上加署了窦应泰的名字。他们这种一厢情愿的做法，姑且不说作家汪幸福是否接受，首先是被署名的作家窦应泰就不干。

这期杂志出版发行后，窦应泰在北京市西城区邮政局报刊门市部购得了该刊物，发现自己的名字被署在汪幸福的作品上，认为这是一种污辱，我不是作者凭什么给我署名。遂将知音杂志社连同出售者的北京市西城区邮政局一起告上了法庭。

窦应泰在诉状中称:《知音》杂志海外版总第79期上刊登的《王小屯:山高水长嫁李敖》一文实非自己所写。但该杂志却擅自将原告署名为该文的作者，属于制作假冒他人署名作品的行为，严重侵犯了其姓名权、名誉权。而且，该文并非全部都是汪幸福本人所写，文中部分内容抄袭了黄光芹在《海外星云》2001年第18期中发表的《李敖身后的娇妻》一文中的内容。《王小屯:山高水长嫁李敖》一文刊出后，许多读者及朋友误认为窦应泰有剽窃他人文章的行为，致使其名誉严重受损。而西城区邮电局支局出售假冒他人署名的作品，致使侵权行为不断扩大，给窦应泰带来了不利影响。故请求人民法院判令:1.被告西城区邮电局支局停止销售《知音》海外版总第79期;2.被告知音杂志社在《知音》海外版、《北京青年报》、《南方周末》、《作家文摘》上刊登致歉声明;3.被告知音杂志社赔偿原告侵权损失 3.3 万元。

知音杂志社在答辩中称:原告指控我杂志社侵犯其名誉权没有事实依据。根据法律对侵犯名誉权的行为的界定,我杂志社没有实施以书面、口头等形式宣扬原告的隐私或者捏造事实公然丑化原告人格,以及用侮辱、诽谤等方式损害原告名誉、侵害原告名誉权的行为。因此,没有侵犯原告的名誉权。我杂志社将原告的名字署在汪幸福作品目录上完全是出于礼貌,出于善意,没有利用原告姓名扩大发行量等意图。汪幸福也是多产知名作家,原告称汪幸福的文章是抄袭拼凑之作与事实不符。原告提出的精神损害赔偿因不存在严重后果不应支持,也不同意原告提出的赔偿 3.3 万余元的诉讼请求。

北京市第一中级人民法院受理该案后,于 2004 年 3 月 24 日开庭进行公开审理。

法院认为:我国《民法通则》规定,公民享有姓名权,被告知音杂志社在其出版发行的《知音》海外版总第 79 期目录中,将他人撰写的《王小屯:山高水长嫁李敖》一文署名他人与原告窦应泰为共同作者,盗用了原告的姓名,侵害了原告的姓名权。被告知音杂志社在原告已向其提出侵害姓名权异议的情况下,未及时消除侵害原告姓名权的后果,其行为侵犯了原告的姓名权,给原告造成了严重的精神损害,应当承担消除影响、赔偿精神损害抚慰金的民事责任。被告知音杂志社虽然盗用了原告的姓名,捏造了原告是涉案文章共同作者的事实,但并未达到丑化原告人格的侵害程度,该行为也不属于侮辱、诽谤性质,更不存在因该行为给原告造成了一定的不良影响。故被告知音杂志社不构成对原告窦应泰名誉权的侵害,窦应泰的该项诉讼主张因缺乏事实和法律依据不能成立,应予驳回。

法院还指出:被告北京市西城区邮政局对所发行的涉案侵权刊物已经尽到了合理的审查义务,在得知所销售的刊物涉嫌侵权后,立即采取有效手段停止了对该刊物的销售,并将未销售的刊物退回发行单位,该事实原告已予以确认,故其行为不构成侵权,不应承担侵权的民事责任。

据此，2005年9月5日，北京市第一中级人民法院对该案作出一审判决，判令被告湖北省妇女联合会知音杂志社在《知音》海外版上刊登声明就其侵害原告姓名权行为向窦应泰赔礼道歉、消除影响，赔偿窦应泰精神损害抚慰金3000元。

本案中湖北知音杂志社，因为没有采用作家窦应泰的投稿，担心对方有意见，就擅自将其名字合并署在决定发表的汪幸福的作品上，以示补偿。这种做法反映出部分刊物出版者的一种错误观念，认为他们有权决定作品是否可以发表，也就有权在作品上增加署名，这是极其错误的。法律赋予报刊出版者的是对作品署名是否正确的审查把关权，不是决定权。他们这种侵犯作者权利的行为受到作家窦应泰的抵制并为此吃了官司，可谓是“罪”有应得。本案的教训再次告诉我们，学法知法，依法办刊，是报刊出版者亟待解决，而且是必须解决好的大问题。

4. 转载摘编作品不得改变作者署名

我国著作权法规定了报纸期刊享有转载、摘编其他报刊发表的作品的法定权利。据此，报纸、期刊纷纷推出文摘版、周末版（是变相的文摘版），已成为报刊界的普遍现象。这样做法的好处是，丰富了刊物的内容，增强了刊物的可读性，也促进了信息的快速传播。但是，有的刊物在转载、摘编过程中，为了减少稿费支出，降低成本，不想按照《著作权法》的规定向作者付酬，故意改变转载、摘编作品的标题和作者署名，以使作者本人不易发现，从而达到逃避或减少付酬的目的。这种做法实际上是在闯法律的红灯，侥幸闯过去能占点小便宜，一旦闯不过去就会因违规而受罚，被作者告上法庭吃官司。比如——

案例48 陈飞诉山西商报社侵犯著作人身权案

2006年底，作者陈飞看到新华网上报道，上海漕河社区在春节来临之际，开展为本社区外来妹送温暖活动的报道，创作了《“送温暖”要考虑“保暖期”》(以下简称《送温暖》)一文，全文924个字。随后在2007年1月12日，将该文发表在红网网站的红辣椒频道上。2007年1月15日，《山西商报》在转载该文时，擅自对原文作了如下处理：将原文最后文字编入原文第二段，形成文章的第二部分，并加一小标题“让‘温暖’持续”，还在该部分末端署名王蓉。在第三段前加小标题“送‘温暖’不能一送了之”，末端署名陈飞。

陈飞发现《山西商报》的转载改动行为之后，于2007年3月2日致函山西商报社，指出该报社侵犯其著作权，要求山西商报社承认错误、提供王蓉的基本情况、支付稿酬和王蓉所得稿酬的十倍金额。山西商报社于2007年6月18日向陈飞支付稿酬50元，但未向其赔礼道歉。

陈飞认为被告仅仅支付稿酬是不够的，还必须赔礼道歉。

2007年7月，陈飞以侵犯著作人身权为由向江苏省扬州市中级人民法院起诉了山西商报社，要求被告山西商报社登报致歉并承担诉讼费用。

山西商报社向法院提交了答辩状。其申述的理由有三：1.《送温暖》一文系我报从红网网站选用，因该网站未注明作者的通讯地址，故我报未能及时支付报酬。2.我报编辑根据版面设计要求，将原稿分为两部分，并加了小标题，且拟一虚名王蓉，并非故意侵权。3.《中华人民共和国著作权法》不适用于时事新闻，《送温暖》一文属于时事新闻评论，因此原告诉讼所依据的法律不当，被告亦未侵犯原告权利。

扬州市中级人民法院经审理查明事实后，于2007年9月17日对该案作出了一审判决。法院认为：原告陈飞创作的《送温暖》一文，属新闻评论中的小言论，体现了原告对社会生活的思考。该文区别于单纯的时事新闻，属于《著作权法》所保护的作品。被告山西商报社辩称《送温暖》一文不受《著作权法》保护的理由不能成立。出版者使用他人作品，不得侵犯作者的署名权和保护作品完整权。被告转载原告作品，将《送温暖》一文调整段落，添加小标题，并在段落末尾署他人姓名，使人误以为该文系由两个作者分别完成，既侵害了原告的署名权，同时亦损害了原告享有的保护作品完整权，现原告要求被告赔礼道歉符合法律规定。被告依法应在侵权作品的传播范围内承担相应的民事责任。

据此，一审判决：被告山西商报社在《山西商报》刊登声明，向原告陈飞赔礼道歉。案件诉讼费1000元由被告山西商报社负担。

本案中的《山西商报》等于是将陈飞的《“送温暖”要考虑“保暖期”》一文拆解重新组合成“让‘温暖’持续”和“送‘温暖’不能一送了之”两文，并将前文改署一个假名王蓉，后文则仍保留陈飞的署名。经他们这样处理之后，对读者来说无疑会以为是两个作者的两篇作品；而对作者身边的熟人来说，也不会认出是陈飞的作品，因为文章标题和内容均有所不同；即使陈飞本人，也必须阅读全文后方可认出是自己的作品。不过，他们还部分保留了陈飞的署名，不像有的报纸干脆把作者真名全去掉，彻底换一个假名字，所以还不算太恶劣。

本案由于作者法律经验的不足，在开始找报社交涉时，收下了报社补给他的50元稿酬，当后来意识到应当诉诸法院解决时，由于其著作财产权已实现，侵犯财产权的问题不存在了，就只能以侵犯著作人身权为由起诉了。因此，本案法院虽然没有判决赔偿经济损失，但实际上是作出了原告完全胜诉的判决。这就是说，如果不是作者法律经验不足的话，山西商报社是不可能以如此小的代价结束此案的。

第四章 

在图片审查中防止侵权

ZAITUPIANSHENCHAZHONGFANGZHIQINQUAN

Chapter four

图片在出版物中的重要作用，越来越为当今的出版者所认识和重视。有人甚至宣称："一图值万言。"这话虽有点夸张，其实也不无道理。"图"，无论是摄影图，还是美术图，都能极大地扩张人们的视觉世界，能在一瞬间给予人们比文字丰富得多的信息和感观享受。而且，随着现代社会生活节奏的加快，"视图"还可以满足人们快速获取信息的消费需求。

眼下，随着出版者"用图"的意识不断增强，各类出版物中使用的图片越来越多。有的单位还专门设立图片总监、图片编辑等职位，负责出版物图片的策划设计和制作编排工作。这样，在出版物大量使用图片的情况下，如何审查图片，防止图片侵权，就成为编辑或者图片编辑必须解决的重要课题。

第一节　著作权审查

图片的侵权审查，首先是著作权审查。对图片进行著作权审查时，需依次查清下列几个问题：

一、是否属于时事新闻

在前一章报刊稿件审查中已作介绍，根据我国《著作权法》的规定，时事新闻不适用于《著作权法》保护。这一点无论文字作品，还是图片作品，都不例外。在报刊出版物中，如果使用的图片属于时事新闻，就不享有著作权；就可以不经作者许可，不向其支付报酬，也无需为作者署名，但要按照最高人民法院有关司法解释的规定，注明出处，即注明新闻的原采写单位的名称。

在实际的审稿中，时事新闻极易与新闻作品混淆。这是因为，目前法律对二者的区别没有明确的界定，学术界又争议很大，而在司法审判中，往往是结合具体案情努力在保护和不保护之间找平衡。这就使得不少出版者对时事新闻与新闻作品二者的鉴别，也常常出现差异。对此，首先应当明确，时事新闻也是一种新闻作品。其次，按照《现代汉语词典》中的解释，“时事”即“最近期间的国内外大事”，“新闻”在《辞海》中被解释为“报社、通讯社、广播电台、电视台等新闻机构对当前政治事件或社会事件所作的报道”。这就是说，时事新闻与其他新闻作品的不同之处在于，时事新闻是新闻媒体对“最近期间”或“当前”发生的国内外政治或社会事件的报道。如果不是"近期"或"当前"的新闻报道,或者已超过这一时限,就不是时事新闻,而是新闻作品了。比如——

案例49 吕厚民诉北京"同升和"鞋店侵权案

现为中国摄影家协会副主席的吕厚民,20 世纪 50 年代初曾在中央办公厅警卫局摄影科工作,担任中南海的专职摄影师十二年之久。他拍摄的毛泽东、周恩来、刘少奇等老一辈领导人的工作和生活照片,在中国社会和摄影界都有很大影响。

1999 年 10 月,吕厚民发现,位于北京王府井大街 225 号的中华老字号"同升和"鞋店左侧临街约两米高的展示橱窗中,使用了他在 1953 年拍摄的《毛主席与周总理在中央人民政府第 24 次会议上》(以下简称《在会议上》)的大幅照片。该幅照片他曾于 1997 年授权黑龙江美术出版社出版的《毛泽东与周恩来》摄影作品集中出版过,现在"同升和"鞋店将这张照片作为其橱窗的大背景,展示了四双为领导人订制的皮鞋鞋样,橱窗下部有国家领导人曾到该店订制皮鞋的文字说明。在照片的前下方摆着毛泽东等几位中国领导人曾穿过的该店生产的皮鞋复制品。在皮鞋的旁边还有一段文字说明,大意是:该店历史悠久,皮革优质,做工精细……党和国家领导人毛泽东、周恩来等穿的皮鞋都是该店制作……等等。吕厚民认为"同升和"鞋店这种做法太过分了,既未征得他的同意,亦未给他署名,侵犯了他的著作权。但考虑到"同升和"是老字号,他先委托律师与该店交涉。对方虽不否认侵权事实,但又以经济困难为由,拒绝承担任何法律责任和向作者道歉。吕厚民遂向北京市第二中级人民法院提起诉讼,请求法院判令被告在《北京日报》和《中国摄影报》上向原告公开致歉,并赔偿人民币 5 万元。

被告北京"同升和"鞋店在答辩状中提出四条反驳理由:1.本案争议

标的属于时事新闻，不属于著作权法保护的客体；2.即使涉案作品可以受到著作权法的保护，该作品亦为职务作品，原告作为摄影者仅享有署名权；3.被告翻拍使用的涉案作品源于大型画册《周恩来》，在画册中并未注明该作品的摄影作者，被告委托他人制作展示橱窗的目的在于阐述自己百年老店的悠久历史以及经营业绩，照片只是为了便于说明问题而引用的，应属于合理使用；4.即使认定被告侵犯了原告的著作权，被告使用涉案作品的性质属于展览性质，侵权情节轻微。

北京市第二中级人民法院对该案审理后查明，被告“同升和”鞋店于1999年10月至2000年4月间在其广告橱窗中使用了涉案摄影作品，原、被告双方对此事实均予认可。

法院认为：吕厚民所拍摄的涉案作品为新闻摄影作品，不属于我国著作权法规定的“时事新闻”，应当受到著作权法的保护；吕厚民曾作为中央办公厅警卫局摄影科的工作人员从事为毛泽东、周恩来等党和国家领导人拍摄照片的工作，吕厚民在此期间拍摄的涉案作品属于为完成单位工作任务而创作的作品，故该作品应属职务作品。但吕厚民作为涉案作品的摄影者，是该作品的著作权人，吕厚民对该作品所享有的著作权应当受到我国著作权法的保护。被告未经原告许可在该店的展示橱窗中使用涉案摄影作品的商业性使用行为，侵犯了原告的著作权。为此，被告应当承担相应的法律责任。

据此，2001年11月，北京市第二中级人民法院对该案作出一审判决，判令北京“同升和”鞋店在《北京日报》上公开向吕厚民赔礼道歉，并赔偿吕厚民经济损失1.2万元人民币。

判决后，双方当事人均未提起上诉。

在本案中，《在会议上》这幅照片，如果是1953年中央人民政府会议召开之际刊登在新闻媒体上的报道，无疑属于时事新闻。但在此之后，吕厚民已将其作为自己的摄影作品出版，该图片作为新闻早成“旧闻”，新闻性早已不复存在；既然不再是时事新闻了，而作为新闻作品当然是要受到著作权法保护的。在这种情况下，"同升和"鞋店不经许可擅自使用，还企图以时事新闻不受著作权法保护为由进行辩解，当然不会受到法院的支持。

为便于更好地理解这一点，我们还要举出本书案例21，即李振盛诉冯骥才侵权一案为例，李振盛在"文化大革命"中拍摄的"红卫兵给省委书记李范五剃鬼头"等照片，假定在"文化大革命"当年可以发表，那肯定是时事新闻，而到"文化大革命"之后发表出来，就是新闻作品，就受著作权法保护。该案中出版社不经李振盛许可在冯骥才的书中使用这些照片，显然是侵权行为。李振盛获得胜诉是理所当然。

总之，在对图片进行著作权审查时，第一步要首先确定图片是否是时事新闻，有没有著作权保护问题；既不可将时事新闻当作新闻作品，也不可将新闻作品当作时事新闻，把二者搞混，就会引发侵权纠纷。

二、是否进入公有领域

对图片进行著作权审查的第二步，是确定图片的著作财产权是否在保护期内，或者说，是否进入公有领域。

出版物中的图片，以美术、摄影两类为主。根据著作权法的规定，美术作品"是指绘画、书法、雕塑等以线条、色彩或者其他方式构成的有审美意义的平面或者立体的造型艺术作品"，其财产权的保护期为作者终生及其死后50年，截止到最后一个作者死亡后的第50年的12月31日。摄影作品是指"借助器械在感光材料或者其他介质上记录客观物体形象的艺术作品"，其财产权的保护期为50年，截止到作品首次发表后的第50年的12月31日，但作品自创作完成后50十年内未发表的，著作权法不再给予保护。由此可知，确定美术图片是否已过保护期，需要查清作者身份、是否在世以及去世时间，而要确定摄影图片是否已过保护期，比之于美术作品更复杂一些，既要查作者身份，还要查清该图片的拍摄及发表时间，以及是否超过50年未发表。比如——

案例50 吴筑清诉广州俏佳人文化传播有限公司侵权案

我国延安时期的著名摄影家吴印咸先生，生前曾经拍摄过两幅人像摄影作品：一幅是摄于1936年的《周璇》，一幅是摄于1937年的《侧目而视——白杨》。这两幅照片当时均未发表。一直到1981年1月，黑龙江人民出版社出版《吴印咸摄影集（上）》时，吴老才将照片《周璇》收入该书使其首次面世。而另一幅照片《侧目而视——白杨》，是在1993年7月中央文献出版社出版的《吴印咸摄影作品珍藏》中首次公诸于世。

吴印咸先生于1994年9月8日去世，生前育有一子一女，儿子吴恒，女儿吴筑清。

2002年，广州俏佳人公司制作了《早期中国电影》系列VCD光盘，其中包括周璇主演的《红楼梦》、《清宫秘史》、《马路天使》、《渔家女》、《夜店》、《长相思》6种，白杨主演的《还乡日记》和《八千里路云和月》两种。上述8种VCD光盘外包装的封面上均印有“俏佳人荣誉出品”字样；封底印有“广州俏佳人文化传播有限公司总经销”、“大连音像出版社出版发行”、“出品人：李燕”等字样；盘芯均印有“广州俏佳人文化传播有限公司制作总经销”字样。此外，周璇主演的6部影片VCD光盘外包装封底左侧均印有吴印咸先生拍摄的《周璇》，白杨主演的2部影片VCD光盘外包装封底左侧均印有吴印咸先生拍摄的《侧目而视——白杨》。上述VCD系列光盘在销售过程中，被吴印咸先生的女儿吴筑清在上海和北京购得。吴筑清委托律师与上海俏佳人分公司交涉没有结果，就于2004年7月向上海第一中级人民法院提起诉讼，把广州俏佳人公司及其上海销售公司告上了法庭。

吴筑清在诉状中称：广州俏佳人公司制作出版《中国早期电影》系列

VCD光盘,在未经著作权人许可、未支付任何报酬的情况下,使用了其父亲吴印咸拍摄的周璇、白杨两张肖像照片,侵犯了著作权人的合法权益。为此,请求法院判令两被告立即停止侵权,共同赔偿原告经济损失人民币8万元。

广州俏佳人公司及其上海销售公司两被告提出的主要答辩理由是:1.原告未能证明是吴印咸的唯一合法继承人并继承取得了系争摄影作品的著作财产权,故无权向两被告主张权利;2. 涉案的2张照片是电影剧照,是电影作品的附属作品;该系列电影已进入公有领域,其相关的剧照当然也进入公有领域;3. 白杨的照片自拍摄之日起50年未公开发表,不受著作权法保护;4. 被告使用系争2幅照片是为了推广介绍中国早期电影而引用,在VCD包装上所占面积也很小,故属合理使用,且未盈利,因此不能同意原告的诉讼请求。

上海第一中级人民法院受理该案后,于2004年9月22日、11月10日两次公开开庭进行了审理,就原、被告双方各自向法庭提供的证据进行了质证。原告吴筑清针对两被告对其继承人身份的质疑,补充提供了吴恒亲笔书写的《委托书》和《申请书》,以证明吴印咸只有她和吴恒两个子女,吴恒明确表示放弃参加本次诉讼的权利,所以她有权单独向两被告主张权利。两被告提供了广州俏佳人公司与广州市白云区三元里谢尔美术设计工作室(下简称谢尔工作室)在2004年3月间的往来函,以证明他们在接到原告律师函后,已更换了系争VCD光盘的外包装,不再使用系争照片。该两份往来函分别是,广州俏佳人公司于2004年3月11日致谢尔工作室信函称:"你室设计的……使用了周璇和白杨照片的设计。……请你室立即改变原设计,设计新的包装。并对原设计使用相关照片的情况予以详细说明。"次日,谢尔工作室复函说明了原设计情况及其态度,并表示其"愿意积极配合你公司,重新进行的包装设计,可于本月13日交付。"

在查明事实的基础上,法院对该案两个争议焦点作了分析评判:

一是关于原告对两幅争议摄影作品请求保护有无法律依据？法院指出，原、被告双方对两幅摄影作品由吴印咸拍摄的事实并无争议。争议主要在于：该2幅作品是个人享有著作权的作品还是法人享有著作权的电影剧照；是否仍在著作权的保护期内；原告能否以吴印咸继承人的身份主张著作权保护。法院认为，第一，关于该2幅作品是否是电影剧照的问题，由于其拍摄对象虽然是电影明星，但采用的手法均为上半身特写，符合人物肖像摄影作品的特点，且分别发表于以吴印咸署名的摄影集中，故应当属于吴印咸个人享有权利的肖像摄影作品。两被告虽然提出该2幅摄影作品是由相关电影公司享有著作权的电影剧照，但未能提供充分的证据，本院对这一辩解不予采信。第二，关于作品的权利保护期。根据《中华人民共和国著作权法》第21条第3款的规定，摄影作品的发表权、使用权和获得报酬权的保护期为50年，“截止于作品首次发表后第50年的12月31日，但作品自创作完成后50年内未发表的，本法不再保护。”而根据相关的证据和原告的陈述，摄影作品《周璇》摄于1936年，首次发表于1981年，属于在创作完成后50年内发表的，应当受到保护；《侧目而视——白杨》首次发表于1993年，该作品自1937年拍摄完成后50年内未能发表，故依据法律规定，该作品不能获得著作权法保护。第三原告能否作为吴印咸的继承人主张利权。《中华人民共和国著作权法》第19条第1款规定，“著作权属于公民的，公民死亡后，其作品的使用权和获得报酬权在本法规定的保护期内，依照继承法的规定转移。”涉案摄影作品的作者于1994年去世时，摄影作品《侧目而视——白杨》已经超过我国著作权法规定的保护期，故该作品的著作财产权不能作为继承的标的；而《周璇》作为仍处在保护期内的摄影作品，其使用权和获得报酬权由吴印咸的继承人继承。两被告虽然对吴恒放弃参与本次诉讼的意思表示的真实性、吴印咸是否还有其他继承人等问题提出异议，但均未能提供证据予以佐证，故本院对其辩解不予采信。因此，原告作为吴印咸的第一顺序继承人，在另一第一顺序继承人吴恒明确放弃参加本次诉讼，且两被告也未能证明吴印咸还有其他继承人的情况下，有权作为摄影作品《周璇》的权利继承人对侵犯该作品著作权的行为提起诉讼。

二是关于两被告是否侵犯了原告对摄影作品《周璇》享有的权利？法院指出：根据涉案VCD封面及盘芯的相关记载，被告广州俏佳人公司是这些VCD光盘的"制作总经销"单位，其法定代表人李燕是出品人，可见该被告不但是系争VCD光盘的发行人，还参与了相关的制作过程。虽然被告广州俏佳人公司辩称涉案VCD光盘的包装由出版单位负责设计，但从其与谢尔工作室的往来函及此后更换VCD光盘包装的过程中可以看出，涉案VCD光盘包装的设计是根据该被告的要求完成的。被告广州俏佳人公司辩称，涉案VCD光盘的包装上使用该2幅摄影作品是为介绍、评论相关电影而适当引用已发表的作品，属合理使用，不构成侵权。本院认为，在VCD光盘包装上印制影片演员的肖像照片并不属于介绍、评论影片的需要，故被告广州俏佳人公司的行为不构成对涉案作品的合理使用，该辩解意见缺乏法律依据，本院不予采信。被告广州俏佳人公司还辩称其销售范围仅限于上海，但原告从北京、上海均购买到涉案VCD光盘，该系列光盘的宣传册也表明其是在全国范围发行，故该辩解意见亦与事实不符，本院不予采信。

综上所述，法院指出：被告广州俏佳人公司未经许可擅自在其制作、发行的VCD光盘包装上使用摄影作品《周璇》的行为，实际构成了对该作品的非法复制和发行，侵犯了作者吴印咸的继承人因继承取得的对该作品的使用权和获得报酬权，被告理应承担停止侵害、赔偿损失等民事责任。

被告上海俏佳人公司在上海地区销售了侵犯原告权利的VCD光盘，但由于该系列VCD光盘系履行合法的出版手续出版并经正规渠道发行的出版物，故可以认为其所销售的系争VCD光盘具有合法来源，其无需对此承担侵权的民事责任。但是，被告上海俏佳人公司有责任停止销售带有涉案摄影作品《周璇》的VCD光盘，以避免被告广州俏佳人公司侵权行为的结果进一步扩大。

2004年12月24日，上海市第一中级人民法院对该案作出一审宣判：一、被告广州俏佳人文化传播有限公司立即停止复制、发行摄影作品《周璇》的行为；二、被告广州俏佳人文化传播有限公司赔偿原告吴筑清经济损失人民币18000元；三、原告吴筑清的其他诉讼请求不予支持。

本案是一起使用摄影图片侵权的典型案例。既涉及摄影作品的保护期问题，也涉及未发表摄影作品的不保护问题，以及著作权的继承问题。照片《周璇》和《白杨》同是吴印咸拍摄的作品，而且拍摄时间相差仅一年，但照片《周璇》由于在拍摄后的50年内发表了，就获得了著作权保护，其权利还可以由子女继承；而照片《白杨》由于没有在50年内发表，法律就不再给予保护，当然就更不存在继承的问题了。因此，在使用旧的摄影作品时，一定要将图片的作者情况及拍摄时间、发表时间搞清楚，确定其是否受著作权保护，这样才能有效防止发生侵权问题。

三、是否获得著作权人许可

出版物中的图片，除了时事新闻和已进入公有领域的这两类不受著作权法保护外，其他都是受著作权法保护的。

对于著作权在保护期内的图片，除了报纸、期刊可以不经著作权人许可转载其他报刊发表的图片作品这一特殊情况外，其他情况无论报刊还是图书，使用图片必须获得著作权人许可。否则，就是侵权行为。有的报刊出版者误以为自己享有的法定许可权利可以无限扩大，擅自将互联网和图书中的照片不经许可就下载使用，这是错误的，必然会引发侵权纠纷。比如，湖北日报传媒集团主办的《特别关注》杂志，擅自在其2008年第12期和第2009年第1期中，使用解放军出版社出版发行的《新译西方幽默》一书中的18幅漫画。到2009年7月，被该书的漫画著作权人、中国新闻漫画研究会副会长张滨发现后，起诉到广州市海珠区人民法院，控告该杂志不经许可，也不署名，严重侵犯其18幅漫画的著作权。经过法院审理后，于2010年4月29日作出判决，判令被告在全国发行的报纸上向张滨公开赔礼道歉，消除影响，并一次性赔偿张滨经济损失6万元。这样的案例告诉我们，报刊出版者使用受著作权法保护的图片，必须审查清楚哪些图片属于其他报刊已经发表的，哪些图片不是其他报刊发表的。对于前者，只需要用后支付报酬，而不需要使用前先获得著作权人许可；对于后者，则必须先要获得著作权人许可，否则就构成侵权。

至于图书出版者，凡是著作权在保护期内的图片，都必须先要获得著作权人的许可；没有获得许可就擅自使用，必然引发侵权纠纷。比如——

案例51 李振盛诉红旗出版社侵权案

为了纪念中华人民共和国成立50周年，1998年初，红旗出版社约请中央文献研究室研究员陈晋与中国人民大学政治学系教授张鸣两人，主编一部大型画册《"大镜头"纪实·共和国相册》(以下简称《共和国相册》)，以表现中国人民在党的领导下走过的50年的光辉历程。5月22日，该出版社与陈晋、张鸣正式签订了《共和国相册》一书的出版合同。同年7月，《共和国相册》一书正式出版，为16开本，分上、下两卷。主编为"陈晋、张鸣、李东亮"，责任编辑"毛传兵"，总计印刷3000册，定价980元(上、下卷)。

在《共和国相册》一书编辑出版过程中，几位编者查找到8幅反映"文化大革命"一段历史的摄影作品，分别是：《"对敌斗争大会"主席团研究"敌情"》、《公开审判"富农分子"》、《民兵看押"四类分子"》、《天安门前跳"忠字舞"》、《红小兵争购"毛选"》、《省委书记集体挨批斗》、《虔诚者》、《五万农民观看"白毛女"双人舞》。当时几位主编和责任编辑都搞不清这

8幅作品的作者是谁，以至于无法和作者联系，获得作者的许可。但舍弃这8幅作品，又无法找到比较好的替代作品。于是，他们想出一个“致歉”的办法，在该书下卷结尾后记中写了如下文字：“由于本书资料冗繁，部分图文引用时无法与作者取得联系，我们特此致歉，希望作者见书后惠函给出版社”。意思是如果作者看到书中使用了自己的作品，可来函和出版社联系，出版社立即支付报酬。

2000年初，在三十多年前拍摄这8幅摄影作品的作者、原中国人民警官大学新闻系摄影教研室主任李振盛发现了《共和国相册》中使用其摄影作品的情况，立刻给出版社打电话提出抗议。红旗出版社于2000年1月20日致函李振盛，就其未征得李振盛的许可使用其作品一事向李致歉，并提出解决纠纷的建议：一、向李振盛致函赔礼道歉；二、赔偿李振盛损失3万元；三、在工作中采取措施，杜绝类似问题的发生。李振盛对红旗出版社的建议不予接受，并毅然向北京市第二中级人民法院提起诉讼，把红旗出版社告上了法庭。

李振盛在其诉状中指控红旗出版社在其出版的《共和国相册》中，使用其1963年至1982年期间拍摄完成的8幅珍贵摄影历史照片，不经作者许可，不给作者署名，也不支付报酬，是盗版使用行为。而且对其中的《天安门前跳“忠字舞”》、《红小兵争购“毛选”》两幅作品是两次使用，并且在使用时，将作品的标题和文字予以更改或删除，并随意将作品剪裁成椭圆形或圆形，破坏了作品的完整性。为此，请求法院判令被告：一、立即停止侵权；二、恢复原告署名权；三、支付作品稿酬及相关利润；四、赔偿经济损失14万元；五、承担本案诉讼费及其他费用；六、在不少于五家全国性报纸上发表声明，郑重表示尊重摄影作品著作权，向原告赔礼道歉，消除影响。

该案在法院庭审过程中，李振盛又提出变更诉讼请求申请书，称：被告红旗出版社在其出版的《共和国相册》中，还将他在1965年的“四清运动”中拍摄的《“对敌斗争大会”主席团研究“敌情”》历史照片放在该书第一部分“开国纪事”中（且是两次使用），作为对1949年至1951年期间的“清匪反霸”运动的反映。我在1949年才9岁，怎么可能拍摄反映“清匪反霸”运动的照片呢？这是伪造历史。由此，请求变更其原诉讼请求第四项“赔偿经济损失14万元”为“赔偿精神损失5万元和经济损失9万元”。

红旗出版社在法定答辩期内未进行书面答辩，在庭审辩论中，他们承认在《共和国相册》一书中侵犯了原告的署名权、作品使用权及获得报酬权，愿向李振盛表示歉意并给予赔偿。但该社同时辩称：对原告摄影作品进行的椭圆形或圆形裁剪，是出版行业的通行做法；删除原告作品的标题以及对原告作品的注释亦是出版行业的通行做法，且相关注释与原告作品内容相符，不存在歪曲、篡改的问题；将原告于1965年在“四清运动”中拍摄的《“对敌斗争大会”主席团研究“敌情”》历史照片错用在《共和国相册》的第一部分“开国纪事”中，是因社内编辑人员缺乏对历史的了解而造成的编排失误，且该照片内容未被曲解，没有构成对原告作品完整性的侵害。原告索赔经济损失9万元显然过高且没有依据；索赔精神损失5万元亦缺乏依据，不能成立。

北京市第二中级人民法院经过审理在查明事实的基础上指出：原告李振盛是涉案8幅摄影作品的作者，依法享有法律规定的著作权。被告红旗出版社依其与他人签订的图书出版合同出版了《共和国相册》一书，该书采用了大量照片，其中有相当部分未署名。被告红旗出版社作为出版单位，虽然在与《共和国相册》一书的作者签订的图书出版合同中约定了作者著作权担保条款，但其仍有义务对《共和国相册》一书中采用的照片是否已取得作者授权进行审查。但被告红旗出版社漠视作者权利，未尽此项审查义务，致使《共和国相册》一书未经原告李振盛许可，使用了前述原告8幅摄影作品，且未署名，亦未向李振盛支付报酬，构成对李振盛署名权、作品使用权及获得报酬权的侵犯，因此，被告红旗出版社应就此承担向李振盛赔礼道歉、消除影响、赔偿损失的民事责任。

被告红旗出版社出版的《共和国相册》一书后记中的“由于本书资料冗繁，部分图文引用时无法与作者取得联系，我们特此致歉，希望作者见书后惠函给出版社”内容，不能成为其合理使用他人作品的理由。红旗出版社虽然承认上述侵权行为，并采用致歉函及当庭致歉的方式向原告李振盛赔礼道歉，但本院认为此种道歉方式不足以消除给原告李振盛造成的不良影响，故被告红旗出版社仍须在公开媒体上向原告李振盛赔礼道歉，消除影响。

被告红旗出版社将原告李振盛的作品裁剪成椭圆形或圆形使用，是出版行业的常用做法，而且这种裁剪使用方式本身未构成对原告摄影作品内容的改变及损害，故李振盛主张被告红旗出版社此种行为侵犯其作品完整权，不能成立。被告红旗出版社在使用原告李振盛摄影作品时，未采用原标题，而是采用注解的方式对照片内容予以说明，并无不当，且注解内容与照片反映的内容未有背离，故李振盛主张红旗出版社此种行为构成对其作品完整权的侵犯，亦属不能成立。被告红旗出版社将原告李振盛于 1965 年拍摄的反映“四清”运动的摄影作品《“对敌斗争大会”主席团研究“敌情”》放在反映“清匪反霸”斗争的第 70 页再次使用，显属不当，但并未构成对该摄影作品内容及原意的损害，故李振盛主张被告红旗出版社此种行为系伪造历史，构成对其作品完整权的侵犯，本院不予支持。但被告红旗出版社应就此汲取教训，提高审查、校对、编排人员的素质，以避免此类问题的发生。被告红旗出版社在使用原告摄影作品时存在一照两用现象，本院将按其使用原告作品的次数计算赔偿数额。

据此，2000 年 3 月 31 日，北京市第二中级人民法院对该案作出一审判决：一、被告红旗出版社在未取得原告李振盛许可的情况下，不得再在《共和国相册》一书中使用李振盛涉案的 8 幅摄影作品，《共和国相册》一书亦不得再行销售或再版重印；二、被告红旗出版社就其侵权行为在一家全国发行的报纸上向原告李振盛赔礼道歉，消除影响，并声明涉案的 8 幅摄影作品的作者是李振盛；三、被告红旗出版社赔偿原告李振盛经济损失、精神损失人民币 26400 元；四、驳回原告李振盛其他诉讼请求。案件受理费 4310 元由被告红旗出版社负担。

一审判决后，原、被告双方均未提出上诉。

本案中红旗出版社的做法具有代表性。他们出版的《共和国相册》一书中使用的大量照片，有相当一部分没有取得作者许可。对此，他们不是积极地想办法查找联系作者，而是采取在书的“后记”中以“致歉”方式招告作者和他们联系，希望以此弥补他们未经许可使用的错误。结果是，作者不买账，法院不支持，以至于官司照吃，侵权责任照负，后果没有丝毫的减轻。这一教训告诉我们，无论图书还是报刊，都不能因为联系不到作者，就擅自使用作者的作品；不经许可使用作者作品，不管采取什么样的招数，都不能避免侵权的后果和责任。

四、必须为作者署名

书、报、刊出版物中使用的图片，不管是美术图还是摄影图，都应当和文字作品一样，为作者署名。

图片作品的署名，和文字作品的署名方法是一样的，除了时事新闻图片可以不署作者姓名、但要注明出处外，其他各类图片，不论美术图，还是摄影图，也不管已进入公有领域，还是仍然在保护期内的，都要为作者署名。具体做法可参照本书前一章关于报刊稿件署名的方法确定。

在实际的出版工作中，图片的署名有两种特殊情况需做特殊处理：一是作者佚名的古代美术作品，或者已进入公有领域的近代摄影照片，如果确实查不到作者，应注明作者佚名，以示编者的严谨。

二是家庭或个人保存的老照片。这类照片里既有个人肖像也有集体肖像；这些肖像有的是照相馆照的，也有的是熟人或朋友给照的；而对于老干部、老党员或知识分子家庭，还有一部分在过去年代的战斗或工作中的照片。这些照片由于年代久远，加之当时也不讲什么著作权保护，摄影者是谁，记不得也无从查考了，现在因为写回忆录或出版传记等缘由而用到了书、刊里，此类照片属于是无法给作者署名的，应当由照片提供者出具材料证明作者佚名，并在书、刊里注明："供图者：某某某"。

总之，不管图书，还是报刊，只要使用图片，必须标示作者姓名或者注明出处。需要指出的是，长期以来，由于不少出版者把图片看作是文字作品的点缀或陪衬，常常是文字作品定稿后，才想到找相关图片做插图、题图或配图，以衬托丰富版面。这样找来的图片，有的是从其他出版物中反拍的，有的是责编从各类图库中找到的，由于思想上不重视，有时也查不到作者，所以不署作者名是常有的事。这种做法是不折不扣的违法侵权行为，必然招致法律的惩处。如本书案例 21，冯骥才的名作《一百个人的十年》一书中，10 年内两次出版都使用了李振盛的几幅"文革"摄影作品，可无论责编还是作者自己，都没有想到要为摄影作者署名。再如本节中案例 51，红旗出版社为纪念中华人民共和国成立 50 周年而隆重推出的大型画册《共和国相册》一书中，居然使用了大量没有获得作者许可，也不为作者署名的照片，可见这一问题之严重。可喜的是，从进入新世纪以来，由于不少侵权案例的判决，图书中使用图片不为作者署名的情况大有好转，但在报纸、期刊等刊物中，这类情况依然很严重，刊物中不署名的图片比比皆是。主要原因是，报刊出版周期短，读者保存时间也短，作者发现的几率相对小。再则，由于普遍的维权意识淡薄，有的作者即使发现了，也不愿意为几幅照片和媒体打官司，得罪媒体。不过，近几年来，这种局面有所改观，不少报刊由于刊登照片不署名而被作者告上了法庭。比如——

案例52 科技资讯杂志社两次被诉侵权案

为了向社会提供上海房地产市场方面的资讯,北京的科技资讯杂志社从2004年初开始编辑、出版《上海楼市》专刊。在2004年9月10日和10月10日出版的两期专刊里的7幅摄影照片,给他们惹来了两场官司。

该7幅摄影照片,是他们从一本叫《全球最新图库大百科》(以下简称《图库大百科》)的书中选取的。这本《图库大百科》及所附光盘是他们从上海市东方书报亭买到的,书中汇集了各科各类大量精美的图片,为他们在编辑出版刊物过程中选取使用图片提供了极大的方便。他们在编辑2004年9月10日这期专刊时,从该《图库大百科》里选用了5幅照片,分别用在目录下方一幅、第28-29页上两幅、第39页上两幅。而在2004年10月10日这期专刊里也选用了两幅,分别用在目录下方和第1页各一幅。这7幅照片里拍摄的是同一个人的日常家庭生活景象,照片是谁拍的,被拍摄了肖像的人是谁?《图库大百科》里没有说明,他们也没有在意。

2005年初,有一个叫沈予方的人首先把他们告上了法庭。起诉理由是,科技资讯杂志社编辑出版的这两期《上海楼市》专刊中刊登的这7幅照片的人物肖像均为其本人,科技资讯杂志社及《上海楼市》专刊编辑部未经其许可,擅自将其肖像进行商业使用,严重侵犯其肖像权。上海市静安区人民法院受理立案后,经向原、被告双方做工作,使沈予方与科技资讯杂志社于5月10日达成了和解协议。约定:科技资讯杂志社就其在2004年9月10日、10月10日两期《上海楼市》专刊上使用沈予方照片的行为补偿沈予方人民币3500元。当日,沈予方在收到科技资讯杂志社交付的3500元补偿费后,向法院撤回该案的起诉。

然而,麻烦并未到此结束。到8月份,摄影家朱凡又将科技资讯杂志社起诉到了上海市第二中级人民法院。朱凡的起诉理由是，前述《上海楼市》两期专刊上使用的有沈予方肖像的7张照片，均为其本人所拍摄，朱凡拥有该7张照片的著作权。科技资讯杂志社使用该7张照片既不经许可，也不给作者署名，严重侵犯其享有的著作权。为此，朱凡请求法院判令被告：1.立即停止使用原告的摄影作品；2.在《新民晚报》、《上海楼市》上公开刊登赔礼道歉启事，在侵权范围内消除影响；3.赔偿原告经济损失人民币5万元；4.承担原告聘请律师支付的律师费人民币2千元。朱凡为证明自己的诉讼主张，向法院提供了涉案7张照片的底片、沈予方的证词等5项证据材料。

科技资讯杂志社对此深感冤枉，他们辩称：由于该7张照片的使用，他们已于5月份在法院主持下，向沈予方赔偿3500元损失费，现在朱凡又来起诉，实质是沈予方和朱凡串通，要求被告重复支付照片使用费，这对被告是不公平的。请求法院驳回原告起诉。

上海市第二中级人民法院经过审理查明事实后认为，原告朱凡为证明自己享有系争7张照片的著作权，提供了7幅照片的底片。被告承认底片与杂志上的照片图像一致，应认定原告是系争7幅照片摄影作品的作者，依法享有著作权。虽然被告提出案外人沈予方曾另案起诉被告并获得被告的使用费补偿，但沈予方在其案中是作为系争7幅照片中的人物主张其肖像权权利，被告对此亦予认可。依照法律规定，基于同一摄影作品，完全可能产生由不同主体享有的著作权和肖像权。鉴于沈予方案的审理并未涉及系争7幅照片的著作权的归属，被告也未提供证据显示案外人沈予方行使了应由本案原告行使的著作权权利，因此，原告主张系争7幅照片的著作权权利不应受到影响。著作权法律规定，未经著作权人许可，复制、发行其作品的，应当根据情况，承担停止侵害、消除影响、赔礼道歉、赔偿损失等民事责任。本案中，两期《上海楼市》上刊登了原告享有著作权的7幅照片，虽然被告辩称其所使用的照片源自图书及光盘，但被告未能提供证据证明所述图书及光盘属合法出版物或被告有权使用系争照片，因此，被告未经原告许可，对系争照片进行商业使用，侵犯了原告的著作权，应承担停止侵害、消除影响、赔礼道歉、赔偿损失的民事责任。

据此，2005 年 10 月 25 日，上海市第二中级人民法院对该案作出一审判决：一、被告科技资讯杂志社停止对原告朱凡享有的 7 幅摄影作品著作权的侵害；二、被告科技资讯杂志社赔偿原告朱凡经济损失人民币 5500 元；三、被告科技资讯杂志社在其出版的《上海楼市》杂志上刊登声明，向原告朱凡赔礼道歉，消除影响；四、对原告朱凡的其余诉讼请求不予支持。本案案件受理费人民币 2070 元，由原告朱凡负担人民币 925 元，由被告科技资讯杂志社负担人民币 1145 元。

一审判决后，双方均未提出上诉。

本案中的科技资讯杂志社由于使用的图片既未获得摄影作者许可，也未经肖像权人同意，所以，先被肖像权人起诉赔偿 3500 元，再被著作权人告上法庭赔偿 5500 元，另外还要承担诉讼费等开支。这就是使用图片不经权利人许可、不署作者姓名的教训。如果全社会著作权人的维权意识都像朱凡等作者一样高，那么，刊物出版者必将为使用图片不署名的做法付出更大代价。

第二节 肖像权审查

肖像是通过绘画、照相、雕塑、录像、电影、电视等艺术形式使自然人的外貌再现在物质载体上的视觉形象。在法律上，肖像为自然人人格的组成部分，所以肖像权属于人格权的一种，是公民以在自己肖像上所体现的利益为内容的人格权。法律保护公民的肖像，是基于肖像上既有公民的精神利益，也有其派生或转化出的财产利益。

我国《民法通则》第 100 条规定："公民享有肖像权，未经本人同意，不得以营利为目的使用公民的肖像。"《民法通则》规定的公民肖像权的基本内容包括三项：一为制作专有权，表现为自己可以随时通过任何形式制作肖像，他人不得干涉，还表现为有权禁止他人非法制作自己的肖像；二为使用专有权，决定是否使用、如何使用肖像的权利，并有权禁止他人非法使用自己的肖像；三为利益维护权，无正当理由，未经本人许可而制作、使用肖像权人的肖像的，就构成侵犯公民肖像权。

出版物中的图片凡是载有自然人肖像的，该图片就包含了两种权利：一是肖像权人的肖像权，二是摄影人的著作权。这两种权利都是受到法律保护的公民个人权利。一般来说，法律对于肖像权的保护优于著作权保护。这是因为，肖像权是公民的基本权利，生而有之，著作权是派生权利，依行为产生，不是终身拥有。具体地说，肖像摄影的创作从一开始就发生被摄影人同意与否的问题，所以肖像权制约着著作权能否产生及其产生是否合法。其次，即使肖像作品合法产生后，由于作品记录的是被摄影人的肖像，公民的肖像权又表现为自行使用或许可他人使用的绝对专有性，因此，著作权人如何使用该肖像摄影作品，在很多情况下仍然受被摄影人肖像权的制约，即，行使著作权时必须要有肖像权人的同意。当然，反过来说，著作权也制约肖像权，即，肖像权人如果营利性地向社会传播其肖像作品，必须征得著作权人的同意，并为其署名和支付报酬；如果没有著作权人的许可，肖像权人就侵犯了著作权人的著作权。

为此，在对图片进行著作权审查时，如果图片中包含有公民的肖像，就要进行肖像权审查。目前，由于我国法律对肖像权的保护不尽完善，实践中使用肖像的情况又各不相同，出版者进行肖像权审查时，必须针对具体情况进行具体的分析和鉴别，以便确定该肖像是否需获得肖像权人的许可以及有无许可等问题。

一、个人肖像

肖像可分为个人肖像和集体肖像两种。顾名思义，个人肖像是图片中只有一个人的肖像。在个人肖像中，肖像权人的人格是独立存在的，一旦发生侵权事实，肖像权人即可以依法律规定主张其权利。

1. 使用个人肖像必须获得许可

我国《民法通则》第 100 条规定了公民肖像权。第 120 条又进一步规定："公民的姓名权、肖像权、名誉权、荣誉权受到侵害的，有权要求停止侵害，恢复名誉，消除影响，赔礼道歉，并可以要求赔偿损失。"根据《民法通则》的上述规定，使用个人肖像必须获得肖像权人的许可，否则，就是侵犯公民肖像权。比如案例 52 科技资讯杂志社两次被诉侵权一案中，由于该杂志刊登的 7 幅照片中的人物肖像均为沈予方本人，但在刊登前并未获得沈予方的许可，结果被沈予方告上法庭，在法庭主持下，双方以科技资讯杂志社就侵犯沈予方肖像权的行为公开赔礼道歉，并补偿沈予方 3500 元才达成和解了结。

需要指出的是，对于《民法通则》有关公民肖像权的规定，我国法律界普遍认为存在缺陷。比如,《民法通则》规定“不得以营利为目的使用公民的肖像”,这是否意味着,如果是出于非营利性目的使用公民肖像就不构成侵权呢?另外是,规定“公民享有肖像权”,那么,不享有公民权的未成年人就不享有肖像权吗?实际上,肖像权是一种人格权,体现的主要是精神利益。法律保护公民的肖像权,最主要的是保护公民肖像权所体现的精神利益,同时也保护其精神利益转化、派生的财产利益,所以,只要不经本人同意,擅自使用公民肖像,即使不以营利为目的,同样构成侵害公民肖像权。为此,针对这一问题,2001 年,最高人民法院在其颁布实施的《关于确定民事侵权精神损害赔偿责任若干问题的解释》(法释[2001]7号)的第一条中作出规定:“自然人因下列人格权利遭受非法侵害,向人民法院起诉请求赔偿精神损害的,人民法院应当依法予以受理:(一)生命权、健康权、身体权;(二)姓名权、肖像权、名誉权、荣誉权;(三)人格尊严权、人身自由权。”在这里,对于是否侵犯肖像权的问题,不再强调以营利为目的。就是说,只要未经许可,即使不以营利为目的,同样构成侵犯肖像权;同时,该司法解释还将公民改为自然人,这也就是说,不经许可使用包括未成年人在内的所有自然人的肖像,都属侵权行为。在此后的司法审判实际中,不少法院贯彻了这一原则。比如——

案例 53 好孩子公司侵犯肖像权案

2007 年底,上海好孩子儿童用品有限公司(以下简称好孩子公司)委托北京聚星时代国际传媒文化有限公司拍摄和制作产品册封面照片,内容为明星和儿童的合影。2008 年 3 月初,第二批参加拍摄的明星是蒋勤勤。三岁女孩郑云云(化名)在母亲的带领下参加了此次拍摄活动。拍摄时小朋友的服装由好孩子公司赞助,同时赠送一些纪念礼品。拍摄完成后,郑云云的部分照片被选中作为好孩子企业杂志封面。此事被郑云云的母亲发现后，遂以侵犯肖像权为由，于2009年1月9日，向北京市朝阳区人民法院提起了诉讼。

原告郑云云诉称:2008年3月1日，原告在妈妈带领下参加了北京好孩子东四环店和好孩子望京店组织的摄影活动，该两店的工作人员承诺可以免费和明星蒋勤勤一起拍照。当照片拍摄完成后，好孩子公司未经原告许可，将郑云云的照片刊登在该公司发行的《妈妈好孩子》杂志很多期封面上。三被告的这种行为侵犯了原告的肖像权，故请求法院判令3被告停止侵权，对原告书面赔礼道歉，向原告支付经济赔偿金15万元，并承担本案诉讼费。

被告好孩子公司在答辩状中提出三条答辩理由:第一，原告不能证明《妈妈好孩子》杂志上的儿童为原告本人;第二，即使该儿童为原告，因拍摄当天原告的法定代理人知道照片的用途，并同意拍摄，而且我方为儿童免费提供了拍照用的服装和小礼物，支付了对价，因此，我方并不构成侵犯肖像权;第三，原告主张的损失没有依据。

朝阳区人民法院经审理后查明，原告郑云云系未成年人。2008年3月初，郑云云在母亲潘某的带领下参加好孩子公司组织的照片拍摄活动，内容为儿童与明星蒋勤勤合影，同时拍摄的还有其他儿童。好孩子公司声称在通知郑云云参加拍摄时，已经告知其拍摄后的照片会参加评选，并且在选中后要刊登在宣传品上，但并无相关证据证明。

2009年9月，朝阳区人民法院对该案作出一审判决:一、被告立即停止侵害原告的肖像权的行为;二、被告出具致歉函向原告赔礼道歉;三、被告赔偿原告精神损害抚慰金5000元;四、驳回原告的其他诉讼请求。

本案中的郑云云是一名3岁女童，属于无民事行为能力人，不享有公民权。但是，好孩子公司不经其法定代理人同意，就经营性地使用其肖像，从而被法院判决侵犯肖像权，赔偿了精神损害抚慰金5000元。近年来类似案例被判侵权的情况很多。因此，出版者在进行图片侵权审查时，凡是涉及个人肖像的，只要是自然人的，不管是否是经营性使用，都必须获得权利人的许可。如果是属于无民事行为能力人或者限制民事行为能力人的,则要获得其法定代理人的许可,否则,就属于侵犯肖像权。

2. 职务行为肖像与表演艺术肖像的使用

公民在履行职务时被拍摄的照片,可以叫职务行为肖像。这种照片中的被拍摄者能否行使肖像权,目前的法律没有规定,但在司法审判实践中有不少案例对此作出了回答。比如——

案例54 乔义平诉府谷县煤产品经营公司等侵犯肖像权案

1990年,府谷县恒昌实业公司(以下简称恒昌公司)选送的所属精焦厂生产的焦粉,在全国冶金产品博览会上荣获金杯奖。1991年,在该获奖产品的颁奖仪式上,乔义平以恒昌实业公司主要负责人身份上台领奖,府谷县老区办的马子亮同志,趁此机会抓拍了一张冶金部领导向恒昌实业公司颁发金杯和奖状、乔义平领奖的照片。过后,该照片底片及恒昌实业公司获得的奖杯由县里存档。乔义平不久之后也调离了恒昌实业公司。

1991年6月,府谷县煤产品经营公司(以下简称经营公司)与恒昌公司签订了一份《购买恒昌实业公司精焦厂协议书》。该协议书载明:恒昌公司自愿将精焦厂的一切技术资料及荣誉奉献给经营公司,经营公司仍使用精焦厂的原名称,双方对精焦厂的荣誉(包括证书、奖杯)有共同的使用权和保护权。此后,恒昌公司解散。

1992年8月,府谷县发行了一本名为《黄河金三角——府谷》的画册,其中有乔义平领奖的照片。1994年,府谷县邮电局编印程控电话号码簿时,按照县政府关于侧重介绍府谷县丰富矿产资源优势和优质资源产品的要求,向各有关单位收集了照片资料,印制在了电话号码簿的封面和插页上。该电话号码簿共印2000册,于1995年元月向外发行,每册售价25元。其中也有乔义平领奖的照片,是由拍摄者马子亮提供的。

1995年6月,乔义平向榆林地区中级人民法院起诉了经营公司和府谷县邮电局。指控两被告未经本人同意,将乔的肖像照片刊印在画册和电话号码簿上做商业广告使用,侵害了原告的肖像权。请求判令两被告在有影响的报刊上赔礼道歉,消除影响,并赔偿经济损失。

两被告均否认侵权。他们辩称:无论画册还是电话号码簿上乔义平的照片,都是组合图像,是正面宣传。是按照县政府的安排,为全面介绍和宣传本县丰富的矿产资源和优质产品,对本县唯一获得矿产品金杯奖的新闻照片作了刊登。该照片形成的图像主要是金杯和奖状,乔义平仅处于次要地位,且该照片属于时事新闻照片,不构成侵犯肖像权。

榆林地区中级人民法院经审理认为:乔义平在担任恒昌公司经理期间,以公司主要负责人身份上台领奖,属职务行为。为获奖产品颁奖仪式拍照属时事新闻摄影;经营公司以自己合法取得的荣誉为内容进行广告宣传,属合法使用,且该照片以奖杯和奖状为特定表现对象,并不构成对乔义平肖像权的侵犯。1995年12月26日,榆林地区中级人民法院作出判决:驳回乔义平的诉讼请求。

乔义平不服一审判决,向陕西省高级人民法院提出上诉。陕西省高级人民法院于1996年11月7日作出终审判决:驳回上诉,维持原判。

本案一审法院认为,乔义平上台领奖属于职务行为,为获奖产品颁奖仪式拍照属时事新闻摄影,故不构成侵权。而在二审中,陕西省高级人民法院进一步指出:照片是由颁奖的冶金部领导和领奖的乔义平以及其他人组成,是乔义平个人在履行职务过程中作为单位的代表和"化身"而形成的照片。在这种情况下,个人身份已被单位所"淹没",照片中虽然也有个人的肖像,但其肖像权的行使应该服从单位利益与公共利益。为此,驳回了乔义平的上诉。

从本案以及近年来一些同类型案子的判决情况看,对于履行职务形成的肖像照片,如果是本单位、本部门使用,法院一般认定不构成侵权。

但是，如果不是本单位、本部门使用，一定要征得肖像权人的同意，否则，会引发侵犯肖像权纠纷。比如——

案例55 军中护旗姊妹花诉观光园侵犯肖像权案

在建国50周年国庆阅兵仪式上，担任护旗手的双胞胎姐妹张薇薇和张莉莉，以其英姿飒爽的形象给全国人民留下了深刻的印象。姐妹俩成名后，很多企业不惜花重金找她们拍广告，均被断然拒绝。2001年9月11日，姐妹俩发现厦门英雄三岛战地观光园（以下简称观光园），擅自利用她们在天安门阅兵式上的照片在《中国国防报》上刊登广告，做商业营利活动。为此，曾有部队领导责问她们收取了多少费用，这给她们造成了巨大的精神压力。她们认为观光园的做法侵犯了她们的肖像权和名誉权，遂向北京市丰台区人民法院提起诉讼，请求法院判令被告在原登载侵权广告的报纸上公开赔礼道歉，并赔偿二原告损失40万元。

被告观光园则辩称：我园是省级爱国主义教育基地，《中国国防报》作为军队报刊也承担着宣传国防教育的职责。原告作为军人以正面形象为国防教育做宣传，没有产生任何负面影响，因此不能认定构成侵权。

丰台区人民法院受理该案后，经多次开庭审理，最后在法院主持下，双方达成调解协议，以观光园一次性赔偿张薇薇和张莉莉姐妹俩损失13万元结案。

本案涉案照片是双胞胎姐妹张薇薇和张莉莉的双人职务肖像。案件虽然在法院主持下协商解决，法院没有给出判决理由，但观光园的缺失是非常明显的：一是第三人，二是营利性使用。如果不是有错误，谁会拿出13万元白白地送人？这个案子清楚地表明，如果是第三人使用他人职务行为肖像，必须获得肖像人的许可。

另外，与职务行为肖像类似的还有表演艺术肖像，即个人在文艺演出时拍摄的表演艺术肖像照片。这类照片本人是否享有肖像权，目前我国法律也没有具体规定。至于学术界，基本上分为两种意见：一种意见认为，表演艺术形象是演员根据剧情的需要和导演的意图饰演的一个角色，角色形象不等于角色扮演者的个人形象，演员对其剧照艺术形象不能主张肖像权。另一种意见认为，演员所扮演的角色是包括演员五官在内的外部形象与自身人格的统一，影视照片不仅承载了电影的某个镜头，同时也承载了表演者的面部形象，具有双重的识别性，相互不能替代，所以，演员在影视作品中应当享有肖像权。

从国内法院的审判情况看，对于表演艺术肖像照中的个人肖像权问题，有的法院认定为侵权，有的法院则认定为不侵权；甚至完全相同的案情，在不同的法院其判决结果会截然不同，很难从这些判决中得出统一的标准。有鉴于此，出版者对于表演艺术肖像的使用，可以根据著作权法有关合理引用或者报道时事新闻的原则予以处理。即：一是为介绍、评论、宣传影视剧作品时，可以使用其中的剧照照片，无需征得表演者的同意；二是在相关的新闻报道中使用该剧照照片，也属于正常使用。而除这两种情况之外，在其他情况下使用，很难保证不会惹出侵权纠纷，尤其是在各类广告中，未经许可是绝不可使用的。

3. 死者肖像的使用

使用个人肖像必须获得许可，那么，个人在死亡后，如果要使用其肖像，是不是也要获得许可呢？对此，最高人民法院的司法解释已有明确规定，死者肖像受到法律保护，使用死者肖像需获得近亲属的同意。比如——

案例56 周海婴诉绍兴越王珠宝金行侵犯鲁迅肖像权案

1996年八九月间，在纪念鲁迅先生诞辰115周年之际，全国政协委员、鲁迅先生的儿子周海婴，发现绍兴一些商店以每只935元的价格，公开销售圆形、方形的嵌有鲁迅肖像金卡的有机玻璃笔筒，在金卡上印着"绍兴越王珠宝金行(以下简称越王金行)承制"的字样。周海婴认为，这种以营利为目的的纪念，实际是对鲁迅先生的亵渎。于是，遂以越王金行侵犯鲁迅肖像权为由，向绍兴市中级人民法院提起诉讼。

对于死者的肖像权问题，当时法律上没有任何规定。能否受理，绍兴市中院吃不准，遂逐级上报请示。直到2000年6月，最高人民法院《关于周海婴诉绍兴越王珠宝金行侵犯鲁迅肖像权一案应否受理的答复意见》(以下简称《答复意见》)下来之后，绍兴市中院才予正式受理。该案经审理做工作，最后在法院主持下，双方于2000年12月6日达成调解协议：越王金行就未经家属同意使用鲁迅肖像一事当庭向周海婴表示道歉，并赔偿周海婴诉讼成本费1.5万元人民币。周海婴在收到赔偿后撤销对越王金行的侵权指控，案件由此了结。

本案是最早提出死者肖像保护问题的典型案例。案中，最高人民法院在给浙江省高级人民法院的《答复意见》中指出："公民死亡后，其肖像应依法保护。任何污损、丑化或擅自以营利为目的使用死者肖像构成侵权的，死者近亲属有权向人民法院提起诉讼。"以后，最高人民法院又在2001年颁发的《关于确定民事侵权精神损害赔偿责任的若干问题的解释》中的第三条明确规定："自然人死亡后，其近亲属因下列侵权行为遭受精神痛苦，向人民法院起诉请求赔偿精神损害的，人民法院应当依法予以受理："A、以侮辱、诽谤、贬损、丑化或者违公共利益、社会公德的其他方式，侵害死者姓名、肖像、名誉、荣誉；B……"至此，我国的司法解释明确规定保护死者的肖像利益。法学界对此也作出了理论上的阐述，普遍的解释是：公民死亡后，其生前所享有的民事权利也随之消失，肖像权也随之消失。但其肖像权派生出的经济利益，或者说肖像利益，应当受到保护，可以由死者的近亲属继承。关于近亲属概念，最高人民法院《关于审理名誉权案件若干问题的解答》的第五条规定："死者……近亲属包括：配偶、父母、子女、兄弟姐妹、祖父母、外祖父母、孙子女、外孙子女。"这就是说，使用死者的肖像，必须经死者的近亲属的同意，并且使用人必须在约定的范围内使用，超出该范围，同样属于侵权行为。

二、肖像权的五种违法阻却事由

所谓违法阻却事由，又称排除违法性事由，是指虽然实施了法律上规定不得实施的行为，但是却具有法律特别规定的不构成违法的事由，阻却了违法性，因而使实施的该行为成为合法的行为。实际中的违法阻却事由，可分为法定的和超法规的两类。法定的违法阻却事由如刑法上的正当防卫、紧急避险等，超法规的是法律上没有明确规定、但社会公认为具有正当性的行为，如为了维护社会公共利益的需要而对公民人格权利给予一定的限制等。那么，个人肖像权存在哪些违法阻却事由呢？公认的有以下五种：

一是为了维护社会公共利益的需要而使用他人肖像。比如，公安部门为通缉逃犯而使用嫌疑人的肖像；司法机关为司法取证目的而对犯罪嫌疑人拍照；举行先进模范事迹展览使用个人肖像照片；参加游行示威和发表公开演讲的人，因其活动目的具有公共性，不得反对他人拍照。二是为了维护公民本人利益而使用其肖像。比如公民因亲人走失刊登寻人启事而使用其肖像。三是为报道时事新闻使用他人肖像。比如，为弘扬正气使用见义勇为者的肖像；为揭露社会丑恶现象和批评不文明行为使用公民肖像；或者有特殊新闻价值的特别幸运者和特别不幸者，以及重大事件的当事人或者在场人等。四是为了科学研究和教学活动的需要而使用他人肖像。五是善意使用公众人物的肖像。比如，为报道国家领导人、政治家、学者、运动员等的活动而使用其肖像；政治家、影视和体育明星以及其他公共人士，在公开露面时，不得反对他人拍照。

如果存在上述五种违法阻却事由，不经许可使用个人肖像就不侵犯肖像权。不过，对于五种违法阻却事由的认定，需要把握严格的界限。有两点要特别注意。

第一，对于超法规的阻却事由，由于没有明确的规定可循，一定要注意其构成要件的准确性，不可超越公认的标准和范围。

比如时事新闻和新闻，在新闻学上本是两个不同的概念。时事新闻是新闻的一种，但并不是所有新闻都是时事新闻。我国著作权法实施细则虽然对时事新闻作了界定，但并没有涉及时事新闻和其他新闻如何区别的问题。在我国，除了法律规章之外，权威的汉语言工具书对词语的解释，就应当是一种公认的标准。而根据《现代汉语词典》的解释，“时事”是指最近期间发生的国内外大事。那么也就是说，时事新闻指的是关于近期国内外大事的新闻报道，那么，够不上“国内外大事”这个标准的，就应当不属于时事新闻的范畴。再如公众人物，本来是国内一些法院从美国法律中引入并运用于我国同类案件的审判的，经过学术界广泛探讨后，逐步在我国司法实际中得到了确立。但在我国法律上，至今没有相关的规定。因此，对于时事新闻和公众人物这两种概念宽泛、界限模糊，法律又没有确切规定的阻却事由，一定要从严掌握，防止超越公认的界定标准而构成侵权。比如——

案例57 陈洪芹诉服饰导报社侵犯肖像权案

江苏省人民艺术剧院演员陈洪芹，曾是江苏有线电视台《非常周末》综艺游戏节目的主持人，因扮演“马大嫂”而在当地小有名气。1999年5月22日，她与相恋多年的男友在南京的金丝利喜来登酒店举行婚礼。为了达到别出心裁的效果，特意把酒席安置在酒店6楼天台上的大型室内游泳池边进行。6月1日，《服饰导报》第12版“玩家、品味”栏目以《婚礼办在泳池边》为题，介绍了原告的婚礼经过和有关情况，随文刊附了5张婚礼场面的照片，其中4张有原告身着婚纱的肖像。另外，在该报道的右边和左下方分别刊登了《你想办泳池婚礼吗?》和《泳池婚礼创意小辑》的附文，介绍可办泳池婚礼的地方、费用和婚礼方案。过后，陈洪芹向白下区法院提起诉讼，以《服饰导报》记者未经许可，刊发了有关她个人的婚姻状况内容的文字和不应该公之于众的婚礼现场照片，侵犯了她的隐私权和肖像权，要求被告刊文赔礼道歉，并赔偿精神损失费10万元。

被告服饰导报社在答辩中称：该报记者对原告婚礼的采访，没有遭到原告的拒绝，这表明原告允许记者对其婚礼进行采访。根据有关规定，隐私是公民不愿公开的生活和生理情况，而原告在公众场合举行如此隆重的婚礼，表明原告没有任何不愿公开的想法。故报社未侵犯原告的隐私权。另外，侵犯公民肖像权指的是以盈利为目的，利用公民的肖像做广告、商标等行为，而报社使用原告的照片纯属新闻摄影报道，且原告属“公众人物”，其肖像权的保护应受到一定程度的限制。因此，报社也没有侵犯原告的肖像权。

南京市白下区人民法院经过审理后认为：文章的内容是关于原告婚礼的经过，不涉及个人隐私，也没有侮辱、诽谤原告人格的字样，且文章内容基本真实，属正面宣传，不构成对原告名誉权的侵害。但原告主张的被告侵害其肖像权的事实,我院予以支持:其一,拍摄和使用照片未经原告本人许可。记者赶到现场后虽然曾向原告当时的主事亲友之一递过名片,表明自己的身份,但记者并未向原告本人说明此行的直接目的。其二,只有在为维护社会利益、公民本人利益、司法活动、时事报道需要和科学研究、教学活动需要而使用其肖像时,才不受限制。原告虽曾担任过南京市有线电视台综艺游戏类节目主持人,在一定范围内享有知名度,但不属于公众人物,因为公众人物是指在社会中被大多数人所知道的人物。故原告肖像权仍受法律严格保护。其三,被告以原告为题材撰写文章是利用原告在一定范围内享有知名度来吸引更多的读者,照片的运用增强了文章的可读性、趣味性,最终目的是为了增加报纸的发行量,提高营业收入。因此,被告刊用的照片侵犯了原告的肖像权。据此,白下区人民法院判决,被告应就其侵犯原告肖像权的行为,向原告陈洪芹赔礼道歉,并赔偿精神抚慰金2000元。

一审判决后,服饰导报社于12月初向南京市中级人民法院提出上诉。其上诉的主要理由是:涉讼报道旨在宣传一种新的婚礼形式,属新闻报道,而非一般的文章。“在泳池边举办婚礼”这一婚礼形式本身有一定的新闻价值,同时它对改变旧的婚礼习俗、提倡文明健康的婚礼风气,有一定的宣传价值。在婚礼现场拍摄的照片也属于新闻报道的一种形式。此外,拍摄照片虽未经原告直接同意,但原告对记者的拍摄行为也没有予以明确制止,且原告属“公众人物”,其肖像权保护理应受到限制。等等。

2000年1月底,南京市中级人民法院对该上诉案作出终审判决:驳回上诉,维持原判。

本案中原、被告双方争议的两个主要焦点,一是时事新闻,二是公众人物。南京服饰导报社认为:在泳池边举办婚礼有新闻价值,对此进行宣传报道属于时事新闻,而且,原告陈洪芹又曾是当地电视台的节目主持人,属于公众人物,因此使用其肖像不构成侵权。但是,法院对他们的主张不予支持。为什么呢?这就涉及对该两种阻却事由如何把握的问题。如前所述,"时事"是指最近期间发生的国内外大事。一场在饭店里的泳池边举办的个人婚礼,说它不是新闻似乎说不过去,但要说它属于近期国内外大事,肯定够不上。所以,可以称它为生活新闻或者娱乐新闻,但不是时事新闻。另外,原告陈洪芹曾是当地电视台节目主持人,在当地应当有一定知名度。可是,在某一地区、某一行业有一定知名度的人就是公众人物?这种说法显然缺乏依据、也谈不到为社会所公认。南京服饰导报社以此认定陈洪芹是公众人物,是其自行扩大了公众人物这一概念的范围,法院不予认可是当然的。此外,本案中法院明确指出:公众人物是指在社会中被大多数人所知道的人物。法院的这一界定,对于我们如何把握公众人物这一概念,提供了重要的参考依据。

第二,违法阻却事由的前提只有两个,必须是出于维护社会公共利益或者是肖像人本身利益,如果是为了谋取商业利益或者是掺杂了商业利益目的,就会消解阻却违法的性质,就可能引发侵权纠纷。这个原则一定要严格把握。比如——

案例58 刘翔诉精品指南报社侵犯肖像权案

2004年10月21日,精品购物指南报社(以下简称精品报社)在其2004年第80期《精品购物指南》(以下简称千期专刊)的封面,以"影响2004"为题使用了刘翔在雅典奥运会上跨栏比赛的照片;同时在封面的下方刊登了北京中友百货有限责任公司(以下简称中友公司)的第6届购物节广告。同日,北京卓越公司于将千期专刊的全部内容上传到精品网和精品购物指南网,作为网络电子版。2004年11月,刘翔以侵犯肖像权为由,向北京市海淀区人民法院起诉了精品报社、中友公司和卓越公司。请求法院判令三被告:停止侵权行为;公开赔礼道歉;赔偿精神损害抚慰金25万元,不当获利100万元,共计125万元。

精品报社辩称:我报社出版的千期专刊是以“影响2004”为主题的回顾性专刊。在对全年重大事件作回述时,我报社决定用刘翔在奥运会跨栏决赛时冲刺的镜头作为当期的人物封面。刘翔是公众人物,对于刘翔肖像的使用具有阻却违法性,我报社使用刘翔肖像属于正常的新闻报道,属于对公众人物肖像的合理使用。我报社将刘翔肖像作为封面与中友公司的广告没有关系,中友公司的广告行为是一个连续的广告行为,而且广告具有边框,使两者构成彼此独立的画面。我报社正当报道的行为不构成侵权,不同意刘翔的诉讼请求。

北京市海淀区人民法院经审理查明事实后认为:刘翔在第28届奥运会夺得110米栏冠军一事,成为2004具有重大影响的事件,刘翔因此成为社会知名人士,精品报社与卓越公司使用的两张刘翔肖像图片,均是刘翔在奥运会赛场上的肖像,此时刘翔作为公众人物,肖像权应该受到限制,正当拍摄以及相关媒体报道均属于合理使用,不构成侵权。本案涉及的千期专刊,无论从封面印象,还是细读其内容,均可得出该期报刊相关内容属于回顾性报道。从新闻报道角度而言,即时性报道与回顾性报道,均属于正常的新闻报道,法律均予以保护。

精品报社、卓越公司使用刘翔肖像进行正当新闻报道的行为受法律保护,但如未经刘翔允许,使用刘翔肖像进行广告经营,则属于侵权。刘翔跨栏形象与中友公司广告在同一页面中出现,但两者却具有不同的意义,在不同的位置中属于各自独立的主题。刘翔跨栏形象和“影响2004”、国旗红色的背景共同构成一个主题画面,以红色的暖色调为主,使人联想到奥运盛会、中国在奥运史上的突破、2004年的重大事件、短跑项目的冠军、知名人士刘翔等等;中友公司购物节广告在封面下方以蓝色等冷色调为主,与上面的暖色调相区别,其主题是向大众传递购物节的信息,包括卡通人物形象、时间、地点、优惠信息、向《精品购物指南》的祝贺等内容。根据《精品购物指南》长期使用人物形象作为封面的特点,其读者群体对该报的认知常识，以及从一般大众阅读理解角度分析，刘翔跨栏形象与购物节之间不具有广告性质的关联性。从中友公司长期连续发布广告的行为和《精品购物指南》编辑出版报刊的程序分析，中友公司选择在《精品购物指南》上发布广告时，并不知道报刊封面会有刘翔的肖像，刘翔肖像与其选择发布的广告出现在同一期报刊上不具有关联性，因此，中友公司没有利用刘翔肖像进行广告宣传。

据此，海淀区法院于2005年5月25日作出一审判决，驳回了刘翔的诉讼请求。

一审判决后，刘翔不服，向北京市第一中级人民法院提出上诉。

北京市第一中级人民法院经审理后指出：千期专刊内容中虽然有关于刘翔奥运夺金的信息，但千期专刊封面使用的刘翔肖像，其背景、衣着、跨栏均有较大改动，而且头部紧连文字“影响2004”。可见封面刊载的刘翔肖像并不是完全为了报道刘翔奥运夺金这一事件，故不属于单纯的新闻报道，不能因此排除刘翔肖像与购物节广告的关联性。

广告法第十三条规定，“广告应当具有可识别性，能够使消费者辨明其为广告”，同时规定“通过大众传播媒介发布的广告应当有广告标记，与其他非广告信息相区别，不得使消费者产生误解”。可见，报纸等新闻媒体发布广告，除广告本身应当具有可识别性外，还必须使广告与其他非广告信息之间具有不使消费者产生误解之标记区别。刘翔跨栏形象的背景由赛场改为红旗，现场的半截跨栏改为艺术化的整个跨栏，突出了刘翔肖像本身，而同时却弱化了新闻效果。被突出的刘翔肖像本身的跨栏动作，与跨栏直接相连的宣传“购物节”的广告相结合，已有“刘翔跨向购物节”之感觉，再加上“精品购物指南”文字本身的呼应，足以令人产生“刘翔为中友公司购物节做广告”之误解。

《精品购物指南》长期使用人物肖像做封面并同时在封面下方做广告，此固然形成其独有的风格，但不能因此免除精品报社在设计封面、发布广告时依据前述广告法第十三条所应承担的使广告具有可识别性且与其他信息严格区别之义务;也就不能根据这种独有风格而当然认为千期专刊封面的刘翔肖像和购物节广告之间没有关联性。

由以上分析,可知在千期专刊封面上,虽然不存在“利用刘翔肖像做广告”,但就封面的整体设计所反映出的整体视觉效果而言,确实足以令公众产生“刘翔在为中友公司做广告”之误解,且此种误解源自精品报社对载有刘翔肖像的图片进行修改时,去除了一些能够反应当时新闻信息的背景环境,特别是将比赛现场的半截跨栏改为整体艺术跨栏,并将跨栏两竖杆与购物节广告对称的直接相接,而且广告背景与跨栏两竖杆颜色相近;故此种误解具有一定的合理根据,而并非无合理根据的单纯的主观想象。

因此,就本案而言,精品报社在千期专刊的整体封面设计中,未尽力注意避让他人的肖像权,从而对载有刘翔肖像的图片进行了不妥当的修改,违反了广告法第十三条“广告必须与其他非广告信息相区别,不得使消费者产生误解”之规定,显然具有过错。

卓越公司只是千期专刊网络电子版上传发布业务的承揽者,其对千期专刊及其电子版的自身内容并无决定权,不存在使用刘翔肖像的行为,卓越公司与中友公司均不构成侵权。

刘翔没有提供证据证实自己受到的经济损失,故对此项诉讼请求,不予支持;千期专刊已经发行,精品报社在千期专刊封面使用刘翔肖像的行为已经完成,刘翔要求停止侵权行为,显然不现实,无法得到支持;由于在不构成侵权的条件下可以对其肖像进行使用,故刘翔无权要求精品报社一概停止使用其肖像权。

2005 年 12 月 15 日,北京市第一中级人民法院作出终审判决:撤销北京市海淀区人民法院(2005)海民初字第 2938 号民事判决;精品报社在《精品购物指南》上向刘翔公开赔礼道歉;精品报社赔偿刘翔精神损害抚慰金二万元;驳回刘翔的其他诉讼请求。

本案中的运动员刘翔无疑属于公众人物,其雅典奥运会上跨栏比赛的照片亦毫无疑问属于时事新闻,但精品报社为什么被判侵权呢?其错误就在于,既然是回顾性新闻报道,为什么要擅自改动新闻图片呢?可以将图片扩大或者缩小,但不应破坏图片的原创性、真实性,否则,就可能被怀疑你使用的目的。其次,一定要按照我国广告法的规定,将新闻报道与广告信息区分开来,尤其要防止把个人肖像、特别是公众人物的肖像和广告搅和在一起,以免被怀疑追求商业目的,从而引发侵权纠纷。这个教训一定要牢牢记取。

三、集体肖像

肖像可区分为个人肖像与集体肖像。所谓集体肖像,是有多人合影的肖像。

19 世纪时,法国巴黎高等法院曾对集体肖像作出一个有名的判例。一位著名演员要求法院判决照相馆撤去其所陈列的包括自己肖像在内的合影照片。法院认为,一人关于其肖像所有的利益,为全体的利益所压倒,一人的个性为全画面所掩蔽,所以,包括该演员在内的集体合影照片无撤回的必要,从而驳回其诉讼请求。此后,依据这一判例发展出的理论为不少国家的立法所采纳,即:在个人肖像中,肖像权人可依法主张肖像权,但在集体肖像中,各肖像权人不得主张肖像权;当然,如果针对集体肖像中特定的人,有恶意损毁、玷污或丑化等行为的,此时特定人的肖像权受到的侵害显而易见,致使其人格权的比重程度足以涵盖全体肖像权人,因此,这种情况应当认定为侵害肖像权。

我国的《民法通则》明确规定了个人肖像权,但没有规定集体肖像权。也就是说,在法律上不存在集体肖像权这一概念。为此,使用集体肖像需要注意的,仍然是侵犯个人肖像权的问题。但是,由于集体肖像是众多个人肖像的集合,在法理上各个肖像权人虽然享有独立的人格权,但在集体肖像中,由于其不可分的物理特质,不管哪一个人使用该集体肖像，就不可避免地会连带使用到其他人的肖像，构成对其他人肖像权的侵犯。在这种情况下，如果过分强调个人肖像权的保护，那么该集体肖像势必难以进行任何利用。这对任何集体肖像成员都是不能接受的，也是不合情理的。因此，在集体肖像中，个人肖像权应受一定限制，此种限制以确保全体合影者对集体肖像的合理使用为满足。在界定集体肖像的侵权问题时，必须是既要使集体肖像中各成员的肖像权得到有效保护，又能使各成员对该集体肖像进行适当地使用，取得二者之间的合理平衡。

近年来，我国法院在这方面进行了很多有益的探索，作出不少成功的判决，为正确把握集体肖像的使用，提供了很多有益的判例。判例在我国虽然不是法律，但我们从这些判例中，可以总结出一些使用集体肖像时应当注意的事项。

1. 集体肖像成员可以合理使用集体肖像

集体肖像成员个人无权主张肖像权，但作为集体肖像中的一员有权在合理的范围内使用该肖像。比如用在出版的自传、回忆录，或者在其他自我介绍的材料里，都无需征得别的成员的许可。但是，不能将该集体肖像用于纯粹的商业宣传。

案例59 华赞（美籍）诉美国中国项目咨询公司侵害肖像权案

1998年5月2日，华赞任总裁的美国未来趋势国际集团公司聘用温跃宽担任其国际策略专家，并由其负责筹建集团公司所属的上海代表处信息部。聘用期间，温跃宽随同华赞出访美国，与华赞等四人一起和美国国家贸易局局长合影留念。1999年10月，美国中国项目咨询公司成立上海办事处，聘用温跃宽出任上海办事处首席代表。在办事处成立时，他们将温跃宽与华赞等四人的这张合影印在了办事处的资料上对外广为散发。华赞以温跃宽擅自将其肖像用于商业用途为由，诉至上海市第一中级人民法院。华赞向法院诉称：由于被告的侵权行为，致使其成功地将原属原告的大量客户转移至被告处，故请求判令被告停止侵权，赔礼道歉，赔偿原告精神损失人民币 200 万元。

上海市第一中级人民法院经审理后认为：在集体肖像中，由于各肖像权人在照片中均享有独立的人格权，其转化(或派生)出的物质利益为全体肖像权人所共有。个人肖像的权益被全体肖像权人的权益所涵盖，其个人特征难以在集体肖像中凸现，故丧失其人格权存在之基础。原告一人对其肖像权的主张，不能反映全体肖像权人的利益。被告未征得原告的同意，在其含有商业目的的宣传资料中，使用包含原告的集体肖像的行为虽欠妥，但没有对原告的个体肖像进行恶意毁损、玷污及丑化，并未侵害原告的肖像权。

2000 年 4 月，上海市第一中级人民法院依据《民法通则》第 100 条的规定作出判决，驳回了原告的诉讼请求。

本案中的上海办事处首席代表温跃宽，将其参加合影的一张集体肖像按原样用于介绍其本人和单位的宣传材料中，这属于正常合理的使用，不构成对其他成员肖像权的侵犯；其他成员个人无权对该集体肖像主张权利。所以，法院驳回原告的起诉是正确的。

但是，集体肖像成员对该集体肖像的使用，只限在合理的范围内。这个合理的界限在于，不能有故意突出某一成员以谋取商业利益的目的，否则，其他成员有权主张自己的权利。比如——

案例60 杨希诉广州东英美容上海有限公司侵犯肖像权案

1996 年 11 月 28 日，上海中医药大学附属曙光医院专家杨希，应广州保税区东英美容上海有限公司(以下简称东英美容公司)邀请参加了“东英美容疗法”专家研讨会，与会者中还有上海各大医院的皮肤、美容专科的专家等9人。研讨会结束时,杨希与东英美容创始人吴东英及其他与会者共同合影留念。

过后,东英美容公司在上海《解放日报》、《文汇报》、《上海法制报》等四份报纸上发布了题为《吴东英奇迹》、《走进美容、东英向你招手》、《"东英美容",旋风来自何方》和《她为百万女性播撒美丽》的宣传推介文章,并同时刊登了杨希等与会专家和东英美容院院长吴东英的合影,照片下均注明"吴东英与专家合影"字样。同时《文汇报》的文章中明确点出了出席研讨会的各位专家姓名,并称与会专家对源于祖国医学的"东英疗法"予以首肯。杨希认为这种做法侵犯了他的姓名权、肖像权,要求东英美容公司赔礼道歉、消除影响。遭到拒绝后,杨希遂于1999年2月诉至法院,要求该公司公开登报赔礼道歉,并赔偿其精神损失费10万元。东英美容公司则辩称:报纸上的文章均属新闻报道,不是广告;四张报纸上所刊登的照片均为合影,集体照片个人不得主张肖像权,所以,不同意原告的诉讼请求。

上海市徐汇区人民法院经审理后查明,《解放日报》、《文汇报》、《上海法制报》在刊登文章时均按广告发布收取了相应费用。法院认为,公民的姓名权和肖像权受法律保护。东英美容公司未经原告杨希同意,擅自在四家报纸的"企业形象策划广告"版面发表文章,配置刊登有原告杨希的照片,以营利为目的介绍其美容服务,藉此扩大自己在社会上的影响,为自己做广告宣传,侵害了杨希的姓名权和肖像权。据此,1999年10月,徐汇区法院作出一审判决:一、被告东英美容公司在《解放日报》、《文汇报》、《上海法制报》、《钱江晚报》上刊登声明,公开向原告杨希赔礼道歉。二、被告东英美容公司赔偿原告杨希精神损失费8000元。

一审判决后,东英美容公司不服,向上海市第一中级人民法院提出上诉。1999年12月21日,上海市第一中级人民法院对此案作出终审判决:驳回上诉,维持原判。

本案中东英美容公司的吴东英虽然也是其使用的集体肖像的成员

之一,但由于他们在使用时,在集体照的旁边加注了"吴东英与专家合影"的字样,又在同时刊出的宣传文章中,不但列出杨希等各位专家姓名,还称与会专家对源于祖国医学的"东英疗法"予以首肯。这样使用集体肖像,等于是利用各位专家的声誉为其"东英疗法"做宣传。因此,法院认定其存在利用与会专家合影的集体肖像谋取商业利益的故意,构成了侵犯其他成员肖像权的行为,应依法承担法律责任。本案的判决表明,集体肖像成员使用集体肖像时,不得对其他成员的肖像进行特写,或以文字标注、说明等方式进行提示。否则,就可能涉嫌有利用其他成员的肖像谋利的故意,以至于构成侵权。

2. 第三人合理使用集体肖像不得有利用某肖像成员的故意

集体肖像以外的第三人可以在合理的范围内使用集体肖像。这里的合理是指不得用于纯粹的商业宣传,而且要按照集体肖像的原样整体地使用,不得修改或剪裁,不得以文字标注的方式对肖像中的某一成员进行提示。比如前述的杨希诉东英美容公司一案中,该公司的错误就在于用文字标注、文章中列举的方式点出了专家的具体姓名,以至于被判侵权。此外,如果该肖像表现的是一个整体的活动或事件,则不得以特写的方式突出其中某个人的肖像,防止被认为有利用该人肖像的故意。

案例61 姚明诉可口可乐公司侵犯肖像权案

从 2003 年 4 月开始, 作为中国男子篮球队签约赞助商的美国可口可乐公司,在饮料瓶上使用姚明、巴特尔、郭士强三名国家队队员参加比赛的肖像图片,该图片将姚明放在了突出的位置。姚明是百事可乐的形象代言人,从未授予可口可乐公司个人肖像使用权。因此,姚明认为可口可乐公司侵犯其肖像权,向上海徐汇区法院提起诉讼,请求法院判令可口可乐公司停止侵权,赔礼道歉,消除影响,并赔偿精神损害抚慰金和经济损失人民币1元。可口可乐公司辩称:根据该公司和中国篮球协会签订的合同,可口可乐公司有权使用中国男篮及其三人以上的整体肖像。此案后在法院主持下,双方达成和解。可口可乐公司于10月17日通过媒体发表声明:公司已从7月份起停止生产、销售使用有姚明等三名国家队队员形象的饮料包装,虽然可口可乐是中国男篮的赞助商,但基于事先未征求姚明本人同意而将含有姚明肖像及姓名的图片用于可口可乐产品包装之事实,可口可乐(中国)饮料有限公司向姚明表示歉意。同日,姚明也发表声明:基于可口可乐(中国)公司的诚意,姚明同意与其庭外和解,同时向法院申请撤回起诉。

本案中可口可乐公司和中国篮球协会签订有使用中国男篮集体肖像的合同,按照该合同的约定,他们有权使用男篮全体的或者部分的(应在三人以上)队员活动的集体肖像。但问题是,他们在把姚明、巴特尔、郭士强三名队员的肖像照放到其饮料瓶上时,特意地突出了姚明的肖像,等于是姚明的特写镜头,这当然有利用姚明个人肖像的故意,以至于引发了姚明的不满和起诉。本案曾引发媒体的热烈讨论,讨论形成的基本共识是,第三人使用集体肖像不得有故意突出某一成员肖像以达到谋取商业利益的目的。

3. 集体肖像成员有权共同主张个人肖像权

第三人使用集体肖像,该集体肖像成员不能个人主张肖像权。但是,如果集体肖像的全体成员一致反对对他们肖像的使用,那么,此时第三人对集体肖像的使用,就会构成侵权。比如——

案例62 三军仪仗队诉信禾公司侵犯肖像权案

2005年上半年,三军仪仗队的官兵在北京市场上发现深圳市信禾工艺品有限公司(简称信禾公司)散发的广告宣传册中,随意使用三军仪仗队的名称和形象为其生产、销售的工艺品“红色八一步枪”和“将军佩剑”做宣传。2005年4月，仪仗队领导在向上级部门请示后，向北京市海淀区人民法院提起诉讼。他们在诉状中指控信禾公司，蓄意侵犯仪仗队的名称权、肖像权、名誉权长达四年之久，范围从新疆到深圳遍布全国，侵权产品数量达8181件，销售额近6000万，违法获利数额巨大。请求法院判令：一、信禾公司停止侵害、消除影响、赔礼道歉；二、信禾公司赔偿248万元。

被告信禾公司在其答辩状中否认侵权，他们认为：“将军佩剑”、“红色八一步枪”说明手册，是产品的一部分，并非商业广告，没有使用三军仪仗队的单位名称，也未以其名义宣传产品，不可能使公众产生误解。“将军佩剑”、“红色八一步枪”的说明手册，虽有涉及“三军仪仗队”的内容，但非特指三军仪仗队，其内容是对客观事实的陈述，没有侮辱、诋毁或者丑化被答辩人的内容，不可能造成三军仪仗队声誉受损的后果。信禾公司的合法经营行为应受法律保护，三军仪仗队要求经济赔偿没有事实和法律根据。

海淀区法院经过审理认为，信禾公司确实侵犯了“三军仪仗队”的名誉权，没有侵犯肖像权和名称权。2005年11月29日，海淀区法院作出一审判决，驳回三军仪仗队要求认定信禾公司侵犯其名称权、肖像权的主张，确认信禾公司侵犯三军仪仗队名誉权，判决其停止侵害、恢复名誉、消除影响、赔礼道歉，并赔偿三军仪仗队10万元损失。

一审判决后，三军仪仗队和信禾公司都不服判决，向北京市第一中级人民法院提出上诉。北京市一中院经过认真审理，作出三点基本认定：一是认定仪仗队官兵整体肖像利益应当受保护。终审法院认为，涉案照片内容虽为三军仪仗队的军官的肖像，但该照片体现的是三军仪仗队的形象，该形象具有较高的商业价值，该价值系由三军仪仗队就其自身形象所做努力及付出而形成的。因此，虽然三军仪仗队不能依据法律享有该照片的肖像权，但三军仪仗队对于使用该照片所带来的利益(整体肖像利益)享有权益,该权益应当受到法律的保护。信禾公司在未征得三军仪仗队同意的情况下,将三军仪仗队在各种场合的形象用于商业目的,广为宣传,必然导致降低和损害三军仪仗队的对外形象,足以造成社会评价降低,侵犯了该部队所拥有的整体肖像利益,其行为构成侵权。二是认定信禾公司以营利为目的使用三军仪仗队的名称,其行为构成对三军仪仗队名称权的侵犯。三是认定信禾公司并无诋毁、诽谤三军仪仗队名誉的行为。三军仪仗队认为信禾公司侵犯其名誉权的要求于法无据,不予支持。

据此,2006年7月31日,北京市第一中级人民法院终审判决:信禾公司停止侵权行为、公开赔礼道歉,赔偿三军仪仗队损失80万元。

本案中信禾公司作为第三人对三军仪仗队集体肖像的使用,就遭到了三军仪仗队全体成员的一致反对,为此,被北京市第一中级人民法院终审判决侵权,付出了巨额代价。本案的判决表明,第三人在使用集体肖像时,必须考虑是否会遭到全体成员的一致反对。如果存在这种可能,就应当采取谨慎态度,在不能获得全体成员许可的情况下,最好不用。

四、未成年人肖像的保护

第三人可以合理使用集体肖像,但这种使用只限成年人肖像,如果是未成年人集体肖像,必须注意未成年人的保护。《中华人民共和国未成年人保护法》第五十八条规定:"对未成年人犯罪案件,新闻报道、影视节目、公开出版物、网络等不得披露该未成年人的姓名、住所、照片、图像以及可能推断出该未成年人的资料。"这就是说,如果是涉及未成年人违法犯罪一类情况的肖像,不管是个人的还是集体的,也不管是在合理的范围内,或者是存在违法阻却事由,都要按照未成年人保护法的规定,不得披露未成年人的照片、图像,否则,就是违反未成年人保护法,就要承担侵权责任。比如——

案例63 李海峰等诉叶集公安分局、安徽电视台等侵犯肖像权案

李海峰、高平、刘磊、孙俊、陈光贵、张力保等6人都是安徽省霍邱县叶集镇叶集实验学校初中学生。

2005年3月20日，安徽省霍邱县叶集镇发生一起强奸(未遂)案。叶集公安分局立案后，于同年4月13日下午将犯罪嫌疑人朱某某抓获。当晚，叶集公安分局要安排被害人对犯罪嫌疑人进行混合指认，要求叶集实验学校予以协助，提出需要数名与犯罪嫌疑人朱某某年龄相仿的初中男生配合指认。当晚9时下自习时，按照学校领导的交代，该校初二八班班主任张爱国带领李海峰、高平、刘磊、孙俊、陈光贵、张力保等6名同学到了叶集公安分局。公安分局的民警向张爱国及6名同学说明了混合指认的相关内容，张爱国在谈话笔录上签名后，6名同学按民警要求手举号牌与犯罪嫌疑人朱某某一起列队接受指认。民警对指认过程进行了拍照和摄像。第二天，安徽电视台记者来到叶集公安分局采访新闻时，分局的民警就将该案指认过程的相关摄像资料交给了记者，但未作任何交代。2005年4月16日，安徽电视台“第一时间”栏目播报的新闻中，出现了李海峰等6名同学手持号牌参与辨认的图像，面部无任何技术遮盖，时间约2秒钟。安徽电视台播报此新闻前未通知叶集公安分局和叶集实验学校。

李海峰等6名同学先后看到了该条电视新闻，随后即向学校和叶集公安分局提出不同意见，但没有什么结果。此后，发生了这6名学生被同学和其他人以“嫌疑犯”和“几号强奸犯”等字眼称呼的情况。2005年7月2日，叶集公安分局向叶集实验学校发出建议函，建议学校对该6名学生予以表扬。但是，李海峰等6名同学及其家长认为，这种做法不足以弥补此事对他们造成的伤害。遂于2005年8月2日，以侵犯肖像权、名誉权

为由向法院提起诉讼，把叶集公安分局、安徽电视台和叶集实验学校告上了法庭。他们要求法院判令三被告向6原告公开赔礼道歉、恢复名誉、消除影响，并向6原告各支付精神抚慰金10万元，共计60万元。

被告叶集公安分局辩称：我局2005年4月13日晚的整个辨认活动符合法律程序，并无不妥之处；被告安徽电视台播放涉案新闻是为了社会公共利益，并不构成侵权；我局是在接受采访时被动提供涉案录像材料，安徽电视台播放该录像前未征得我局同意，我局没有侵犯李海峰等6原告的名誉权、肖像权，6原告要求精神抚慰金的请求无法律依据。

被告安徽电视台辩称：李海峰等6原告的陈述与事实不符。我台本着尊重事实的原则对客观发生的事件进行报道，没有侮辱、诽谤6原告的内容。播放新闻时，虽然没有对6原告的影像作画面处理，但对真正的犯罪嫌疑人朱某某的影像作了处理，并突出了朱某某按手印的画面。因此，我台的行为没有侵犯6原告的名誉权和肖像权，亦未造成不良影响。

被告叶集实验学校辩称：本校是应被告叶集公安分局要求，由班主任带领李海峰等6名同学前往该局协助对犯罪嫌疑人进行混合指认的；被告安徽电视台播放现场指认录像，事先未告知我校，更未征得我校同意。6原告要求我校与其他2被告共同承担赔偿责任没有事实根据及法律依据。

合肥市包河区人民法院对该案经过审理后认为：根据我国《民法通则》的规定，公民享有名誉权、肖像权，公民的人格尊严受法律保护。被告叶集公安分局依法具有刑事案件侦查权，在侦破强奸犯罪刑事案件过程中，因侦查需要安排原告李海峰等6名未成年人协助参与混合指认过程并拍照、录像，该行为本身并不违反法律规定。但在混合指认这一侦查活动终结后，在向安徽电视台提供相关新闻资料时，叶集公安分局应当认识到，同时也有义务提醒电视台在播出时，要注意对图像进行相关技术处理，以保护6原告的合法权益。但叶集公安分局未尽到该义务。安徽电视台作为新闻机构，也应当在新闻报道中注意保护他人的合法权益，但在播放涉案新闻时，对犯罪嫌疑人朱某某的脸部画面作了某种程度的技术处理，反而忽略了对6原告的脸部画面进行处理，使6原告的脸部未加遮掩直接显示于屏幕。尽管播出时间较短，也足以使对6原告熟悉的人从电视画面上将6原告认出。同时，由于电视这种大众传媒方式覆盖面非常广泛，该新闻内容传播到社会上产生了广泛影响。又由于电视台播出该新闻时未对6原告协助公安机关进行混合指认的情况加以特别说明，使得不特定的群众产生误解，导致6原告被他人冠以“强奸犯”的称谓，其社会评价被严重降低，产生了一定的损害后果。对于该损害后果的发生安徽电视台和叶集公安分局主观上均存在过错，其行为侵犯了6原告的名誉权，应当对其侵权行为所造成的损害后果承担民事赔偿责任。

《民法通则》第100条规定，公民享有肖像权，未经本人同意，不得以营利为目的使用公民的肖像。因此，构成侵犯肖像权需要符合两个要件：一是未经许可使用公民的肖像，二是以营利为目的。被告安徽电视台和叶集公安分局均非以营利为目的使用李海峰等6原告的肖像，故不构成对6原告肖像权的侵犯。

被告叶集实验学校应被告叶集公安分局的要求，指派老师带领李海峰等6原告到该局配合进行相关刑事案件的侦破，行为并无不当。对叶集公安分局在指认过程中拍摄、录像的行为，叶集实验学校既无权干涉，也无法预见该影像资料会被新闻媒体不恰当地传播，被告安徽电视台播出涉案新闻前亦未通知叶集实验学校，故叶集实验学校的行为不构成对6原告侵权。

据此，合肥市包河区人民法院于2005年10月17日作出一审判决：

一、被告安徽电视台和叶集公安分局向原告李海峰等6名同学公开赔礼道歉，以消除影响、恢复名誉。二、被告安徽电视台与被告叶集公安分局共同向李海峰等6原告各支付精神抚慰金6000元，合计36000元。三、驳回李海峰等6原告对被告叶集实验学校的诉讼请求。

叶集公安分局不服一审判决,向安徽省合肥市中级人民法院提起上诉。主要理由是:1.我局是被动接受采访而提供包括录像资料在内的新闻材料,是履行法制宣传义务,主观无过错。安徽电视台至案发当地采访,拍摄了学校、犯罪现场,并来我局调取案件第一手资料。我局除全面客观介绍案情外,还应记者要求提供了相关录像资料,目的并非供电视播放,而是为记者、编辑全面了解案件情况,保证新闻准确无误。安徽电视台如播出我局提供的录像资料,应征得我局同意,但该电视台未尽上述义务。一审法院以本局有特别提醒义务为由判令本局承担侵权责任,无事实和法律依据。2.安徽电视台在未征得我局同意的情况下对录像进行剪辑播出虽有不妥,但其播出的内容能使观众清楚辨别李海峰等6个被上诉人不是犯罪嫌疑人,其播出目的是为弘扬正气,揭露犯罪,宣传法制,具有阻却违法性。总之,我局行为不构成侵权,请求二审法院依法改判。

合肥市中级人民法院受理该上诉案后,于2006年3月15日作出终审判决。

合肥市中院在终审判决书中特别指出:上诉人叶集公安分局以配合新闻工作,履行法制宣传义务为由,称自己无过错,是对法律上"过错"这一概念的误解。民法上的过错既包括故意,也包括过失。行为人主观上具有良好的意图,并非意味着行为人一定没有过错。播放法制节目,其目的正如叶集公安分局所称是弘扬正气,揭露犯罪,是为了法制宣传的需要。但在本案中,宣传法制与保护未成年人的合法权益并不矛盾。对于涉及未成年人的特殊案件,在制作成面向广泛的、不特定的受众播放的新闻节目时,对未成年人的形象加以技术处理或者在节目中予以特别说明,并不会因此而影响宣传法制、弘扬正气的效果。参与指认的公安人员知晓并理解混合指认的内容,不会因为与案件无关的人参与指认而认为其就是犯罪嫌疑人,不会因此导致这些无辜的人的社会评价降低。但是,叶集公安分局将混合指认录像资料交给电视台时,未尽特别提醒义务,导致李海峰等6被上诉人的脸部画面未经任何技术处理,即通过新闻传播到不特定的受众处，且该新闻节目亦未就此作出特别说明。观看新闻的普通群众，并不一定知晓混合指认这一特定侦察手段的具体内容，因此有人公开指责6被上诉人未成年即犯下恶劣罪行，并冠以“强奸犯”的称谓，导致6被上诉人社会评价的降低，发生名誉权受损的后果。故叶集公安分局配合新闻媒体进行法制宣传的正当性不构成免除其在本案中所应承担民事责任的法定事由。

电视台是面对大众的新闻传媒机构。最高人民法院《关于审理名誉权案件若干问题的解释》中规定：被动向新闻媒体提供新闻材料，但发表时得到提供者同意或者默许，致使他人名誉受到损害的，应当认定提供者的行为构成侵害名誉权。在本案中，叶集公安分局在接受安徽电视台“第一时间”栏目采访时，将混合指认的录像资料交给电视台而未作任何特别说明，是对电视台播出该资料的一种默示行为。安徽电视台自身在新闻报道中的过失，不构成免除叶集公安分局民事责任的法定事由。

据此，合肥市中级人民法院终审判决：驳回上诉，维持原判。（注：本案所涉及当事人姓名均为化名）

本案的实质是违反了未成年人保护法。媒体在新闻报道中公开使用公民的肖像不会侵犯公民的肖像权，但如果是负面报道则不得使用未成年人的肖像，这是未成年人保护法明确规定了的。叶集公安分局在侦破案件中要求学校派出学生协助进行混合指认，并拍照、录像。这样的做法于法有据，不存在侵权问题。但在向新闻媒体介绍案情或者提供指认过程的录像资料时，作为执法部门理应提醒其注意遵守未成年人保护法的规定，这是自己应尽的注意义务，但他们却忽略了，显然是保护未成年人权益的观念不强。而安徽电视台在这起事件中，懂得把真正的嫌疑人的面部影像做遮掩，却没有把帮助指认的6位无辜的同学的肖像做处理，这显然不是不懂法，而纯粹是工作失误。因此，两被告辩称自己没有侵权的理由是站不住脚的，法院的判决毫无疑义是正确的。

此外，本案的侵权行为虽然发生在电视台播放的影视节目中，但和出版物中的肖像图片的侵权是一个道理。假如同样内容的图片要用在出版物中,出版者也必须将未成年人的脸部肖像做遮盖处理。否则,就会像本案中的叶集公安分局和安徽电视台一样,承担法律责任。

第三节　隐私权审查

出版物中的图片有时还可能涉及个人隐私问题。我国《民法通则》虽然把隐私权作为名誉权的一部分予以保护,没有单独规定隐私权,但在此后最高人民法院发布的有关贯彻实施《民法通则》的各项法律中,都明确规定了对公民个人隐私的保护。因此,出版者在审查图片的侵权问题时,必须注意防止侵犯公民隐私权。

一、使用个人隐私图片必须获得许可

图片涉及隐私的情况,主要是个人的裸体照或者是涉及男女间私生活方面的照片。由于隐私权是一种自主性很强的权利,个人再隐秘的东西,只要本人愿意公开,就不存在侵权之虞。比如近些年来有人专门出版自己的裸体写真,像这种获得权利人许可授权出版的人体画册,是不存在侵权之虞的。但是,如果不经本人同意,擅自使用涉及个人隐私图片的,就属于侵权行为,有的甚至还会给当事人造成意想不到的损害后果。比如——

案例64 女模特诉徐芒耀、辽宁美术出版社侵权案

1995年,21岁的田敏(化名)被中国美术学院(以下简称美院)选中,与院方签订了《合同制模特工作协议》,约定"配合教师完成课堂的教学任务","按基本工资和课时工资计算报酬"。同时,美院为保护模特的隐私权,对模特实行统一管理,还为田敏取了此一艺名。1995年底,美院为了创作教学示范画,确定由教授徐芒耀带领几名研究生进行创作。在课堂上,田敏裸体侧身站立,另一女孩裸体坐着,经过近两个月的精心绘制,这幅名为《双女人体》的油画终于完成。画中的两位少女形态逼真,栩栩如生。据田敏后来说,当时另一位姑娘曾担心地问:"画得这么像,会不会被人认出?"徐芒耀当即承诺说:"放心,我不会拿出去的。"可是,徐芒耀没有信守承诺。

1999年,辽宁美术出版社为出版《一代画风》画册,向徐芒耀征稿,徐芒耀遂将《双女人体》一画向辽宁美术出版社投稿。2000年辽宁美术出版社出版了《一代画风》,其中第65页刊载了《双女人体》整幅画作,第66页刊登了《双女人体》画作的局部,即田敏的侧面头像。该画册印刷2000册,由新华书店渠道发行。与此同时,徐芒耀还在浙江美术出版社出版了名为《徐芒耀油画解析》的个人画册,其中也收入了《双女人体》一画。《双女人体》画被公开出版的这些情况,使当时正处于热恋中的田敏突然间遭到了沉重打击。

原来,田敏在美院干了两年后由于谈对象而辞去了模特工作,和男朋友一起开了一家小店。到2001年4月,在两人相恋5年准备结婚之际,有一天,男友突然提出要和她分手。原来,男友在新华书店看到《徐芒耀油画解析》画册时无意间翻到了印在书中的那幅《双女人体》油画,画中侧身站立的裸女田敏让他惊得目瞪口呆。田敏虽然苦苦解释,但男友

终因不能接受她的过去而决然离去了。由此,田敏在美院当过人体模特的事也传开了。一个女孩子当众把衣服脱光让人家照着画,谁都认为这是一件伤风败俗的丑事。在人们的冷嘲热讽之中,田敏一家承受着巨大的压力,他们对这幅裸女画的出版不能接受。

2001年5月,田敏把徐芒耀教授和浙江美术出版社告上法庭,要求收回画册,停止侵害,并赔偿精神损失费50万元。之后,在法院的调解下,双方达成和解,由徐教授和浙江美术出版社赔偿田敏精神损失费2万元。这场官司之后,田敏本以为事情结束了,内心逐渐恢复了平静。然而几个月后,人们又在辽宁出版社的《一代画风》画册中看到了田敏的裸体画,一时间还引起当地各新华书店的热销。这使田敏再一次遭到打击,她的精神彻底崩溃了。自己的隐私被公开,爱情破灭,又受到众人的指指点点,使她从此不敢出门。在忧虑、恐惧的重压之下,田敏整天情绪抑郁,不想见人,曾欲割腕自杀,幸被及时救回。经省第一医院诊断为心因性抑郁症。

2001年10月,为了阻止女儿的裸画继续流向市场,也为解决疾病治疗费用,田敏的母亲以严重侵犯肖像权为由,向上海市徐汇区人民法院提起诉讼,把徐芒耀和辽宁美术出版社告上法庭。请求法院判令两被告:立即停止侵害,收回《一代画风》一书;当庭口头向原告赔礼道歉并保证以后不再发生类似侵权行为;赔偿原告精神损失费和财产损失费各5万元,合计10万元。

2002年1月,徐汇区人民法院开庭审理此案。第一被告徐芒耀辩称:原告是被聘用的职业模特,为《双女人体》画作原型是其自愿并取得了报酬;作品完成后作者对该画享有著作权,有权发表该作品,无需征得原告同意;被告也未向原告作出过不公开发表该画的承诺;而且在作品上未注明模特儿的姓名、住址,其隐私已得到了保护,故未侵犯原告肖像权。另外,原告曾以同样的理由向杭州市中级法院起诉并已获得赔偿,原告不应以同样的事由重复起诉,故要求驳回原告诉讼请求。

第二被告辽宁美术出版社辩称:肖像反映的是每个人的独有特征,而

《双女人体》画是经过画家艺术加工后的少女形体的再创作,与肖像有本质区别,不符合侵犯肖像权的要件。此外,我社在向作者征稿时,在合同中明确规定,对作品的合法性由作者审查,因此,即使存在侵权,也应由作者承担,我社不应承担任何法律责任。

在案件审理过程中,徐汇区法院委托上海市精神卫生中心司法医学鉴定室对田敏的精神状态进行鉴定,并评定其行为能力。鉴定诊断为:田敏正处于抑郁症的患病期,目前应评定为无民事行为能力。

2002年8月,徐汇区法院对该案作出一审判决。法院认为:徐芒耀擅自将载有原告人体肖像的《双女人体》一画向辽宁美术出版社投稿,并以此取得稿酬,超出了美院与田敏签订的《合同制模特工作协议》规定的范围,构成了对原告肖像权的侵害;被告辽宁美术出版社对涉及他人肖像权利的出版物未尽审核义务,与被告徐芒耀共同侵害了原告的肖像权,两被告应当共同承担相应的民事责任。关于原告曾以《徐芒耀油画解析》一书侵害其肖像权为由起诉并已由杭州市中级人民法院调解结案一事,由于该案与本案诉讼主体不同,且原告起诉亦非基于同一事实,故对被告徐芒耀主张的本案系重复主张权利的观点不予采纳。据此,法院判令:被告徐芒耀、辽宁美术出版社停止对原告田敏肖像权的侵害,并以口头方式向原告田敏赔礼道歉;辽宁美术出版社要停止销售并收回《一代画风》画册;两被告共同赔偿原告田敏精神损失费人民币2万元。

一审判决后,徐芒耀不服,向上海市第一中级人民法院提起上诉。

2003年1月,上海市第一中级人民法院作出终审判决:驳回上诉,维持原判。

本案是一起侵犯公民隐私权的典型案例,但原告田敏却以侵犯肖像权为由向法院起诉,其原因在于:肖像权、隐私权和名誉权都属人格权。在通常情况下,侵害模特的隐私权,必然也侵害模特的肖像权和名誉权,而法律对这三种权利所涉及的人格利益的保护是趋同的。所以,当事人可以选择其中一种起诉,获得的法律保护和逐一列举三种权利是一样的。

另外，一幅画作上往往承载着几种权利:有被画人的肖像权，有画家的著作权，还有画的所有权。这三种权利同时并存,要行使其中任何一项权利都应当取得其他权利人的许可。本案中，画家徐芒耀未经许可就行使了别人的肖像权乃至隐私权,他用自己的著作权来对抗他人的肖像权，这是没有道理的，其行为构成侵权是毫无疑义的。

二、摄影图片的“公众视野”原则

图片中涉及隐私最多的是摄影作品。由于创作方式的便利和快捷，摄影者的镜头可以在一瞬间把任何景象逼真地再现出来。现代社会，媒体为了吸引读者的眼球，对于涉及个人隐私、尤其是涉及名人和明星们隐私的视图，总是来者不拒，争相炒作。这就使得摄影类图片，常常成为侵犯个人隐私的高发区。为此，对摄影图片侵犯隐私问题，应当予以特别地关注。

摄影图片防止侵犯个人隐私，必须正确掌握“公众视野”原则。所谓“公众视野”，原是国外摄影行业规则中的一个概念，后被国内法院运用到部分案件的审判中，现已为我国法律界所承认。它的字面意思是指公众能自然地看得见的范围，而作为摄影行业一项规则，它是指摄影者可以对公众能看得见的范围内的人和物体，进行自由的拍摄而不侵犯个人肖像权和隐私权。在“公众视野”下，摄影者甚至可以拍摄身处私家庭院中和呆在自家屋子里的人，但不能使用加长镜头或者通过爬树、钻地沟拍摄私人房间、院落及其中的人物。实际上，我国法律中已有与此相近的规定，如著作权法第22条第10项为，“对设置或者陈列在室外公共场所的艺术作品进行临摹、绘画、摄影、录像”，属于合理使用，可以不需经过著作权人的许可，也不用向其支付报酬。这里的“公共场所”，其实与“公众视野”规定的范围相同，只不过前者仅指对公共场所的艺术作品进行自由地摄录，没有包括对人的拍摄。而“公众视野”这一概念，等于对“公共场所”的人的拍摄问题作出了明确界定。因此，“公众视野”既是拍摄活动必须遵守的行为规范，也是出版者界定图片是否涉及隐私的重要原则。

一般说来，如果图片中拍摄的是“公众视野”范围内的人的活动，不侵犯个人隐私，而如果拍摄的是“公众视野”范围以外的人的活动，就存在侵犯隐私的可能。比如前一阵子，媒体上出现某某男运动员与某女明星进入饭店的镜头，还有某某女运动员在某豪宅前下车的画面。由于这些图像都是在“公众视野”下拍摄的，所以并不侵犯隐私权。再如，一对青年男女在街边相拥热吻。本来，男女间的这类行为在中国人的观念里，一般属于隐私的范畴，但眼下，青年男女既然在公共场所这样做，表明他们并没有把它看作是一种私秘的事。因此，这样的画面如果要在刊物上使用，需要考虑的是获得肖像权的使用许可，而不存在侵犯隐私权的问题。

当然，任何事情都有例外，并不是说“公众视野”下的任何拍摄都不会涉及隐私。比如，欧美国家曾经发生过裸体抗议事件。这样的事件无论是报道时事新闻，还是维护社会公共利益，拍照录像都是可以的。但在拍摄时，应当对裸体者身体的私密部分做适当的遮挡或技术处理，尤其是媒体在刊登这类图片时，更要注意这一点。有些事不违法并不意味着不违理，遵纪守法的同时，还要坚持职业道德。

生活中类似的特殊情况是经常会发生的。比如，网络上曾经炒作过这样一件事。一天夜里 11 点左右，某城市一位林小姐(化姓)刚刚与朋友约会后出来，独身一人站在街边的牌坊旁的人行道上等朋友开车来接。这时候，突然一辆出租车“嘎”的一声在她不远处停下，一位中年司机急匆匆地从车上奔下，快速跑到路边，解开裤子就要小便。可能是憋得太难受了，他全然没有顾及到一位女士就站在他旁边。林小姐惊讶羞愤之余，下意识地举起手中的相机，对着该司机的不雅行为拍了一张照片。闪光灯一闪，中年司机一愣，等他明白过来是怎么回事时，赶紧穿好裤子，冲着李小姐就骂了几句粗话，并要求她将所拍到的画面立即删除。但林小姐不理睬他的要求。两人为此争执起来。中年司机指责林小姐侵犯隐私权，林小姐则说他违反社会公德应当让媒体曝光。后经夜巡至此的城管执法人员调解双方才得以平息。双方在这一纠纷中的焦点是该女士拍摄的照片怎么处理。应当说，在公共场所任何人都有拍照的权利。但该照片确实存在侵犯隐私的问题，尤其是要在出版物刊登时，必须对撒尿者的隐私处作技术处理，否则，就是侵犯隐私权。

第五章 05

在签订许可使用合同中防止侵权

ZAIQIANDINGXUKESHIYONGHETONGZHONGFANGZHIQINQUAN

Chapter five

我国著作权法第二十四条规定："使用他人作品应当同著作权人订立许可使用合同。"所谓许可使用，是指著作权人许可他人在一定期限、一定地域范围、以一定方式使用作品的法律行为。著作权的许可使用是一种"授权使用"，是著作权的临时性转移，是著作权人行使权利的一种方式。而著作权许可使用合同，是指由著作权人许可他人按照约定的期限、范围、方式使用作品并向使用人收取使用费而订立的合同。

许可使用合同有多种形式。常见的有出版合同、表演合同、录制合同、改编合同、翻译合同、播放合同、发行合同等等。按照著作权人授权使用范围的不同，许可使用合同还有专有使用合同和非专有使用合同之分。所谓专有使用合同，是指被许可人享有专有使用权的合同。获得专有使用权的人，有排除包括著作权人在内的一切其他人再行使该项被许可使用权的权利。而在非专有使用合同中，被许可人只获得非专有使用权。非专有使用权获得者，无权禁止著作权人行使该项被许可的权利，也无权禁止著作权人再许可第三人行使该权利。

第一节　报刊与图书使用合同方式的异同

报、刊与图书对合同的使用方式是有明显不同的。我国著作权法实施条例第二十三条规定："使用他人作品应当同著作权人订立许可使用合同。许可使用的权利是专有使用权的，应当采取书面形式，但是报社、期刊社刊登作品除外。"实施条例的这一规定表明，出版图书应当和著作权人签订许可使用合同，也即图书出版合同，但报社、期刊社不在此例。根据著作权法第三十二条的规定，报社、期刊社对于著作权人主动投寄的稿件，无需与其订立许可使用合同，只需在决定采用后通知作者并支付稿酬即可。这是由作为新闻媒介的报、刊的工作特性决定的。双方实际上采用的是一种特殊的默示形式合同。即由一方如报、刊社发出征稿的合同要约，另一方如著作权人按照其征稿启事的要求做出投稿的行为以示承诺；发出要约方如采用投寄的稿件，双方的合同关系成立，如不采用，双方的合同关系就不成立。但是，除了作者的主动投稿外，对于不是作者投寄的作品的使用，报社、期刊社则应当和著作权人订立口头的或书面的许可使用合同。

一、报刊在哪些情况下应当与作者签订许可使用合同

报社、期刊社在什么情况下应当与作者签订许可使用合同呢？具体地说，有以下五种情况：

一是约稿。即报社、期刊社主动约请作者提供某一方面或某一内容

的特定稿件，应当和作者订立合同。而且只要条件允许，最好订立书面合同，就作品的各项具体要求，如篇幅、字数、交付时间以及付酬方式、付酬标准等，作出明确约定。也有的时候并非就特定作品，而是就特定作者的约稿，这也应当签订合同。比如，2003 年 8 月，《读者》杂志为了拓展稿源，得到更多优秀的首发稿，为刊物的发展奠定坚实的基础，曾经与在当代中国文坛具有相当高的知名度的百名作家、作者签订作品使用协议。请他们优先为《读者》杂志供稿。

二是刊登或者连载已经出版的作品。报纸、期刊为满足读者不同的阅读需求，需要选择某些已经出版的作品的部分或全部予以刊载或连载。这种情况必须获得作者许可并订立口头的或书面的许可使用合同。如果限于条件只能以口头方式订立合同，要注意需有确切的证据支持，否则，就应当订立书面合同。比如，前述的《读者》杂志在与国内百名著名作家、作者签订作品使用协议时，除了请他们提供首发稿，还就他们已经发表或出版的作品的使用作出约定。这样的书面协议，为他们日后方便地使用这百名作家或作者的作品，提供了合法的依据。

三是使用互联网上的作品。随着互联网技术的普及，互联网上的作品数量越来越大，内容越来越丰富。但按照我国《信息网络传播权保护条例》的规定，报纸、期刊对于发表在互联网上的作品，不享有法定的转载、摘编的权利。如果使用，需向作者发出使用要约，在得到作者许可使用的承诺后方可使用。不经作者许可擅自使用网上作品，属于侵权行为。比如，本书案例 15 常宇诉现代快报社著作权侵权一案，就是这方面的教训。常宇将自己创作完成的小说《风往南吹》，首先上载到“黄金书屋中文网站”发表。后又于 2002 年 1 月将该书在中国工人出版社正式出版，作者署名为“淹死的鱼”。2002 年 4 月，江苏南京现代快报社主办的《现代快报》，未经作者许可，从“黄金书屋中文网站”上下载了小说《风往南吹》，在保留原小说的主要情节、人物、冲突和构思等精华部分的基础上，将作品删改到剩约 5 万字。分 24 期在《现代快报》上进行了连载，作者署名仍为“淹死的鱼”。结果被常宇发现后告上法庭。2002年底，经南京市中级人民法院一审判决：现代快报社除向作者公开赔礼道歉，还要赔偿经济损失5万元。现代快报社不服，又向江苏省高级人民法院提出上诉，但被江苏省高级人民法院终审判决：驳回上诉，维持原判。这就是不经作者许可，擅自使用网上作品的教训。

在这个问题上，还有一种错误做法是，有的报刊社图省事，以与网站签订的相互使用作品协议来代替作者的许可，这也是不对的。网站和报刊只享有其编发的作品整体的汇编权，至于单个作品的著作权，仍然属于作者，没有获得作者的许可是不能使用的。

四是使用作者有特别承诺的稿件。有的作者为了让自己已经出版的作品在报刊上再次刊登，以扩大自己的知名度，有时会向报、刊社做出不要稿酬的承诺，而一些报、刊社为图便宜，或出于照顾关系、情面等因素，常常会答应作者的要求。对此，一定要注意签订文字合同，要把不付稿酬的承诺明确写入合同中，以防过后双方发生纠纷。同样，也会有作者以不要稿酬为条件要求刊物发表其作品。这样的情况也要签订文字性的合同，决不能相信无证据的口头承诺。类似的侵权官司实际中发生不少，报刊出版者应当引以为戒。

五是对刊登的投稿要另行使用的。不少报刊喜欢搞刊物的年度合订本。这种合订本如果是作为资料内部留存使用的，无需征得作者同意，如果要公开出版发行，这属于另行使用，就要获得作者许可，订立许可协议。时下不少刊物有自己的网站，在其纸介质刊物出版的同时，其网络版也同步推出，这种情况可以不订合同，但应当在征稿启事中予以说明或者公告说明。而对于刊物将刊登的作品经过一定的选择后汇编出书，更要注意获得作者的许可，履行签约手续，否则属于侵权行为。

此外，现在不少数据库制作者以期刊刊登作品的全文为收录对象，汇编制作成光盘等电子出版物。他们为了方便，常常找期刊社签订一份使用许可合同了事。而期刊社也不作认真考虑就在其出具的合同书上签字同意，过后还在自己刊物的封面上标明："中国学术期刊(光盘版)入编期刊"、"中国学术期刊综合评价数据库来源期刊"、"中国期刊网入编期刊"等等的字样，以示刊物的学术地位或"荣耀"。实际上，数据库使用刊物上刊登的作品，既涉及期刊社对刊物整体享有的汇编作品著作权，还涉及刊登作品原作者的著作权，期刊社在这之前如果没有获得作品原作者的许可，就侵犯了原作者的著作权。刊物要使自己的这一行为有合法性，就应当征得作者的同意，与作者签订许可使用协议，获得作品的专有使用权。或者，根据我国《合同法》的规定，采取默示合同的形式，在刊物上刊登出合同要约性启事，只有在这样的情况下收到的作者稿件，才是获得了作者的默示许可，此后许可数据库制作者使用刊物的汇编作品才不构成侵权。

二、出版图书必须签订书面出版合同

我国《著作权法》第二十九条规定："图书出版者出版图书应当和著作权人订立出版合同。"著作权法的这一规定表明，与报社、期刊社不同，出版社出版图书，不管是否是作者的主动投稿，都必须和作者签订图书出版合同。所谓图书出版合同，是指著作权人将其作品的复制与发行两种权利许可出版社在一定范围和期限内以约定的形式使用，由出版社承担复制与发行费用，并向著作权人支付报酬的协议。

《著作权法》第三十条又规定："图书出版者对著作权人交付出版的作品，按照合同约定享有的专有出版权受法律保护，他人不得出版该作品。"著作权法的这一规定表明，出版社通过和著作权人签订出版合同获得的专有出版权，是一种受到法律保护的权利。这种专有出版权具有三个法律特性：一是享有专有出版权的出版社有排除其他出版者使用该作品的权利，其他出版者不得再以同种方式使用该作品，其他报刊也不得以同种文字在同样地区刊登该作品。二是享有专有出版权的出版社有排除著作权人使用该作品的权利。著作权人将出版权许可出版社使用后，其本人也不得再使用该作品，这项权利完全由该出版社独占。三是出版合同中约定的专有出版权，只是许可使用，不是转让。著作权人只是许可出版社使用该项权利，出版社并无对该权利的处分权；出版社如要将该作品再许可第三人使用，必需取得著作权人的明确授权。与专有出版权相对应的非专有出版权，一般是指被许可使用人有权以某种特定方式使用该作品，但无权排除其他人以同样方式使用该作品的权利。著作权人可以同时授予多人以某种特定方式使用该作品，而且著作权人本人也可进行这种使用。

对于出版社，能否获得著作权人对出版其作品的授权，是关系其出版行为是否合法的大事。具体地说，获得的是专有出版权或非专有出版权；以及获得权利的使用范围，如大陆范围还是包括港澳台或全世界；获得权利的种类，如是纸介质出版还是同时包括电子版及信息网络传播等；获得权利的期限、使用多长时间等。种种这些事项，都必须通过签订图书出版合同作出明确约定，否则，涉及这些事项的出版行为就没有法律依据，就属于违法侵权行为。比如——

案例65 赵华川、赵成伟诉天津古籍出版社侵权案

1998年10月，一个叫周子俊的人找到天津古籍出版社第二编辑部，自称他是作者赵华川、赵成伟的委托代理人，来联系图书出版事宜。周子俊向编辑部出示的委托书上，没有两位作者的任何签名和印章，可以说是一份空白委托书，可出版社对此却没有太在意，他们当时在意的主要是书稿。周子俊要求出版的是一部叫《旧时儿戏》的书。该书采取图文结合的形式，每页以一种老北京的儿童游戏，如“抓阄”、“拔萝卜”“吹唐人儿”等为主题绘制图画，再配以相关的文字说明，全书共含图画218幅，

是一部有图有文的连环画类图书，第二编辑部对书稿表示认可。于是，当月的28日，他们就与周子俊签订了《旧时儿戏》一书的出版合同。该合同约定：甲方周子俊将《旧时儿戏》书稿交乙方天津古籍出版社进行终审，乙方保留该书五年的版权权益；该书出版的投入资金全部由甲方负责，乙方不承担任何费用……。该合同中未就稿酬问题作出约定。

1999年春，天津古籍出版社出版了《旧时儿戏》一书。书的版权页上标明：天津古籍出版社出版，新华书店天津发行所发行，作者赵华川、赵成伟，1999年3月第一版第一次印刷，印数1-3000册，定价19.8元。书出版之后，被作者赵华川、赵成伟发现，随及找出版社和有关部门交涉。原来，赵华川、赵成伟二人只是托周子俊帮助联系出版事宜，并未授权其代理出版该书。而且周在出书之后，也未向两作者支付稿酬。为此，两作者向北京市版权局投诉，控告周子俊侵犯著作权。经过北京市版权局版权处的调解，周子俊代表出版社向两位作者支付了3000元的经济补偿。

天津古籍出版社以为这场风波从此就没事了。2001年8月，他们又再版重印了该书，印数为3001-8000册，定价15.8元。2002年4月，两位作者在北京市宣武区的中国书店买到了第二版的《旧时儿戏》一书。2002年6月，赵华川、赵成伟就《旧时儿戏》一书的稿酬问题与天津古籍出版社进行交涉，天津古籍出版社到此刻仍未意识到应与作者补签出版合同，更不想支付报酬。2002年11月，赵华川、赵成伟二人向北京市第一中级人民法院提起诉讼，把天津古籍出版社和中国书店告上了法庭。两位作者指控天津古籍出版社未经他们授权，擅自出版发行《旧时儿戏》一书，严重侵害了其著作权，请求法院判令二被告停止侵权行为，并由天津古籍出版社赔偿原告损失65400元。

天津古籍出版社对此辩称：案外人周子俊持原告书面授权与我社商谈并签订了《旧时儿戏》一书的出版合同，1999年2月原告已接受了周子俊就《旧时儿戏》一书第一版向其支付的3000元报酬，这应当视为原告已经认可了我社与周子俊订立的出版合同。所以，我社对该书的第二次印刷发行没有违反合同。此外,即使合同无效,原告也只应得到印数稿酬或我社的第二次印刷所得。请求法院驳回原告的诉讼要求。

北京市第一中级人民法院对该案进行审理后,于2003年3月20日作出了一审判决。法院认为:根据查明的事实证明,赵华川、赵成伟是《旧时儿戏》一书中218幅美术作品的著作权人,其依法享有的著作权应受到保护。被告天津古籍出版社称,周子俊在与其签订出版合同时曾出具了原告的书面授权,但其陈述并无相应的证据予以佐证,故可以认定,其未经原告许可使用原告作品出版图书的行为,侵犯了原告的著作权。

关于原告接受3000元经济补偿一事,由于两原告并未与被告天津古籍出版社签订图书出版合同,故该款的性质既不是稿酬也不能作为计算稿酬的标准。同时,原告接受这一补偿的行为不能视为对出版合同的认可。亦不能证明原告已经许可被告出版该书。但作者未在法律规定的诉讼时效内向被告主张权利,可视为《旧时儿戏》一书第一版的纠纷双方已经解决。然而,被告天津古籍出版社继续在未签订合同的情况下再版重印该书,构成二次侵权,必须承担法律责任并赔偿经济损失。

被告中国书店在诉讼中向法院提交了一份"天津古籍出版社批销业务清单",证明其销售《旧时儿戏》一书具有合法的进货渠道,法院认为其尽到了必要的注意义务,不承担侵权赔偿责任。

据此,法院判决:天津古籍出版社立即停止出版发行《旧时儿戏》一书(第二版),赔偿原告赵华川、赵成伟经济损失30500元并承担全部诉讼费用。一审判决后,双方均未提起上诉,判决生效。

本案中天津古籍出版社的根本问题,就是对签订合同的重要性认识不足。《旧时儿戏》一书的第一版,已经由于他们轻率地与一个没有获得著作权人授权的中间人签订出版合同而给作者作了赔偿,可过后出版该书的第二版时仍然不和作者补签合同,以为付出3000元的补偿就无需再签合同了,其合同法律观念的淡薄,令人吃惊。市场经济就是法制经济,出版活动的每一环节都不能脱离政策法律的轨道。出版者的任何一项出版行为,如果没有与著作权人签订的合同作依据,就等于失去了法律的保证,其后果当然是不言而喻的了。

三、许可使用合同一经订立必须严格执行

根据《合同法》的规定,当事人订立合同,有书面形式、口头形式和其他形式三种。书面形式一般是指当事人双方以合同书、书信、电报、电传、传真等形式达成协议。口头形式是指当事人面对面地谈话或者以通讯设备如电话交谈达成协议。而其他形式合同,主要是根据当事人的行为或者特定情形推定合同成立,也可以称之为默示合同。此类合同是指当事人未用语言明确表示成立,而是根据当事人的行为推定合同成立。以上三种合同,不管是哪一种形式的,一旦订立,都具有法律效力,签约双方必须严格执行。否则,会受到法律的惩处。比如——

案例66 章彦诉云南女性大世界杂志社侵权案

付济然是《女性大世界》杂志社的编辑。2002年2月6日,她代表杂志社找到中国外交部信使司主任章彦,约他为杂志社拍摄外国风光、人物照片供刊物使用。为此,双方商议之后还签订了合同。合同约定:章彦向杂志社提供埃及、英国风光、人物方面内容的图片59张,其中反转片25张,负片34张;杂志社拟订于2002年4月在《女性大世界》期刊上使用上述图片,并应注明作者姓名;杂志社应于2002年5月前归还章彦提供的所有图片;杂志社应于2002年5月前向章彦支付费用,每张80元;未经章彦本人授权,杂志社不得以其他任何方式保存、使用或授权第三方保存、使用章彦提供的所有图片;鉴于章彦照片系国外拍照,机会难得,成本很高,杂志社应爱护使用妥善保管,如有遗失或严重损坏应按负

片每张50元、正片每张5000元赔偿。该合同载明:甲方章彦;乙方《女性大世界》,代理人付济然。合同末尾由章彦、付济然签名,但未加盖杂志社公章。

合同签订后,章彦将25张英国风光、人物摄影作品的反转片交与付济然。杂志社在2002年4月下半月的《女性大世界》第126至131页中将上述作品与另一作者李卫的摄影作品一同使用,署名为章彦、李卫,但未对二人各自的作品分别加以注明。

2002年5月21日,付济然在退还已使用的作品时,章彦发现25张珍贵的反转片均有划痕并被涂胶,胶片遭严重损坏。付济然解释是印制人员不注意造成的。章彦为此拒收胶片,并提出赔偿要求。付济然为章彦出具了损坏证明。

2002年12月,章彦向北京市海淀区人民法院起诉了《女性大世界》杂志社。章彦诉称:2002年,我与《女性大世界》杂志社签订摄影作品许可使用合同,由我提供自己拍摄的国外摄影作品供杂志社发表。我一再强调其珍贵价值,要求杂志社保存好正片胶片,不得损坏。双方在合同中约定,如杂志社遗失或损坏我提供的摄影作品,须按每张正片5000元,每张负片50元的价格进行赔偿。杂志社发表我的摄影作品后,我发现胶片均遭损坏。此外,杂志社在发表我的作品时侵犯了我的独立发表权。故诉至法院,请求判令杂志社:1.赔偿我损失125,000元;2.对侵犯我独立发表权的行为在期刊上予以纠正,并赔礼道歉;3.承担我支出的律师代理费5000元。

被告《女性大世界》杂志社辩称:我社不同意章彦的诉讼请求。1.章彦出示的合同没有我社公章,也无法定代表人签名,不能证明是我社与其签订的,我社不知道有这份合同;2.章彦与付济然签订的合同对我社不发生法律效力,付济然没有代理我社签订合同的代理权,应由其自行承担责任;3.按照法律规定,杂志社刊登作品不需与作者签订书面合同,如果作者对所刊登的作品有特殊要求,确需签订书面合同,则应当与杂志社签订合同，此时合同才能对杂志社发生法律效力，与编辑个人所签合同，对杂志社不发生法律效力；4.章彦主张我社侵犯其独立发表权不成立，发表权是作者对作品决定是否公之于众的权利，我社没有侵犯该权利。故请求驳回章彦的诉讼请求。

北京市海淀区人民法院经过审理后，于2003年8月20日对该案作出了一审判决。法院认为：我国合同法规定，行为人没有代理权、超越代理权或者代理权终止以后以被代理人名义订立合同，相对人有理由相信行为人有代理权的，该代理行为有效。此条是表见代理之规定。本案中，杂志社虽主张付济然的行为已经超越职务范围，但对章彦而言，付济然是代表杂志社而非以个人名义向其约稿，合同的条款均围绕杂志社对图片的使用及损害后果而设立，故章彦有理由相信付济然有权代理杂志社与其设立合同。从合同的履行结果看，杂志社使用了涉案作品，并在使用后交由付济然处理支付稿酬、退还胶片等善后事宜。由此可知，付济然以杂志社名义完成了约稿、发稿、支付稿酬等行为。章彦有理由相信其是依职权而为，故其在合同订立过程中不存在过错。付济然代表杂志社与章彦签订的图片许可使用合同合法有效。表见代理制度的设立侧重保护相对人的利益，就本案而言，杂志社应按照协议约定对图片损害的后果承担赔偿责任，由此给杂志社自身造成的损害是其内部管理问题，不能作为拒绝向章彦赔偿的理由。

此外，杂志社在刊登涉案作品时，未经许可将章彦独立创作的作品与其他作者的作品混同使用，将章彦与其他作者一并署名，易引起属于共同作品的误认，因此章彦要求更正的请求应予支持。

据此，一审判决：一、被告云南《女性大世界》杂志社赔偿原告章彦损失12.5万元；二、被告云南《女性大世界》杂志社在《女性大世界》杂志上刊登更正声明，明确为原告章彦的作品独立署名。案件受理费4110元由被告云南《女性大世界》杂志社负担。

《女性大世界》杂志社不服一审判决，2004年2月13日向北京市第一中级人民法院提起上诉。北京市一中院经过审理后，认为一审法院的判决认定事实清楚，审理程序合法，适用法律正确，应予维持。2004 年 5 月 20 日，北京市第一中级人民法院终审宣判：驳回上诉，维持原判。

本案《女性大世界》杂志社，面对损毁反转片的巨大赔偿责任，借口其编辑付济然与作者签订的合同，没有杂志社领导签字并加盖杂志社公章，企图以此推卸责任不履行合同约定的条款，结果遭到了法院的驳斥，不但照赔不误，而且还要登报更正，并支付全部的诉讼费用。这是其不履行合同义务的必然结果。

需要说明的是，本案中涉及到了合同法中规定的表见代理制度。所谓表见代理，实质上是无权代理，是广义无权代理的一种。是指行为人以本人的名义与第三人进行民事行为，行为人自身虽然没有代理权，但只要存在足以使第三人相信其有代理权的事实和理由，那么，该行为人的代理行为就应当按有效的代理来看待，在此情况下，所签订的合同就应当是有效合同。合同法的这一规定，有利于保护善意第三人的利益，维护交易安全。具体到本案，付济然的行为虽然超越其职务范围，但对章彦而言，付济然是代表杂志社而非以个人名义向其约稿，合同的条款都是围绕杂志社对图片的使用及损害后果而设立的。再从合同的履行结果看，杂志社使用了涉案作品，并在使用后交由付济然处理支付稿酬、退还胶片等善后事宜。由此可知，付济然以杂志社名义完成了约稿、发稿、支付稿酬等行为，章彦有理由相信其是依职权而为，所以，章彦在合同订立过程中不存在过错，章彦的利益理所应当得到维护。这体现了法律的公平和公正。

其实，《女性大世界》杂志社的根本问题是出在自己的内部管理上。编辑不经社领导批准不得擅自和作者签订合同，使用作者摄影胶片不得造成损坏，作为一个出版单位在内部管理上这应当是有制度规定的。可该杂志社显然在这方面没有下足功夫，以至于出了问题。但是，以自己内部管理上的问题作为对外不履行合同义务的借口，那是说不过去的。

另外还需要注意的一点是，不但是类似《女性大世界》杂志社这种已经订立的书面合同要严格执行，就是没有书面字据的口头承诺，只要有证据证明双方合同关系成立的，也应当严格执行，否则，同样要受到法律的惩处。比如——

案例67 郭大龙诉购物导报社侵权案

2002年下半年，《购物导报》编辑项晖向北京市自由摄影师郭大龙约稿，请他为《购物导报》写稿、拍摄照片，并承诺稿酬为：说明文字千字100-150元，摄影图片每张100-150元，封面摄影作品另计。

嗣后，郭大龙以笔名"郭盖"的名义向购物导报社提供了34幅摄影作品和两篇文字作品，均被《购物导报》刊载。其中2002年12月19日，《购物导报》第40版刊载郭大龙摄影作品5幅；2003年1月23日，《购物导报》第23版、第34版、第35版、第40版、第41版分别刊载了郭大龙摄影作品27幅(含一幅封面摄影作品)、文字作品两篇，即《不明身份的生存》(约5600字)、《那些纸灯》(约400字)；2003年2月27日，《购物导报》第24版、第26版各刊载郭大龙摄影作品1幅。这些作品刊载后，双方在支付稿酬标准上发生了争执。郭大龙要求按当初项晖承诺的标准支付，报社编辑部则以个人承诺不能算数，应以编辑部统一规定标准执行。

2003年8月6日，郭大龙找到项晖，要求其就当初承诺的付酬标准出具证明后，向北京市第二中级人民法院提起诉讼，把《购物导报》的主办单位购物导报社告上了法庭，请求法院判令被告购物导报社按当初约定数额支付摄影作品稿酬4400元、文字稿酬877元及相关经济损失300元，并要书面向其道歉。

购物导报社在向法院提交的答辩状中提出两点辩驳理由：一是承认该报社确实使用了原告所主张的摄影作品及文章，但这些作品的署名都是"郭盖",而不是郭大龙,原告应证明自己的身份;二是稿酬标准应由编辑部确定,原告主张的稿酬标准过高。请求法院依法公正判决。

北京市第二中级人民法院对该案审理后查明,郭大龙向法庭提交的北京市美术家协会会员证上载明"姓名郭大龙、笔名郭盖",会员证上有郭大龙的照片,并盖有钢印。郭大龙提交的中国高新技术产业导报工作证上载明"姓名郭盖",并附有郭大龙的照片。

2003年9月12日,北京市第二中级人民法院作出一审判决。法院认定:原告郭大龙的笔名是郭盖,《购物导报》上刊载的34幅摄影作品及《那些纸灯》、《不明身份的生存》两篇文章的署名均为"郭盖",在购物导报社向郭大龙约稿在先、且没有提供证据证明"郭盖"另有其人的情况下,本院确认郭大龙是上述作品的作者,其依法享有的著作权受法律保护。

法院认为:法律、行政法规规定或者当事人约定采用书面形式订立合同,当事人未采用书面形式但一方已经履行主要义务,对方接受的,该合同成立。本案购物导报社依其与郭大龙的口头约定在其《购物导报》上刊载了郭大龙提供的摄影作品和文字作品虽然没有同著作权人郭大龙订立书面许可使用合同,但郭大龙已经如约履行了自己的全部义务,故双方订立的著作权口头许可使用合同成立,且内容不违反法律规定,应认定合法有效。依法成立的合同,对当事人具有法律约束力。当事人应当按照约定履行自己的义务,不得擅自变更或者解除合同。购物导报社在使用了郭大龙提供的作品后没有在合理期限内向郭大龙支付稿酬属违约行为,应当承担继续履行的民事责任。现郭大龙要求购物导报社支付的稿酬并没有超出双方口头约定的数额,本院予以全额支持。原告提出的要求被告支付300元相关经济损失的诉讼请求,因其未提供相应证据予以证实,本院对此不予支持。原告要求被告书面道歉的主张没有法律依据,本院亦不予支持。据此,一审判决:一、被告购物导报社向原告郭大龙支付稿酬5277元;二、驳回原告郭大龙的其他诉讼请求。案件受理费

233元，由被告购物导报社负担。

购物导报社不服一审判决，向北京市高级人民法院提出上诉。北京市高院经过审理后，认为购物导报社关于一审法院全额支持郭大龙的稿酬请求，不符合相关法律规定的上诉理由不能成立，对其上诉请求不予支持。2003年12月17日，北京市高级人民法院对该案作出终审宣判：驳回上诉，维持原判。

本案充分证明了合同约定的严肃性。俗话说“一诺重千斤”，合同法的基本原则之一就是诚信。因此，报刊出版者一定要教育自己的编辑，必须树立诚信观念，在向作者约稿时不可随意许诺；而一旦许诺了，就要兑现。不能以个人不能代表单位、编辑不能代表编辑部等说法推脱责任。著作权是以约定优先为原则的。说话不算话，既违反合同法的诚实守信原则，也影响自己的社会形象。这不是社会主义新闻媒体应有的品格。购物导报社的教训，应当为所有报刊出版者汲取。

第二节 合同主体资格的审查

所谓合同主体，指的是签订合同的双方当事人。它是合同约定的权利的享有者、义务的履行者、法律后果的承担者。不管签订任何一种合同，首先要审查对方当事人的主体资格是否合格。对方当事人的主体资格不合格，不但签订的合同无效，而且会使自己上当受骗，落入合同陷阱。

书、报、刊出版者使用合同最多的是出版社，出版社常用的许可使用合同是图书出版合同。根据《著作权法》第29条关于“图书出版者出版图书应当和著作权人订立出版合同”的规定,图书出版合同的两方合法主体是出版者和著作权人。单就出版社而言,与其签订出版合同的著作权人,其主体资格是否合格,必须进行审查。这是出版活动能否合法有效进行的前提和关键。

一、审查合同主体的著作权人资格

当前,出版社在签订图书出版合同时,普遍地注意了对合同当事人的著作权人资格进行审查,但在审查中,常常存在审查不“到位”、审查力度不够的问题。

根据著作权法的规定,著作权人分两类:一类是创作了作品的作者;另一类是依据著作权法享有著作权的公民、法人或者其他组织。著作权法的这一规定表明,不仅仅是只有作者可以享有著作权,就是没有进行创作的公民、法人或者其他组织,在一定的条件下也可以享有著作权。比如,“由法人或者其他组织主持,代表法人或者其他组织意志创作,并由法人或者其他组织承担责任的作品,法人或者其他组织视为作者”的法人作品,著作权完全由法人或者其他组织享有;而“主要是利用法人或者其他组织的物质技术条件创作,并由法人或者其他组织承担责任的工程设计图、产品设计图、地图、计算机软件等职务作品”,作者只享有署名权,作品的其他著作权则由法人或者其他组织享有;受委托创作的作品,委托人和受托人可以通过合同约定, 著作权由不进行创作的委托人享有;公民、法人或者其他组织还可以通过签订著作权转让合同成为著作权人,也可以通过继承或接受他人馈赠成为著作权人。此外,根据作者人数的不同,一部作品可以有一个著作权人,也可以有多个著作权人;根据作品是原创还是演绎,又有原创著作权人和演绎著作权人之分。因此,著作权人享有著作权的情况是多种多样比较复杂的,出版者在进行著作权人资格审查时,必须根据作品的种类和形式,进行认真细致地审查。在审

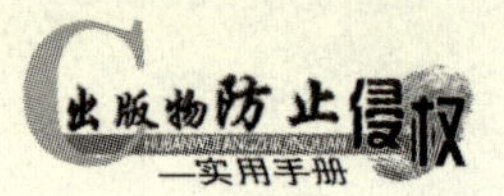

查中，要特别注意做到如下三条。

1. 要考察了解作者并作当面交流

作品的著作权属于作者，这是著作权法确定的一条基本原则。但是，对于作者享有著作权的作品，其合同当事人是否真正是创作了作品的作者，必须进行审查。怎么审查呢？

首先，要了解掌握作者的基本情况，如工作单位、职业、专长、家庭住址、联系电话、电子邮箱以及身份证号码等；如果合同主体是法人或者其他组织的，则要记录其单位名称、法人代表姓名以及联系人姓名和联系方式等。这是最基础的工作。其次，要注意考察了解作者的专业知识水平、学术研究方向及文字修养，分析其是否胜任作品的创作以及有无进行创作的客观条件等。第三，一定要面见作者并与其当面进行交流，以了解作者对作品内容和创作情况的熟悉程度，达到进一步考察了解的目的。有的出版者只满足于对作者身份、职业等基本情况的了解，不注意对作者的专业能力和创作情况的考察，甚至不见作者就签订合同。这种做法必然给作弊者留下可乘之机，导致合同当事人主体资格出问题，以至于使自己陷入被动而吃官司。比如——

2002年7月，北京天之杰文化发展有限公司的委托代理人找到甘肃文化出版社，联系洽谈一部名为《中国古代女子全书》的书稿的出版事宜。据来人介绍，该书是其公司总经理穆志山策划，聘请李振林、马凯两位作者编撰的。书稿共分8卷，每卷约25万字，共约200万字。内容主要是展现中国古代女子文化、命运、习俗、规范、衣饰等生活的全貌。该书稿经出版社审读，认为具有出版价值，但为了慎重起见，他们在新浪网和搜狐网上进行了搜索，并查阅当时的《中国新闻出版报》和《读书》、《中国出版》等刊物，得知该书从未出版。他们又向来人询问了解两位作者的情况，被告知《中国古代女子全书》的作者李振林和马凯是北京师范大学的教授和讲师。他们要求对方出具了作者李振林和马凯的委托代理书和身份证，并收取了1万元的书号管理费。此后，当年的8月6日，在民族出版社编辑彭学云自愿担保的情况下，甘肃文化出版社与作者李振林、马凯的代理人北京天之杰文化发展有限公司签订了图书出版合同。2003年10月，经北京世图印刷厂承印，《中国古代女子全书》正式出版。印数2000册，每册定价为1280元。

2006年5月，甘肃文化出版社突然收到北方工业大学教授史仲文的传真信件。信中称：甘肃文化出版社出版的《中国古代女子全书》，经其阅读比对，基本上是抄袭他主编的《中国古代女子全书》一书的侵权之作，要求甘肃文化出版社立即停止侵权，说明侵权图书的出版经过及解决办法。

原来，《中国古代女子全书》是在1992年时，由史仲文任总策划和总主编，组织中国社会科学院历史研究所研究员梁满仓、北方工业大学教授顾建华、北京大学教授颜品忠等6人成立编著班子，历经3年的时间编写完成的。书稿完成后，他们与北京的一位出版代理人王小兵签订了《委托出版合同》，然后将书稿交付王小兵联系出版。其后，王小兵虽然从出版社取得8本书的书号，设计制作了8本书的封面和其中两卷的样书，但在开印之前资金出现问题，由此不得不放弃了出版。

甘肃文化出版社收到史仲文的来信后，深感震惊。他们立即与北京天之杰文化发展有限公司联系，得知其已改名为北京润知文化公司，几经周折之后，他们找到了还在销售该书的润知文化公司，要求其停止销售并说明书稿来源，同时对市场上的书进行回收。随后，又派一名副社长前往北京面见史仲文教授表示道歉，并就侵权问题进行协商，但由于双方差距过大，没有达成一致意见。

2006年12月，史仲文一纸诉状将甘肃文化出版社告到兰州市中级人民法院。要求法院判令被告停止侵权行为，赔偿经济损失160万元及合理支出费用13万元，并在北京出版的5家全国发行的报刊上登载不少于3次的致歉声明。

兰州市中级人民法院受理立案后，法官远上北京进行调查。结果发现，北京润知文化公司早已歇业，而北京师范大学人事部门出具的材料证明，该校教职工队伍中没有李振林和马凯两人。无奈，兰州法官根据两人当时留给出版社的身份证复印件，寻求当地户籍部门的帮助，结果在北京找到了只有高中学历、靠打零工生活的李振林。李振林告诉法官，自己当时在润知公司销售部工作，有一天，公司负责人穆志山让他在几份证明材料上签字，并拿走了他的身份证复印件，当时他什么也没敢问，后来才知道自己的名字被印在了书上。同时，兰州的法官还在河北省找到了马凯，马凯的回答与李振林如出一辙，只不过马凯当时在润知公司是一名司机。

2007年10月10日，兰州市中级人民法院开庭公开审理此案。根据被告甘肃文化出版社的申请，法院依法追加李振林、马凯、彭学云和北京天之杰文化发展公司为本案第三人，通知其到庭参加诉讼，但他们当日均未到庭应诉。法庭当庭公布了法官远赴北京调查的结果。

在庭审中，原告史仲文的代理律师列举了3组19件证据，其中包括各分册主编梁满仓、张占国、顾建华、谢保成、颜品忠和颜吾芟等六人的证词和原始书稿打印件，但这些证据在质证阶段均遭被告代理律师的逐一驳斥。

被告甘肃文化出版社主要提出三点辩驳理由：一是原告不具有诉讼主体资格，因为涉案书共分8卷，各卷均有作者，史仲文在各卷作者未授权的情况下，擅自为其他人主张权利于法无据。二是说涉案图书的作者李振林和马凯在他们给出版社出具的授权书中，郑重声明《中国古代女子全书》为本人编著，授权甘肃文化出版社出版此书，并称此书如有任何版权问题，愿意承担一切法律责任，所以，涉案书即使构成侵权，责任也不在被告一方。三是强调自己尽到了合理注意义务，不是侵权人，也没有实施侵权行为，所以原告的诉讼请求没有法律依据，法院不应支持。

法院经过审理还查明，与被告甘肃文化出版社签订出版合同的天之杰文化公司，在北京工商行政管理部门根本没有登记注册，润知文化公司也早已停业。而曾任润知公司总经理的穆志山证明，甘肃文化出版社出版的《中国古代女子全书》书稿，是他们花了3万元向别人买来的。另外，甘肃文化出版社在进行出版前资格审查的时候，只审查了穆志山、李振林、马凯等人传来的证件，而没有见过人。

2007年12月30日，法院对该案作出了一审裁定。

法院在裁定书中指出：著作权法所称的创作，是指直接产生文学、艺术和科学作品的智力活动。创作作品的公民是作者，著作权属于作者。为他人创作进行组织工作，提供咨询意见、物质条件，或者进行其他辅助工作，均不视为创作。史仲文主张其是《中国古代女子全书》即《女儿规》、《女儿情》、《女儿容》、《女儿妆》、《女儿品》、《女儿俗》、《女儿医》、《女儿刑》八卷书的作者，其所举证据为上述八卷书的具体创作者即各卷作者的证明，以证明史仲文为《中国古代女子全书》的主编。史仲文还提交了上述八卷书的校对稿，以证明其作品的原貌。但他在举证期限内及开庭审理中均未能提交该八卷书的原始书稿，不能证明在各分卷作者交给他书稿后，他在各分卷作者所创作内容的基础上进行了新的创作，存在独创性的智力贡献。史仲文认为，他作为该书的策划者、组织者，进行了作品的选题、遴选书目、拟定书目以及拟定各卷书名，编写作品体例，并制定了作业规范，但未能举证证明他做了上述工作，且在各分卷作者内容的基础上，也未能举证证明他付出了创作性劳动，形成了独立的表达形式。史仲文将不同作者的作品用来编辑出版，就整个出版物而言，专为出版之需，对作品进行纯技术性的编辑加工，但并未赋予作品本身新的表现形式，也不属于合作创作行为。故史仲文以《中国古代女子全书》作者的身份起诉被告出版社侵犯其著作权证据不足，本院不予支持。为此，兰州市中级人民法院驳回了史仲文的诉讼请求。

本案中的甘肃文化出版社对著作权人的资格审查是重视的。在合同签订之前，他们不但上网查询了相关媒体报道的信息和资料，了解有无与《中国古代女子全书》相同或相似的作品出版或发表，还了解了著作权人的工作单位、职业情况，并索要了作者的身份证复印件。应当说，这些做法是必要的、正确的。但他们的审查却到此为止就不再深入了，这就不对了。身份证、工作单位和本人职业等情况只能证明其本人的真实存在，至于作品是否为其创作，还必须进行更深入的考察，尤其注意要与本人见面，进行必要的交流和沟通，方能有较大的把握。否则，一旦遇上南郭先生与李鬼一类的假冒者，就很难识破其庐山真面目。因此，那种不考察了解作者，也不与作者见面，单凭对方出示的身份证、工作证之类的东西就相信著作权人资格没问题，贸然签订合同的做法，绝对是一种蠢人、糊涂人的做法，一旦遭遇造假者，十有八九会落入骗局。在本案中，甘肃文化出版社虽然由于史仲文的诉讼主体资格不合格而被法院驳回，从而使自己逃过一劫，但这种教训太深刻了，值得所有出版者警惕。

特别应当指出的是，在著作权人资格审查这一点上，我们应当向兰州市中级人民法院学习。他们在本案的审理过程中，尽管史仲文出具了3组19件证据，包括了与涉案的《中国古代女子全书》八卷分册书的6位创作者出具的证明，以及原始书稿打印件，以证明他是该书总主编、总策划的著作权人资格，但是，法院却并没有据此就认定他享有该书著作权，而是进一步审查他是否实际参与了该书的创作。由于他举不出证明其实际参与创作的证据，法院就不承认他的著作权人资格。这种对著作权人资格审查的精确和认真态度，实在值得每一个出版者学习。

2. 当事人必须是受全体著作权人委托的代表

作品的著作权，有的是由一个人享有，有的则由多个人(包括法人和其他组织)享有。对于有多个著作权人的作品，出版者在签订出版合同时要注意，对方当事人必须是受全体著作权人委托的代表。就是说，对方当事人必须出具其他著作权人的委托授权书，证明其具备代表全体著作权人行使权利的资格。否则，就可能侵犯其他著作权人的权利，从而导致侵权纠纷的发生。比如——

《精彩龙脊》著作权纠纷案

1999 年，广西龙胜县委、县政府要编写出版一本反映龙脊梯田风光和龙脊历史文化的书，责成县旅游局具体负责组织编写工作。这年的 10 月，县旅游局在确定了创作提纲和具体的写作篇目后，召集潘鸿盘、黄钟警、吴金敏等 13 人开会，按照创作提纲和写作篇目进行分工后，要求他们各自采访、收集素材，并在 2000 年元月 10 日前完成创作任务交稿，同时指定黄钟警负责总体设计、统稿和润色工作。

2000 年 3 月，全部稿件完成后，确定书名为《精彩龙脊》。旅游局将稿件编辑油印成册，并将油印本分发给作者及其他相关人员。该油印本《精彩龙脊》的封面署名为龙胜县旅游局，全书共分 16 篇，每篇收录若干文章，每篇文章后均有作者署名，后记中再次提到潘鸿盘等 13 位作者的名字。2001 年 4 月，龙胜县旅游局根据撰写字数给 13 名作者分别支付了 100 元、400 元不等的稿酬。后因龙胜县旅游局人事变动和经费原因，该书的出版事宜被搁置下来。

2004 年 10 月，黄钟警、吴金敏携龙胜县旅游局的授权书和《精彩龙脊》油印本，经与书海出版社洽谈后，双方签订了一份图书出版合同，约定出版《精彩龙脊》，著作权人为黄钟警、吴金敏，单位是广西龙胜县旅游总公司银水侗寨；作者署名：黄钟警、吴金敏主编。

合同签订后，黄钟警又将《精彩龙脊》油印本内容和一批反映龙脊风光和民族风情的摄影照片刻制成光盘交给书海出版社。2005 年 5 月，《精彩龙脊》出版，印数5000 册，每册定价 30 元。书海出版社按约定将 3500

册《精彩龙脊》以每本 20 元的价格出售给吴金敏和黄钟警。

《精彩龙脊》出版后，潘鸿盘等 9 人发现书的目录和每篇文章中未署作者名字，且后记遗漏廖仕贵、廖国的名字，认为其署名权等著作权受到侵害，遂与黄钟警、吴金敏、书海出版社进行交涉。书海出版社负责《精彩龙脊》一书的责任编辑在给潘鸿盘等 9 人回信中作了道歉。随后，书海出版社列出一份稿酬计算表，向 13 位作者发放了稿酬。潘鸿盘等 9 人认为，黄钟警、吴金敏与书海出版社的侵权行为是严重的，仅仅支付稿酬不足以弥补他们的损失。遂于 2006 年 5 月，向桂林市中级人民法院提起诉讼，把黄钟警、吴金敏与山西人民出版社告上了法庭（书海出版社为山西人民出版社副牌社，不是独立法人单位，其对外进行民事活动的权利义务由山西人民出版社承担），指控 3 被告共同侵害了他们的署名权、发行权、发表权、修改权，请求法院确认 3 被告签订的图书出版合同无效；责令立即停止侵权，收回全部侵权作品；在报纸上连续 3 天向潘鸿盘等 9 人赔礼道歉；赔偿经济损失 5 万元；承担案件诉讼费及其他相关费用。

桂林市中级人民法院审理后认为，《精彩龙脊》的著作权属于龙胜县旅游局，书中的有关篇章著作权属于作者，有权获得报酬，但两位主编和出版社没有侵权，图书出版合同有效，判决山西人民出版社向潘鸿盘等 9 位作者支付报酬共计 5350.8 元，支付潘鸿盘等 9 位作者的合理开支 1 000 元，驳回潘鸿盘等 9 人的其他诉讼请求。

潘鸿盘等 9 原告不服一审判决，随及向广西壮族自治区高级人民法院提出上诉。

自治区高院审理后认为：龙胜县旅游局是《精彩龙脊》一书的汇编人，依法享有汇编作品的著作权。潘鸿盘等 9 名作者对《精彩龙脊》一书中各自撰写的文章单独享有著作权。县旅游局编辑出版《精彩龙脊》一书虽符合潘鸿盘等 9 名作者的初衷，但黄钟警、吴金敏作为 13 名作者中的成员，未征得潘鸿盘等其他 9 名作者的同意，以自己的名义编辑出版了《精彩龙脊》一书，违背了潘鸿盘等 9 人的意愿，构成对潘鸿盘等 9 人著作权的侵犯。根据法律规定,一旦出版物发生侵犯他人著作权的情况,出版者无论是否有过错,都应承担民事责任。在我国,出版者应尽的合理注意义务是一项法定义务,而非约定义务。出版者不能通过在出版合同中与作者约定侵权免责条款而免除自己的责任。书海出版社在得到《精彩龙脊》初稿时就明知该书稿包含有潘鸿盘等9名作者的文字作品,对初稿中的署名方式也是明知的,但在未核实该9名原作者是否同意出版其作品的情况下,与黄钟警、吴金敏共同改变了初稿中的署名方式,将《精彩龙脊》予以出版,书海出版社未尽到合理注意义务,其过错是明显的。

据此, 自治区高级人民法院作出终审判决:3被告应立即停止出版、发行《精彩龙脊》一书;在《桂林晚报》上刊登道歉声明一次;赔偿潘鸿盘等9名作者经济损失1.2万元和合理开支2000元等。

本案中的书海出版社当初收到的书稿《精彩龙脊》一书的油印本,本来就清清楚楚标明汇编著作权人为龙胜县旅游局, 内文中的16篇汇编作品又均标有13位原作者的姓名,可是他们在与黄钟警、吴金敏二人洽谈出书事宜的过程中,仅仅审查了龙胜县旅游局出具的授权书就与其签订了出版合同, 而对方本应当出具的其他11位原作者的授权书却没有提及,并且迎合黄、吴二人的名利私心,不给其他原作者署名。这种明知对方的著作权人资格存在问题,却图省事、心存侥幸地以为没事的做法,必然给自己埋下隐患。结果,最终还是出了事,招致了多么大的麻烦。

类似书海出版社的这类情况,在各类演绎作品及合作作品中是常有的情况,出版者绝不可轻易地放弃自己的审查职责。这里,特别应当提出注意的是作者已经去世的作品。按照著作权法的规定,作者去世后其著作权要按继承法转移,这样一来,本来只有一个著作权人的个人作品,可能一下子变成有许多个著作权人的作品。在这种情况下,出版社如果还像书海出版社那样马虎大意, 不能严格把关, 必然引发侵权纠纷。比如——

案例70 吴思欧等诉上海书画出版社、吴元京等侵犯著作权案

早在20世纪30年代就与著名绘画大师张大千齐名，当时号称“南吴北张”的吴湖帆，在1968年的“文化大革命”中去世后，留下了大量书画文字作品。2000年初，上海书画出版社决定出版《吴湖帆书画集》，他们联系到了吴湖帆先生的一个孙子吴元京，并于当年11月，以出版社为甲方、由“吴湖帆家属”为乙方签订了一份《协议书》。协议书主要内容有：甲方于2000年12月出版《吴湖帆书画集》；乙方代表吴湖帆著作权的继承人（家属）授权甲方出版上述出版物等等。在协议签订时，出版社既未对吴湖帆现有继承人的确切情况进行审查，也未要求吴元京出具其他吴湖帆家属的授权书，就让吴元京作为“吴湖帆家属”代表在《协议书》上签了字。不久，《吴湖帆书画集》一书面世。该书画集共收录了吴湖帆创作的115幅书画作品、161项款识及部分书论，每本定价288元，印数为2000本。

2005年6月11日，已经87岁的吴湖帆长女吴思欧的一个孙子，在苏州市新华书店发现并购得了《吴湖帆书画集》一书。吴思欧对此感到非常吃惊，因为此前她对《吴湖帆书画集》的出版事宜一无所知。吴思欧询问了吴湖帆合法财产的其他继承人吴小威、吴小纯、吴小通、吴小进，四人都表示未授权其出版。吴小威、吴小纯、吴小通、吴小进还于当年10月30日函告上海书画出版社，要求其提供《吴湖帆书画集》中所有作品的出处，合法来源，以及是否有出版的合法授权，然而，上海书画出版社未予答复。

吴湖帆生前育有二子二女，分别是吴孟欧、吴思欧、吴述欧、吴德文。其中，吴孟欧、吴述欧、吴德文分别于1951年、2007年11月6日、2006年6月26日过世。这三子女各自的继承人中，吴孟欧之妻亦已过世，子女四

人，分别是吴小威、吴小纯、吴小通、吴小进。吴述欧之妻许厚娟，子女三人，分别是吴元方、吴元京、吴元文。吴德文之夫已过世，育有一子程仁。吴湖帆过世时，未留有遗嘱。按照法律规定，其所留画作的有形及无形资产，应由眼下在世的长女吴思欧及其他二子一女的后人吴小威、吴小纯、吴小通、吴小进、许厚娟、吴元方、吴元京、吴元文、程仁等共计10人继承。

2006年11月20日，吴思欧等10名吴湖帆的财产继承人以侵权为由，将上海书画出版社和苏州市新华书店告上了法庭，要求两被告公开道歉，并赔偿经济损失30万元。

苏州市中级人民法院受理该案后，被告上海书画出版社在提交的答辩材料中，包括了吴元京的父亲吴述欧出具的一份在上海市闵行区公证处做的公证书。内容是说，吴述欧本人于2006年9月8日确认其同意上海书画出版社出版《吴湖帆书画集》，其后因为年事已高，具体出版工作就由他的儿子吴元京负责联络协助。

2008年3月底，苏州市中级人民法院经过审理查明全部事实后，对该案作出了一审判决。法院认定，被告上海书画出版社在出版《吴湖帆书画集》一书过程中，未获得该书全体著作权人的有效授权，构成著作权侵权，依法应承担停止侵害、消除影响及赔偿损失等民事责任；而新华书店由于进货渠道合法，不承担侵权责任。据此，一审宣判：一、被告上海书画出版社立即停止出版发行《吴湖帆书画集》一书；二、被告上海书画出版社赔偿吴思欧等10原告人民币5万元整；三、驳回吴思欧等10原告的其他诉讼请求。

一审判决后，上海书画出版社不服，向江苏省高级人民法院提出上诉。其主要上诉理由是：根据上诉人与吴元京签订的《协议书》，吴元京是作为吴湖帆的家属代表在《协议书》上签字的，同时根据吴述欧先生的证明材料，吴元京是受其委托与上诉人联系《吴湖帆书画集》的出版工作。因此，一审判决认定吴元京是以其个人名义与上诉人签署上述《协议书》

是错误的。其次，根据我国民法规定，只有在共同共有人处分共有财产时，才需要协商一致，而共有人使用共有财产时，并不需要共同共有人协商一致。上诉人出版发行《吴湖帆书画集》，只涉及对作品的使用，并非对作品的处分，所以不需要所有共有人协商一致。退而言之，即使著作权的许可使用属于共有财产的处分，根据最高人民法院的规定，上诉人作为善意、有偿取得的第三人，其合法权益应当维护，对其他共有人的损失，应当由擅自处分共有财产的人赔偿。

江苏省高级人民法院经过审理后，于 2009 年 11 月 4 日对该案作出了终审判决。

江苏省高院认为：根据《最高人民法院关于贯彻执行＜中华人民共和国民法通则＞若干问题的意见(试行)》和《中华人民共和国著作权法》的相关规定，出版社作为专业出版单位，在理应知道吴湖帆作品的著作权由其继承人共同享有，且吴湖帆作品的继承人不止吴述欧一人的情况下，应当积极与其他继承人取得联系获得许可或者要求吴述欧及其代理人出具其他继承人的授权证明，但出版社并未提供证据证明其曾与其他继承人进行联系，亦未要求自称为“吴湖帆家属代表”的吴元京出具相关的授权证明，而只是与吴元京签订了版权授权合同，主观上存在过错。

关于吴元京与出版社签订出版合同时的身份问题。因涉案出版合同的乙方明确为“吴湖帆家属”，吴元京亦是以“吴湖帆家属”的代表而非其个人在合同上签字，结合吴述欧先生经公证的陈述内容以及出版社的陈述，可以认定吴元京是代表吴湖帆家属之一吴述欧在出版合同上签字，反映的是吴述欧先生的真实意思表示。因此，涉案出版合同应视为出版社与吴述欧所签，吴元京只是吴述欧的代理人。但是，吴述欧作为吴湖帆涉案作品著作权的共有人之一，在未与其他共有人进行协商并取得相应授权的情况下，自行以吴湖帆家属代表的身份与出版社签订出版合同属主体不适格，且出版社在签订涉案出版合同时对吴湖帆作品的授权许可亦没有尽到合理的审查义务，主观上存在过错，因此，涉案《吴湖帆书画集》的出版合同依法应认定为无效。

《最高人民法院关于审理著作权民事纠纷案件适用法律若干问题的解释》第十九条规定："出版者、制作者应当对其出版、制作有合法授权承担举证责任。举证不能的，依据著作权法第四十六条、第四十七条的相应规定承担法律责任。"本案中，因出版社提供的证据只能证明其出版行为得到了继承人之一吴述欧的同意，不能证明其出版行为亦得到其他继承人的许可或者其已对吴述欧的授权手续尽到合理的审查义务，故出版社出版涉案《吴湖帆书画集》侵犯了除吴述欧之外的其他继承人依继承法享有的著作财产权，依法应承担停止侵害、赔偿损失的民事责任。一审判决认定出版社侵犯了所有继承人依法享有的著作财产权不当，应予纠正。考虑到出版社涉案出版行为并不构成对吴述欧著作财产权的侵犯，亦不构成对吴述欧继承人的侵权，故吴述欧的继承人即许厚娟、吴元方、吴元京、吴元文不应纳入赔偿对象。据此，江苏省高院终审判决：一、维持江苏省苏州市中级人民法院(2006)苏中民三初字第0126号民事判决第一、三项及案件受理费部分；二、撤销江苏省苏州市中级人民法院(2006)苏中民三初字第0126号民事判决第二项；三、上海书画出版社赔偿吴思欧、吴小威、吴小纯、吴小通、吴小进、程仁人民币4万元整；四、驳回许厚娟、吴元方、吴元京、吴元文要求出版社承担赔偿责任的诉讼请求。

3. 对当事人出具的授权、协议或证明等材料必须认真审查核实

对合同当事人出具的授权、协议或证明等材料进行审查，是著作权人资格审查中一项少不了的工作。但在审查中，不少出版社对这些材料的内容看得不仔细，粗枝大叶地看一遍了事，认为只要表达了同意或许可出版的意思就行，至于该授权有没有前提、限制或保留，往往不予留意。这种习惯有的时候一样会酿成大错，招致大麻烦。比如——

案例71 汤加丽人体摄影写真侵权纠纷案

2001年3月28日，东方歌舞团舞蹈队演员汤加丽与北京盘子艺术摄影坊执行总监张旭龙签订《拍摄协议》,双方决定合作拍摄汤加丽的人体艺术摄影。在合作拍摄人体写真的过程中,双方都准备要出书,为此,张旭龙先后四次要求汤加丽为其写了肖像许可使用协议。当然,张旭龙也为汤加丽出具了同意其使用摄影作品用于出版的《授权书》。

汤加丽首先和美术出版社签订出版合同,于2002年底出版了《汤加丽写真》一书,引起轰动,获得丰厚报酬。但两人因在稿酬分配问题上闹翻,张旭龙两次把汤加丽告上法庭。最后,法院判决汤加丽赔偿张旭龙经济损失10万元人民币。可是,张旭龙自己也于2003年,以盘子·女人·坊的名义(甲方)与吉林美术出版社(乙方)签订《图书出版合同》。出版发行了《中国首位演艺员人体魅力摄影★看见记忆(1)、(2)》上、下的简装本及《汤加丽人体写真★看见记忆》精装本(以下统一简称《看见记忆1、2》)等4册图书。2004年2月21日,汤加丽在北京劳动大厦礼品部买到了这4册图书,并请北京市第二公证处对购买图书的过程进行了公证,然后向北京市朝阳区法院大屯法庭提起了诉讼。汤加丽诉称:由吉林美术出版社出版、北京劳动大厦有限责任公司销售的《看见记忆1、2》中使用了她的肖像,书的作者署名为张旭龙。但该书未经汤加丽同意,以营利为目的,擅自使用汤加丽肖像的行为,给她造成重大经济损失和精神伤害,要求赔偿损失51万余元,并公开赔礼道歉。

2004年10月21日,朝阳区法院大屯法庭开庭审理此案。作为被告的张旭龙在向法庭的答辩中表示,他出版《看见记忆1、2》一书是获得汤加丽的多次授权的,在与吉林美术出版社签订出版合同时,他亦向出版社提供了汤加丽授权的一份拍摄协议,出版社对此可以证明。同时,他在答辩状中又向法院提交了另外3份拍摄协议，以此证明他使用汤加丽的肖像是获得充分授权的。他没有侵权。吉林美术出版社在答辩中也声称其保存有汤加丽出具的肖像许可使用授权协议，他们尽到了审查义务，《看见记忆1、2》一书没有侵犯汤加丽的肖像权。

在庭审辩论中，原告方律师在向法庭提交了一份拍摄协议后指出：双方拍摄协议中约定的是，照片用于"人像摄影等专业学刊的发表、展出、出版"，这就是说，照片只能用于人像摄影等专业学刊，而被告却将照片用于图书出版，超出了约定的使用目的和使用范围。被告方律师则反驳说，协议上的原话明明有展出、出版等字样，这就意味着张旭龙不但可以在人像摄影等专业学刊上发表，同时也可以出版、展出，所以不存在侵权。

北京市朝阳区法院认为：公民依法享有肖像权，未经本人同意不得以营利为目的使用公民肖像。对于张旭龙提交的3份拍摄协议的真实性问题，鉴于汤加丽没有申请对签名进行笔迹鉴定，法院根据最高人民法院《关于民事诉讼证据的若干规定》中有关条款的规定，对该3份拍摄协议的真实性予以认可。而在这3份拍摄协议中，有2001年5月15日、2001年8月27日签的两份协议里，双方明确约定该次拍摄照片可用于"人像摄影等专业学刊的发表、展出、出版"，而非其他载体，现张旭龙在四本图书中使用汤丽肖像应视为未经授权，超出了许可使用的范围。法院还指出，双方提交的4份拍摄协议中均注明系"本次拍摄"，双方对讼争摄影专辑中均不能指明拍摄协议中所列具体照片，故张旭龙主张其出版的摄影专辑中使用的照片已获汤丽的授权，本院不予采信。

2005年6月21日，北京市朝阳区法院对该案作出一审判决：1.被告张旭龙、吉林美术出版社停止对《看见记忆1、2》上、下二册精装本及《看见记忆(1)、(2)》上、下简装本等4册图书的销售。2.被告张旭龙需在《中国摄影家》杂志上书面向汤加丽赔礼道歉。3.被告张旭龙赔偿原告汤加丽人民币30万元，吉林美术出版社对以上款项承担连带赔偿责任。4.驳回原告汤加丽的其他诉讼请求。

一审判决后，张旭龙不服，上诉至北京市第二中级法院。北京市第二中级人民法院经过审理后，于2006年2月17日作出终审判决：驳回上诉，维持原判。

本案中的吉林美术出版社，直到出庭应诉之时，仍然对打赢官司充满信心。他们的一位副总编曾在现场告诉记者，他们手里握有汤加丽的亲笔授权，他们根本不存在侵权的问题。看来，他压根儿就没有想到，这个授权是有范围限制的。这表明，他们对协议书里的内容，不但在签订出版合同时没有审查清楚，就是到了出庭应诉之前仍然没有细抠，以至于被判承担赔偿汤加丽30万元损失费的连带责任。这一粗心大意造成的严重后果，实在有点惊心动魄了。

对各种授权、协议或证明等材料不但要仔细审查清楚其文字内容，还要注意进行必要的核实工作。特别是对于没有经过公证或认证机构公证或认证的授权、协议或证明等，一定要和相关的公民、法人或者其他组织进行联系，以获得对方的确认。否则，一旦遭遇作弊者，就会上当受骗，落入陷阱。比如——

案例72 《美国金牌推销员的成功秘诀》一书作伪案

2002年11月15日，长安出版社与著作权人李伟签订《图书出版合同》，约定出版美国翻译作品《我的路——美国金牌推销员的成功秘诀》一书。2003年4月，该书由长安出版社正式出版发行。图书署名"孙奇译、乔·库尔曼著"。第一次印刷的印数为8000册，定价19.80元。2004年3月，该书又第二次印刷，此时将书名改为《美国金牌推销员的成功秘诀》，定价不变，标明的印数为5001－8000册。为扩大市场销售量，该书在上市之初，出版社曾经和著作权人相互配合，进行了大张旗鼓的炒作，媒体上宣传,搞研讨会造势,还编出许多故事,在报纸上连载刊登。可过不多久,不少专家和读者指责出版社作弊,斥责该书的书名、作者名全是造假。

原来,所谓的《美国金牌推销员的成功秘诀》一书,原作的名称是《How I Raised Myself From Failure To Success In Selling》,正确翻译成中文应为《我是如何从销售失败走向销售成功的》(以下简称《如何成功》)。作者是弗兰克·贝特格,著作权人为美国西蒙舒斯特(以下简称西蒙公司)公司。李伟在和长安出版社签订《图书出版合同》之前,压根儿就没有取得美国著作权人的许可,是译者孙奇剽窃英文原作,编译成中文,为掩人耳目,又改变书名,虚拟外国作者,伪造其授权,然后堂而皇之地以李伟之名和长安出版社签约出书。

2005年3月4日,国家新闻出版总署图书出版管理司发出了《对出版虚假信息图书情况进一步调查的通知》,将《美国金牌推销员的成功秘诀》一书确定为含有虚假信息的伪书,理由是"伪造外国作者,伪造国际知名媒体、人物的评论,伪造国外图书畅销信息……"。长安出版社至此才得知此书是译者伪造外国作者编写的,随即向各地新华书店发出通知,要求各新华书店停止销售该书。此后,各地新华书店陆续将该书退回出版社。2005年5月26日,长安出版社将421册《美国金牌推销员的成功秘诀》送到北京市国义福利造纸厂集中销毁。

到这一步,长安出版社的厄运仍未结束。2005年底,他们又被北京一对一公司起诉到了北京市第二中级人民法院,指控其侵犯一对一公司的专有出版权,要求赔偿经济损失7万元。

原来,2004年3月25日,一对一公司、方正出版社与美国西蒙公司签订合同,主要约定:西蒙公司将其拥有著作权的《如何成功》一书在全球(香港、澳门、台湾除外)的简体中文版的专有翻译、出版、印刷、销售的权利授予一对一公司及方正出版社,授权期限5年,期满后上述授权自动回归西蒙公司;本合同经双方签署及西蒙公司收到对方支付的1800

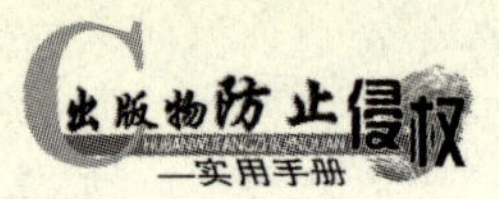

美元预付版税后生效；该书将使用方正出版社的书号，一对一公司是执行本合同的经济及法律实体。2004 年 5 月 25 日，一对一公司将该合同在北京市版权局进行了登记备案。2004 年 8 月 9 日，一对一公司向西蒙公司支付了 1800 美元预付版税。2005 年，正当一对一公司准备出版《如何成功》一书之际，发现北京市崇文分店销售了长安出版社出版的《美国金牌推销员的成功秘诀》一书，内容与他们取得中文简体字版权的《如何成功》一书基本一致，于是，经过调查取证，他们把长安出版社出版告上了法庭。

北京市第二中级人民法院对该案进行审理后，于 2006 年 11 月 22 日作出一审判决。法院认为：鉴于长安出版社对《美国金牌推销员的成功秘诀》一书的内容与原告取得授权的《How》一书内容的一致性不持异议，故在原告取得授权后，依据原告的主张，长安出版社应停止该书的复制、发行行为。在新闻出版总署图书出版管理司将《美国金牌推销员的成功秘诀》一书确定为含有虚假信息的图书之后，长安出版社已经停止了该书的发行，且长安出版社向各地新华书店发出通知，要求停止销售该书，各地新华书店亦将未售出的图书退回出版社。尽管原告从其他渠道再次购买到涉案被控图书，但该销售环节已非长安出版社所能够控制的范畴。因此，本院对原告要求长安出版社停止侵权行为的诉讼主张不再予以支持。基于长安出版社目前尚有库存的涉案图书，该出版社应将库存图书全部销毁。由于长安出版社出版涉案图书时，原告尚未取得相关权利，故原告要求长安出版社赔偿经济损失及合理诉讼支出的主张没有事实依据，本院不予支持。

据此，北京市二中院判决：一、被告长安出版社销毁库存的《美国金牌推销员的成功秘诀》一书；二、被告北京市新华书店王府井书店、北京市新华书店崇文分店立即停止销售《美国金牌推销员的成功秘诀》一书；三、驳回原告北京一对一管理顾问有限公司的其他诉讼请求。

本案中的长安出版社之所以先被新闻出版总署通报处罚，后又被告上法庭吃官司，造成这种结果的原因就在于，在签订出版合同时对合同当事人出具的翻译授权书只作审查不作核实。从原则上说，翻译、改编、注释、汇编等演绎作品，即使原作品的著作权人是国内公民、法人或其他组织，对其出具的授权书只要没有经过公证的，也应当进行核实获得确认，而对于从国外引进版权的作品，只要没有公证手续的，必须通过国家版权局所属的认证机构进行认证，方可确认其真实性。长安出版社当初对当事人出具的翻译许可授权不作任何核实就贸然签订合同出书，是疏忽还是故意，我们不得而知，但这种结果的必然性是确定无疑的。

二、审查合同主体的民事行为能力

根据《民法通则》的规定，实施民事法律行为的民事主体必须具备相应的民事行为能力，如果该民事主体没有民事行为能力，或者属于限制民事行为能力者依法不能实施的，该民事行为一律无效。这就是说，作为图书出版合同的甲方主体的著作权人，即使其著作权人资格没有问题，但是，如果其不具有相应的民事行为能力，其民事主体资格、也即合同当事人的主体资格仍然不合格。

所谓民事行为能力是指民事主体以自己的行为独立参与民事活动，并以此享有民事权利，承担民事义务的能力。民事主体的行为能力是以其享有权利能力为前提的。而民事权利能力是法律赋予民事主体享有民事权利和承担民事义务的一种资格。由于著作权人包括自然人、法人和其他组织，在实际中，这三类主体的民事权利能力和民事行为能力差别很大，是否合格，必须进行具体的审查。

怎么审查呢?

1. 自然人。法律上将自然人划分为完全、限制和无民事行为能力三种。根据《民法通则》的规定，年满 18 周岁，及 16 周岁以上不满 18 周岁、依靠自己劳动生活的公民均为具备完全民事行为能力的人，具备订立合同的主体资格。10周岁以上和不能完全辨认自己行为的精神病人为限制民事行为能力的人，只在与其年龄、智力、精神健康相适应的范围内，其作为合同当事人的主体资格才合格，超出这一范围，就不合格。而10周岁以下和不能辨认自己行为的精神病人为无民事行为能力的人，不具备签订合同的主体资格。因此，如果与限制和无民事行为能力的自然人签订出版合同，必须以其法定代理人为合同当事人。

2. 法人。法人不是以生命存在为特征的个人，而是个人联合或集体联合建立起来的社会经济组织。法人虽然都是经政府部门批准成立的，具有民事权利能力和民事行为能力，依法享有民事权利和承担民事义务的组织，但受其业务和经营范围以及承担能力等因素的限制，其民事行为能力也处在不断地变化之中。签订合同时需要求其出具政府管理部门颁发的法人营业执照，注意核对其名称、注册地及其业务范围或者经营范围是否与出版的作品相关联，还要出具其进行年审和年检合格的手续，防止其已经撤销或注销，丧失独立承担民事责任的能力。

3. 其他组织。根据最高人民法院《关于适用(中华人民共和国民事诉讼法)若干问题的意见》的规定："其他组织是指合法成立、有一定的组织机构和财产，但又不具备法人资格的组织。"比如经济行业中的私营独资企业、合伙型联营企业、外资企业、法人的分支机构及各种社会团体，这些都属于其他组织。而文化新闻行业中的文联、作协、各类报业集团、各种期刊编辑部，还有民间自行组合的某某编辑委员会、某某文化工作室、某某翻译公司等，这些也都叫其他组织。必须指出的是，这些形形色色的其他组织，有的是经过政府部门核准登记并依法领取了营业执照和社会团体登记证的，有的则是民间自发成立，并未依法核准登记。而凡是经过政府部门核准登记并颁发了营业执照和社会团体登记证的，都要求有合法的组织机构和活动场所、必要的注册经费等，所以是具有民事行为能力的。而没有经过政府部门核准登记的，往往不具备这些条件，其承担民事权利义务的能力就要大打折扣。这样，对其他组织的民事行为能力进

行审查时，既要审查其是否经过政府部门的核准登记，还要审查其营业执照或社会团体登记证当年是否经过政府部门的年度审验合格。凡是审查不合格的，其作为合同当事人的主体资格一定不合格。

从近几年来国内发生的各类出版合同纠纷案件看，由于合同当事人的民事主体资格不合格而引发诉讼的情况不少。其中，在国内出版合同的签订中，因自然人、法人不具有相应民事行为能力而导致主体不合格的相对少一些，而因其他组织不具有相应民事行为能力而导致主体资格不合格的相对多一些。这主要是出版社对于有关其他组织的法律规定了解不够，对其法律地位的特殊性也认识不足，以至于注意了对其著作权人资格的审查，却忽视了对其民事行为能力的审查，结果发生诉讼后由于对方当事人主体资格不合格而使自己处于极其被动的境地。比如——

案例73 中国标准出版社诉黄远东等合同纠纷案

2000年1月17日，中国标准出版社决定与作为甲方的中国机械设计大典编委会（以下简称大典编委会）签订《图书出版合同》，约定由标准出版社出版大典编委会编纂的一套六卷本的《中国机械设计大典》（以下简称《机械大典》）。在国内出版界持续的"辞书热"之中，能拿到这样一部有分量的书稿，标准出版社的欣喜之情与重视程度就别说有多高了。双方签订的出版合同详详细细列出20多条，大概内容是：甲方大典编委会授予乙方中国标准出版社《机械大典》中文本的专有使用权；甲方大典编委会保证拥有授予乙方的权利；合同有效期10年等等。合同的甲方签章单位为"中国机械设计大典编委会"，签字人为大典编委会的总主编王启义；乙方签章单位为中国标准出版社。同一天，双方又签订了一份《出版协议》约定：甲方全权委派大典编委会秘书长黄远东负责与乙方处理大典有关事宜；乙方同意向甲方支付223742.32元的前期组稿费等。这还不算，不久，双方又签订了《补充协议》和《备忘录》，对《机械大典》一至六卷出版过程中的各种具体事项以及工作进度等，都作了详细的规定。标准出版社对有关该书出版的各项事宜考虑之周密，由此可见一斑。然而，他们唯独对与其签订合同的大典编委会的主体资格等资质条件，未作任何了解和审查。

出版合同和出版协议及备忘录等文件签订后，标准出版社全社动员，组织专门的工作班子，又与选定的排版制版单位签订了工作合同，全力以赴做好《机械大典》的编校工作。大典编委会也按约先后向标准出版社交付了《机械大典》第一卷至第五卷书稿。与此同时，标准出版社则于2000年3月31日，向大典编委会支付前期工作经费1万元，由其秘书长黄远东签字领取；2000年7月13日，向大典编委会支付《机械大典》第一卷稿酬5万元，也由黄远东签字领取；又于2000年8月15日，向大典编委会支付《机械大典》第三卷机械零件设计预付稿酬5万元，由大典编委会的总编辑李骏带签字领取。

接下来，双方在作品的具体编辑过程中出现了一点纠葛。标准出版社认为大典的第一卷、第二卷和第五卷的稿件存在质量上的瑕疵，要求就清样中的问题与大典编委会协商解决。2001年6月，在出版社又向大典编委会的李骏带支付了15349元的一笔复审、终审及版式设计费后，同时将原稿交李骏带带回，希望大典编委会能作出修改。但令他们没有想到的是，不久之后，对方竟然擅自从排版单位取走了印刷胶片和付印清样。经过了解，大典编委会已与江西科技出版社签约出版《机械大典》。标准出版社虽然立即致函江西科技出版社，告知《机械大典》存在纠纷，希望能停止出版活动。但到2002年1月，江西科学技术出版社还是出版了四卷本的《中国机械设计大典》一书，该书作者署名为：中国机械设计大典编委会、中国机械工程学会，秘书长兼总策划黄远东，总编辑李骏带，总主编王启义等。此一署名与原来和标准出版社约定的署名作者相比，基本未变，只多了一个中国机械工程学会而已。

标准出版社对此感到愤怒，认为对方在双方合同存续期间，擅自从排版单位取走印刷胶片和付印清样，另与其他出版社签订合同出版该书一至四卷，是严重的违约行为，遂将大典编委会告到北京市西城区法院。他们在诉状中指控大典编委会不履行合同义务，导致他们社许多工作人员的辛勤劳动成果被无偿占用，造成极大经济损失，要求对方赔偿其直接经济损失67万余元，并承担诉讼费用。但是，他们的起诉不久就被北京市西城区法院裁定驳回。为什么呢？法院说他们所诉的《机械大典》编委会，未经有关部门核准登记，故不具备法律规定的民事主体资格，所以，法院不予受理。标准出版社不服，上诉到北京市第一中级人民法院。又被北京市中级人民法院裁定：驳回上诉，维持原裁定。

在投告不得之际，经向法律专业人士咨询得知，由于对方合同当事人的主体资格不合格，双方签订的出版合同没有任何法律效力。如果以合同违约起诉对方，法院是不会受理的，他们只能以黄远东、李骏带为被告向法院提起诉讼。2002年4月，他们照此办法重新向北京市第一中级人民法院提起诉讼，这才被一中院受理立案。

在案件审理中，被告黄远东、李骏带辩称，他们不应该是案件的被告。他们说：根据双方签订的《图书出版合同》及补充的《出版协议》等文件可知，《机械大典》（6卷本）出版合同的甲方主体和著作权人都是大典编委会，不是我们。在协议上签字的是大典编委会的总主编王启义教授（诉讼发生时已去世），也不是我们。根据著作权法的规定，合同的履行主体应当是著作权人和图书出版者，我们既不是合同主体又不是著作权人，也没有在合同上签字，怎么能告到我们头上？再说，原告支付的前期组稿费以支票方式转入了大典编委会的账户，我们个人与大典编委会并无经济往来，我们怎么能承担还钱的义务。虽然，出版协议约定委派黄远东负责与出版社处理大典出版有关事宜，但这是委托代理行为，承担责任的仍然是大典编委会。我们只是合同一方的工作联系人，不能成为本案诉讼的当事人，故请法院驳回原告的起诉。

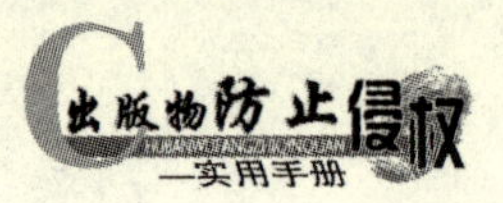

2003年8月20日,北京市第一中级人民法院对该案作出一审判决。法院认为:原告与大典编委会签订的关于出版《机械大典》的合同和补充协议是双方真实意思表示,合同依法成立有效。该大典编委会在履行合同过程中的行为已构成违约,应依法承担赔偿对方经济损失、支付违约金等民事责任。但是,由于该大典编委会属于未登记的其他组织,依法不具有独立承担民事责任的民事主体资格。而被告黄远东作为大典编委会秘书长兼总策划,以大典编委会的名义收取原告支付的稿酬、工作经费;李骏带作为大典编委会总编辑,也以大典编委会的名义收取原告支付的设计费等合同约定的费用,二被告所实施的签约、收取合同款项的行为,足以证明二被告是大典编委会与原告合同关系的直接责任人。根据相关的司法解释,其他组织应登记而未登记即以其他组织名义进行民事活动,以直接责任人为当事人的规定,在大典编委会不能承担民事责任的情况下,二被告依法应当共同连带承担相应的民事责任。为此,法院判决二被告黄远东、李骏带共同返还其收取的原告中国标准出版社的稿酬、工作经费、版式设计费等费用合计125349元,中国标准出版社的其他诉讼请求则均被驳回。

一审宣判后,标准出版社虽然胜诉了,但他们认为仅仅退回预付款是不足以弥补他们的损失的。于是,又以黄远东、李骏带、江西科技出版社等共同侵犯其专有出版权为由,向北京市高级人民法院提出上诉。

北京市高级人民法院受理该案后,在两年多的时间里三次开庭公开审理,于2005年12月20日作出终审判决。北京高院指出:标准出版社虽然通过与大典编委会签订合同取得了《机械大典》第一卷至第六卷图书的专有出版权,对他人侵犯其专有出版权的行为有权主张权利。但与其签订出版合同的主体的大典编委会未经有关部门核准登记,是为创作临时组成的编委会,该一类组织不是法人单位。该编委会创作的作品,只能由编委会中参加创作的成员作为合作作者享有著作权。黄远东、李骏带作为编委会成员,其行为代表编委会全体成员的意志,要求他们二人承担侵权责任依据不足。江西科技出版社提交了《机械大典》图书的各卷主编代表作者出具的授权书，证明其取得了著作权人的授权，尽到了出版者的审查义务，没有主观上的过错，不构成对标准出版社专有出版权的侵犯。从标准出版社提供的证据来看，即使能够证明其享有专有出版权的作品与江西科技出版社出版的《机械大典》具有同一性，也是大典编委会违反了双方签订的出版合同，将作品交由他人出版。由于本案中大典编委会不是本案当事人，涉及合同的纠纷本案无法处理，本案中的各被上诉人均不构成对其专有出版权的侵犯。据此，终审判决：驳回上诉，维持原判。

中国标准出版社的教训可谓惨痛：明明对方严重违反合同约定，可告到法院后却屡屡被驳回；明明他们获得了《机械大典》一书的专有出版权，可书却被别人“抢去”出版了；他们以侵犯专有出版权为由把对方出版社以及两个当事的人告上法庭，法院却说几个被告都没有侵权。眼睁睁地看着社里一年多投入的人力物力及支出的相关费用全部打了水漂，通过签订出版合同获得的专有出版权也完全成了纸上空文，没有了实际意义，却无计可施。他们为什么会落到这步田地呢？就是因为他们在签订出版合同时，没有注意审查大典编委会的民事主体资格，导致其提起诉讼时，屡屡由于对方的主体资格不合格而被法院驳回，从而使自己落入了合同陷阱。

三、审查合同当事人的签约代理人资格

我国《合同法》第九条除对合同主体的民事行为能力作出规定外，还规定了“当事人依法可以委托代理人订立合同”的制度。为此，对合同当事人授权的委托代理人资格的审查，也就当然地成为合同主体资格审查的一部分。所谓代理，是指代理人在被授予的代理权限范围内，以被代理人的名义独立与第三人实施民事法律行为，由此产生的法律效果直接归

属于被代理人的一种法律制度。代理制度可以使被代理人分身有术，自己干不了的或者干不过来的事请别人干，这会给被代理人带来极大的便利。因此，代理制度成为在民事活动中一种被广泛采用的方式。在签订图书出版合同的过程中，有的著作权人或者是享有著作权的法人或者其他组织的法定代表人自己无暇出面，就委托律师或者单位员工代表自己与出版社办理签订合同等事宜。这些受委托的律师或者员工，都属于代理人或者叫签约代理人，也有的称他们为签约主体。他们是合同主体的代表，但不是主体，他们的活动，必须在合同主体的名义下进行，他们的权利，只限在合同主体授权的范围内；任何超越授权范围的代理行为，都属无效，而无效代理行为产生的法律后果与被代理人无关，只能由签约者承担。因此，在出版合同签订过程中，出版者对著作权人的委托代理人的身份和权利，必须进行认真审查。

在对代理人资格进行审查时，首先要审查其代理的权限和范围。要对其出具的授权委托书和证明信等材料，进行仔细审阅，明确其代理资格、代理权限，防止出现越权代理的情况，导致合同效力不能确定而给自己造成损失。其次，还要对代理人的民事行为能力进行审查，不具备民事行为能力的公民、法人或者其他组织，其代理资格同样不合格，其所实施的民事行为同属无效。具体审查方法，可参照审查合同主体民事行为能力的方法进行。另外，出版者要将授权委托书作为合同副件予以保留，同时，索要其身份证复印件，记录其通信地址、电话、电子联系方式等也是必不可少的，以防有人利用合同进行诈骗。

不少出版者对代理人资格审查不重视，常常把代理人和著作权人不作区分，将代理人混同为合同当事人，认为只要签合同能出书就行，谁是著作权人谁是代理人无关紧要，以至于将代理人填写到出版合同的著作权人一栏内是常有的事。比如——

案例74 “跳水皇后”高敏诉上海文艺出版总社侵权案

曾被誉为我国“跳水皇后”的著名运动员高敏，在1992年夺得奥运会金牌后退出体坛，不久随丈夫出国在加拿大定居。高敏在加拿大从事跳水教练员的工作之余，于2004年写成了一本20万字的自传作品《追梦》。2005年4月9日，高敏委托丈夫陈志钢为代理人，与上海文艺出版社驻北京办事处的负责人杨葵签订了《追梦》一书的图书出版合同。合同约定：作者署名高敏。甲方授予乙方在合同有效期内，在中国范围内(含港澳台地区)以图书形式出版发行上述作品汉文文本的专有使用权。甲方保证拥有所述授予乙方的权利，因上述权利的行使侵犯他人著作权的，甲方承担全部责任并赔偿因此给乙方造成的损失，乙方可以终止合同。甲方应于2005年4月15日前将上述作品的誊清稿或复制件交付乙方，甲方交付的稿件应有作者的签名或盖章。乙方应于2005年7月15日前出版上述作品。乙方尊重甲方确定的署名方式。乙方采用按约25元(图书定价)×12%(版税率)×销售数的方式和标准向甲方支付报酬。本著作起印数为5万册，意即乙方在作品出版后3个月内，至少要向甲方支付不少于5万册的版税。乙方未在约定期限内支付报酬的，甲方可以终止合同并要求乙方继续履行付酬义务，并支付滞纳金。乙方同意甲方在符合国家有关政策法规的前提条件下，在图书适当的空白处刊登与高敏有关的文字图片材料，但需甲乙双方共同确认。本合同自签字之日起生效，有效期为5年。

上述合同甲方签章处为陈志钢的签名，乙方签章处盖有“上海文艺出版社图书出版合同专用章”，并有杨葵的签名。

2005年7月，《追梦》一书出版，该书版权页显示“追梦：‘跳水女皇’高敏自传／高敏著”、“上海文艺出版社出版、发行”、“印数001-20,100

册"、"定价:29.00 元"。

《追梦》一书开篇有著名剧作家魏明伦写的序言。序中写道:"高敏能'跳'又能写,出人意料之外,却在情理之中。她的文字表达能力,来源于她长期勤写训练日记……体力运动与脑力活动互动,跳水训练与文字锻炼同步。历年的训练日记,是长篇自传的坚实基础……"高敏自己在书的"后记"中写道:"读者所读到的每一句话都是我用心写出来的。读者能从书中看到最能代表我本人风格的文字……2002 年冬天,我决定把这些'零碎'放在一起,写一本自己的自传。2004 年 10 月,我完成了这一心愿,就是您现在手上的这本《追梦》。"

《追梦》一书出版后,由于书的实际销量不理想,加之上海文艺出版社对其北京办事处的投资回收问题,该社一直未向作者支付稿酬。对此,高敏在自己的博客上曾写道:"2005 年 7 月 9 日,上海文艺出版社组织我在北京 SOGO 百货店举行了第一次图书签售仪式;2005 年 7 月 17 日,上海文艺出版社又组织我在北京西单图书大厦与广大读者见面,举行了第二次图书签售仪式;2005 年 8 月 11 日,我配合该社在上海书展现场再次进行了《追梦》的签售。前后在全国一共举行过 9 场签售活动。按照双方合同的约定,截止到 2005 年 10 月 15 日,上海文艺出版社应支付我版税,但直到今天,上海文艺出版社分文未付。"高敏与其丈夫陈志钢多次与上海文艺出版社北京办事处的负责人交涉,还多次打电话给上海文艺出版社主编郏宗培要求支付报酬均未有结果,遂向北京市第一中级人民法院起诉了上海文艺出版社。2007 年 5 月,案件移交上海市第一中级人民法院审理。由于上海文艺出版总社是上海文艺出版社的法人单位,对外的民事责任由总社承担,故案件被告改为上海文艺出版总社。

被告上海文艺出版总社在答辩中辩称:涉讼《图书出版合同》的甲方是陈志钢,按照合同约定是向陈志钢支付报酬,故原告高敏并不具备本案的诉讼主体资格;原告诉状中提到的上海文艺出版社北京办事处早已停办,不知道原告所称的索要稿酬经过是与谁交涉的。而且主编郏宗培也否认原告所述与其通电话之事。鉴于原告高敏在履约过程中存在瑕疵，即《追梦》一书中的90多幅照片和图片，均未署作者姓名涉嫌侵权，我社也可暂时拒绝支付报酬。

在庭审中，杨葵出具的证人证言称：他是高敏所著《追梦》一书的责任编辑，当时(2005年4月)担任上海文艺出版社驻北京办事处的负责人，经与定居加拿大的高敏的往来协商，确定了双方合作出版《追梦》一书的意向，时值陈志钢在国内，于是上海文艺出版社将加盖有"上海文艺出版社图书出版合同专用章"的空白《图书出版合同》一式两份寄给了杨葵，并由高敏出具委托书，授权陈志钢代理高敏办理与上海文艺出版社的出版合同事宜。2005年4月9日，陈志钢与杨葵在北京签订了《追梦》一书的《图书出版合同》，杨葵并将合同与委托书一并寄给上海文艺出版社。合同签订后，高敏依约履行了包括按时交付稿件、出席国内的签名售书等活动，《追梦》也于2005年7月出版，但至今上海文艺出版社未向高敏支付稿酬。高敏的丈夫陈志钢出庭作证说：2005年4月，因高敏身处国外，由他接受高敏的书面委托与出版社进行接洽并签订了出版合同。

2007年8月27日，上海市第一中级人民法院对该案作出了一审判决。法院认为：依法成立的合同对当事人均具有约束力，不履行合同义务的一方，须承担相应的违约责任。本案中，原告高敏所著《追梦》一书如期出版发行后，上海文艺出版社未依《图书出版合同》支付报酬，其应承担相应的违约责任。被告关于原告不是适格诉讼主体的主张，鉴于《图书出版合同》上仅有的两位签字人陈志钢和杨葵，均作证证明陈志钢只是高敏的代理人，且陈志钢又不是《追梦》一书的著作权人，因此，应当认定在《图书出版合同》甲方一栏记载的陈志钢只是著作权人高敏的代理人，代理高敏签署出版合同。上海文艺出版社明知高敏是作者，亦即明知高敏是著作权人，按照专业出版社的一般常识，其也应当知道在《图书出版合同》甲方一栏署名的陈志钢应是著作权人高敏的代理人。由于陈志钢只是高敏的代理人，《图书出版合同》的实际甲方当事人就不是陈志钢而应是高敏。因此，原告高敏依《图书出版合同》行使相关权利，并无法律上的障碍，其有权针对上海文艺出版总社未在约定期限内付酬的违约行为依据该合同相关条款请求终止合同并要求出版社继续履行付酬义务及支付滞纳金。原告按合同确定的版税标准及“乙方至少要向甲方支付5万册的版税”的约定所计算的报酬金额于法有据，本院予以支持。

据此，一审判决：一、涉及原告高敏所著《追梦》一书的《图书出版合同》(2005年4月9日签订)自本判决生效之日起终止；二、被告上海文艺出版总社应向原告高敏支付人民币17.4万元，并支付上述款项的滞纳金(自2005年10月1日起至本判决生效之日止按中国人民银行同期贷款利率计算)。被告上海文艺出版总社如果未按本判决指定的期间履行给付金钱义务，应当依照《中华人民共和国民事诉讼法》第二百三十二条之规定，加倍支付迟延履行期间的债务利息。本案案件受理费人民币4,902元，由被告上海文艺出版总社负担。

上海文艺出版总社不服一审判决，向上海市高级人民法院提起上诉，请求依法撤销原审判决，改判驳回被上诉人高敏对上海文艺出版总社提出的诉讼请求，并由其承担一、二审诉讼费。然而，上海市高级人民法院对该上诉案进行审理后，认定上诉人上海文艺出版总社的上诉请求没有事实与法律依据，遂于2007年10月22日作出终审判决：驳回上诉，维持原判。

本案中高敏的丈夫陈志钢和《追梦》一书的责任编辑杨葵，都向法庭证明陈志钢当初出具了委托授权书。既然两个具体承办人都这么说，看来出具委托书应当是事实。可作为国内知名度较高的上海文艺出版社的编辑，该社驻京办事处负责人杨葵，却将代理人陈志钢填写在图书出版合同的著作权人一栏内。按理说，《追梦》一书的封面和版权页上，以及书的序言和后记中，都明明确确写着作者是高敏而不是陈志钢。这一点杨葵应该是很清楚的。但他却不作区分，随意地把陈志钢填到合同的甲方著作权人一栏内了事。知名出版社的老编辑都是这样，可见这个问题的严重性。

至于上海文艺出版社领导以此作为其拒付作者高敏稿酬的理由，这一方面说明社领导对于合同文书中的著作权人一栏是合同主体的概念还是清楚的，对于将代理人填入著作权人一栏的后果也是清楚的，而且想利用这种错误赢得官司的主动权。然而，在代理人出具委托授权书的情况下，错填合同主体主要是出版社的责任，以自己的错误作为拒付稿酬的理由岂不是缘木求鱼。即使是书中使用的90余幅图片未署作者名有涉嫌侵权的问题，那也属于出版社合理注意义务范围之内的事。出书之前不把关，打起官司了才提出来，即使侵权，能跑了你出版社的连带责任？以这样一些苍白无力的理由居然把官司打到终审，实在令人费解。

第三节 合同内容的审查

合同内容是指合同双方当事人经过协商所达成的相互之间应承担的权利和义务。合同中当事人的权利和义务是由合同的具体条款来规定的。

《著作权法》第24条规定了包括图书出版合同在内的著作权许可使用合同的主要内容是：(一)许可使用的权利种类；(二)许可使用的权利是专有使用权或者非专有使用权；(三)许可使用的地域范围、期间；(四)付酬标准和办法；(五)违约责任；(六)双方认为需要约定的其他内容。当然，合同条款不限于这些内容，拟定合同时可以参照执行。

对合同内容进行审查时，应当注意以下几个问题。

一、合同内容不得有违法条款

我国《合同法》第52条第(5)项规定,“违反法律、行政法规的强制性规定”的合同内容无效。根据《合同法》的这一规定,出版者在对合同内容进行审查时,首先要注意,不得有违反法律规定的条款存在。否则,一旦发生诉讼纠纷,最终吃亏的还是出版者自己。比如——

1991年4月,江西作者尹风庭在刊物上创作发表了微型小说《苦柚》一文。1993年,该文被人民教育出版社选入全国统编教材小学语文第八册课本作为课文使用。事后,人民教育出版社既未通知作者,也未给作者署名并支付稿酬。作者尹风庭在1998年秋天发现此事后,向人民教育出版社提出交涉。1999年3月29日,在中国版权保护中心的调解下,双方达成和解,并正式签订调解协议。主要内容是:人民教育出版社向尹风庭赔礼道歉,赔偿损失;尹风庭接受人民教育出版社的道歉,在获得赔偿后不再通过其他任何形式(包括诉讼)向对方提出任何要求。

同一天,双方又补签一份著作权许可使用合同。合同内容三条:一、出于教学的需要,甲方(尹风庭)许可乙方(人教社)在教科书中从1993年起无限期使用其作品《苦柚》。二、乙方一次性支付甲方人民币壹万贰千元,包括双方因上述作品使用所发生的所有费用(著作权许可使用费、未与其署名的赔偿费以及甲方往返的交通费、住宿费等)。从合同生效之日起,甲方不再就有关上述作品相关事宜向乙方提出任何形式的要求。三、乙方保证在再版的教科书中尊重甲方的著作权,根据本合同第二条,甲方不再向乙方主张获酬权。

由于双方补签合同的时间是1999年，当时我国著作权法规定，图书出版合同约定的专有出版权的有效期最长为10年；可该许可使用合同的第一条却规定："甲方（尹凤庭）许可乙方（人教社）在教科书中从1993年起无限期使用其作品《苦柚》。"显然，这是违反著作权法的规定的。据此，2000年初，作者将人民教育出版社告上法庭。

江西吉安市中级人民法院经过审理后认为：被告人民教育出版社未经原告许可，将其作品《苦柚》在全国统编教材小学语文第八册课本中使用，既未署原告姓名，也未向原告支付稿酬，侵犯了原告尹凤庭的著作权。事后，双方就此达成协议，且已实际履行，原告未能提供充分证据证明系胁迫签订，应确认调解有效。双方补签的著作权许可使用合同第一条，约定无限期使用《苦柚》作品，违反了《中华人民共和国著作权法》关于合同有效期不得超过10年的强制性规定，应确认无效。被告人民教育出版社在侵权过程中，给原告造成了一定的名誉精神损失，应酌情予以赔偿。最后，吉安中院一审判决：1.原、被告双方所签调解协议和著作权许可使用合同中的第二、三条有效；2. 著作权许可使用合同中的第一条无效；3.被告人民教育出版社赔偿原告尹凤庭人民币5万元；4.被告在全国发行的报纸上向原告赔礼道歉等。

一审判决后，人民教育出版社不服，上诉到江西省高级人民法院。2001年7月，江西省高级人民法院对该案作出终审判决：维持了一审法院判决的1、2、4项；撤销其第3项，改判人民教育出版社赔偿尹凤庭2万元人民币。

本案的人民教育出版社和作者尹凤庭的侵权纠纷，本来经中国版权保护中心调解达成协议解决了，然而，在双方补签的合同中，出版社却列入一项违法的内容，不久作者醒悟后，干脆起诉到法院。本已经花两万元补偿费调解解决的纠纷，却因一项违法合同条款顷刻间重燃诉讼硝烟，结果是再赔两万元。岂不是偷鸡不成反蚀一把米，何苦呢？

从法律原则上说，合同双方主体之间的地位是平等的，不存在高下、强弱之分。但在实际中,由于我国的出版社都是政府管理部门批准成立的国有单位,实行垄断经营,这就使出版社在签订出版合同时无形之中处于强势地位,作品是否出版,完全是出版者说了算。有的出版者有时就会利用自己的优势地位以及提供格式合同的便利条件,在合同条款的拟定中尽量扩大自己的利益,有时甚至会把一些不符合法律规定的内容列入其中。

比如不久前,某出版集团公司不愿使用国家版权局推广使用的《图书出版合同》(标准样式),自己制定了一份"集团图书出版合同(标准样式)",以文件形式下发其所属各出版社,并要求从"文件下发之日起统一使用"。该所谓"标准合同"的第一条是:"甲方(著作权人)授予乙方(出版者)在合同有效期内,在国内外各地区以图书(包括音像制品、电子出版物和网络出版物)形式出版、发行上述作品的中文简体版、繁体版、外文版、修订版和缩编本的专有出版圈。在合同有效期内,乙方可自行出版,也可以转让第三方出版。"这也是违法条款。

著作权法规定的图书出版者通过合同约定获得的专有出版权,其含义是:在它享有专有出版权期间,只能自己出版,不得许可他人出版。法律保护的是出版社自己出版该作品的权利而不保护他人出版该作品。如果法律允许转让专有出版权,出版社就可以不用出版而获转让费,这岂不是助长不正之风,扰乱整个出版市场的正常秩序吗?作为出版者,居然想通过合同约定谋取违反法律规定的权利,这十有八九只会搬起石头砸了自己的脚。

在该出版集团制定的该标准样式合同中的第十九条又规定:"本作品如系一次性付酬,合同自甲乙双方签署之日起生效,乙方获得本作品永久出版使用权。"这更是地地道道的违法条款。法律对作者的著作权也仅仅给予有一定期限的保护,而该出版集团居然要求获得永久出版权。将这样的条款列入出版合同,岂不是无视法律规定的胡来。

二、合同内容要详尽完备

出版合同一旦签订，就对签约双方具有同等的法律约束力，也可以说，合同一旦生效，就是双方必须遵守的法律，哪一方违反，哪一方就要承担违约的法律责任和后果。因此，在合同签订之前，合同内容一定要尽可能地考虑周详，凡是应当约定的事项都要尽可能地列入合同草案供双方协商讨论，而已经达成一致的意见，不管事大事小，都要写入合同之中。有的出版者存在一种坏习惯，因为和对方关系好，信得过，对双方临时在合同文本之外达成合意的一些内容，就认为写不写到合同里无所谓，有口头保证也行。这样做的后果是，一旦对方不守信用反悔，或者发生诉讼，就会使自己陷入非常被动的境地。比如——

案例76 杨志平诉华艺出版社合同纠纷案

2003年2月10日，漫画家杨志平与华艺出版社订立《图书出版合同》，约定：杨志平将其《漫画集》的专有出版权授予华艺出版社。该合同中未涉及稿酬的支付数额及方式。

2003年4月，华艺出版社出版了《杨志平幽默漫画集选》（以下简称《漫画集》）一书，书中收录杨志平创作的漫画222幅，定价16元。《漫画集》出版半年后，杨志平以定价45%的价格将华艺出版社剩余部分的《漫画集》买走自行销售。在此前后，杨志平曾找到出版社要求支付稿酬。华艺出版社以当初签订合同时双方说好不要稿酬为由，拒绝支付。

杨志平在几次索要稿酬未果之后，遂于2004年初向北京市海淀区人民法院提起诉讼，把华艺出版社告上了法庭。杨志平诉称：当初和华艺出版社签订出版合同时，他提出该漫画集印刷1万册，每册定价16元，并按每册定价的10%计算向其支付稿酬1.6万元。当时该社人员说这些没有必要写入合同,所以合同中没有写入稿酬支付方面的内容。但该漫画集自2003年4月出版发行至今,华艺出版社一直拒绝付酬,经我多次催要毫无结果,故诉至法院,请求判令华艺出版社一次性支付我稿酬1.6万元,并赔偿我1.6万元,共计3.2万元。

华艺出版社辩称:我社与杨志平订立《漫画集》图书出版合同时,双方一致同意我社不支付杨志平任何稿酬;图书出版半年后由杨志平以定价的45%买走剩余部分图书并自行销售。我社共出版了6000册《漫画集》,为此支出设计费、印制费、纸张费等各项费用共3万余元,但该书只销售出172册,回款1524元,尚有2000册左右在途,未完全售出。在不考虑人工成本的情况下,我社目前亏损3万余元。我社与杨志平之间的出版合同属于杨志平不收取稿酬并自行负责销售的合同。杨志平要求我社支付稿酬没有依据。请求驳回杨志平的诉讼请求。

在法院的庭审中,双方就稿酬问题进行了激烈的争辩。杨志平申辩说:他在双方订立合同前,曾与华艺出版社的编辑室主任黑微微口头商定,《漫画集》由该社出版1万册,每册定价16元,按每册定价的10%计算共计支付其稿酬1.6万元。而华艺出版社的代理人对此却坚决否认,称当时双方约定的是不支付杨志平稿酬,《漫画集》出版半年后由杨志平以定价45%的价格买走剩余部分并自行销售。华艺出版社为此还请了北京东方友人信息咨询有限公司版权编辑部主编高红出庭作证。高红说:黑微微曾就出版《漫画集》事宜安排他与杨志平见面,要他就《漫画集》的出版发表意见。他当时表示,此书没有市场,建议不出版。后来,黑微微告诉他,《漫画集》已经出版,但与杨志平约定不付稿酬,由杨志平自行销售。在法庭询问其是否直接听到过杨志平有这样的表示,高红承认,他是间接听说,没有亲自见到杨志平有这样的表示。

基于上述事实,2004年12月20日,北京市海淀区法院对该案作出了一审判决。法院认为:杨志平与华艺出版社就出版《漫画集》订立的《图书出版合同》是双方真实合意，未违反有关法律规定，应属有效。本案中，当事人争议焦点是稿酬问题。虽然双方签订的合同中没有关于稿酬的约定，但通过合法授权他人出版作品获得报酬作为一项法定权利，在作者未明示放弃的情况下他人无权剥夺。现华艺出版社无充分证据证明杨志平放弃此项权利，证人高红在庭审陈述中亦表示未见杨志平作出过放弃稿酬、由华艺出版社免费使用的表示，故华艺出版社关于出版合同中未约定稿酬即为无稿酬的辩称，本院不予支持。依据我国合同法，合同生效后，当事人就价款或报酬等内容约定不明确的，可以协议补充；不能达成补充协议的，按照合同有关条款或者交易习惯确定。现杨志平与华艺出版社就稿酬问题协商未果，出版合同中亦无相关条款，本院将根据本案漫画作品的性质，参照国家有关美术出版物稿酬标准予以确定。

据此，一审判决：一、被告华艺出版社支付原告杨志平稿酬 10489 元。二、驳回原告杨志平的其他诉讼请求。

本案中华艺出版社的错误就在于，既然作者杨志平主动提出不要稿费，为什么不把这一内容写入合同呢？如果当初写了，还有后来这一场官司吗？结果，你不写，杨志平反口不承认这样的承诺，你拿什么证据来证明你的说法是真的呢？所以，合同内容应当尽量周详、完备，一切未尽事宜，只要是双方都同意的，一定要列入合同中，做到事无巨细，无一遗漏。

三、合同措词要准确无误

合同文字要规范，要使用标准语言、文字，杜绝使用方言、俗语；还要注意同音字和同义字的区别，不能出现错别字。其次，合同的措词一定要严谨、确切，不要使用多义词，不要使用模棱两可、含糊不清，可以作多种理解的语言。防止合同签字生效后，在执行中发生歧义和争执，导致合同纠纷的发生。

比如在经济合同纠纷案中曾有这样一件事：甲乙双方口头约定，乙向甲借款五万元。此后,乙还款一万元,甲为乙出具一张凭据“还欠款一万元”。再往后,甲因乙迟迟不归还余款,遂向法院起诉,要求乙归还剩余的4万元。结果到法庭上,双方为这张还款凭据的含义争执不下:甲说凭据的意思是,收到了乙归还的欠款1万元,乙仍然欠款4万元;乙则说,这凭据的意思是我已归还4万元,还欠款一万元。对此,法庭也难作定夺,只好让各自另行举证。这就是用词不严谨的后果。

图书出版合同也是这样,也常有因合同语义含糊不清而引出纠纷,闹上法庭的例子。比如——

案例77 姚中坚诉科学技术文献出版社合同纠纷案

1998年10月13日,作者姚中坚和科学技术文献出版社(以下简称科技出版社)签订图书出版合同,合同的主要内容是:姚中坚授予科学出版社在合同有效期内,在全国出版发行其创作的《汽车故障快速排除手册》(以下简称《手册》)中文版的专有使用权。合同第七条约定,科学出版社向姚中坚支付稿酬的方式为“基本稿酬加印数稿酬:25元/千字×千字/+印数稿酬(按国家规定标准)”;合同第八条约定,科学出版社在《手册》出版后一次付清稿酬;合同第十条约定,作品重印、再版应按第七条的约定向姚中坚支付报酬;第二十条约定,合同自签订之日起生效,有效期为10年等。

合同订立以后,姚中坚向科学出版社交付了书稿,科学出版社于2000年4月第一次出版发行《手册》,印数为5000册,定价为20元。2000年6月15日,科学出版社向姚中坚支付了6049元稿酬(其中基本稿酬为6550元,印数稿酬按基本稿酬的4%计算为262元,共计6812元,扣除应交的税款,实际支付6049元)。2001年4月,《手册》第二次印刷,印数为5000册,定价为20元。2001年8月,科学出版社通知姚中坚领走了第二次印刷的稿酬225元。2003年2月,《手册》第三次印刷,印数为5000册,定价为20元。科学出版社于2003年8月通知姚中坚领取第三次印刷的稿酬,姚中坚以科学出版社未按照约定支付稿酬为由,拒绝领取。并于2003年底向北京市海淀区人民法院提起诉讼,把科学出版社告上了法庭。

在法院审理过程中,双方争执的焦点就集中在对第七条和第十条的理解上。姚中坚申诉说,双方所签出版合同的第十条明确约定,"乙方重印、再版应按第七条的约定向甲方支付稿酬",而第七条约定的稿酬为"基本稿酬加印数稿酬",故科学出版社重印、再版时不仅应该支付印数稿酬,还应该支付基本稿酬。科学出版社反驳说,第十条的"支付稿酬",国家版权局在1999年4月发布的《出版文字作品报酬规定》明确规定:作品重印、再版时只支付印数稿酬而不付基本稿酬,这已成为出版行业多少年来的惯常做法。所有出版社都是重印时只支付印数稿酬,不再付基本稿酬。我们和姚中坚所签合同是我社制订多年的格式合同,其中第十条完全是按国家版权局的规定拟定的,仅指支付印数稿酬,不存在再付基本稿酬的问题。

法院认为:姚中坚和科学出版社签订的图书出版合同,为双方真实意思的表示,合法有效,双方均应严格履行各自的义务。本案所涉合同与国家版权局的标准样式合同并不完全相同。该合同明确选定了一种报酬支付方式,而标准样式合同第十一条却存在不同报酬支付方式的选定问题,故其第十五条也只能对选定付酬方式后重印、再版问题如何解决作概括地表述,各个出版社在与作者签订的合同中,还需要对此具体加以明确。本案中科学出版社主张将合同之外的《出版文字作品报酬规定》中的有关条款也纳入合同,但其未在合同中予以具体明确的约定。在此情况下,应认为《出版文字作品报酬规定》的有关条款并未订入合同。另外,《出版文字作品报酬规定》中只涉及了重印的问题,并不涉及再版时稿酬如何支付的问题,实践中再版的一般要重新支付基本稿酬加印数稿酬。

双方理解上的争议说明,所签订的出版合同第十条的含义具有高度的不稳定性和模糊性。

由于本案涉及的出版合同是科学出版社为了重复使用而预先拟定的,并在拟定合同时未与对方协商,属于格式合同。格式合同是为不特定的相对人拟定的,所以,对格式合同的解释,只能依据三项特殊的原则:一是按照通常理解予以解释;二是对格式合同存在两种以上理解的,对条款提供者做不利的解释;三是格式条款和非格式条款不一致的,应当采用非格式条款。本案不涉及格式条款和非格式条款不一致的问题,故主要根据第一、二项解释原则对"报酬"的内容进行解释。

从本案合同第七条和第十条的字面意思进行逻辑上的推演,一般人都会得出再版、重印时还会获得基本稿酬和印数稿酬的结论。科学出版社所谓第十条的支付报酬仅指印数稿酬的说法可能为出版行业的专业人士所知晓和理解,却不能为普通作者所理解。另外,格式合同是由一方制定而非双方商定的,其各项条款可能是制作人基于自己的意志所作的有利于自己的条款,尤其是条款制作人可能会故意使用或插入意义不明确的文字以损害对方的利益,或者从维持其经济上的优势地位出发,将不合理的解释强加于对方。因此,为维护相对方的利益,在条款不清楚或存在不同理解时,对条款制作人应做不利的解释。实际上,科学出版社完全可以在第十条增加"采用基本稿酬加印数稿酬的支付方式的,重印、再版时不再支付基本稿酬,仅支付印数稿酬"的明确条文,以避免产生不同的理解,但其却未采取这种简单的方式,致使作者产生误解。在此情况下,无论是从利益平衡的角度考虑,还是从过错角度考虑,只能作出对科学出版社不利的解释:认为第十条约定的支付报酬包括基本稿酬和印数稿酬。姚中坚要求科学出版社支付尚未支付的稿酬,于法有据,应予支持。

据此,2004年11月19日,北京市海淀区人民法院作出一审判决:一、基于双方要求,解除原告姚中坚与被告科学技术文献出版社签订的图书出版合同；二、被告科学出版社向原告姚中坚支付稿酬 11872 元；三、驳回原告姚中坚其他诉讼请求。案件受理费 546 元由被告科学出版社负担。

本案中科学出版社的合同措词，就犯了不准确、不严谨的错误，模棱两可，能作多种理解，从而引发与作者的纠纷，导致付出代价。因此，在拟定合同条款时，其文字表述既要做到严谨周密，准确无误，也不能为了简练而将该说的话也省略了，那就不对了。正如法院在判决书中指出的，如果他们在其格式合同的第十条，增加一句“采用基本稿酬加印数稿酬的支付方式的，重印、再版时不再支付基本稿酬，仅支付印数稿酬”的话，就能很好地避免产生不同的理解，防止不利于自己的理解发生了。

关于合同的文字与措词问题，还应当注意的是，不能只注意合同内容中的文字，所有写在合同文本里的每一个字，都要审核无误。比如，合同文本开头的甲、乙双方当事人的姓名或单位名称，也要仔细核对：如果是当事人是自然人的，其姓名的每一个字必须与身份证上的完全一致；如果是当事人是法人或其他组织，则要注意其名称必须是单位的全称，并要与结尾落款处所盖公章名称相符。

此外，合同语言和手续之间也要周密、严谨，不能有漏洞。比如，人们经常在合同结尾习惯写上这样一句话：本合同在双方签字盖章后生效。有一个案子，双方的合同末尾也写了这句话。可在签字时，一方只签了字没有盖章，另一方也没吭声。事后不久，双方在合同履行过程中发生扯皮，闹到了法院。一方提出，合同上只签了字而没有盖章，双方约定合同成立的要件不全，因此合同不能成立。结果，法院支持了这一主张，判决合同不能成立。这是文字内容与合同手续之间的不周密造成的后果，无论出版者还是著作权人，对此都应当警惕。

四、要正确约定作品的署名

签订著作权许可使用合同,必须在合同中正确约定作品的署名。这是防止发生署名权纠纷必不可少的一环。为此,要做到如下两条。

1. 必须尊重作者确定的署名方式

署名是作者与作品存在创作关系的一种表达和证明。署名权是作者在自己创作的作品上署名以表明自己身份的权利。署名权具有人身权中的人格权和身份权属性,是一种不能被继承、馈赠,也不能交易或者转让,永远属于作者自己的绝对权利。除了著作权法规定的,"由法人或者其他组织主持,代表法人或者其他组织的意志创作,并由法人或者其他组织承担责任的作品,法人或者其他组织视为作者"的法人作品之外,其他只要是实际参与了作品创作的作者,都有在作品上署名的权利。

作者不但有权在作品上署名,也有权决定不署名,而且有权选择以何种方式署名。不管是署真名还是笔名、化名,均由作者自己决定。出版者必需予以尊重。

作者的署名权还意味着,作者有权拒绝其他任何未参与该创作的人在作品上署名。因此,不经作者同意,任何人不得擅自改变作品的署名。否则,就是侵犯作者的著作权。比如——

案例78 任兴邦诉中国人事出版社侵犯著作权案

现任中国玩具协会秘书长的任兴邦,在退休以后的十几年来,潜心编著了一部《玩具100年——中国现代玩具工业发展史》(以下简称《玩具100年》)。2006年6月16日,他与中国人事出版社(简称人事出版社)就该书的出版事宜,签订了《图书出版合同》,约定由人事出版社出版发行该书。

在该书的策划、设计及编辑过程中，由于臧玮出了很多点子，做了大量工作，于是，人事出版社在没有和任兴邦商量的情况下，就自行决定在该书上，把臧玮署为执行主编。2006年8月，《玩具100年》一书出版后，任兴邦认为侵犯了他的著作署名权，立即向人事出版社提出交涉，要求取消臧玮执行主编的署名。人事出版社认为书已出版，无法取消。在协商不成的情况下，任兴邦遂向法院提起诉讼，请求法院判令人事出版社，立即停止侵犯署名权、消除影响；停止发行《玩具100年》一书；在《中国新闻出版报》和《中国轻工报》上赔礼道歉；赔偿精神损失费1万元。

北京市朝阳区人民法院受理该案后，经审理，于2006年12月26日主持双方达成调解协议。协议内容是：一、中国人事出版社同意将其出版的《玩具100年——中国现代玩具工业发展史》一书的封面、扉页上取消“执行主编臧玮”的署名，将后勒口处臧玮的照片和介绍文字移到封四并在封四增加“策划人臧玮”的署名；二、为履行上述第一条约定所产生的费用由中国人事出版社负担五百元（已履行完毕），剩余费用由任兴邦负担，具体按照上述第一条约定修改《玩具100年——中国现代玩具工业发展史》一书署名的工作由任兴邦完成；三、为促进修改工作完成，2006年12月31日前任兴邦从中国人事出版社取走2006年7月印刷的全部《玩具100年——中国现代玩具工业发展史》样书，并将修改后的全部《玩具100年——中国现代玩具工业发展史》样书于2007年3月15日前交付中国人事出版社。四、别无争执。案件受理费410元，由任兴邦负担50元。

类似于中国人事出版社的这种情况虽然是个别的，但要引起注意。有时候作者的稿件质量确实差一些，需要在编辑的帮助下重新加工、修改，有的甚至由编辑亲自进行较大的改动后，方才得以出版。为此，有的编辑认为他们实际上参与了作品的创作，所以，在作品上署个名是理所应当。不能说这种认识就绝对地错误，也不能说编辑就绝对不能在作品上署名，但有一点可以肯定，编辑的修改加工属于本职工作，不能以对作品进行了文字性地修改加工就要求在作品上署名。如果作品质量确实达不到出版标准，应建议作者修改或者重写，或者退稿。至于对作品的加工润色真的达到了合作创作的程度，应当享有署名的权利，这要和作者协商，获得作者的认可；不经作者同意，出版社擅自在作品上增加自己编辑的署名，这无疑是侵权行为，被作者起诉吃官司理所当然。

2. 出版者要对作品署名履行审查义务

在作品的署名问题上，出版者要尊重作者的署名权，尊重作者确定的署名方式，但同时，还要对作者确定的署名方式履行审查义务。

最高人民法院发布的《关于审理著作权民事纠纷案件适用法律若干问题的解释》的第二十条规定："出版者对其出版行为的授权、稿件来源和署名、所编辑出版物的内容等未尽到合理注意义务的，依据著作权法第四十八条的规定，承担赔偿责任。"这里，最高人民法院的司法解释明确规定了出版者对作品负有的合理注意义务，其中就包括对作品的署名进行审查。法律为什么规定出版者必须对作品的署名进行审查呢？

这是因为，作品的创作，有很多种复杂的情况。比如，除了个人作品只有一个作者之外，合作作品的作者都在两个以上。著作权法规定，没有参加创作的人，不能成为合作作者。那么，如何防止这种情况发生，这就需要出版社审查把关。再比如，根据已有作品改编、翻译、注释、整理、汇编而成的演绎作品，既要为演绎作者署名，也要为原作者署名。那么，如果演绎作者确定的署名方式中没有原作者怎么办？这也要靠出版社审查把关。还有，通过继承、馈赠或者转让等方式成为著作权人的，该著作权人均不享有署名权，这也需要出版者审查把关。此外，还有法人作品、职务作品以及委托作品等，都有比较复杂的署名问题，都需要出版者把好关。如果出版者不能尽到审查责任，导致作品署名出现错误，侵犯作者的署名权，就是出版者的失职，就可能受到法律的追究。比如——

案例79 郝海静等诉机械工业出版社等侵犯署名权案

2002年秋季，机械工业出版社引进了美国作者道格拉斯.霍姆斯所著《电子政务》一书的版权，并委托王钧为负责人的北京SPIN翻译特别兴趣组（简称SPIN翻译组）承担该书的中文翻译工作。2002年11月3日，王钧与郝海静签订了“翻译特别兴趣组合作图书翻译合同”（以下简称《翻译合同》），约定SPIN翻译组承接《电子政务》一书，由詹俊峰和郝海静参与翻译工作。在合同的第二条还约定，“翻译组享有在译著上署名的权利”。

合同签订后，翻译组确定由詹俊峰全面负责稿件的翻译工作。王钧、曹济和李怀璋作为SPIN翻译组的负责人，从事管理方面的事宜，包括联系统稿、出版、确定稿酬标准等。

在稿件翻译过程中，郝海静又将其承接的部分稿件交由李笑盈翻译，王钧得知李笑盈参与翻译亦未提出异议。《电子政务》一书共包括三部分，李笑盈翻译了第三部分中的有关章节，共计26754字。

翻译工作完成后，郝海静将自己翻译的稿件连同李笑盈的译稿，一起交付给了詹俊峰。2003年12月1日，SPIN翻译组通过银行转账的形式，向郝海静支付了字数为75308字的稿酬3850.8元，并明确表示包括了李笑盈翻译部分的稿酬。

《电子政务》于2003年7月由机械工业出版社出版发行，封面标注：“（美）道格拉斯.霍姆斯著；詹俊峰、李怀璋、曹济译；北京SPIN审校”。

对于《电子政务》一书没有给自己署名一事，郝海静和李笑盈二人不能接受。他们多次和SPIN翻译组交涉，均无结果。2004年5月，郝海静和李笑盈以机械工业出版社、王钧、曹济、李怀璋为被告，向北京市第一中级人民法院提起诉讼。

两位原告诉称:2002年10月,原告郝海静与SPIN翻译组的负责人王钧订立了合作翻译合同,共同承担《电子政务》一书的翻译任务。该书总计185810字,原告郝海静翻译了其中的48554字,原告李笑盈翻译了26754字,但在该书中却没有任何地方表明原告郝海静和李笑盈的译者身份。机械工业出版社作为出版单位,未尽到审查义务,侵犯了两原告的署名权。王钧作为该组织的负责人,明知原告的译者身份,却故意遗漏,也应当承担责任。被告曹济和李怀璋未参加创作却予以署名,并导致真正的作者未能署名,同样侵犯了两原告的署名权。请求法院判令四被告:立即停止侵权,公开赔礼道歉;对未销售的《电子政务》图书进行署名更正;在重印《电子政务》图书时,在封面标注原告郝海静和李笑盈的译者身份,并删除未参加创作人员的署名;赔偿原告精神损失2万元及合理支出费用5000元。

接到法院传票后,被告机械工业出版社辩称:根据《翻译合同》的约定,SPIN翻译组承接翻译《电子政务》一书,翻译组享有署名权。我出版社完全按照翻译组的决定进行署名,充分尽到了注意义务,原告的指控没有法律和事实根据,请求法院依法驳回其诉讼请求。

被告王钧辩称,李笑盈未参加签订《翻译特别兴趣组合作图书翻译合同》,并不是该书的译者,即使参加了翻译,也是郝海静未经许可违反合同约定而将合同义务转让给其他人,所以,李笑盈不具有诉讼主体资格。根据合同的约定,翻译组享有署名的权利,郝海静作为翻译参与人员,只享有收取报酬的权利,我作为SPIN翻译组的负责人,履行了合同义务,支付了报酬。郝海静主张依法享有署名权没有依据,应当依法驳回其请求。

被告曹济和李怀璋辩称:作为SPIN翻译组的成员,在承接《电子政务》一书后,承担了繁重的翻译工作,包括确定翻译的主要思路、翻译管理、制定翻译的工作方案、对翻译的疑难部分给予指导、校核和修改初稿等。原告称我们未参加创作,没有事实根据。书稿完成后,由SPIN翻译组交出版社,译著的最后署名非我们决定,我们并没有谋取个人名利的意思。原告的诉讼请求没有事实和法律根据,应当依法驳回。

法院经审理后查明:SPIN 翻译组是民间自发成立的兴趣小组,不具有法人主体资格,也不属于法律所规定的其他组织。为此,法院认为:作者的署名权是表明作者身份、并在作品上署名的权利,该权利原则上基于作品的创作而产生。郝海静和李笑盈作为译文作者,对中文版《电子政务》一书的形成付出了创作性的劳动,应当依法享有对翻译作品署名的权利。同时,有权制止未参加创作的人在该作品上进行署名。SPIN 翻译组与翻译者之间签订的《翻译合同》,并不是决定中文版《电子政务》一书署名的唯一依据,该合同中并未严格限定参加翻译的人员。而且在 SPIN 翻译组的负责人王钧得知李笑盈实际参加翻译工作时, 未提出任何异议,还明确地向李笑盈支付了翻译稿酬,所以,被告王钧提出的李笑盈不具有诉讼主体资格的抗辩不能成立。王钧作为 SPIN 翻译组的负责人,负责联系出版事宜,在明知真正译者的前提下,仍然向机械工业出版社隐瞒了真实情况,主观过错明显。机械工业出版社作为图书专门出版商,有义务对著作权人的署名进行审查,但其仅凭王钧个人的托付进行了错误的署名,同样具有主观上的过错。翻译是指从一种语言文字转换成另一种语言文字的创作性的智力劳动,曹济和李怀璋为证明自己参加了翻译而提供的书证以及陈述,只能说明其从事的是管理性的工作,并不具有创作性,不属于著作权法意义上的翻译。在其明知未参加翻译却以翻译者身份署名于《电子政务》,亦具有主观上的过错。

四被告的过错导致了在公开出版物《电子政务》一书上错误的署名,构成对原告郝海静和李笑盈译者署名权的侵犯, 应当承担连带侵权责任。署名权作为人身权利,由于被告不予署名的侵权行为,必然会给原告郝海静和李笑盈造成精神上的痛苦,特别是原告郝海静和李笑盈为未署名事宜多次与被告交涉均未有结果,加重了这种精神上的伤害。

据此,2004 年 10 月14 日, 北京市第一中级人民法院对该案作出一审宣判：一、被告机械工业出版社对《电子政务》图书应当附署名更正说明，表明郝海静、李笑盈的译者身份，删除被告曹济、李怀璋的署名；在《电子政务》图书重印或再版时，应当在封面上表明原告郝海静和李笑盈的译者身份，并删除被告曹济、李怀璋的署名；二、被告机械工业出版社、王钧、曹济、李怀璋在《人民日报》上公开向原告郝海静、李笑盈赔礼道歉；三、被告机械工业出版社、王钧、曹济、李怀璋共同赔偿原告郝海静、李笑盈因本诉讼而支出的合理费用人民币1000元，精神损害赔偿人民币1000元；四、驳回原告郝海静、李笑盈的其他诉讼请求。

本案中的机械工业出版社在向法庭提交的答辩中强调，他们是按照SPIN翻译组确定的方式署名的，意思是他们充分尊重了作者确定的署名方式，所以，他们尽到了注意义务，不存在侵犯署名权的问题。但是，他们的辩解遭到了法院的驳回。法院指出，作为图书出版商，有义务对著作权人的署名进行审查，以所谓尊重作者确定的署名方式而不履行自己的法定义务，就是失职，结果是，作者侵权，出版社承担侵权连带责任。因此，在作品的署名问题上，出版者既要尊重作者确定的署名方式，又要尽到审查把关义务，这是一个问题的两个方面，二者决不可偏废。

五、“免责条款”的意义及其局限

时下，在出版社在和作者签订的出版合同中，常常有这样一款约定：甲方（作者）保证拥有该作品的全部权利，如果因为该作品的出版而侵犯了第三人的著作权，由甲方承担全部责任并赔偿因此给乙方（出版社）造成的损失。这样的条款被称为“免责条款”。在出版合同中列入“免责条款”的作法是正确的：他能提醒作者自觉尊重他人权利，防止作品发生侵权纠纷；同时，也体现了出版社的侵权把关意识，是出版社自觉尽到合理注意义务的一种表现；此外，作品出版发行后由于发生侵权纠纷给出版社造成损失的，出版社可以通过司法途径向著作权人追索赔偿。这些都是“免责条款”的积极意义。但是，这并不意味着在合同中写入“免责条款”就万事大吉了，因为，“免责条款”本身存在着明显的局限性。

任何合同条款都是合同当事人双方之间的约定，这些约定只涉及双方当事人之间的履约行为，而不涉及第三人，这些约定只对合同当事人双方有约束力，对第三人是没有任何约束力的。不可能让甲、乙两人商量一致的意思表示去约束丙的行为，限制丙的权利。这个道理是明摆着的。图书出版合同中的“免责条款”也一样，只对签约的作者和出版社双方具有约束力，对第三方是无效的。这就是说，如果作品出版后发生侵犯第三人的著作权的情况，即使有“免责条款”，法院仍然要认定出版社没有尽到合理注意义务，仍然要判出版社承担侵权连带责任。为什么呢？在我国，出版者应尽的合理注意义务是一项法定义务，而非约定义务。法律规定出版者对其出版物必须尽到合理注意义务，保证出版物不发生侵犯他人著作权的情况。只要出版的作品有侵权事实存在，即使有“免责条款”，也不能以此对抗第三人，更不能以此对抗法定义务。因此，“免责条款”并不能免责，这就是“免责条款”局限性的一面。目前，许多出版社尽管其出版合同中的“免责条款”赫然在目，可照样被法院判决侵权的案例太多了，这都清楚地说明了这一点。

然而，尽管“免责条款”并不能“免责”，我们还是提倡出版合同中一定要写入“免责条款”，这不单单是因为它有积极意义的一面，更重要的是，依据“免责条款”，出版者确确实实可以向作者追索赔偿。比如——

案例80 云南科技出版社诉谭宏超、云南师范大学合同纠纷案

2001年4月12日，云南师范大学教授谭宏超与云南师范大学竹类研究所作为甲方，与乙方云南科技出版社签订《图书出版合同》，合同约定：甲方将《中国主要经济竹种丰产栽培及加工利用》(以下简称《竹种丰

产栽培》)一书交由云南科技出版社出版,作者署名为谭宏超。合同还约定:“因上述权利的行使侵犯他人著作权的,甲方承担全部责任并赔偿因此给乙方造成的损失”;该书由甲方订购4900本,金额为17万元,乙方向甲方支付稿酬33000元。该合同文书上的甲方处除谭宏超签字外,还盖有云南师范大学竹类研究所的公章。

《竹种丰产栽培》)一书出版后,谭宏超先后向出版社支付了13万元,购买了4900本书。2002年1月21日,云南科技出版社将该书向南京市新华书店批销15本,收款585元。

《竹种丰产栽培》一书在南京新华书店销售后,2002年4月,作者周芳纯发现书中大量抄袭其著作,遂以侵犯其著作权为由向南京市中级人民法院起诉了谭宏超和云南科技出版社。案件经南京市中级人民法院和江苏省高级人民法院两级法院审理,判决《竹种丰产栽培》一书的著作权人谭宏超赔偿周芳纯经济损失10万元,云南科技出版社承担连带责任。该判决生效后进入执行程序,南京市中级法院从云南科技出版社的银行账户中扣划了11万元。

云南科技出版社对扣划11万元的损失不能接受,决定诉诸司法解决。由于云南师范大学竹类研究所是云南师范大学的下属机构,不是独立的事业单位法人,云南科技出版社就以谭宏超和云南师范大学为被告,向昆明市中级人民法院提起诉讼。要求二被告按照《图书出版合同》的约定,赔偿由于《竹种丰产栽培》一书侵权给其造成的经济损失11万元,并承担其已支付的律师费8000元及本案诉讼费。

昆明市中级法院受理立案后,被告谭宏超在答辩状中辩称:这本书是我个人的作品,跟学校没有关系。汇编这本书主要是为了教学,而且我已经将书中使用他人作品的部分,向云南科技出版社说明,出版社是知道该书抄袭别人部分作品的情况的,所以当时我与原告约定这本书不能对外发行、销售。而且由于原告在南京的案件中没有应诉,才造成损失的扩大。现原告出版这本书已经获利,而我因出版这本书损失巨大,应当在剔除原告既得利润之后，根据双方过错大小分担责任份额。

被告云南师范大学答辩称：我校及竹类研究所与原告没有订立过图书出版合同，尽管合同上盖有竹类研究所的章，但实际上是作者个人与出版社之间的权利义务关系。我方及竹类研究所与本案无关，不是适格的被告，不是共同的侵权人，原告应当向共同侵权人追究责任。

法院经过庭审和质证后首先认定：虽然云南师范大学竹类研究所在《图书出版合同》上盖了章，但鉴于谭宏超签订合同时的身份是云南师范大学竹类研究所所长，具备掌握该所印章的便利条件。证据证明，实际上享有合同权利并承担合同义务的甲方是谭宏超本人，而非云南师范大学竹类研究所，原告云南科技出版社对此也是知道的。因此，本案与云南师范大学无关，原告对云南师范大学的诉讼请求没有事实和法律依据，法院不予支持。

法院指出：根据原告与被告谭宏超签订的《图书出版合同》，双方明确约定，侵犯他人著作权的，甲方承担全部责任并赔偿因此给乙方造成的损失。被告谭宏超虽然主张原告知道该书有抄袭别人部分作品的情况，但无证据证实其主张，因此，该应对其出版的作品侵犯他人著作权给原告造成的损失进行赔偿。根据最高人民法院《关于审理著作权民事纠纷案件适用法律若干问题的解释》第二十条第三款的规定："出版者尽了合理注意义务，著作权人也无证据证明出版者应当知道其出版涉及侵权的，依据民法通则第一百一十七条第一款的规定，出版者承担停止侵权、返还侵权所得利润的民事责任。"故原告被执行的款项中应扣除其销售侵权书籍所得利润才是其应损失的金额，其余损失应由被告谭宏超承担。

2004年11月18日，昆明市中级人民法院对该案作出一审判决：一、被告谭宏超赔偿原告云南科技出版社人民币8万元；二、驳回原告的其他诉讼请求。案件受理费3870元，原告云南科技出版社负担870元，被告谭宏超负担3000元。

本案是出版社依据合同约定的“免责条款”向著作权人追索赔偿成功的少有案例，值的出版者认真研究。实际中，由于我国现阶段司法中执行难的问题严重，不少时候是赢了官司赔了钱，尤其是败诉一方是个人的，法院执行成功的比例比较小，导致出版社即使自己尽到了合理注意义务，依据合同中“免责条款”完全可以通过法律途径向著作权人追索赔偿，但一想到赢了官司要不到钱的结果就泄气了。其实，这里边也有一个决心问题。只要决心大、准备充足，充分掌握对方的财产资讯、固定收入，追索赔偿成功是完全可能的。

六、变更合同内容需签补充协议

出版合同签订以后，如果对个别条款需要作出修改或补充，应由双方达成一致后签订补充协议，决不可图省事，由各自在合同文本上采取批改及加注的方式凑合了事，也不可打电话搞口头约定。如果采取这类不规范的做法处理合同变更问题，一旦发生纠纷，只要有一方否认，往往导致事情说不清，结果是必然有一方为此付出代价。比如——

2002年10月25日，北京市某休闲俱乐部副总经理李卫平，由于出版合同纠纷问题，向北京市第一中级人民法院提起诉讼，把铁道出版社告上了法庭。

李卫平诉称：我与铁道出版社于2002年7月5日签订了《图书出版合同》，约定由铁道出版社出版我编著的《现代中国爱马人手册》(简称《爱马人手册》)一书。合同签订后，铁道出版社未按照约定支付我21000元报酬，仅付了6000元。虽经本人多次催要，铁道出版社仍不予支付。另外，我依照合同约定向该出版社支付了以7折价款购买200册《爱马人手册》的款项98000元，而在2002年8月该书出版时的定价为58元，按7折购买200册的价款应为81200元，我预付的款项尚余11600元。该款经我多次催要，铁道出版社也以各种理由不予退还。被告的上述行为违反合同约定，故原告诉至法院，请求法院判令：1.解除原、被告签订的《图书出版合同》；2.判令被告支付原告报酬15000元及利息；3.判令被告退还原告购书款11600元及利息；4.判令由被告负担本案的诉讼费；5.判令被告负担律师费3500元。

被告中国铁道出版社辩称：一、在《爱马人手册》一书的出版过程中，我社承担了组织编辑、摄影、设计、排版、对外宣传等大量的工作。特别是在该书收录的140多幅照片中，原告只提供了20多幅，其余都是由我社工作人员李艳阳拍摄或收集的。故根据著作权法的有关规定，我社享有《爱马人手册》一书中大部分照片的著作权。因此，我社在与李卫平签订出版合同时就口头商定，他的稿酬为6000元人民币，另15000元支付给参与设计出版工作的人员，这在合同条款中已予明确。二、就《爱马人手册》一书的定价，原告最初提出应为80元，故原告购买该书按此定价的7折计算。后原告李卫平又认为书价过高，经双方协商，定价确定为58元，相应的，其购书的折扣也相应提高为8折。对此，我社曾提出双方各自变更合同中购书折扣的条款，但原告李卫平未予变更。三、原告起诉后，我社曾就上述事实通过电话与其联系，在通话中，原告对稿酬为6000元以及按照定价8折购书予以认可。根据上述事实，我社未违反出版合同的约定，请求法院驳回原告的诉讼请求。

法院经审理查明：2002年7月5日，原、被告就出版《爱马人手册》一书签订图书出版合同。在诉讼过程中，原、被告均向合议庭提交了该《图书出版合同》。合同约定，由被告中国铁道出版社出版原告的作品《爱马人手册》。该合同的第十三条约定：乙方向甲方支付一次性报酬21 000元（含稿酬6000，设计费、资料费等）。作者提供的照片，未经作者许可，不许挪作他用。经比对原、被告提交的两份合同，其不同之处是：原告李卫平提交的合同中的第十九条约定："作品出版后，被告及时向原告赠样书10册，……同时根据原告需要以70%的折价售予原告图书200册。"而被告铁道出版社提交的合同的第十九条中，关于购书的折价则为80%，且其中的"8"存在明显的由"7"修改而来的痕迹。

《爱马人手册》于2002年8月出版发行，定价为58元，印数5000册。李卫平在2002年7月26日和8月21日两次预付购书款6万元与3.28万元，共计9.28万元，铁道出版社均给其开具了销售专用发票。李卫平于2002年8月21日当天取走《爱马人手册》200本，并出具了收条。2002年9月9日，铁道出版社向李卫平支付了《爱马人手册》一书的稿费6000元，李卫平也向出版社出具了收条。

此外，铁道出版社还向法庭提交了一盘录音带作为证据。这盘录音带是铁道出版社接到李卫平起诉该社的法院传票后，该社《爱马人手册》的责任编辑陈东山着急了，立刻给李卫平打电话联系。在未经李卫平许可的情况下，陈东山对这次通话过程进行了录音。录音带中的主要内容是，陈东山问李卫平："李老师，我们看了看折扣的事，不是说80元钱7折，后来改成58元8折，咱们不是说好的吗"李卫平回答："对，是都说好了，对。"在电话录音中，陈东山还提到了稿酬问题，但是对此，李卫平没有给予明确的回答。

对此录音的真伪问题，李卫平表示：电话录音反映的时间、地点是真实的，但内容不真实，有删减。而且被告以私自录音的方式取得该电话录音不符合法律规定。对于电话录音中铁道出版社在何处进行了删减或何处录音不完整，法庭要求李卫平作出具体说明，但李卫平没有作出说明。

2003年2月12日，北京市第一中级人民法院对该案作出一审判决。

法院认为：李卫平于2002年8月21日第二次向中国铁道出版社支付购书款的当日从该社取走200册《爱马人手册》的事实可以说明，李卫平当时已知道该书定价。李卫平两次向中国铁道出版社支付购书款共计

92 800 元，而以 80%折扣计算，单价 58 元，200 册的书款也是 92 800 元，说明李卫平是按照 80%的折扣支付购书款。中国铁道出版社录制了该社编辑与李卫平的通话过程的目的在于取得证据，而不是侵犯他人合法权利，虽然中国铁道出版社在录音时未征得李卫平的许可，但不能以此认定该电话录音是通过非法手段获得。原告已认可该电话录音录制的是其与陈东山的通话，且没有以证据说明在电话录音中何处被删改，故其对该录音所提异议不能成立，对该电话录音应予采信，该录音内容可以反映出李卫平已经就购书折扣变更为 80%与中国铁道出版社达成一致。根据以上事实以及合同法的有关规定，可以认定李卫平与中国铁道出版社已就"将合同约定的折扣比例变更为 80%"协商一致，构成对合同条款的变更，且已经实际履行。合同明确约定由中国铁道出版社向李卫平一次性支付稿酬 21 000 元，现中国铁道出版社仅向李卫平支付了稿酬 6000 元，构成违约，应承担给付剩余稿酬及相应利息的违约责任，由于合同没有明确约定支付稿酬的时间，中国铁道出版社应付逾期支付稿酬的利息自其向李卫平支付 6000 元稿酬的次日开始计算。鉴于中国铁道出版社已按合同约定出版了《爱马人手册》一书，双方的主要合同义务已经实际履行，李卫平由于中国铁道出版社的违约行为所造成的损失已得到了相应的救济，李卫平要求解除合同的请求于法无据，不予支持。

据此，一审判决：一、中国铁道出版社支付李卫平稿酬 15000 元及自 2002 年 9 月 9 日起至付款时止的同期银行活期存款利息；二、中国铁道出版社支付李卫平诉讼合理支出 1000 元；三、驳回李卫平的其他诉讼请求。

李卫平不服一审判决，以电话录音获取手段不合法，及双方当事人并未将合同约定的购书折扣由七折变更为八折，原审判决对此认定错误为由，向北京市高级人民法院提起上诉。北京市高级人民法院经审理后认为：一审判决认定事实清楚，适用法律正确，应予维持；上诉人的上诉理由不能成立，对其上诉请求，应予驳回。遂于 2003 年 11 月 4 日作出终审判决：驳回上诉，维持原判。

本案的简单案情是，当《爱马人手册》一书的出版合同签订后，中国铁道出版社和作者双方均提出了变更要求：一是作者李卫平认为原定书价80元太高，要求改为58元，铁道出版社同意改为58元，但作者李卫平自购200册书的折扣价就要由8折改为7折，从出版社后来录制的电话录音看，显然李卫平也同意了。二是合同原定作品出版后一次性支付作者报酬21000元，并注明其中“含稿酬6000”，其余为设计费、资料费等。后因书中需要的140余张照片作者只提供20多张，其余全由出版社自己的工作人员拍摄制作，由此，出版社要求只付李卫平稿酬6000元。这两项变更不管合理与否，双方都可以重新协商，达成一致后，必须签订书面的补充协议书。可是，铁道出版社却不是这样，他们采取的是由双方各自把手里的合同内容修改过来的做法。结果，出版社改了，作者却没有改；而且出版社也只改了折扣问题，报酬问题连他们自己也没有改，以至于要上法庭了，编辑才急着和对方通话搞录音证据，好在还算挽回一部分损失，否则，其付出的代价就更大了。因此，变更合同条款不签订补充协议的做法，是一种极其不负责任的做法，并会导致严重的后患。

七、法律有关格式合同的特殊规定

所谓格式合同，又称标准合同、定型化合同，是指当事人一方为了重复使用而预先拟定，在订立时未与对方协商的合同。现实生活中的车票、船票、飞机票、保险单、提单、仓单等都是格式合同。一般而言，某一行业垄断的存在、交易内容的重复性、交易双方所要求的简便、省时，导致了格式合同的大量存在。出版社由于要面对数量众多的作者和著作权人，为了方便、快捷、高效，在与著作权人签订合同时，一般情况下使用的也都是预先拟定好的格式合同。

格式合同虽然具有节约时间、降低成本等不少优点，但同时也存在诸多弊端。对于格式合同的非拟定方而言，在没有思想准备和充分考虑的情况下，是无法进行充分协商的，一般只能表示同意或者不同意。而格式合同的拟定方却可以利用自己预先拟定的便利，制定有利于自己、而不利于对方的合同条款。例如出版合同中的免责条款就是维护出版者利益的一种体现。这实际上限制了合同自由原则。因此，为了维护合同的平等、公平及诚信原则，法律对于格式合同有着特殊的规定。

《中华人民共和国合同法》第三十九条规定："采用格式条款订立合同的，提供格式条款的一方应当遵循公平原则确定当事人之间的权利和义务，并采取合理的方式提请对方注意免除或者限制其责任的条款，按照对方的要求，对该条款予以说明。"第四十一条又规定："对格式条款的理解发生争议的，应当按照通常理解予以解释。对格式条款有两种以上解释的，应当作出不利于提供格式条款一方的解释。格式条款和非格式条款不一致的，应当采用非格式条款。"这就是说，《合同法》对格式合同发生争议时的解释作出了三项特殊规定：一是按照通常理解解释的原则。就是说如果双方对格式条款的理解发生争议时，应当以可能订约者订约时的平均合理的理解为标准进行解释，而不应以条款提供者的理解进行解释；如果该条款所涉及的术语或相关知识不能被可能订约的相对人平均理解能力所理解，则格式条款提供者不能主张该条款具有特殊含义。二是不利解释的原则。就是说，如果提供格式条款的一方和另一方当事人对格式条款的理解不一致，且双方的理解均言之有据，应当采用不利于格式条款提供方当事人的理解。三是非格式条款优先的原则。就是说，合同中如果就同一权利义务约定有两个条款，一个是格式条款，一个是非格式条款，两者约定内容不一致，则应采用非格式条款确定当事人的合意。也就是说，在效力上非格式条款优于格式条款。

根据《合同法》的这些规定，作为格式合同拟定方的出版社，在预先拟定出版合同条款时，一定要自觉遵循公平、公正原则来确定当事人之间的权利和义务，不能任意削减著作权人的权利以扩大自己的利益。同时，在合同签订时，还要履行提示义务和说明义务，就是要将合同中免除自己责任和加大对方责任之类的条款，要特别地提请对方注意并予以说明。同时，对《合同法》中有关争议条款解释的三项特殊规则，一定要格外注意。这三项规则，是法律为了防止格式合同提供者利用预先拟定合同条款的便利，过分谋取自己一方利益而作出的限制。如果我们在签订合同时不能严守法度，谨慎从事，一旦违反这些规则，就有可能被法律所惩处。比如——

案例82 付英等诉经济科学出版社出版合同纠纷案

2003年，多年潜心研究法学的青年法学家付英与丈夫王丰，编写了一套近2千万字的《葵花宝典》司法考试辅导系列丛书。当年12月16日，他们与经济科学出版社签订了图书出版合同，约定将他们编著的这套大型司法考试辅导丛书的专有出版权授予经济科学出版社。并约定，付英要在2003年12月15日至2004年1月30日期间陆续交付书稿的誊清稿；合同有效期为3年；在合同有效期内，双方均不能将该作品交给第三方使用。

双方签订合同使用的文本是经济科学出版社预先印制好的格式合同。合同的甲方著作权人为付英，甲方签约人为王丰。格式合同第11条的内容为支付报酬的方式和标准，下列三项，第一项基本稿酬加印数稿酬和第二项一次性付酬均被划掉，选择了第三项版税方式，约定为："图书定价×15%（版税率）×销售数"。合同第12条的内容有四款，前三款均为对应第11条所列三种付酬方式进一步确定具体标准，但这三款均被划掉，代之以在划掉的第一款项下另起一项手写填入："从图书出版的第一个月开始付酬，每月约30万左右，至年底付清，按总码洋2万套为基数付酬，超过部分在一个销售季结束后90日内付清，未按时支付，原告可以终止合同并要求被告继续履行付酬义务。"合同第14-17条的内容为,约定如重印,需通知作者,及通知日期的选择、作者可以核查账目等。但通知日期处均被斜线划掉。

合同签订后,经济科学出版社于2004年3月出版了《葵花宝典》丛书,作者署名为付英、王丰。该套丛书包括《国家司法考试高阶教程》、《国家司法考试同步经典题库详解》、《考点必备》、《案例解谜》等共计19种,全套定价1088.5元。总印数316.3万余册。从出书的当月起至6月30日,经济科学出版社先后向付英和王丰7次支付稿酬共计90.7万元。

对于该套丛书的出版,经济科学出版社原计划2004年当年销售总码洋要达到1600万元,此后两年逐年增加20%。但出版后销售情况并不理想,订货会虽然订出5万余套,实际各销售点积压严重,到年底,该社决定不再继续出版该书。

再说付英和王丰在出书的头三个月先后收到稿酬90.7万元,但从7月份以后就没有了下文。按合同约定的以总码洋2万套为基数计算,他们的稿酬在300万元以上,到年底以前出版社应当每月支付30万元左右。于是,从8月份以后,他们多次给出版社写信催要,但均未有结果,直到2005年1月27日,才收到经济科学出版社一封回信。信中的意思是,该书销量小,回收货款少,稿酬随回款逐步给付。付英和王丰对此不能接受,2005年1月31日,他们再次致函出版社,指出经济科学出版社在给他们的回函中,对拖欠稿酬和利息如何支付、2005年修订版《葵花宝典》是否出版等问题均未予以明确答复,他们要求对方必须在2月4日前对上述问题作出明确答复。然而,该信发出后,直到2月底仍没有收到出版社的回复。他们又在3月1日发信给经济科学出版社,指出对方拖欠2004年度稿酬,不履行2005年出版义务,经催告后仍没有结果,因此,他们决定解除双方签订的图书出版合同,特此告知。

付英与王丰在向经济科学出版社发出解除合同的信函不久,即与当代世界出版社签订了继续出版该类图书的出版合同,同时,对于经济科学出版社拖欠稿酬、不履行合同义务的违约行为,于2006年6月向北京市海淀区人民法院提起诉讼,将对方告上了法庭。

付英与王丰向法院诉称：我二人与被告经济科学出版社于2003年12月16日签订《葵花宝典》司法考试系列丛书出版合同,约定我们将上述图书交给被告出版,被告以2万套为基点付酬,版税率15%,在出版后的90日内支付,自图书出版之日起每月支付30万元,至2004年年底付清,超过2万套部分于出版后第一个销售季后90日支付。按约被告应支付稿酬326.55万元,但实际仅支付90.7万元。被告于2004年12月召开社务会,决定不再出版2005年版图书,并明确告知了我二人,而合同的有效期为三年。现提出如下诉讼请求:1.被告支付2004年已发行图书稿酬欠款235.85万元;2.支付自2004年8月至判决书确定的付款之日的银行利息;3.赔偿因违约造成的2005年、2006年预期利益671.1万元。

对于付英与王丰的起诉，经济科学出版社在提交的答辩状中同时提出反诉。大意是:我社享有涉案图书的专有出版权,期限为三年。我社在签约后陆续向原告支付稿费90.7万元,未再付款的原因在于合同约定支付稿酬的标准和期限不明确，我社认为应当以版税方式按销售数付酬。涉案图书印数共计316355册,实际销售43340册,应支付已经销售的图书稿酬31.95万余元。因此,按照销售数,已经给足原告稿酬。对于解除合同一事,双方自2005年1月开始协商未果。同年4月,二原告未经我社同意,将涉案图书转给当代世界出版社出版,给我社造成损失568.73万余元。合同并未约定每年一定出书,如果原告认为合同已经解除,再要后两年的违约损失不当。我社提出如下反诉请求:1.付英、王丰赔偿我社经济损失400万元(以我社库存积压图书数量计算);2.自付英、王丰违约时起,解除双方签订的出版合同。

对于经济科学出版社的反诉,付英、王丰辩称:原告未按约付给2万套稿酬,构成违约,我二人已经于2005年2月1日对其进行催告,3月1日发函告知解除合同。我二人委托当代世界出版社出版的图书是新的系列，在体例结构和内容上均与反诉原告的版本不同。反诉原告库存图书的损失我二人不能承担。

北京市海淀区人民法院受理该案后，法庭对案件进行了调查和审理。在审理质证过程中，原告出具了经济科学出版社前期向其支付稿酬的6张稿酬支付通知单，该6张单据上的应付稿酬部分均写明“版税:2万×定价×15%”。对此，法庭要求被告经济科学出版社解释，其一再声称合同约定的是按照销售量结付版税，可为什么上述通知单中均按照2万套直接结算，经济科学出版社一方当庭表示对此不能解释。

庭审后，原告方付英、王丰致函法庭，表示考虑到双方合作的友情，放弃其向被告主张671.1万元预期利益的诉讼请求。

经过长达一年多的审理，2007年7月24日，北京市海淀区人民法院对该案作出一审判决。

法院指出，原告与被告针对《葵花宝典》司法考试系列丛书签订的图书出版合同未违反相关法律法规，应属有效合同，双方均应按约履行相应的义务。对于本案中双方的争议，主要焦点是三个：

第一，关于对合同中约定的付酬标准和时间，以及是否存在2万套基数的保底条款的问题。法院认为：图书合同的第11条选择了以版税的方式付酬，原条款写明计算依据是销售数，但第12条又划掉第三款版税付款方式，选择了在基本稿酬加印数稿酬项下另起一项以手写注明，从图书出版的第一个月开始付酬，每月约30万左右，至年底付清，按总码洋2万套为基数付酬，超过部分在一个销售季结束后90日内付清。对于以上条款，原被告在对销售数的理解、条款之间的矛盾、2万套印数是否为保底数等方面均发生争议。根据合同法相关规定，涉案合同系被告提供的格式合同，在双方争议理由相当时，应适当倾向于原告，且手写部分更应被重视。可以看出，双方的真实意思并非想变更付酬方式，而是选择手写以出版日为基点计算付款日期，放弃了以销售情况结算的方式，否则不会特意划掉第三款。手写部分已经明确以出版日作为付款时间的基点，从第一个月开始支付，以2万套总码洋为基数付酬，每月付款约30万元，对此部分理解应当没有歧义。第11条中所称以销售数结算，是指超过2万套基数的部分。因此，本院认为双方在签订合同时的真实意思是确认了2万套的保底条款，并明确约定了付款时间，至年底付清。被告未能按约履行，应属违约，需承担相应的违约责任。原告可以据此解除合同，并不影响被告支付稿酬并赔偿延迟付款的利息损失。考虑到双方关于年底付清的约定，以及被告在2004年一直陆续付款的实际情况，本院确认计算延迟付款利息的时间自2005年1月开始。

第二，关于合同是否已经解除的问题。法院认为：合同第12条第四款约定，被告未在约定期限内付酬，原告可以终止合同并要求被告继续履行付酬的义务。原告于2005年2月1日向被告发出信函，催促被告支付稿酬和利息，并要求明确答复是否继续出版2005年修订版。被告经催促后既未付款，亦未表示继续出书。3月1日原告发出信函，明确告知因被告拖欠稿酬，并不履行2005年的出版义务，故通知其解除图书出版合同。被告在此后没有起诉要求确认解除合同的效力。对此本院认为，上述原告解除合同的行为符合双方约定的解除合同的条件，也对被告进行了催告，被告收到原告第二封信函即解除合同的通知时，合同已经解除。此时，被告并未依照法律规定向仲裁机构或法院请求确认解除合同的效力。因此，原告解除合同符合合同约定，且于法有据，被告未按照法律规定行使其否认合同解除的权利，不影响合同解除的效力。

第三，原告与当代世界出版社签约出书，是否违反了将专有出版权授予被告的合同约定。法院认为：原、被告签约时，将《葵花宝典》丛书的专有使用权授予被告，被告拥有该丛书的专有出版权。2005年3月1日，原告致函被告解除合同，被告没有请求法院或仲裁机构确认解除合同的效力，该合同解除，被告自此不再享有该丛书的专有出版权，原告亦收回该权利。在被告违约、合同解除的前提下，原告将其作品交给当代世界出版社出版，并不违反与被告之间的合同约定。因此，被告据此提出的反诉请求不能成立,本院不予支持。原告在庭审后放弃对预期利益提出的诉讼请求,本院不持异议。

据此,一审判决:一、被告经济科学出版社给付原告付英、王丰稿酬235.85万元,并支付延迟付款的同期银行存款利息;二、驳回反诉原告经济科学出版社的诉讼请求。

如果未按本判决指定的期间履行给付金钱义务,应当依照《中华人民共和国民事诉讼法》第232条之规定,加倍支付延迟履行期间的债务利息。案件受理费21803元,由被告负担;反诉费30010元,由被告负担。

本案就是出版者受到格式合同争议条款解释规则惩罚的典型案例,从而使经济科学出版社遭遇了一场灭顶之灾。当然,造成这场灾难的根本原因还是他们的决策失误问题,但也与其合同法律知识欠缺,对格式条款与手写条款的法律效力的区别不了解等因素有关。他们以为,既然合同第11条选择了付酬方式的第三种即版税方式,而版税方式这一款的全文是,"版税:图书定价×　%(版税率)×实际销售册数",那么,他们就可以据此主张,稿酬按图书的实际销售数乘以版税率结算。然而,对方毕竟是功底深厚的法学专家,显然比他们更懂得格式合同的法律规则,人家在合同的第12条以手写填入的一段话,彻底否定了第11条中保留下来的按实际销售数乘以版税率计算稿酬的那句话。因为我国合同法有规定,格式合同中手写条款大于格式条款的法律效力。因此,出版者不可仅仅看到格式合同有利于自己的一面,还要看到法律对格式合同提供者有特别限制的一面,否则,不但占不到便宜反而吃大亏。

第四节　版权贸易合同需注意的几个问题

进行版权贸易的关键是签订版权贸易合同。所谓版权贸易，是指版权的财产权利的转让与许可，至于版权的精神权利，一般是不能在贸易中使用的。版权贸易包括引进版权和输出版权两种形式，目的是将国外优秀作品引进国内出版或将国内优秀作品输出到国外出版，从而达到和世界各国人民进行文化交流的目的。

版权贸易合同和国内出版合同，实质上并无太大区别。主要问题在于，国际间的语言不同，文字不同，对方国家的法律、出版文化和我们也不同，出版者对合同当事人一方的情况不但完全陌生，而且了解调查起来比较困难，这就大大增加了版权贸易合同签订工作的难度。为此，在版权贸易合同的签订过程中，除了签订国内出版合同应当注意的问题之外，还要特别注意如下几个问题。

一、认真作好两种文字的翻译比对工作

语言文字不同是进行版权贸易的首要障碍。对于我国的出版社来说，外语水平一般都不高，尤其是储备有通晓多国语言人才的出版社更少。因此，不管引进哪一个国家作品的版权，首先要注意的是防止因语言文字不通而出错。这就要求在进行版权贸易的过程中，对于对方出具的任何公函、授权书、合同或协议、身份证及注册登记证明文件等材料，只要其用的是外国文字，一定要请专人翻译成汉语言文字，以便确切地理解清楚其表达的含意，切不可轻易相信别人的口述或宣传。

其次，在合同谈判签订之前拟定的合同文本，不管是否由我方拟定，

都必须要准备有中文译本。因为对于我方来说，最熟悉的还是祖国语言。如果是我方起草合同文本，当然没有问题要用中文，而如果由对方起草就可能用的是外文，在这种情况下，即使我方懂外文，但要达到既懂外文每一词语的基本含义，又通晓这个词语在法律上的意义，以及掌握它的一词多义和一些约定俗成的用法，这是不可能的。因此，即使双方商定由对方起草合同文本，我方也要认真准备一份中文的合同文本，以方便进行合同谈判时作为蓝本与对方起草的合同文本进行比对，并可供对方准确了解我方意见，从而达到充分沟通而不出纰漏的目的。

此外，在合同签订时，我方应力争以中文为合同底本签字；不成，则必须坚持以中文和外文两种文本共同签字。避免单独以外文为合同底本签字。这样做的好处是，一旦日后对合同某一条款发生理解上的歧义和争执时，我方能以中文文本作依据，避免因太大的理解错误而导致被动和损失。

在这个问题上，出版者最容易犯的错误是图省事，怕麻烦，轻信对方，麻痹大意，以至于上当受骗。比如——

案例83 《加菲猫》一书侵权纠纷案

1998年，海南出版社的一位朋友向山西希望出版社传来一条消息，称他听香港的朋友莫先生说，他们香港RM公司获得了美国爪子工作室的授权，享有《加菲猫》卡通图书的版权代理资格，想在内地寻找一家出版社出版该书，询问希望出版社有无合作兴趣。希望出版社过去曾和海南出版社的这位朋友有过满意的合作，彼此信任；对于国际上鼎鼎有名的《加菲猫》卡通书，希望出版社领导也早有引进之念。他们得到海南出版社朋友传来的消息，可谓满心欢喜。此后，在海南出版社朋友作为中间人的沟通下，双方见面、洽谈，很快达成了合作意向。香港RM公司的莫先生还出示了美国爪子工作室的英文授权书。但希望出版社领导看不懂英文,收下后未加仔细察看就保存起来。他们以为大家都是朋友,不会有啥问题。不久,双方正式签订《加菲猫出版协议》,希望出版社依照约定向美国的版权人支付版税 25.3 万元人民币, 由莫先生的香港 RM 公司代为转交。

1999 年,希望出版社出版了《加菲猫》系列画册,全套共计 11 种。

2003 年,美国爪子工作室在中国图书市场及当当网上发现了由希望出版社出版、发行的《加菲猫》图书。7 月,他们在北京科文书业信息技术有限公司(以下简称科文书业公司)和北京科文剑桥图书有限公司(以下简称科文剑桥公司)共同经营的当当网站上,公证购买了《加菲猫》系列图书(全 11 册)。不久,就向北京市第二中级人民法院提起诉讼。诉称:该公司在中国图书市场上发现了由被告希望出版社出版、发行的《加菲猫》系列丛书中文本。科文书业公司、科文剑桥公司销售了该图书。三被告的行为已构成对该公司著作权的侵犯,请求法院判令:被告科文剑桥公司、科文书业立即停止销售被告希望出版社出版的《加菲猫》系列丛书中文本;被告希望出版社立即停止出版、发行《加菲猫》系列丛书中文本,收回并销毁市场上及库存的该书;被告希望出版社公开赔礼道歉;被告希望出版社赔偿本公司经济损失 77.2 万余元等。

希望出版社接到法院传票后,深感意外,他们和版权代理者签订有正式的合同,又向美国的爪子工作室支付了巨额版税,怎么能挨告呢?情急中他们想到了莫先生出具的那份授权书,经由专人翻译成中文后才知道,在那份所谓的授权书中,爪子工作室只是授权香港 RM 公司为其在中国内地宣传联系出版合作者, 但无权代表爪子工作室签订出版合同。至于代收版税的事,更没有那一说。这时,他们才知道被人骗了,赶紧给海南出版社打电话,说明事情的原委,请那位朋友联系香港 RM 公司和那位莫先生,但直到案件判决,也没有联系上。RM 公司的其他人,都称对此事一概不知。

2004年8月27日，北京市第二中级人民法院公开审理了此案。

在庭审中，希望出版社辩称：依据Paws提交的美国政府、美国国会藏书馆颁发的版权登记证书，“加菲猫”漫画的著作权仍归属UnitedFeatureSyndicate，而非Paws。原告不能证明自己是“加菲猫”漫画的著作权人。所以，Paws无权就涉案图书提出侵权诉讼。Paws提交的《加菲猫版权转让协议》显示受让方Paws并未签署该份协议，协议并未生效。此外，希望出版社还提出，鉴于RM公司与本案存在重大利害关系，应当追加RM公司作为无独立请求权的第三人参加本案诉讼，但法院没有支持。

北京科文公司、北京科文剑桥公司的代理人答辩称：《加菲猫》系列丛书中文本是他们从被告希望出版社购进，进货途径合法，本公司无任何过错。

2004年12月20日，北京市第二中级人民法院作出了一审判决。

法院指出：经审理查明，“加菲猫”(GARFIELD)漫画为美国作者吉姆·戴维斯创作，其原始著作权属于UFS公司。1994年5月26日，UFS公司与其母公司E.W.Sccripps公司共同签署了《加菲猫版权转让协议》，将有关《加菲猫》版权的一切权利及收益转让给了美国的爪子工作室。前述《加菲猫版权转让协议》仅由UFS公司与其母公司E.W.Sccripps公司的授权代表签字确认。原告已成为与加菲猫版权有关的一切权利及收益的权利人。且被告希望出版社在其出版发行的《加菲猫》系列丛书中文本的版权页上，也注明原告为该书的著作权人。因此，被告希望出版社关于原告未在该协议上签字故该协议未生效，原告不享有《加菲猫》系列丛书的著作权，不是本案适格原告的诉讼主张，本院不予支持。

法院认为：原告作为《加菲猫》系列丛书的现著作权人，就该作品享有的著作权，受我国著作权法保护。法院判决被告北京科文公司、北京科文剑桥公司立即停止销售被告希望出版社出版发行的涉案《加菲猫》系列丛书中文本；希望出版社立即停止出版发行涉案《加菲猫》系列丛书；赔偿原告爪子工作室经济损失人民币205920元等。

一审判决后，双方均未提出上诉，判决生效。

本案中的希望出版社犯的第一个错误，就是对香港RM公司的莫先生出示的美国爪子工作室的英文授权书，没有找人译成中文搞清楚授权书的具体内容，就与这个本来无权代签出版合同的代理者签订了合同，导致上当受骗，最后付出了近60万元的巨额代价。试想，如果当初他们找专人将该授权书译成中文，还会有后来这一场损失巨大的败诉官司吗？要知道，进行版权贸易是与说着外国话、写着外国字的人打交道，对于拙于外国文字的国人来说，要想不吃亏上当，就必须注意勤做翻译，以达到以己之长补己之短。这是搞好版权贸易必须要注意的问题。

二、要注意取得公证、认证手续

我们说过，签订任何合同首先要审查清楚合同当事人的主体资格是否合格，版权贸易合同也不例外。而且，比之于国内图书出版合同的主体资格审查，版权贸易合同的主体资格审查难度更大、更关键，只能做好，不能做错。为此，无论是对合同当事人的著作权人资格与民事行为能力进行审查，还是对其代理人的代理资格进行审查，都要注意取得公证与认证手续。这是防止版权贸易合同的主体资格与代理资格出问题的最好的手段。

国外的版权转让要比我国国内频繁得多，非创作人成为著作权人的情况极为普遍；同时，国外的版权代理制度也非常发达，创作了作品的作者常常将著作权委托出版单位或版权代理机构代理，而且，有时还存在版权多次转让和层层代理的情况。这样，拿引进版权来说，出版者要直接联系到著作权人一般很难，通常都是通过版权代理机构或原出版单位进行联系，但联系到的是否是真正的著作权人并没有太大把握。在这种情况下，进行公证与认证就是最可靠的保证。

为此，对于外方出具的有关著作权的任何协议书、授权文件一类的证明材料，只要没有当地公证机构的公证手续的，就应当要求其出具公证和认证手续。同时，对于合同签约人出具的有关合同主体和代理主体的民事行为能力的资质证明文件，也应当要求其出具公证、认证手续。比如，作品的著作权如果属于国外个人的，应当要求对方提交个人身份证明认证件（经中华人民共和国驻所在国大使馆认证）；作品的著作权如果是属于国外出版公司的，应当要求其提供该公司的营业执照复印件及公证认证书（经中华人民共和国驻所在国大使馆认证）。只有拿到了这些经过公证认证的权利和资质证明文件，版权贸易合同的主体资格和代理人资格才能有可靠的保证。例如——

案例84 《走遍美国》音像制品侵权案

《走遍美国》是一部以类似摄制电影方法创作的美式英语视听教材，最初由美国麦克米伦公司于1991年制作完成，并在美国进行了版权登记。1993年初，北京高教音像出版社（下称北教音像社）作为甲方，与获得美国麦克米伦公司授权的北京阶梯信息工程有限公司（为台商独资企业）签订版权贸易合同，主要内容为：甲、乙方经麦克米伦公司同意，联合编录中国版的《走遍美国》；甲方享有对《走遍美国》录像教学片进行改编，并以录像带的形式录制，通过电视台播出的权利；甲方的录制工作应于1993年5月左右在北京电视台播出之前完成；有关除电视台播出以外的录像带发行事宜，不属此合同范围，需另行拟定。1993年5月13日，国家版权局对上述版权贸易合同进行了审查登记。同日，国家新闻出版署音像管理司给北教音像社颁发了海外科教音像制品进口出版许可证。之后，北教音像社对进口后的该音像制品的原录像带配置了中文讲解与辅导。

1993年11月10日，即将破产的美国麦克米伦公司被英国培生教育集团收购。根据双方签订的收购协议，收购的净资产包括麦克米伦公司的所有产权及相应的版权(含《走遍美国》)在内。此后的2002年11月14日，培生教育集团与北京国际版权交易中心(下称版权交易中心)签订授权合同一份。主要内容为培生教育集团向版权交易中心提供《走遍美国》多媒体英语教材包括课堂教学用书、光盘等产品在中国境内改编、出版、宣传和销售的独家许可权，期限三年。当日，培生教育集团据此向版权交易中心出具授权书一份，授权范围、期限与授权合同基本相同。2002年11月18日，版权交易中心向北京市新闻出版局申报，办理了出版《走遍美国》系列产品的合同登记手续。

2002年12月14日，版权交易中心与湖北教育出版社签订出版合同一份，主要内容为版权交易中心经培生教育集团授权，独家拥有《走遍美国》系列产品在内地的改编、出版、发行、广告、播出、宣传等合法权利；版权交易中心授权湖北教育出版社在本合同有效期内以合同规定的载体形式出版《走遍美国》系列产品之一《新编走遍美国》。当日，版权交易中心向湖北教育出版社出具一份授权书。2003年4月2日，版权交易中心对其授权向湖北教育出版社出具一份说明，载明:2002年12月14日签发的授权书为独家授权，即授予湖北教育出版社在内地独家享有授权书所列之权利。据此，湖北教育出版社取得了在中国内地独家专有的出版、复制、发行《走遍美国》VCD等的权利。

湖北教育出版社获得授权后，从2003年开始出版、发行《走遍美国》VCD系列产品，但他们发现，由北教音像社出版、惠州东田音像有限公司(以下称东田公司)发行的《走遍美国》VCD光盘已经在市场上大量销售。原来，早在2001年底，北教音像社就与东田公司合作推出了《走遍美国》中文讲解完整版VCD音像光盘。湖北教育出版社为了制止对方的侵权行为，从2003年3月起，经过5个月的调查取证后，向武汉市中级人民法院提起诉讼，以北教音像社和东田公司侵犯其合法享有的在内地独家复制、发行《走遍美国》VCD的权利，请求法院判令二被告立即停止侵权，公开赔礼道歉，并赔偿经济损失与合理开支共计80万元。

武汉市中级人民法院对该案经过审理查明事实后，于2004年9月作出一审判决。武汉市中院认为：《走遍美国》的原制作者虽然为美国麦克米伦公司，但并不影响培生教育集团以该制品版权持有人的身份与版权交易中心签订版权贸易合同，且该合同经过北京市新闻出版局审查登记，故版权交易中心引进该制品在中国出版、发行的权利来源合法，进口登记手续完备。从湖北教育出版社提供的《走遍美国》音像制品进口合同登记表及版权交易中心出具给湖北教育出版社的授权证明来看，湖北教育出版社依约对该制品的系列产品独家享有在内地复制、发行的权利，有权排斥他人未经许可复制、发行该音像制品。由北教音像社出版、东田公司发行的《走遍美国》VCD光盘，虽然在原《走遍美国》的基础上配置了中文讲解与辅导，但音像及英文部分与原告复制、发行的权利制品《走遍美国》一致。从北教音像社提供的进口出版合同及许可证载明的内容来看，北教音像社曾经取得过对《走遍美国》录像教学片进行改编，并以录像带的形式录制，通过电视台播出的权利，但其从未取得将《走遍美国》以VCD形式复制、发行的权利，故北教出版社以VCD形式出版《走遍美国》超出了授权范围，该合同不能作为其以VCD形式出版《走遍美国》音像制品的权利依据。因此，北教音像社未经许可擅自出版，与东田公司复制、发行《走遍美国》VCD光盘的行为，已共同侵犯了湖北教育出版社在内地对《走遍美国》VCD光盘所享有的独家复制权、发行权。对此，北教音像社、东田公司均应承担停止侵权、赔礼道歉、赔偿损失等相应的侵权民事责任。关于损失赔偿数额，鉴于湖北教育出版社的实际损失以及北教音像社、东田公司的违法所得不能确定，本院综合各方面的情况酌定，湖北教育出版社因侵权而遭受的损失为9万元，其为制止侵权行为所支付的合理开支3.6万元。

据此，武汉市中级人民法院一审判决：一、北教音像社、东田公司立即停止复制、发行《走遍美国》VCD 光盘的侵权行为；二、北教音像社、东田公司在《新闻出版报》刊登声明，公开向湖北教育出版社赔礼道歉；三、北教音像社、东田公司赔偿湖北教育出版社经济损失 12.6 万元人民币；四、驳回湖北教育出版社的其他诉讼请求。

北教音像社、东田公司对一审判决不服，向湖北省高级人民法院提起上诉。其上诉理由主要是：一、一审判决对案件基本事实认定错误，培生教育集团并无证据证明其已取得本案所涉制品的版权，其与版权交易中心的授权文件以及本案中湖北教育出版社从版权交易中心所得到的复制、发行的授权是没有法律依据的。二、一审判决适用法律错误，北京市新闻出版局的审查登记不能作为认定湖教出版社合法取得涉案制品版权的法律依据。

被上诉人湖北教育出版社为支持其诉讼请求，在上诉期间又向湖北省高院提交了二份证据：证据一是经我国驻美国大使馆认证，并由美国国务卿赖斯授权的助理认证官签字认证的、美国国家版权局出具的部分版权档案文件的证明（共 103 页）材料。在该材料中有一份培生教育集团律师关于该集团自 1993 年 11 月 10 日享有麦克米伦公司的所有产权及相应的版权（包括本案所涉作品）的声明，以及美国新泽西州公证处对该律师声明的公证。证据二是一份收据，内容是案外人周奇勋（北京阶梯信息公司总经理）去美国查取上述公证、认证材料的开支费用，共计新台币 40350 元，折合人民币 10090 元，以此证明湖北教育出版社在一审后为制止侵权支付的费用有了新的增加。

湖北省高级人民法院依据一审和二审查明的事实，于 2005 年 6 月 13 日对该上诉案作出了终审判决。高院在终审判决书中指出：一审判决在北教音像社提交了本案所涉作品的原著作权人为麦克米伦公司情况下，未查清培生教育集团的权利来源，就直接认定培生教育集团为本案所涉作品的权利人，并据此下判，系认定事实有误。在本院审理过程中，由湖北教育出版社于 2005 年 3 月调取提交的中、美两国认证的美国国家版权局备案的资料清楚表明，培生教育集团已从1993年11月10日起，享有了麦克米伦公司的所有资产权利，包括本案诉争的“走遍美国”的版权的权利，即培生教育集团依法享有本案所涉作品的版权，本院据此依法予以纠正。但原审判决除培生教育集团的权利来源一节外，其他事实基本清楚，程序公正合法，适用法律正确，实体处理正确，应予维持。据此，湖北高院终审判决：驳回上诉，维持原判。

本案中的北京高教音像出版社的侵权行为本来是毫无疑义的，因为依照合同约定，他们只取得了电视片《走遍美国》的改编权、电台播放权，而没有取得该电视片的VCD音像制品复制、发行权。这一点其实他们自己也是清楚的。但他们为了否定湖北教育出版社对其提出的侵权指控，就极力否认其权利来源的合法性。他们认为一审中湖北教育出版社并没有拿出充足的证据证明英国的培生教育集团享有《走遍美国》的版权，武汉市中院的一审判决是以培生教育集团与版权交易中心签订的版权贸易合同，“经过了北京市新闻出版局审查登记”，“进口登记手续完备”，就以此认定其权利来源合法。所以，他们认为一审判决认定事实错误、适用法律错误，因此拒绝接受。他们的这一上诉理由，也得到了终审法院一定程度的认可。由此可以看出，在签订版权贸易合同中，取得有关合同当事人主体资格的经过公证、认证的手续是多么重要。湖北教育出版社正是为了证明自己权利来源的合法性，不得不出资请出与他们合作的周奇勋（北京阶梯公司总经理）赴美国重新查取了证明培生教育集团享有涉案作品著作权的经过公证、认证的一整套法律文件。他们的这一做法是必要的，正确的，保证了二审官司的最终胜诉，但显然来得晚了一点。如果他们在与版权交易中心签订合同时就要求对方出具这样的公证、认证手续，尤其是他们的授权单位北京国际版权交易中心，其当初在与培生教育集团签订版权贸易合同时，就要求对方出具这样的公证、认证手续，岂不是更容易解决一些吗？还用得着重新花费一万多元请人再专门跑一趟吗？

三、必须进行合同审核登记

版权贸易合同签订后，必须到著作权行政管理部门办理审核登记手续。这是版权贸易合同与国内出版合同的一个重要的不同之处。

早在 1988 年，经国务院批准，国家版权局就下发了《关于出版台湾同胞作品版权问题的暂行规定的通知》，明确要求，涉及对台、港、澳版权贸易的合同，必须报国家版权管理机关审核登记，否则不受法律保护。1990 年，国家版权局又下发了《关于认真执行对台、港、澳版权贸易有关规定的通知》，重申 1988 年《通知》的规定，并要求："1988 年 3 月 1 日以后，任何单位、个人签订的对台、港、澳版权贸易合同，不论是向外转让版权或授权使用还是受让或接受授权的合同，必须送版权管理机关审核登记。未经审查登记的，应当在 1990 年 3 月 1 日以前按规定补办审核登记手续。未经审核登记的合同一律无效。"同年 5 月，国家版权局又下发了《关于版权贸易合同审核登记问题的补充规定》，进一步把版权贸易合同的审核登记范围，由台、港、澳地区扩大到了国外版权所有人，并规定了合同审核登记的分级管理办法，明确中央级出版社的报国家版权局审核登记，地方出版社的报本地版权管理机关审核登记。由此可知，版权贸易合同的审核登记手续，既是获得法律保护的有效凭证，也是必须履行的法定义务。

其实，国家之所以坚持执行版权贸易合同审核登记制度，目的在于加强对版权贸易工作的管理，保护国内外著作权人和出版者的合法权益。版权管理机关在对合同进行审核时，要对合同当事人的著作权人资格及其履行民事责任能力的资质情况进行审查，这就能防止合同主体资格不合格的问题发生，有效避免出版者上当受骗等情况的出现。因此，版权贸易合同审核登记，不但是国家加强管理的需要，也是维护出版者自身权益的需要。目前，进行版权贸易合同审核登记，已成为广大出版者自觉遵守的制度。比如在案例84《走遍美国》音像制品侵权一案中,无论1993年北京高教音像出版社与美国的麦克米伦公司签订版权贸易合同,还是2002年北京国际版权交易中心与英国培生教育集团签订合同,都无一例外地在合同签订后到版权管理部门进行了审核登记。当然,也有的出版者对此认识不足,存在不愿审核登记的情况,尤其在这一制度刚刚开始实行的几年,不愿登记的情况更多一点。但事实证明,凡是不办理合同审核登记手续的,往往不能有效防止合同当事人或者代理人的资质条件不合格等问题,以至于惹上侵权官司。比如——

案例85 美国迪斯尼公司诉北京出版社等侵犯著作权案

美国沃尔特·迪斯尼公司(以下简称迪斯尼公司)是米奇老鼠、灰姑娘、白雪公主等卡通人物形象的版权人,并在美国进行了版权登记。香港麦克斯威尔通讯有限公司(以下简称麦克斯威尔公司)是注册香港地区的一家公司。1987年8月19日,迪斯尼公司与麦克斯威尔公司签订协议,约定:"迪斯尼公司仅授予麦克斯威尔公司出版汉语出版物的非独占性权利,只能在中国出售以迪斯尼乐园角色为体裁的故事书,本协议所给予的许可权不得以被许可方的任何行为或通过法律程序进行转让,合同期限自1987年10月1日至1990年9月30日,至期满日后有180天的全部售完期限。"此项协议的规定很明确,麦克斯威尔公司获得的是在中国自1987年10月1日至1990年9月30日出版发行含有迪斯尼公司卡通形象的画册的授权,而且不得将该作品的出版权和发行权转让他人。

1990年2月,麦克斯威尔公司经与北京世界知识出版社宣武咨询服务部协商,双方合资成立了大世界出版有限公司(以下简称大世界公司)。在该大世界公司介绍下,1991年3月21日,麦克斯威尔公司与北京少儿出版社签订了《转让简体本合同》,约定:"麦克斯威尔公司经迪斯尼公司授权，拥有迪斯尼儿童读物中文的专有出版权，并有权代理该读物的版权贸易业务，麦克斯威尔公司将迪斯尼公司的授权转让给少儿出版社。”当天，少儿出版社与大世界公司为落实《转让简体本合同》签订了协议书，约定：少儿出版社委托大世界公司将迪斯尼儿童读物文字进行定稿、发排、制版；大世界公司保证提供合格的中文简体字彩色版制成软片；大世界公司负责向少儿出版社提供外方确认迪斯尼丛书的版权合同书，作为少儿出版社在中国境内享有版权的合法依据。

1992年3月11日，少儿出版社将与麦克斯威尔公司签订的《转让简体本合同》送到北京市版权局审核，由于没有出具迪斯尼公司的授权书，北京市版权局不予办理登记手续。以后，少儿出版社也没再补办登记手续。

在与麦克斯威尔公司签订转让合同后，少儿出版社分别于1991年8月、1992年11月和1993年11月3次印刷出版了《迪斯尼的品德故事丛书》，该《丛书》共包括9种图书：《善良的灰姑娘》、《白雪公主的新家》、《小飞侠的胜利》、《班比交朋友》、《小飞象的成功之路》、《白花狗脱险记》、《爱丽丝梦游奇境》、《忠实的莱蒂》、《王子勇救睡美人》。在该《丛书》的封面上，均标有《迪斯尼的品德故事丛书》字样和米奇老鼠的形象，每册定价2元。

1991年2月1日，少儿出版社又与新华书店北京发行所签订协议，将该《丛书》的销售发行工作包销给该所。并约定，若出现涉外版权纠纷，一律由出版社负责。

对于《迪斯尼的品德故事丛书》的出版发行，迪斯尼公司认为严重侵犯其著作权，他们决定诉诸中国的法律。由于少儿出版社对外是北京出版社的副牌社，实际是北京出版社负责发行少儿类图书的一个编辑部，并非独立法人，于是，迪斯尼公司就以北京出版社和新华书店北京发行所为被告，于1993年，向北京市第一中级人民法院提起诉讼。要求法院判令被告立即停止出版、发行、销售《迪斯尼的品德故事丛书》，书面保证不再侵犯原告的版权，并在中国出版国内外发行的报纸上公开赔礼道歉，赔偿原告的经济损失177万余元人民币。

北京市第一中级人民法院初审后，又增加大世界公司为本案第三人参加诉讼。1994年，法院对该案进行了公开审理。1995年5月，北京市一中院对该案作出一审判决。法院认为，根据《中美备忘录》的规定，美国国民的作品自1992年3月17日起，受中国法律的保护。迪斯尼公司对本案所涉及的卡通形象米奇老鼠、灰姑娘、白雪公主、小飞侠、班比、小飞象、白花狗、爱丽丝、莱蒂等美术作品享有版权，未经该公司授权，对上述卡通形象的商业性使用，属于侵权行为。

迪斯尼公司虽曾许可麦克斯威尔公司在中国出版发行含有迪斯尼公司的卡通形象的画册，但并未授权麦克斯威尔公司将该作品的出版权和发行权转让他人，所以麦克斯威尔公司在其最后销售期限即将届满之时将迪斯尼公司的作品的出版权和发行权转让给少儿出版社的行为，一方面侵犯了迪斯尼公司的权益，另一方面是对少儿出版社的欺诈，该合同在法律上属无效合同。

从法律上看，麦克斯威尔公司用欺骗的手段与少儿出版社签订《转让简体本合同》是发生这一侵权事件的主要原因，因此麦克斯威尔公司是主要责任人。鉴于迪斯尼公司未对麦克斯威尔公司提起诉讼，且麦克斯威尔公司已于1993年7月破产，故对麦克期威尔公司在本案中的责任不予追究；但考虑到本案侵权责任是多因一果关系，因此，应相应减轻本案各被告人的赔偿数额。

少儿出版社在未审查麦克斯威尔公司是否有权转让迪斯尼公司作品的出版权的情况下，就与之订立出版合同，过于轻率。少儿出版社在无合法版权证明，又被国家版权主管机关拒绝对该合同进行登记后，仍不作审查，未按国家有关规定补办登记手续，就出版发行了含有迪斯尼公司卡通形象的画册，其主观过错是显而易见的。由于少儿出版社并非独立法人，其责任应由北京出版社承担。

北京出版社以营利为目的3次出版《迪斯尼的品德故事丛书》的行为，属于对美国作品的"商业规模的使用"。由于北京出版社第一次出版行为发生于《中美备忘录》生效日之前，故不予追究，第二次、第三次的出版行为均发生于《中美备忘录》生效日之后，已构成侵权，应当承担侵权责任。

新华书店北京发行所参与了北京出版社第二次和第三次出版的《迪斯尼的品德故事丛书》的销售工作。作为发行人，对其所经营的标的物在法律上是否有瑕疵，负有注意的义务。虽然根据其与北京出版社的协议，对出现涉外版权纠纷一律由出版社负责，但这并不能免除其停止侵权的责任，其因侵权所获不法利益也应予以收缴。

大世界公司在与少儿出版社签订的协议书中规定，大世界公司负责向北京出版社提供外方确认迪斯尼丛书的版权合同书，作为少儿出版社在中国境内享有版权的合法依据。这里所谓的"外方确认"，本院采信大世界公司的解释，即指麦克斯威尔公司的确认。既然协议约定了大世界公司的保证责任，大世界公司就应认真审查"外方即麦克斯威尔公司确认"是否合法有效；少儿出版社与麦克斯威尔公司签约又是大世界公司作为中介方，这对麦克斯威尔公司的欺诈能够得逞起到了重要的作用。对大世界公司称其仅是介绍人，并不负有保证责任的辩解不予采纳。虽然没有证据证明大世界公司与麦克斯威尔公司有恶意串通，但大世界公司未尽保证人应尽之审查义务，这一主观过错确是事实。

据此，法院一审判决：一、北京出版社和新华书店北京发行所立即停止出版、发行《迪斯尼的品德故事丛书》。二、北京出版社在一家中国出版的、全国发行的报纸上向原告迪斯尼公司公开赔礼道歉。三、北京出版社向原告美国沃尔特·迪斯尼公司一次性支付赔偿费人民币227094元人民币。四、大世界出版有限公司向北京出版社支付赔偿费90837元人民币。五、驳回原告迪斯尼公司的其他诉讼请求。

一审判决后，迪斯尼公司、北京出版社、新华书店总店北京发行所服从判决，但大世界公司不服，向北京市高级人民法院提出上诉。

北京市高级人民法院经审理后认为：一审判决认定北京出版社、北京发行所侵权事实清楚，收缴北京发行所和大世界公司非法所得正确，应予维持。但认定大世界公司对少儿出版社应负保证责任这一事实有误，且基于这一错误认定而判决大世界公司对北京出版社所负赔偿责任明显过重，应予纠正。据此，1995年12月19日，北京市高级人民法院对该案作出终审判决：

维持北京市第一中级人民法院一审判决的第一、二、三、五项；撤销一审判决的第四项；改判大世界公司向北京出版社支付45418元的赔偿费。

本案是中、美两国政府1992年1月17日签订《关于保护知识产权谅解备忘录》后发生的第一例侵权案。案中的北京少儿出版社对冒充版权代理者的香港麦克斯威尔公司，既不要求其出具美国迪斯尼公司的授权协议书，也不对该公司本身的资质条件进行审查，就盲目与其签订了权利转让协议。实际上，麦克斯威尔公司从来没有获得转让迪斯尼版权的资格，就是其原有的许可使用权（非独占）此时也早已到期，其本身又已接近破产（1993年7月宣告破产），履行民事责任的能力早已大打折扣，与这样的所谓代理签订版权合同，哪能不受骗上当呢？尤其是当他们出具的《转让简体本合同》，由于不能出具美国迪斯尼公司的授权证明而被北京市版权局拒绝登记时，仍然不能使他们有所醒悟，反而采取不办理审核登记手续的错误做法，以至于使自己在错误的泥淖中越陷越深。这样的教训应当为所有的出版者牢牢记取。

第六章 06

在编辑加工中防止侵权

ZAIXUANTIHEZUGAO ZHENGGAOZHONGFANGZHIQINQUAN

Chapter six

所谓编辑加工，是指编辑对决定采用的稿件，进行全面、细致的修改、加工和整理，以消除稿件中的差错、弥补稿件中的不足，使稿件布局合理，事实和引文准确，文字通顺，合乎逻辑，编写格式及量度单位等符号统一、规范，从而达到正式出版或发表的要求。

编辑加工是在审稿的基础上进行的，但二者的区别是明显的。审稿是从宏观的角度对稿件进行全面的审读和评价，决定稿件的退留；而编辑加工则是从微观的层面，对采用的稿件进行全面修改、核对和整理，使其规范化和标准化。审稿的重点在于“审”，编辑加工的

重点在于"改";二者虽有区别但又紧密相连,很难截然分开。经过编辑加工的稿件,质量会有很大的提高。可以说,编辑加工是保证出版物质量的一个重要环节。

不同类型的出版物,有着不同的编辑加工要求。比如,图书的编辑加工,就和期刊有不同,和报纸更不同。而同是图书、期刊、报纸,又各自分为美术、音乐、科技、外语、少儿读物等类别,其稿件的编辑加工也都有着各不相同的要求。但从总体上说,所有出版物的编辑加工,又有着很多相同或相通之处。尤其从防止侵犯著作权、人格权的角度说,只有现象的不同,而构成侵权的性质、认定侵权行为的法律依据和标准,则完全相同。

编辑加工涉及的范围较广,一般可分为内容加工、文字加工和技术加工。不管是哪一种加工,很多时候要对作品作出一定的修改,这就涉及侵犯作者修改权、保护作品完整权的问题。对此,我国《著作权法》第33条有明确规定:"图书出版经作者许可,可以对作品修改、删节。报社、期刊社可以对作品做文字性修改、删节。对内容的修改,应当经作者许可。"著作权法的这一规定,为编辑加工划定了一条明确的法律界限,无论内容加工还是文字加工、技术加工,都要严格遵守,不得违反,否则,就可能导致侵权纠纷的发生。

第一节　内容加工注意事项

所谓内容加工，主要指对稿件的政治性、保密性、真实性和准确性问题进行检查和处理。《著作权法》第 4 条规定："依法禁止出版、传播的作品，不受本法保护。著作权人行使著作权，不得违反宪法和法律，不得损害公共利益。"国务院颁布实施的《出版管理条例》第 26、27 条，又进一步明确规定了出版物中不得含有的 11 种内容。法律、条令的这些规定，充分说明了对作品内容加工的必要性和重要性。

编辑进行内容加工时，首先，要看稿件有无政治倾向不正确的表述；要看概念、定义、原理等是否正确；稿件中涉及的重要历史事实是否准确；并对提法上有违反民族、宗教政策，或涉及国家机密以及对外关系政策的内容，要加以删削和处理；保证稿件不出现重大错误。其次，还要看稿件在内容安排上，或篇、章、节的层次安排上，以及总体结构上的逻辑性是否严密；对稿件叙述上的冗繁芜杂加以删削；对欠周密、有遗漏的表述加以补充，以进一步提高稿件的质量。上述这些修改和删削，都涉及稿件的内容，涉及作者的修改权和保护作品完整权。为此，如何保证作品中既不出现法律法规禁止的内容，又不侵犯作者的著作修改权，就成为内容加工中必须严格注意的问题。

一、涉及作品内容的修改必须征得作者同意

根据著作权法的规定，对作品内容的修改，必须经作者同意。因此，图书出版者要对作品内容进行修改，应当在图书出版合同中明确约定或

者由作者出具书面授权；报刊杂志等媒体由于出版时间紧促，获得作者书面许可有困难，但至少应该口头征得作者同意。在实际中，编辑对于内容修改需经作者同意的规定一般都是清楚的，故意修改作品内容的情况不多，往往有时把个别字句的修改误以为不涉及作品内容，结果擅自对作品动刀动斧，以至于侵犯作者权利或引发与作者的纠纷。比如——

案例86

胡跃华诉羊城晚报社侵权案

2000年11月前，安徽女作者胡跃华采写了《我当毒贩七昼夜》一文，于同年11月15日至29日分十次在《新安晚报》第1版上连载，署名本报记者。新安晚报社在刊登该文时对文中地名和有关人员的姓名，都使用英文字母指代。2001年1月初，胡跃华又将《我当毒贩七昼夜》一文发给羊城晚报社，标题改为《女记者毒贩体验七昼夜》(以下简称《女文》)。羊城晚报社收到该作品后，其属下的新闻周刊社于2001年1月6日，就刊载《女文》)的有关事宜与胡跃华达成协议。该协议约定：胡跃华授权羊城晚报社·新闻周刊社独家刊登《女文》作品，并保留该作品的完整著作权；羊城晚报社·新闻周刊社未经胡跃华同意不得许可其他媒体(含网络)擅自转载、复制、上载等，并应按照有关规定及时支付稿酬。对“未经许可不得转载”的版权声明由羊城晚报社·新闻周刊社负责在其刊物上统一公示说明，胡跃华不再为此单独发表版权声明等。

同年1月11日，新闻周刊社对《女文》进行编辑整理后，将全文分为《摇身变作女毒枭》和《与毒贩子周旋终日》上下两部分，然后刊登在周刊的第211期上，全文6400余字，署名胡跃华。

《新闻周刊》在刊登的上半部分《摇身变作女毒枭》的版面中，配了一幅漫画图案，在刊登的下半部分《与毒贩子周旋终日》的版面中，配了安徽省临泉县公安局交警队楚耀武投递的照片，并附说明文字：“贩毒嫌疑人韩小月完成一笔交易后，返回宾馆与情人接头时，被安徽省临泉县缉毒警察当场抓获”。《新闻周刊》在登载文章版面的右下方声明“未经本刊允许，本刊文章拒绝转载，违者必究”。《新闻周刊》在刊登《女文》时，除配图说明外，还四次在文章中出现安徽省、安徽省公安厅、省城合肥、合肥淮南。

胡跃华发现《女文》中出现阜阳、安徽、合肥等具体地名，即向新闻周刊社提出交涉。2001年2月28日，羊城晚报社·新闻周刊社以情况说明的形式书面致函胡跃华，言明：“在编辑此稿时，我报除按宣传部门通知精神，对详细细节进行了淡化处理外，并考虑到突出新闻的真实性，在事件发生地点上，将原文中的F市改成阜阳市，增加了安徽省、合肥等具体地名。此外，在阜阳市临泉县公安局发来图片和图片说明后，我报未按照胡跃华事先提出的只能做配图，不能用文字说明的要求，原文刊载，客观上指明了事件发生的具体地域”。

胡跃华在网上还发现，金羊网、大洋网、搜狐网、新浪网、《今晚报》、《深圳商报》等多家网站和报纸从羊城晚报社《新闻周刊》上转载《女文》。由于刊物和网络纷纷刊出该文，给安徽省公安厅的缉毒工作带来了不良影响。为此，省公安厅缉毒处决定拒绝胡跃华采写缉毒新闻，这使胡跃华在工作和精神上感受到了相当的压力。为此，她向合肥市中级人民法院提起诉讼，把羊城晚报社告上了法庭。

合肥市中级人民法院经过审理后认为：胡跃华是首次发表于《新安晚报》上的《我当毒贩七昼夜》一文的作者，对该文享有完整的著作权。羊城晚报社在其所属的《新闻周刊》上，以《摇身变作女毒枭》和《与毒贩子周旋终日》两文刊登该作品时，配图使用了真实的文字说明，并用真实的地名代替原文中字母表示的地名，这种行为客观上破坏了作品的完整性，侵犯了作者对其享有的保护作品完整权和修改权。同时，羊城晚报社亦未以作者的名义刊登“未经许可不得转载的版权声明”，而是以新闻周刊社的名义进行版权声明，其行为违反了与作者胡跃华的约定。上述行为使胡跃华参与破案的细节得以暴露，并导致较大范围的传播，从而给作者胡跃华的工作和精神带来了压力，此种结果与羊城晚报社的违约行为有因果关系。根据法律规定，任何编辑行为不得违背其与作者的约定。羊城晚报社在编辑刊发《女文》时，违反了其与作者的约定，部分改变了文章中地名的表达方式，侵犯了作者胡跃华的权利。因此，羊城晚报社称其对原文中的地名改动是属正常的编辑行为，对附图及其说明不构成侵权的理由不能成立。胡跃华主张羊城晚报社停止侵权、赔礼道歉、赔偿经济损失的请求正当，应予支持。

2002年，合肥市中级人民法院一审判决：(一)羊城晚报社立即停止侵犯胡跃华对《女文》享有的著作权；(二)羊城晚报社在《新闻周刊》上刊登向胡跃华赔礼道歉的声明；(三) 羊城晚报社赔偿胡跃华损失15000元，精神抚慰金2000元；(四)驳回胡跃华的其他诉讼请求。

一审判决后，羊城晚报社不服，向安徽省高级人民法院提起上诉。安徽省高级人民法院经过审理后，肯定了一审判决查明的事实基本属实，但在适用法律认定中有两点错误：

其一是，羊城晚报社·新闻周刊社刊登《女文》时，虽然没有对胡跃华人格或感情进行曲解和丑化，但客观上表现为对作品内容的改动，使作品的创作背景、内容及在整体和细节上违背了胡跃华真实思想表达，从而在整体上破坏了其作品的表现形式，是对《女文》作品完整性的破坏。也侵犯了胡跃华《女文》作品的修改权。然而，根据我国《民法通则》和最高人民法院《关于确定民事侵权精神损害赔偿责任若干问题的解释》关于精神损害赔偿范围的明确界定和本案查明的事实，羊城晚报社侵犯胡跃华《女文》作品完整权和修改权的行为，客观上对胡跃华的声誉造成一定的影响，但只能作为侵权情节轻重的因素，并不构成对其人格权的侵害。因此，原审判决羊城晚报社侵犯了胡跃华的两项人身权利，且给胡跃华造成较大的精神伤害，予以酌定赔偿2000元，缺乏事实和法律依据。羊城晚报社对此提出的上诉理由成立。

其二是，胡跃华与羊城晚报社·新闻周刊社就刊载作品《女文》有关事宜达成的协议中，并未明确必须以作者胡跃华的名义公示版权声明。羊城晚报社·新闻周刊社在登载《女文》版面的右下方声明“未经本刊允许，本刊文章拒绝转载，违者必究”。该“统一公示说明”即符合羊城晚报社·新闻周刊社版权声明的既定规则，也不违反双方协议约定。因此，胡跃华称《女文》需以其名义刊登版权声明，没有事实依据。原审判决认定羊城晚报社未以作者的名义刊登“未经许可不得转载的版权声明”，而是以新闻周刊社的名义进行版权声明，其行为违反了与作者胡跃华的约定不当，本院予以纠正。

据此，2003 年 3 月 14 日，安徽省高级人民法院下达了[2003]皖民三终字第 3 号民事判决书。对羊城晚报社提起的上诉案终审判决如下：

一、维持合肥市中级人民法院(2002)合民三初字第 31 号民事判决书第(一)(二)(四)项及案件受理费承担部分。二、变更该一审判决的第(三)项为，羊城晚报社赔偿胡跃华损失 15000 元。二审案件受理费 3310 元，由羊城晚报社负担 3000 元，胡跃华负担 310 元。

本案中羊城晚报社下属的新闻周刊，为了增强作品的真实性，将原文中用外文字母代表的地名，擅自改成具体真实的城市名称，这种改动虽然只涉及两三个具体地名，但由于人名、地名这类概念，是构成作品内容的重要元素，是不可以随意改变的。尤其本案中作者以外文字母代替原地名的作法，这种情况显然有作者的某种考虑在内，在不与作者沟通的情况下就擅加改动，无疑是一种主观武断，何况，为了“突出新闻的真实性”，他们还把别的地方发生的同类型事件的真实照片，作为配图加入文中，又违反与作者的约定，公然为配图加注文字说明，使作品描写的事件定格到了一个具体的地域，导致了公安机关封杀作者对缉毒活动的采访权，逼得作者翻脸，把他们告上了法庭。这样的后果，这样的教训，应当永远铭记。

二、修改政治性错误也应当与作者沟通

我国《著作权法》和《出版管理条例》都规定了,出版物中不得有违反党和国家的政策、法律的内容。编辑对于稿件中这类错误表述一定要坚决把关,不得有任何疏忽。但是,也不能因为涉及政策、法律,就可以无视作者的态度;毕竟对内容的修改需经作者同意,这也是法律的规定。就是说,错误的内容要修改,但也不可过于简单,应争取向作者讲清道理,表明出版者的态度,征得其同意;作者不同意,出版者可以拒绝出版或发表,这是出版者的权利。但是,如果不经作者同意就擅自改动,显得对作者不尊重,就是工作不到位,就有可能惹出麻烦或纠纷。比如——

案例87 社会科学文献出版社与张五常著作权侵权纠纷案

曾经以一篇《佃农理论——引证于中国的农业及台湾的土地改革》的博士论文轰动西方经济学界,1991年作为唯一一位未获诺贝尔奖的经济学者、却被邀请参加了当年的诺贝尔颁奖典礼的我国香港著名的经济学家张五常,1999年12月1日,与香港花千树出版有限公司(以下简称花千树公司)签订《协议书》,授权花千树公司享有其作品《随意集》的出版独有使用权。2001年2月8日,花千树公司与社会科学文献出版社签订《图书出版合同》,将其享有的张五常作品《随意集》的专有使用权,授予社会科学文献出版社在中国内地以中文简体字出版,有效期5年。

社会科学文献出版社与花千树公司签订的《图书出版合同》中约定:社会科学文献出版社如需对作品修改、删节,应征得花千树公司的同意,并经花千树公司书面认可。该合同签订后,双方经张五常的同意,曾对作品进行了一些修改。2001年7月,社会科学文献出版社出版的中文简体

版《随意集》一书，在国内公开发行销售。张五常在新华书店买到该书后发现，书中有多处未经其同意的删节和改动。对此，张五常不能接受。他认为，出版社的这种行为侵犯了他的修改权和保护作品完整权，造成其人格尊严和精神的损害。遂于2001年11月9日，向广东省深圳市中级人民法院起诉了科学文献出版社。请求判令科学文献出版社：一、停止侵权，消除影响，公开赔礼道歉；二、支付精神损害赔偿金人民币50万元；三、赔偿律师费人民币6667元，并承担本案诉讼费。

对于张五常的指控，社会科学文献出版社答辩称：一、我社对《随意集》所做的编辑加工只占全书11万字中的极少部分。在这极少量的编辑加工部分中，可分为两种形式：一种是纯粹文字或表达方式上的编辑加工，如将“领导人”改为“权威人士”。这种加工的目的是为了更好地表达作者的意思，而根本不涉及作品的内容。另一种是由于原书的极个别内容与我国现行法律法规及党和国家的方针政策不符，或有违社会主义国家的公共道德和善良风俗，如将“这样，艺术又怎可以像江泽民等人那样‘思想统一’呢”等。对这些内容做出的编辑加工，是为了遵守国家的法律法规与党和国家的出版方针政策。二、社会科学文献出版社在出版上述作品前，已将修改文稿寄与花千树公司，要求其在合同约定的15日内予以确认并书面答复，而花千树公司未在合同约定的15日内予以书面答复，理应视为其已认可社会科学文献出版社的修改。三、张五常主张的精神损害赔偿没有法律依据。最高人民法院于2001年3月8日发布的《关于确定民事侵权精神损害赔偿责任若干问题的解释》第一条对于可以主张精神损害赔偿的事由作了规定，张五常主张的精神损害赔偿不在上述规定之列。综上所述，请法院驳回张五常的诉讼请求。

深圳市中级人民法院在开庭审理过程中，经张五常和社会科学文献出版社质对，双方确认：社会科学文献出版社出版的《随意集》(现书)与张五常认可的花千树公司出版的《随意集》(原书)对比，有六处删节或修改。具体是：一、原书第95页第3-4行的一句话，“而‘面’字写得特大加红，即使以红挂帅的毛泽东在天之灵也保不住了”，现书第165页第9行删去。二、原书第96-97页第16-17行中的“领导人”一词，现书第167页第19-20行改为“权威人士”。三、原书第123页第3-4行的一句话:“这样，艺术又怎可以像江泽民等人那样‘思想统一’呢?”现书第201页第16行删去。四、原书第133-134页第14行中的“那令人不堪回首的”句子，现书第215页第10行删去。五、原书第166页第11-12行中的句子，“黑市不黑，是我们伟大祖国伟大之处”，现书删去。六、原书第123页的“共产”二字，现书删去。

对于原书和现书的这六处改动，社会科学文献出版社主张，张五常已授予花千树公司本案作品的修改权，而社会科学文献出版社对本案作品的修改是经花千树公司同意的。张五常对社会科学文献出版社的这一主张不予确认。社会科学文献出版社对其上述主张也未予举证。

根据上述事实，深圳市中级人民法院认为：张五常是本案作品《随意集》的著作权人，其作品《随意集》的修改权和保护作品完整权依法应受保护。张五常在与花千树公司签订的《协议书》中授予了花千树公司对上述作品的出版独有许可使用权，但未授予作品的修改权。社会科学文献出版社依据其与花千树公司的《图书出版合同》，仅取得张五常作品《随意集》在内地的出版和发行权，其他权利的行使，应征得张五常的同意。社会科学文献出版社未经张五常授权，擅自对张五常的作品进行了六处修改，其行为侵犯了张五常的著作权，依法应承担侵权民事责任。但张五常主张的精神损害赔偿，没有法律依据，不予采纳。

据此，2001年7月，深圳市中级人民法院一审判决：一、社会科学文献出版社立即停止侵犯张五常的作品《随意集》著作权，向张五常进行赔礼道歉。二、社会科学文献出版社应赔偿原告的损失人民币6667元。三、驳回张五常的其他诉讼请求。本案一审案件受理费人民币10076.67元，由社会科学文献出版社承担。

一审宣判后，社会科学文献出版社不服，向广东省高级人民法院提起上诉。广东省高级人民法院经过审理后查明，一审认定的事实基本属实。另外，广东省高院还查到：张五常于1999年12月1日与花千树公司签订的《协议书》的第三条约定："乙方（张五常）保证对于交来之出版物拥有著作权及出版授予权，且无违背著作权法及出版法，否则愿意负担甲方因此招致的全部损失。交来之出版物之稿件倘于出版后，由乙方提供之内容因涉及版权问题而引起纠纷时，一切责任，概由乙方承担。"

花千树公司与上诉人社会科学文献出版社于2001年2月8日签订的《图书出版合同》约定，甲方花千树公司授予乙方社会科学文献出版社在中国内地以图书形式出版发行被上诉人张五常作品《随意集》中文简体版的专有使用权。合同第三条约定："乙方负责确定根据本合同出版发行的作品不得违背中国法律和社会公共利益。经乙方审定后之内容倘引起法律问题，责任一概由乙方承担。"第十条约定："乙方如需更动上述作品的名称，对作品进行修改、删节、增加图表及前言、后记，应征得甲方同意，并经甲方书面认可。"第十二条约定"上述作品的最后校样可由甲方审校。甲方应在收齐最后稿样15日内完成审校，签字后把最后稿样退还乙方。甲方未按期审校，乙方可自行审校，并按计划付印。"

根据查明的事实，广东省高院确定，本案争议的焦点是社会科学文献出版社对《随意集》的六处删节或修改是否侵犯了张五常对其作品《随意集》的修改权及保持作品完整权。

广东省高院认为：首先，根据《图书出版合同》第十条之规定，社会科学文献出版社如需对《随意集》进行修改、删节等，应征得花千树公司同意，并经书面认可。为了履行该条款所确定的义务，社会科学文献出版社在出版前已将《随意集》修改稿邮寄给花千树公司的叶海旋审定，花千树公司亦确认已看过《随意集》修改稿，本院对此节事实予以认可。社会科学文献出版社在一审时提出的关于花千树公司在收到《随意集》修改稿15日内没有作出答复应视为对修改部分已表示同意的主张，因没有提交充分的证据证明，而花千树公司则明确表示对修改部分不同意，故一审判决没有采纳是正确的，对此本院亦予以确认。

其次，根据《协议书》第(二)、(三)条之约定，张五常将《随意集》的独有出版许可权授予花千树公司并承担保证作品不违反著作权法及出版法之责任，花千树公司在《图书出版合同》中要求社会科学文献出版社负责审定《随意集》内容不得违背中国法律和社会公共利益，因此，可以推定张五常已授权社会科学文献出版社在内地出版发行《随意集》时有权修改、删除其认为违背中国法律和社会公共利益的部分。

社会科学文献出版社与花千树公司签订的《图书出版合同》对合同第三条与第十条发生冲突时如何处理没有作出明确约定，根据诚实信用原则及合同目的来解释，应认定社会科学文献出版社有权将其认为违背中国法律和社会公共利益的《随意集》的相关内容修改或删节，这是其履行合同义务所必须；社会科学文献出版社对作品的上述改动是按照作品的性质及其使用目的和状况所做的不得已的改动，这种改动无损张五常作为《随意集》作者之声誉和人格利益，并未侵犯张五常对其作品《随意集》的修改权及保持作品完整权。一审判决认定社会科学文献出版社将《随意集》中其认为违背中国法律和社会公共利益的部分内容修改、删除的行为构成侵权不当，应予纠正。

另外，社会科学文献出版社对原作品的极个别的编辑加工，如原书第 96-97 页第 16-17 行为“领导人”，现书第 167 页第 19-20 行改为“权威人士”，是符合出版界的编辑惯例及合同第二十一条之约定，以此认定社会科学文献出版社的行为侵犯了张五常的著作权理由不充分。因此，社会科学文献出版社关于其行为没有侵犯张五常对其作品《随意集》的修改权和保持作品完整权的上诉理由成立，本院予以采纳。

2003 年 1 月 26 日，广东省高级法院对该作出终审判决：一、撤销广东省深圳市中级人民法院（2001）深中法知产初字第 184 号民事判决；二、驳回张五常的诉讼请求。

本案一审和二审案件受理费各人民币 10076 元，共计 20153 元由张五常负担。

应当说，本案中的社会科学文献出版社是注意了要征得作者同意这一原则的，只是还嫌简单。如果能考虑到作者的身份和生活背景等情况，不要过分拘泥于15日的限期，坚持耐心地向对方说明国家的出版政策和法令，相信对方是会理解的。既然作者有意愿将其作品在国内出版发行，不会为了三、四个词句的改动而冒违反国家政策法规，甚至到宁愿放弃出版也要固执己见的地步。从案中情况看，出版社限期对方15日内回复，显然有追赶出版进度的考虑。在这一期限内，花千树公司是否来得及与作者商量很难说。而作者是国际知名的经济学家，未与其沟通就改动其作品，不免有伤自尊，这是可以理解的。社会科学文献出版社虽然在上诉后获得胜诉，但耗费的精力和时间却是十倍百倍于15日了，岂不是欲速不达。因此，该案对于出版者是有借鉴意义的。在保证政治正确的前提下，坚持把工作做到位，避免不必要的纠缠和麻烦，这样对工作应当更有利。

三、要正确鉴别合理引用与抄袭

防止抄袭，原是审稿时就要重点关注的问题。但审稿时毕竟是宏观的、粗线条的审查，注意到的只能是大面积的、大比例的抄袭，而少量的、小部分的、或者以引用为名的变相的抄袭，就成为编辑加工时必须注意的问题。

引用与抄袭，由于都是对他人作品的使用，二者常常以一副相同的“相貌”混杂在一起。这就使鉴别工作的难度大增，需要在编辑加工中特别细心地加以区别。《著作权法》)第22条及其第2项，对作为合理使用之一的引用规定了四个法律要件：其一，引用必须符合法定的目的：“为介绍、评论某一作品或者说明某一问题”，除此三个目的之外使用他人作品，就不属于引用；其二，引用必须适当，要把引用限制在必要和合理的范围内，不能无限制地大量引用；其三，被引用的必须是他人已经发表的作品，他人还没有发表的作品不得引用；其四，引用他人作品必须指明作者姓名、作品名称。根据著作权法的上述规定，在对抄袭和引用的鉴别中，要特别注意这样几个问题：

1. 不合理引用必然涉嫌抄袭

法律规定的引用的目的仅限于三个：一是推荐或介绍某一作品；二是分析或评论某一作品；三是为了说明某一问题或某一观点。这就是说，只有在这三种情况下使用他人作品，才属于合理引用；除此之外的情况下使用他人作品，就属于不合理引用，就可能涉嫌抄袭或者是未经许可使用，从而构成侵权。比如——

案例88 刘元举诉张建伟抄袭侵权案

1999年4月，《中国青年报》编委、作家张建伟接受中共中央宣传部、团中央、中国青年出版社等单位指派，随采访团赴柴达木油田采访青海石油管理局青年高级钻井工程师秦文贵，并根据秦文贵的先进事迹创作了报告文学《蝉蜕的翅膀——秦文贵的故事》(以下简称《蝉蜕的翅膀》)一书。1999年5月，该书由中国青年出版社出版发行，全书共17万字，印数2万册，定价14元。从4月份接受任务到5月份出书，前后总共不过一个月，该书写作速度之快可谓罕见。据作家张建伟在书的后记中说，他是“用十天左右的时间采访，十天左右时间写作，出版了此长篇通讯”。当年底，《蝉蜕的翅膀》一书被授予“中华铁人文学奖”。

与《蝉蜕的翅膀》同时授予“中华铁人文学奖”的，还有《鸭绿江》文学月刊社主编、作家刘元举创作的《西部生命》一书。

刘元举的《西部生命》一书是从1988年开始创作。与张建伟不同，刘元举前后用了7年时间，曾两次孤身闯荡黄河源、柴达木等不毛之地，亲身感受西部土地的神奇，由此才完成了12万字的《西部生命》一书的创作。1996年1月，该书由春风文艺出版社出版。书出版后，受到了社会的普遍好评，于1999年也获得了“中华铁人文学奖”。巧合的是，1999年11月，首届“中华铁人文学奖”颁奖大会在北京人民大会堂举行时，刘元举和张建伟是同时走上领奖台领奖的。那时候，刘元举已获知张建伟在其书中使用了他书中的内容，但由于没有亲见，具体的使用情况并不清楚。到2000年12月，他读到了《蝉蜕的翅膀》一书，经仔细比对，他认为张建伟大量抄袭了他的作品。遂于2001年1月10日，向北京市第二中级人民法院提起民事诉讼，但因张建伟一方提出管辖疑义，经过几番周折，北京市第二中级人民法院于2003年3月27日才正式受理立案。

刘元举向法院诉称：张建伟的报告文学《蝉蜕的翅膀》一书抄袭剽窃了我的《西部生命》一书的内容达六十多处：有的是对个别文字略作改动后据为己有，有的甚至是原封不动，一字不差地照搬。另外，《蝉蜕的翅膀》还剽窃了《西部生命》一书的哲思、细节、具象化描写、故事情节等，甚至把我对西部独特的情思、感悟以及诗意的描写、具有哲理性的语言，移花接木用在了英雄人物秦文贵身上。我个人的体验，竟完全成了英雄人物的内心感受！张建伟的行为严重侵犯了我的著作权，故请求人民法院判令张建伟：1.立即停止侵害；2.公开赔礼道歉、消除影响；3.赔偿经济损失8万元。

张建伟在答辩状中称：报告文学《蝉蜕的翅膀》是我受共青团中央委员会等单位的委派，为宣传秦文贵的先进事迹而创作的，是职务行为，应由团中央承担责任。我在写这部报告文学时确实使用了刘元举作品《西部生命》一书的部分内容，但在引用文献目录中已经列明了出处，应属合理引用，并非抄袭剽窃。而且为了尊重刘元举的著作权，我曾向青海油田的负责人提出请他和刘元举打招呼，青海油田的负责人也确实和刘元举打过招呼了，刘元举是知道此事的，故我不构成侵犯刘元举的著作权，请求法院驳回刘元举的诉讼请求。

2003年7月24日，北京市第二中级人民法院对该案进行了公开庭审理。

法庭经过举证、质证等程序后，查明了原、被告双方各自作品出版的具体情况。又经过认真比对，证实《蝉蜕的翅膀》一书多处使用了与《西部生命》相同或相似的文字，共计四千余字。内容包括刘元举通过采访获知的故事、刘元举对中国西部景象的描绘、刘元举对中国西部的独特的感悟和思索，并且《蝉蜕的翅膀》一书有多处把刘元举对中国西部的感受和思索移植到了其主人公秦文贵身上。

另外，《蝉蜕的翅膀》一书中还引用了《西部生命》中的6段文字，共计1000字，没有指明作者姓名及作品名称。

在《蝉蜕的翅膀》书后所附"引用参考文献"中列举了刘元举所著《西部生命》一书。

据此，法院认为：被告张建伟在其撰写的《蝉蜕的翅膀》一书中，未经刘元举许可使用了与刘元举创作的《西部生命》作品中内容相同或相似的文字，虽然张建伟在《蝉蜕的翅膀》书后所附"引用参考文献"列出了刘元举所著《西部生命》一书，但张建伟使用刘元举作品的行为不属于著作权法规定的合理使用他人作品的情形，在书后附录的参考文献的书目也不能认定是为作者署名，张建伟的行为已构成侵犯刘元举著作权的行为。

关于张建伟在《蝉蜕的翅膀》中引用《西部生命》6段文字计1000余字一节，根据我国著作权法的规定虽然可以不经刘元举许可，不向其支付报酬，但其未为刘元举署名并未指明作品名称的行为仍应认定构成侵犯刘元举的著作权。

法院还认为，张建伟提出其创作《蝉蜕的翅膀》一书是接受团中央等单位的委派，该书的一切法律责任应由委派单位承担的主张，缺乏事实及法律依据；团中央等单位虽委派张建伟采访并撰写秦文贵的先进事迹，但没有证据证明团中央等单位曾指示张建伟使用刘元举的作品，也没有证据证明团中央等单位对该书承担了除署名以外的其他任何权利，故对张建伟这一主张不予支持。

2003年9月17日，北京市二中院对该案作出了一审宣判：一、被告张建伟立即停止侵权行为；二、被告张建伟在《中国新闻出版报》上向刘元举公开赔礼道歉；三、被告张建伟向原告刘元举赔偿经济损失和为本案诉讼支出的费用及律师费共计11581元。

一审宣判后，张建伟不服，向北京市高级人民法院提起上诉，要求撤销一审判决，判令刘元举承担上诉费用。刘元举也同时上诉，认为一审判决张建伟的赔偿金额和应承担的费用偏低。

2003年12月16日，北京市高级人民法院作出终审判决。终审法院认为：张建伟虽然将《西部生命》列为引用参考文献，但其《蝉蜕的翅膀》一书将引用的内容当成自己的创作内容的写作手法，使读者不能将他的创作和原作者的创作区分开，因此，其使用的4000余字的内容构成了抄袭。另外，《蝉蜕的翅膀》引用《西部生命》一书部分内容时，虽然说明该部分内容的作者是"一位作家"，但所采用的方式也很难让读者明了所引用内容的出处和作者的身份，这1000余字也构成了侵权。张建伟是本书的著作权人，对该书侵犯他人的著作权应该承担相应的法律责任，由委托创作方承担的主张不符合法律规定。

据此，北京市高级人民法院终审判决：驳回双方上诉，维持一审判决。

刘元举诉张建伟侵犯著作权案，是一起涉及如何把握引用、引用与抄袭的关系的典型案例。从法院的判决中看出，张建伟使用刘元举作品的一种方式是，不加区别、不做任何提示地截取《西部的生命》一书的部分哲思、细节、具象化描写、故事情节等，以移花接木的方式放进其《蝉蜕的翅膀》一书中。这种既不是介绍、评论他人作品，也不是要说明某一问题，显然不符合法定的引用目的。因此，尽管张建伟在书后的"引用参考文献"中注明了作者姓名、作品名称，以及所使用内容的篇章和页码，但还是被法院判定为抄袭。这就是说，即使指明作者姓名、作品名称，但只要不符合法定的引用目的，仍然属于抄袭。

此外，法院在判决书中还特别指出，把引用的内容直接放到自己创作的内容中，对引用部分与非引用部分不作任何标识和区隔，只在书后的“引用参考文献”中注明作者姓名、作品名称的做法，完全不能将他人创作与自己的创作区别开来，亦很难让读者明了所引用内容的出处和作者的身份，故属于不合理引用，构成抄袭。这里，法院为我们指出了引用时应当注意的另一个问题，就是要将引用部分与非引用部分作出明确的标识和区隔，让读者能够很容易地分辨清楚哪是作者自己的创作，哪是别人的创作，否则，也会涉嫌抄袭。

2. 不指明作者姓名的引用也是抄袭

引用必须符合法定的引用目的，这是引用时首先要注意的问题。但是，是不是只要符合法定的引用目的，就属于合理引用呢？也不是，还必须指明作者姓名和作品名称。而且，是否指明作者姓名这一点，是区别引用和抄袭的重要分界线。这就如同“借”与“偷”的根本区别在于是否向主人声明一样。如果引用他人的话或者材料，却不指明他人姓名，他人作品名称，这与拿别人东西不吭声是一样的。因此，凡是引用他人作品的，不管是部分或全部，必须指明作者姓名、作品名称，并要用引号和标注序码将引用部分和非引用部分清清楚楚地区别开来，否则，即使符合法定的引用目的，也必然被认定为抄袭。

我们还以刘元举诉张建伟一案为例，在该案中，张建伟使用刘元举作品有几种不同方式，其中有一种是采取不指明的方式，如“一位作家说，怎么怎么……”，或者是“如一位作家描述的，怎么怎么……”。这种方式虽然属于借用他人的话来说明某种景象，属于引用他人的话来说明某一问题的情况，但却不明确指出作者姓名、作品名称，所以，两级法院均认定，该1000余字也构成了抄袭侵权。

3. 是否属于抄袭与使用字数多少无关

有人曾经主张，引用和抄袭应当有字数限制，意思是使用他人作品字数少的算引用，字数多的就是抄袭。甚至有的部门还发文规定，“引用非诗词类作品不得超过2500字……”，意思是2500字以下就属于引用，2500字以上就属于抄袭等。这些主张和意见，应当说各有一定道理，但都有片面性，目前都没有法律依据。根据我国现行著作权法的规定，判定是否属于引用，首先要看引用的目的是否符合法律的规定，而不能以字数的多少确定。符合法定的目的，字数再多也是合理引用。比如在学术论战中，为了不歪曲对方观点，常需要大篇幅地引用对方的原文，然后逐一予以反驳。这种引用的字数有时在几千字以上，但仍然属于合理使用。反过来，如果不符合法律规定的引用目的，即使字数再少，也会被认定为抄袭。比如——

案例89 《水煮三国》不等式侵权案

2003年7月，我国著名管理学家成君忆的第一部大话式管理专著《水煮三国》一书，由中信出版社正式出版。该书上市后，立刻受到读者欢迎，持续热销，再版30余次，销量超过百万册。然而，就是这样一部创造了销售奇迹的本土财经图书，2005年11月16日，却以抄袭侵权为由被告上法庭。

原来，2000年8月22日，中国企业报评论员相晓冬在《中国经营报》上发表了《追击品牌泡沫》一文，文中提出了知名度和美誉度的四个不等式。2005年底，相晓冬看到了《水煮三国》一书。他认为该书的第22章中，使用了他的四个不等式原文，构成侵权。于是，经和出版社交涉未果后，就向北京市朝阳区人民法院提起诉讼，把成君忆和中信出版社推上了被告席。

北京市朝阳区人民法院受理立案后，于2006年1月11日公开开庭审理了此案。法院经审理查明，《水煮三国》一书涉嫌抄袭的部分是第二十二章，小标题是“丑闻烧红了电视机的屏壁，故名赤壁”，其中有三四百字的内容是关于品牌知名度和美誉度关系的四个不等式。

2006年3月7日，朝阳区人民法院对该案作出了一审判决。法院认为：涉案四个不等式及其说明文字是相晓冬的独创表达，应当受到我国著作权法的保护。成君忆未经相晓冬许可，在其创作的《水煮三国》一书中使用了该四个不等式原文，构成侵权。同时，法院也指出：《水煮三国》一书中的侵权内容不足200字，和全书18.5万字相比，只占全书内容的千分之一；而相晓冬作品全文约2000字，《水煮三国》中使用的仅是10%，没有实质性地再现作品的完整表达方式和作者表达出的思想内容。因此，中信出版社作为出版者确实难以就此做出审查，该出版社无需就此承担侵权责任。据此，一审判决成君忆不得再使用涉案侵权内容，并在判决生效之日起一个月内在《中国经营报》上向相晓冬公开致歉；同时，在未征得相晓冬许可使用前，中信出版社不得在重印、再版《水煮三国》一书时使用涉案侵权内容。

对于一审结果，相晓冬认为，法院以使用文字内容较少为由，认定其不构成对原告著作权的实质性损害，这不符合法律规定，出版社至少应承担审查不力的责任。而成君忆却表示其涉嫌“抄袭”的段落是“行业内常识”，并不承认曾经看过相晓冬的《追击品牌泡沫》一文。于是，双方均向北京市第二中级人民法院提出上诉。

北京市二中院受理后，于2006年6月22日对该上诉案作出终审判决。认定成君忆抄袭侵权成立，同时认为中信出版社未尽到审查义务，侵犯了相晓冬对涉案作品所享有的著作权，应承担停止侵权的民事责任。中信出版社应从判决之日起停止复制、发行含有涉案内容的《水煮三国》一书。

《水煮三国》侵权案很典型，抄袭部分仅仅是四个不等式，总共不足200字。一审法院就是以抄袭的字数少而判出版社不构成侵权，然而到终审时，北京市第二中级人民法院不但维持了作者抄袭的判决，而且追加了出版社审查不力的侵权责任。这就明白告诉我们,是否属于抄袭与使用字数多少无关。

本案还提醒出版者,防止抄袭剽窃是一项难度很大的任务。成君忆抄袭的是两年前发表在报纸上的一篇 2000 字的文章中的四个不等式。在我国,每年出版发行的报纸、期刊有七八千种,编辑要熟悉这么多刊物中的每一篇作品,谈何容易。可是,法律就是这样规定的,你必须保证自己出版的图书中不得有抄袭的内容,把住这一关是出版者应尽的义务,把不住这一关,就可能吃官司。

第二节　文字加工注意事项

所谓文字加工,是一种侧重于对稿件的篇章结构、逻辑顺序、语言表达、文字和标点等方面的加工。目的是使作品主题明确,章节有序,层次清楚,段落分明,语句通顺,提法正确,没有错别字和错误使用标点的情况。

在文字加工中,编辑要对稿件中的错误提法、病句、错别字及标点等进行加工处理,有时还要对作品的标题、层次标题和小标题加以推敲和修改,甚至压缩或调整多余的段落及先后顺序等。

著作权法第 33 条规定:“图书出版者经作者许可,可以对作品修改、删节”,而“报社、期刊社可以对作品作文字性修改、删节。对内容的修改,应当经作者许可。”细析著作权法的这一规定,其表述的法律含义有三:一是文字性修改不侵犯作者著作权,可以不经作者许可;二是内容性修改侵犯作者著作权,需经作者同意;三是文字性修改涉及对内容的修改又未经作者许可，就侵犯作者著作权。据此，如何防止文字性修改涉及作品内容的改动，就成为编辑在文字加工中要小心遵守的一条原则。为此，要特别注意以下几个问题。

一、文字性修改也应得到作者认可

在文字加工中，编辑少不了要对作品进行一些文字性地修改，但要注意的是，修改时需防止侵犯作者的著作修改权。这是因为：

其一，什么是“文字性修改、删节”，什么是“对内容的修改”，无论著作权法还是著作权法实施条例，均没有作出具体规定。这就使如何区分文字性修改和内容性修改，如何防止文字性修改导致作品内容的改动，成为一件困难的事。学术界对此也是众说纷纭，形不成一致的认识，各方都能接受的一个解释是：文字性修改属于非实质性修改，不会导致作品实质性的改变，而内容的修改属于实质性修改，会导致作品实质性的改变。这一解释无疑是正确的，但却是模糊的，并不能解决两者难以区分的问题。

其二，什么是作品的实质部分？什么是非实质部分？通常的解释是，作品表达思想观点的核心部分就是实质部分，其他为非实质部分。这种划分对于论述作品似乎可以，但对于文艺类作品，如诗歌、小说、戏剧等，作者的思想观点都隐含在故事情节之中，哪些是实质部分，哪些是非实质部分，这样的划分几乎不可能。

其三，有的主张以修改文字数量的多少为区分标准，认为少量的字、词、句的修改属于文字性修改，而较大数量的修改，如段落、章节的改动属于内容性修改。按说这种观点是有一定道理的。内容是通过文字表达的，修改的文字数量多，肯定涉及的内容多，当然就容易导致作品内容的改变。但在不少情况下又并非如此。有的虽然改动几个字，却会导致作品发生极大的改变，相反，有的作品整段整节地被删去，也并不影响其内容的完整和主题思想的表达，反而使作品更精练了。

因此，在法律没有明确规定，各界也拿不出一个确切标准的情况下，在如何区分文字性和内容性修改、如何防止文字性修改导致作品内容的改变这一问题上，存在着很大的不确定性。为此，图书出版社为了保险起见，往往在和作者签订图书出版合同时约定：由出版社对作品进行必要的修改；出版社修改后，再由作者审阅认可。这样，既使出版社取得了对作品的修改权，也维护了作者对修改的许可权。因此，出版社的这一做法，无疑是一个稳妥可行的好办法。他能有效消除出版社和作者之间因编辑加工而产生的意见分歧，从而避免双方发生不必要的纠纷。

有鉴于此，编辑加工中的所有文字性修改，只要有条件的，应当力争得到作者认可。但是，鉴于报社、期刊社在多数情况下不可能和作者签订作品使用合同，也就缺乏获得作者认可的这种便利条件；尤其是日报类的媒体，出版周期短促，有的稿件须在一两天之内见报，所以像报刊一类的媒体要得到作者认可，确实存在困难。但这些困难也并非完全不能克服，关键还在主观上的重视与努力。就拿报纸来说，确实有部分急稿需要尽快刊登，但这类稿件多数属于时事新闻，而时事新闻是不受著作权法保护的，编辑对稿件进行的修改是不存在侵权问题的。而除了时事新闻一类稿件，其他作品还是有条件得到作者认可的。现代科技也为我们提供了得到作者认可的条件。比如通电话或者发电子邮件，往来其实用不了多少时间，关键是出版者不能嫌麻烦。然而，如果和发生侵权问题的后果相比，这点麻烦其实是算不了什么的。因为，现实世界的一切事物都是复杂多变的，任何人的主观判断都有出错的时候。有时一个字改错了，就可能谬误千里，导致不可想象的后果。比如——

案例90 一个县广播局长的名誉权纠纷案

2001年11月,《时代邮刊》杂志社收到作者袁杰伟写的题为《变异的生活从招聘开始》一文,大意是:2001年10月,湖南省兴化县开始对单位实行全面聘用制。县广播电视局刘局长成为该县第一个下岗的职工。消息传出,圈内人无不欷歔,没想到这个本县名人,在事业如日中天的时候一下子垮了下来。接着,文章细述了其垮台的真实原因。原来,这个刘局长是个荒淫无耻、十恶不赦的赃官。他借兴化县广播电视局公开招聘播音员的机会,强占了报考播音员的有夫之妇陈丽后,被陈丽的丈夫黄灿辉发现。黄灿辉就逼迫和他换奸,在他答应后,黄灿辉就和他的妻子发生了奸情,并且互相爱上了对方。于是,刘局长的妻子就提出和他离婚,与黄灿辉结合。之后,一个偶然的因素导致两人换奸的事情败露,刘局长臭名远扬,上级不得不将其撤职,而他的妻子也成了别人的老婆。

杂志社编辑看过这篇稿子后,觉的文章写得不错,内容很有趣,可读性很强,决定尽快刊登。只是稿件中说事情发生地为湖南兴化县,湖南只有一个新化县,根本没有兴化县,编辑估计是作者搞错了,就在发稿前,将“兴”字改为了“新”字。

《变异的生活从招聘开始》一文在《时代邮刊》2002年第1期发表后不久,杂志社接到了新化县广播电视局局长陈立权与其妻子的电话,指控该文凭空捏造事实,严重损害了他们夫妻二人的名誉,使他们精神受到极大伤害,要求杂志社尽快刊登能消除影响的文章,同时赔偿他们的精神损失。

《时代邮刊》接到陈立权电话后,当即对此事进行了调查。原来,当2002年第1期《时代邮刊》在新化县售出后,由于该文写的是新化县广播电视局公开招聘中的事,人们立即争相传阅。巧的是当时该局正好在进行公开招聘，这使人们更加相信文中事情是真的。虽然文中的局长叫刘佑伟，但人们还是对号入座，认定彼刘佑伟就是此陈立权。这使陈立权夫妻二人立即陷入一场灭顶之灾。时任公司任经理的妻子刘佑玲看到此文后，当即被气得晕了过去。从此，神经受了刺激，白天吃不下，夜里睡不着，还嚷嚷着事情是真的就离婚。女儿听说家里出了大事，专程从北京广播学院坐飞机赶了回来。

《时代邮刊》又与作者取得联系。作者袁杰伟表示，他是根据朋友讲述的一个故事为蓝本，加上一定的虚构和想象写成此文的。他说稿件寄出时没有加盖任何公章，所以此稿不属新闻稿，他是当作故事类稿件投寄的。

事情的原委查清后，《时代邮刊》杂志社立即在该刊 2002 年第 2 期第 31 页上刊登了对陈立权的《致歉声明》和《道歉信》，对陈立权表示了歉意。陈立权认为并没能达到消除影响的目的，要求重新刊登致歉声明，但再没有收到杂志社的回音。对于他的其他要求，杂志社也都没有作出答复。

2002 年 4 月 11 日，陈立权和妻子刘佑玲以及新化县广播电视局，以侵害名誉权为由，向新化县人民法院提起了诉讼，要求赔偿原告的精神损失及物质损失共 41 万余元。

新化县人民法院依法受理了此案，并于 2002 年 6 月 11 日组成合议庭，对此案进行了公开审理。

经过审理后，新化县人民法院认为：被告袁杰伟将其撰写的《变异的生活从招聘开始》一文寄给《时代邮刊》杂志社，而《时代邮刊》杂志社在收到袁杰伟的稿件后，未尽严格审查之责，就擅自将“兴化”改为“新化”，并配以图片，使之更加醒目，引人注意。

该文所涉及的对象是特定的单位和个人，即湖南省新化县广播电视局和该局局长及其妻子，其内容亦多有针对原告方侮辱、诽谤的言论。由于两被告的共同行为，导致损害原告名誉后果的发生。同时给新化县广播电视局正常招聘播音员工作造成了不良的社会影响，也使原告陈立权、刘佑玲的名誉、人格尊严及其在公众中的形象受到了严重的侵害。也给其带来了精神上的严重伤害，扰乱了陈立权家人的正常工作、生活秩序，损害了陈立权家人的身心健康。因此，《时代邮刊》杂志社应与袁杰伟共同承担民事责任，故应重新刊登致歉声明。同时应对原告陈立权、刘佑玲进行精神补救之外的物质补偿。

据此，新化县人民法院一审判决：一、被告袁杰伟、《时代邮刊》杂志社在该刊物的原侵权版面显著位置刊登《致歉声明》，向陈立权、刘佑玲、新化县广播电视局赔礼道歉，消除影响，恢复名誉。二、由被告袁杰伟、《时代邮刊》杂志社赔偿原告陈立权、刘佑玲精神抚慰金及经济损失共计4万元，其中《时代邮刊》杂志社承担36000元，袁杰伟承担4000元。三、驳回3原告的其他诉讼请求。

本案《时代邮刊》杂志的编辑改动了稿件中的一个关键的字，将“兴”改为“新”。按理说编辑修改一个字这是很正常的事。依据著作权法关于“报社、期刊社可以对作品作文字性修改、删节”的规定，对这样的修改杂志社不经作者认可是没有任何问题的，可结果却被法院判决严重损害他人名誉权，付出了一笔数额不小的精神损害赔偿费。这为什么呢？因为文字性修改是否导致作品内容的改变，实际中的情况错综复杂，具有极大的不确定性，单凭编辑的主观判断，很难保证是正确的。尤其是一些人名、地名的用字，应当极其慎重，不与作者沟通，万不可轻易下判断。著作权法虽然赋予出版者文字性修改、删节的权利，但法律还规定了出版者对其出版物的合理注意义务，你没有注意到作者使用“兴”字的玄机，就自以为是地将其改为“新”，结果导致虚构变成写实，给他人的生活和家庭造成一场飞来横祸。而要想防止这样的事件重演，最好的办法是在稿件修改之后，只要有条件，一定要尽可能地与作者交换意见，得到作者的认可。这样做，对防止修改侵权是有极大好处的。

二、转载摘编不可任意改动作品

著作权法赋予了报纸、期刊转载、或者作为文摘资料刊登其他报刊发表的作品的权利，当前不少刊物在行使这一权利时，存在违规操作的现象。如在转载时，随意压缩原文，以减少字数；或者随意修改作品标题、小标题，增加编者按语之类的吊读者胃口的话；有的借口摘编，只选作品中最具可读性的部分，并将作品另加标题、小标题，使作品变得面目全非；更有甚者，干脆将作者署名去掉换上一个假名字，至于作品的出处根本不作标注，从而达到不向作者付酬的目的。这实际上已经与盗版、剽窃无二。眼下，这类做法已成为不少地方报刊吸引读者、维持订数，降低成本的惯用招数，呈现出蔓延泛滥之势，以至于不断引发作者和出版者的侵权诉讼。

转载、摘编其他报刊发表的作品是否可以任意改动呢？答案当然是否定的。著作权法关于“对内容的修改，应当经作者许可”这一规定，同样适用于作品的转载摘编。就是说，报刊在行使转载摘编这一权利时，仍然要尊重作者的修改权和保护作品完整权，那种借转载、摘编之机任意肢解、修改作品的做法，肯定是违反著作权法规定的。比如——

案例91 谢朝平、熊治国诉四川日报报业集团侵犯著作权案

2002年，四川省达县检察院工作人员谢朝平、熊治国两人合作撰写并署名的《幡然醒悟，二奶反戈赃官情夫》(下称《幡》文)一文，在2002年第7期《民主与法制》上发表，该文还同时在2002年7月25日《沈阳日报》上刊登。2002年，《检察风云》将该文标题改为《风流巨贪逃亡记》(下称《风》文)重新刊登于该刊的第14期。

2004年2月1日，川报集团将《检察风云》刊登的《风》文转载刊登于其出版的《华西都市报》上，将题目由《风》改为《侵吞400万包养7情妇，无耻》(下称《侵》文)。《侵》文不但对《风》文小标题作了更改，还将《风》文中描述的"8个情妇"改为"7个情妇"，并将人物名字及部分情节也做了改动，同时，署名的作者也变成了三个："谢朝平、熊志国、记者赖永强"。刊登在《华西都市报》上的《侵》文文前有"独家报道"字样，标题下的前言部分有"记者了解个中详情"字样。2004年2月17日，川报集团将《侵》文的稿酬700元支付给谢朝平、熊治国二人。

《华西都市报》对《风》文内容的修改和署名作者的变动被谢朝平、熊治国二人发现后，认为其行为侵犯了他们的署名权、修改权、保护作品完整权等合法权利，遂向四川省成都市中级人民法院提起诉讼，把《华西都市报》的主管法人单位四川日报报业集团告上法庭。

该案经成都市中级人民法院审理后，于2004年10月对该案作出了一审宣判。成都市中院认为：谢朝平、熊治国创作的《幡》文发表于《民主与法制》杂志第2002年第7期，系该文字作品的著作权人，其著作权受法律保护。根据《中华人民共和国著作权法》第三十二条第二款的规定，只要无著作权人"不得转载"的声明，则法律规定其他报刊具有转载的使用权利。本案川报集团稿件的来源为谢朝平、熊治国二人在公开出版的刊物上刊登的文章，故川报集团所属的《华西都市报》刊登《侵》文的性质为转载。根据最高人民法院《关于审理著作权民事纠纷案件适用法律若干问题的解释》第十七条的规定，转载未注明被转载作品的作者和最初登载的报刊出处的，应当承担消除影响、赔礼道歉等民事责任。川报集团在转载原告谢朝平、熊治国二人作品时，在署名处未经二原告许可加署"记者赖永强"，此署名方式会让人误解为"记者赖永强"也参加了本文的创作活动。同时，川报集团未经二原告许可修改了文章标题及小标题，并对其中人物名字、某些情节进行修改，故对二原告主张的川报集团侵犯其署名权、修改权的主张予以支持。

据此，法院一审判决：一、四川日报报业集团立即停止侵权；二、四川日报报业集团赔偿谢朝平、熊治国著作权侵权损失费及合理开支费共计2582.5元；三、四川日报报业集团在《华西都市报》相同版面刊登关于侵犯谢朝平、熊治国的署名权、修改权致歉声明；四、驳回谢朝平、熊治国的其他诉讼请求。

谢朝平、熊治国不服一审判决，向四川省高级人民法院提起上诉。其上诉理由称：一审判决错误地将非法使用上诉人作品的事实认定为“转载”；对被上诉人侵权获利与上诉人损失的认定错误。被上诉人对上诉人署名权等三种精神权利损害的赔偿应是15000元，被上诉人违法使用并将作品当商品出售，上诉人提供的证据能证实其侵权获利和给作者造成的损失是11500元等。

四川省高院经审理后认为：一审法院认定事实清楚，适用法律正确，审理程序合法，但处理结果部分不当。根据《华西都市报》的发行覆盖面、发行量及谢朝平、熊治国的合理开支等因素，认为原审法院判决川报集团侵犯涉案作品署名权、修改权赔偿损失及合理开支共计2582.50元过低，应予纠正。

据此，四川省高级人民法院于2005年11月29日作出终审判决：维持四川省成都市中级人民法院(2004)成民初字第1067号民事判决的第一、三、四项，撤销其第二项，改判四川日报报业集团赔偿谢朝平、熊治国著作权侵权损失费及合理开支费共计10000元。案件受理费及其他诉讼费共计4120元，由四川日报报业集团承担3920元，谢朝平、熊治国承担200元。

本案中的《华西都市报》及其记者赖永强，大概以为自己了解《侵》文所涉案件中的什么情况，不经作者同意就借转载之机擅加修改，还把记者的名字加在作品上。他们的这种做法理所当然地被谢朝平、熊治国告到了法院。由此不但吃了官司，还付出了合计1万余元的赔偿费(包括合理开支费用在内)。这就是说，他们在转载、摘编过程中对谢朝平、熊治国创作的《幡然醒悟,二奶反戈赃官情夫》一文乱加修改的做法,依法受到了应得的惩处。

然而,目前的问题是,并不是所有法院都是这样判决的。同样是借转载之机改动作品的标题和增加小标题,有的法院作出的却是相反的判决结果。比如——

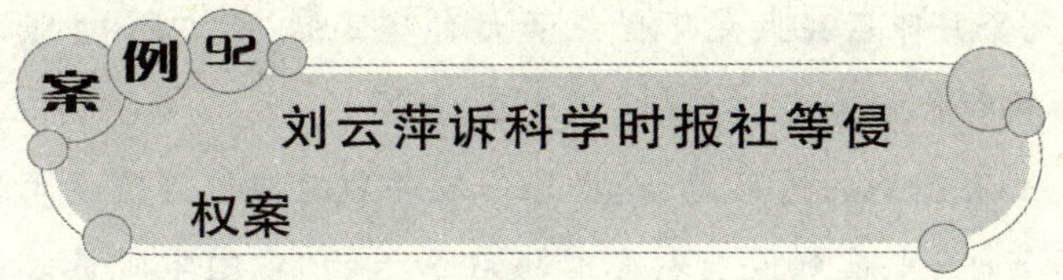

案例92 刘云萍诉科学时报社等侵权案

1998年4月,《中国科技画报》发表了署名刘云萍的《走进中国太空人培训基地》一文,共计5000字。该文主要是从一名参观者的角度,对中国太空人培训基地的训练设备及用途进行了较为详细的介绍和描述,并抒发了一些个人感想,文风科学、严谨、内敛。

1999年1月,《科学与生活》转载了刘云萍的《走进中国太空人培训基地》一文。他们在转载该文时将大标题改为《神秘城堡:中国太空人正在训练》;又增加了300余字的内容,如:"……高速行进的火箭车在6米之内的距离完全停稳,从而测试出人体的最强耐受能力";"就是在离心机不同角度旋转加速度的过程中,正是飞船发射过程中第一级火箭的分离时刻……"等;另外还进行了少量内容的删节和修改,作者署名不变。据说,《科学与生活》转载时的这些增删和改动是得到了刘云萍认可的。

1999年4月9日,江西日报社出版的《信息日报》从《科学与生活》杂志上转载了《神秘城堡:中国太空人正在训练》一文。他们在转载时,为了使文章真实、吸引人,将大标题改为《探访航天城——中国太空人训练目击记》,另外增加了三个小标题,分别为:《最快时大约每25秒就要转一圈——那种眩晕滋味非一般人所能承受》、《高速行进的火箭车6米之内刹车——测试出人体的最强耐受能力》、《当宇航员走进低压舱之后——舱内的空气就被抽掉》)。作者署名变成杨颖,其余内容除将"最快时大约每2.5秒就要转一圈”改为“最快时大约每25秒就要转一圈”外,基本相同。

1999年10月,科学时报社出版的《科学时报·今周刊》又根据《信息日报》上刊登的《探访航天城——中国太空人训练目击记》一文作了转载。他们在转载时,为了更加真实吸引人,将文章大标题改为《中国宇航员训练目击记》,并在该刊的封面导读部分加上了“中国宇航员培训基地探秘”、“先登月球后往火星下世纪两大太空目标”、“文见12版”等文字,三个小标题和作者署名则与《信息日报》相同。

一个没有想到的情况是,这种每一次转载时经过修改逐步强化的神秘性和真实性,尤其到最后科学时报社加上的“中国宇航员培训基地探秘”、“先登月球后往火星下世纪两大太空目标”这样的导读文字,引起了国家保密部门的注意,开始调查其中是否有泄漏国家机密的行为。当保密部门人员找刘云萍谈话调查时,刘云萍才得知后两次的转载情况。需要说明的是,国家保密部门当然不会查到什么实际的泄密行为,因为事情本身不过是刊物编辑们凭主观想象添加的夸张不实之词罢了。可刘云萍不干了。自己成为国家保密部门的调查对象,这对谁都是一个不小的精神压力,甚至日后会为自己留下后遗症。

国家保密部门调查结束之后,刘云萍就开始分别与《科学时报·今周刊》的法人单位科学时报社、《信息日报》的法人单位江西日报社讨要说法,在反复交涉未果后,遂以侵犯其作品的署名权、保护作品完整权和获得报酬权为由,于2003年初向北京市海淀区人民法院提起诉讼,把科学时报社与江西日报社告上了法庭。请求法院判令:1.科学时报社在该报上公开赔礼道歉、消除影响,支付稿酬及滞付费1650元;2.江西日报社在其《信息日报》上公开赔礼道歉、消除影响,支付稿酬及滞付费1800元;3.二被告赔偿原告支出的律师费1000元。

北京市海淀区人民法院受理该案后,于2004年5月进行了公开审理。经过答辩、质证等程序后,查明了刘云萍文章发表和转载的具体事实。另外还查明,2001年10月至12月,刘云萍以发传真方式要求江西日报社和科学时报社承担相应的侵权责任，江西日报社和科学时报社均表示只同意承担支付稿酬的民事责任。其中，江西日报社在回复给刘云萍的传真件中称："随便取了一个作者名字'杨颖'，实际上没有'杨颖'其人"。据此，法院认为：刘云萍作为《走进中国太空人培训基地》一文的作者，依法享有署名权、保护作品完整权、获得报酬权等相关权利。

《信息日报》在大量复制该文内容后，不仅不为刘云萍署名，反而署了一个杜撰的假名"杨颖"，显属抄袭、剽窃他人作品的行为。而《科学时报社》在复制《信息日报》的相关文章时，本应对"杨颖"是否确系该文真实作者予以审查，却未尽该合理注意义务，主观上存在过错，客观上侵犯了刘云萍的相关著作权。江西日报社、科学时报社分别作为《信息日报》、《科学时报》的出版者，均应对其侵犯刘云萍署名权和获得报酬权的行为，依法承担停止侵害、消除影响、赔礼道歉、赔偿损失的侵权责任。

关于侵犯保护作品完整权的问题，根据文章的对比结果表明，江西日报社、科学时报社刊载的涉案文章，只是对《走进中国太空人培训基地》一文的大标题作了改动，并增加了三个小标题，其余内容基本未作改动。

二被告改动后的大标题与原标题相比，的确有所夸张，并且有失原文严谨的文风，但在当时我国还没有开创载人航天纪录的科学背景下，一般而言，读者通读全文之后还是比较容易得出上述设备不会闲置、而且可能正在用于训练太空人的间接结论的。同样道理，由于二被告增加的三个小标题的内容，均能从《走进中国太空人培训基地》原文或《科学与生活》对《走进中国太空人培训基地》所作改动的内容中提炼出来。至于将"2.5 秒"写成"25 秒"的问题，显属文字校勘错误，不能视为对原文的有意篡改。因此，本院认为，《探访航天城——中国太空人训练目击记》就《走进中国太空人培训基地》所作的改动，尚未达到对原作品内容、观点进行歪曲、篡改的程度，并未破坏作品的完整性，故未侵犯刘云萍的保护作品完整权。

虽然科学时报社、江西日报社辩称其涉案行为属于合法转载行为，但《著作权法》所规定的转载，不仅要求注明被转载作品的作者和最初登载的报刊出处，而且应当向被转载作品的作者支付报酬。本案中，科学时报社、江西日报社在刊登涉案文章时，既未为刘云萍署名，又未注明转载自何种报刊，更未向刘云萍支付相应报酬，故其相关抗辩理由不能成立。

据此，2004 年 7 月 20 日，海淀区人民法院对该案作出一审判决：一、被告科学时报社、被告江西日报社立即停止使用原告刘云萍的作品《走进中国太空人培训基地》；二、被告科学时报社在《科学时报》上刊登相关致歉声明；被告江西时报社在《信息日报》上刊登相关致歉声明，向原告刘云萍赔礼道歉，消除影响。三、被告科学时报社赔偿原告刘云萍经济损失 1200 元；被告江西日报社赔偿原告刘云萍经济损失 1900 元。案件受理费 188 元，由被告科学时报社负担 94 元，由被告江西日报社负担 94 元。

从本案可以清楚地看出，作品在转载过程中是如何被肆意修改的。一篇本来严谨正常的作品被改得越来越富神秘感，当然也越来越能吸引读者的注意力，以至于居然引发国家保密局的调查。然而，法院在案件的审判中，认定二被告侵犯作者权利的，是其改变作者署名和不支付报酬的行为，而对于二被告修改刘云萍作品的大标题，增加三个小标题及导言的做法，法院认为这些标题和小标题均可以从刘云萍作品的内容中提炼出来，并未构成对作品的实质性改变。也就是说，单就修改作品标题和小标题的行为来说，法院认为并不构成侵权。然而，在案例 91 中谢朝平、熊治国诉四川报业集团侵犯著作权一案中，成都市中级人民法院却认定被告未经二原告许可修改文章标题及小标题及其他内容等做法为侵权行为。为什么法院会作出不同的判决呢？根本原因在于，法律对于文字和内容两种性质的修改缺乏具体确切的规定，法官在审判中只好按自己的理解，结合具体情况作出判断。这就导致了不同法院间的不同判决结果。

面对法院判决不一的情况，出版者应当怎么办呢？是为追求一时的读者“眼球”而随意改动作品，心存侥幸地去法院撞运气呢？还是从主动回避侵权风险的角度出发，严格遵守著作权法的各项规定，依法进行转载摘编呢？答案当然是后者。那种借转载摘编之机任意修改作品的错误做法，应当坚决杜绝，这样才能使自己远离侵权纠纷的泥淖。

三、要注意尊重作者的语言风格

不同体裁的作品有不同的语言特点，如法律文书、政府公文、学术专著等多使用严谨规范的书面语言，而文学作品则除书面语言外，还可能使用一部分口头语言。就是同一体裁的作品，作者不同，其语言风格也不同，有的偏好书面语言，有的偏好口头语言。

我国历史悠久，幅员广大，民族众多，由于人们居住地域不同，形成了各不相同的口头语言——方言。不同的方言具有不同的地方色彩，能鲜明地反映不同地域的社会生活。尤其是方言中的俗语、谚语，往往简短精练，形象生动，为许多著作家们所青睐。这些方言、俗语运用到作品中，能增强作品语言的表现力、感染力。但是，方言俗语也有局限性，有时不严谨，不合语法规范。在文字加工中遇到这类情况，一定要根据作品的体裁和作者使用语言的特点做仔细分析，注意尊重作者的语言风格，切不可从个人喜好出发，随意修改，引发和作者的纠纷。比如——

案例93 沈家和诉北京出版社修改侵权案

从1997年起，作家沈家和先后在北京出版社出版了京味系列长篇小说《正阳门外》中的《鬼亲》、《活祭》、《老铺》、《药王》、《鼓妞》、《典身》等6卷书。1999年，他又创作完成了该系列长篇小说的后3卷《坤伶》、《闺梦》、《戏神》。1999年11月，他与北京出版社再次签订图书出版合同。合同约定：1.沈家和将《正阳门外》中《坤伶》、《戏神》、《闺梦》3卷书的中文本专有使用权授予北京出版社；2. 北京出版社应在2000年6月底前出版上述作品。北京出版社如因故不能按时出版，应在出版期限届满前通知沈家和，双方另行约定出版日期。北京出版社到期仍不能出版，除非因不可抗力所致，沈家和有权终止合同，北京出版社按报酬标准的40%向沈家和支付赔偿金；3.北京出版社尊重沈家和确定的署名方式。为达到出版要求，经沈家和同意并授权北京出版社对上述作品进行必要的修改、删节，最后定稿由沈家和签字认可。北京出版社如需更动上述作品的名称、标题，增加、删节图表、前言、后记、序言，应征得沈家和书面同意；4.北京出版社第一版第一次印刷的最低保底印数为8000册，并按8%版税给沈家和支付稿酬；5.在合同有效期内，如图书脱销，沈家和有权要求北京出版社重印、再版。如沈家和收到北京出版社拒绝重印、再版的书面答复，或北京出版社收到沈家和重印、再版的书面要求后6个月内未重印、再版，沈家和可以终止合同；6.本合同的有效期为5年。

合同签订后，沈家和如期向北京出版社交稿，并依合同审校了一次书稿校样，但北京出版社未将出版前的最后定稿交付沈家和进行书面确认，也没有在合同约定的时间内出版。后经双方口头协商，沈家和同意北京出版社继续履行该出版合同。2000年6月30日，《坤伶》、《戏神》、《闺梦》3本书正式出版，各印8000册。

2000年7月，沈家和收到出版样书后，发现出版社未经其同意，对《闺梦》、《坤伶》、《戏神》进行了修改和删减，使该3卷系列小说与前6卷的语言风格不一致，丧失了作为长篇京味小说应有的特色，而且出现许多文字、语言、标点符号等方面的差错。遂与北京出版社联系，要求其作出解释和处理。8月15日，北京出版社向沈家和表示了道歉，承诺对库存的《闺梦》不再销售，予以集中销毁，并要在重新修改校正后重印再版，以保证质量。嗣后，沈家和却于2000年8月至2001年4月，分别在北京市花市新华书店、南京市新华书店、北京春季书市上购得了并没有改正的《闺梦》一书。这使他非常生气，认为出版社违背承诺，不讲信用，继续销售该书，会对他本人作为京味小说作家的声誉造成不良影响。于是，他以北京出版社违反合同约定，严重侵犯其修改权和保护作品完整权为由，向北京市第一中级人民法院提起诉讼，请求法院判令：1.解除双方订立的图书出版合同；2.被告北京出版社停止侵权行为，销毁库存的《闺梦》一书；3.为《坤伶》、《戏神》两本书印发勘误表，纠正书中的差错；4.公开赔礼道歉，为原告消除影响，恢复名誉；5.被告重印《闺梦》8000 册和《坤伶》、《戏神》各 2000 册，并向原告支付稿酬 7360 元及取证费 1000 元；6.被告赔偿原告的精神损失 6 万元；7.本案诉讼费、律师费由被告负担。

北京出版社答辩称：《正阳门外》是由我社策划并由原告沈家和创作的系列长篇小说丛书。为该丛书的出版，我社投入了大量人力、物力。我社责任编辑对《坤伶》、《戏神》两本书进行编辑加工时，严格遵守了以下原则：1.以新修订版《现代汉语词典》为准；2.参考《北京土语辞典》，如果《北京土语辞典》与《现代汉语词典》表达方式不同，则以《现代汉语词典》为依据；3.在同一词汇几种表达方式共存的条件下，选取《现代汉语词典》的首选条目，如《现代汉语词典》没有的，则以《北京土语辞典》为准；4.为防止作者语言呆板单调，编辑适当进行润色；5、过度暴露的性描写，予以删节。这些都是图书编辑职责范围内的工作。原告据此指控被告未经许可，对《坤伶》、《戏神》两本书的京味特色语言进行修改，侵犯了其对作品的修改权和保护作品完整权，不能成立。

原告于 2000 年 8 月向我社反映这 3 本书中有大量的错字、漏字等质量问题后，我社非常重视。经检查，《坤伶》、《戏神》两本书的差错率均未超过万分之一，符合出版规定，不存在质量问题，属合格品，不需重印。对《闺梦》一书存在的质量问题，我社领导确定了 4 点改正意见：1.总结教训；2.库存书不能再销售，应集中销毁；3.向作者道歉；4.校改后再版，确保质量。根据《图书质量管理规定》，对质量不合格的图书，纠正期限是 3 个月。原告仅凭提出意见半个月后在书店里还能买到此书，就起诉被告不予纠正图书差错，在事实上和法律上均站不住脚。

综上，在这3本书出版过程中，我社没有侵犯原告的著作权。《闺梦》一书虽然存在着按规定应改正重印的质量问题，但质量问题与侵权问题性质不同，不应混为一谈，不能就此要求被告承担侵权责任。法院应当驳回原告的诉讼请求。

北京市第一中级人民法院经审理和当庭质证后查明：《闺梦》一书共有文字、语言、标点符号等方面的差错179处。《坤伶》一书存在的错字、漏字及标点符号错误有12处，被告北京出版社根据《现代汉语词典》进行修改的有9处，双方理解不同的问题有3处。《戏神》一书存在差错12处，北京出版社根据《现代汉语词典》进行修改的有6处，双方理解不同及北京出版社根据读者阅读习惯进行修改的有7处。截止到2000年10月18日，被告北京出版社库存《坤伶》一书5263册、《戏神》一书5345册、《闺梦》一书7620册。另外，在审理中，沈家和还主张双方曾口头约定对上述3本书的修改应以《北京土语辞典》为依据，但未提供证据。被告北京出版社表示可以停止销售并销毁现库存的《闺梦》一书，修改后重印8000册，并为《坤伶》、《戏神》两本书印发勘误表。

2001年5月9日，北京市第一中级人民法院对该案作出一审宣判。

法院认为：原告沈家和与被告北京出版社于1999年11月25日签订的《闺梦》、《戏神》、《坤伶》3本书的图书出版合同，是有效合同。根据合同约定，为使作品达到出版要求，沈家和同意北京出版社对3本书进行必要的修改、删节。这表明，沈家和通过签订合同，已经将自己作品的修改权授予北京出版社，即北京出版社有权根据出版的需要，对沈家和的作品进行必要的修改和删节，但最终定稿应由沈家和签字认可。实际履行中，北京出版社并未按照约定将3本书的定稿交付沈家和书面认可，以致3本书出版发行后，使沈家和认为其对作品享有的修改权和保护作品完整权受到侵犯，这是引发本案纠纷的主要原因。

根据著作权法第三十一条关于"当事人不履行合同义务或者履行合

同义务不符合约定条件的，应当依照民法通则有关规定承担民事责任”的规定，北京出版社违反了合同约定，应当依据其违约行为给各本书造成的不同后果，承担相应的违约责任。

《闺梦》一书有大量错误，存在图书质量问题，属于不合格产品，双方当事人对此不持异议。如果被告北京出版社在出版该书前，能够按照合同约定将该书定稿清样交原告沈家和确认，则有可能防止这些问题发生。因此，该书存在的问题，与北京出版社的违约行为有一定关系。双方当事人签订的合同中，对图书出版质量未作约定，故应参照国家标准或者行业标准执行。新闻出版署1997年发布的《图书质量管理规定》中规定，图书中差错率超过万分之一的，为不合格。现北京出版社承诺停止销售并销毁库存的《闺梦》一书，并在修改后重印8000册，应予准许。

沈家和要求此书重印后应另付稿酬，因北京出版社已就该书向沈家和支付了8000册的稿酬，截止到2000年10月18日，该书仍库存7620册，只发行了380册，故北京出版社应在重印8000册的基础上，按照合同约定的稿酬计算方式，向沈家和支付380册的稿酬729.6元。如果库存数量不足7620册，则向沈家和支付的稿酬以8000册扣减实际库存数量后计算。沈家和在北京花市新华书店、北京春季书市购买《闺梦》一书的取证费，应作为沈家和的损失，由北京出版社承担。沈家和要求北京出版社承担其在南京新华书店购买《闺梦》一书的取证费，因不能证明该书是北京出版社在南京销售的，且沈家和不能提供其往返南京相关费用的原始证据，故不予支持。

《闺梦》一书存在着严重质量问题，该书在社会上公开发行后，必然使作为该书作者的原告沈家和的社会评价有所降低，声誉受到影响。故被告北京出版社出版发行有严重质量问题的《闺梦》一书，不仅构成违约，同时侵害了沈家和所享有的保护作品完整权。北京出版社除应承担相应的违约责任外，亦应承担公开赔礼道歉的侵权责任。对北京出版社出版发行《闺梦》一书是否给沈家和造成严重的精神损害后果，沈家和没有举出充分的证据证明，故沈家和所提由北京出版社赔偿其精神损失 6 万元的请求，不予支持。沈家和请求北京出版社负担其因诉讼支出的律师费，也未提供相关证据，对此不予支持。

原告沈家和指出，《坤伶》、《戏神》两书中存在着若干处意思表示相悖的差错。对沈家和指出的这些地方，除了由被告北京出版社根据《现代汉语词典》、读者阅读习惯进行修改的以外，其他错字、漏字及标点符号错误等现象，应认定为差错。据此计算出的差错率，均未超过《图书质量管理规定》允许的万分之一，故《坤伶》、《戏神》两书不属于不合格产品，无需重印，但北京出版社应为上述两书印发勘误表。对沈家和关于重印《坤伶》、《戏神》两书各 2000 册并再向其支付稿酬的请求，不予支持。

原告沈家和提出解除双方图书出版合同，但是至双方发生纠纷时止，合同中约定的解除情形或者法律规定的解除合同情形均未出现，故对沈家和的这一诉讼请求，依法不予支持。

小说的风格体现在小说表现的内容、历史背景，作者描述的手法和他的整体文风中，并不唯一体现在小说的遣词用字上。被告北京出版社根据合同的授权，以《现代汉语词典》为依据，对《闺梦》、《戏神》、《坤伶》3 本书的部分文字进行修改，没有改变原告沈家和所主张的京味小说风格。上述 3 本书中存在的差错，也不足以导致小说风格的变化。故沈家和认为北京出版社的修改改变了其作品的京味风格、侵犯了其享有的保护作品完整权和修改权，理由不能成立。沈家和虽主张双方曾口头约定对上述作品的修改以《北京土语词典》为依据，但北京出版社不予认可，沈家和又不能提供相应的证据，故对该主张不予支持。

据此，北京市第一中级人民法院判决：一、被告北京出版社立即停止销售《闺梦》一书，并于 30 日内销毁库存的该书，修改后重印 8000 册；二、被告北京出版社在《新闻出版报》上就《闺梦》一书的侵权行为向原告沈家和公开赔礼道歉；三、被告北京出版社为《坤伶》、《戏神》两书印发勘误表；四、被告北京出版社向原告沈家和支付《闺梦》一书 380 册的稿酬

729.6元及合理损失56.8元;五、驳回原告沈家和的其他诉讼请求。

一审宣判后,原告沈家和不服,向北京市高级人民法院提出上诉。

北京市高级人民法院经审理后认为,一审判决认定事实清楚,适用法律正确,应予维持。据此,2001年12月14日,北京市高级人民法院终审判决:驳回上诉,维持原判。

本案诉讼发生的起因在于,北京出版社对《闺梦》、《坤伶》、《戏神》三本书进行编辑加工时,对作者使用的京味语言进行了不适当的修改和删减,使作者认为"该3卷系列小说与前6卷的语言风格不一致,丧失了作为长篇京味小说应有的特色",再加上出现编校质量方面的问题,从而促使作者走上了法庭。法院虽然以沈家和在出版合同中已将修改权赋予了出版社,出版社就有权以自己认为合理的方式对作品进行修改,从而对沈家和侵犯修改权和保护作品完整权的诉讼请求不予支持,但对于出版社,应当从本案中吸取深刻教训。

作为三本京味系列小说,作者在作品中使用一部分北京方言,这并无什么不可。尽管作者通过合同约定将作品的修改权赋予了出版社,但编辑对作品中的京味方言以《现代汉语词典》为标准对其进行修改,这是不合适的。正如沈家和在上诉书中强调的:出版社在原文语句通顺的情况下,没有必要也没有权利在未经作者同意的情况下,用同义词或者近义词替换作者作品中原来的词语。对于沈家和的这个意见,虽然法院已明确,出版社有这个权利,但我们要说,出版社完全没有这个必要。同一个作者,同一个出版社,同一个系列的9卷小说,前6卷顺利出版,后3卷作者愿意继续在该社出版,说明双方在前6卷书的出版中合作愉快,互无任何纠葛。可到后3卷书的出版中却发生了以《现代汉语词典》为标准对作者使用的京味方言进行修改的事,导致和作者的争执以至于打了一年多的官司,最后还得将一卷书全部销毁重印,并向作者公开赔礼道歉。单从这一简单的事实说,这样的修改何苦呢?

编辑在进行文字性加工时,对于文稿中的错别字、自造字、停止使用的简体字，以及在写作过程中的笔误、漏字、标点错误等，理所当然地应当修改订正，但对于一些可改可不改的文字或表达方式，决不可轻易滥施刀斧，尤其是名家的作品，更要慎之又慎，不能“想当然”和好为人师地妄自改动。本案中的北京出版社就是犯了“妄改”的错误。

第三节 技术加工注意事项

所谓技术加工，主要是按照已确定的版式设计，统一出版物的开本、字体、字号、篇、章、节层次与标题形式；检查文稿中所有的名词、术语、计量单位、符号、代号、序号、数字、参考文献著录格式等是否统一；核对引文、辅文、外文、译文、人名、地名、年代、日期、史实，表格、公式以及插图中的文字等是否正确；批注清楚插图的缩放、上下角标、外文文种、外文字母的大小写、正斜体、单词的转行及公式的排法等。

技术加工是一项琐碎繁杂、却容易出错的基础性工作，直接关系到出版物的编校质量，也是体现编辑专业技术水平的一个重要方面。稿件只有经过技术性加工，才能以一种清晰美观，彰显个性的形式呈现在读者面前。技术加工虽然只对稿件作文字和技术的处理和订正，一般不改动作品内容，但却同样存在种种可能发生侵权问题的情况，需要特别加以注意。

一、核查版式设计是否侵权

所谓版式设计，指版面格式的编排设计。即在一定的开本上，把作品原稿的体裁、结构、层次、插图等，通过艺术、合理地处理后成为一种版面的编排设计，其包括对版心、排式、用字、字间距、行距、标题、正文、图表安排、注释、书眉和页码设计以及其他版面因素的安排。根据我国著作权法第35条的规定，版式设计属于出版者的专有权利，“出版者有权许可或者禁止他人使用其出版的图书、期刊的版式设计”，“该项权利的保护期为10年”。这就是说，著作权法对图书、期刊的版式设计给予10年的保护期。在10年之内，图书、期刊出版者对其出版的图书、期刊的版式设计享有专有使用权，他人不经许可使用其版式设计的，要承担侵权责任。因此，在技术加工中，要注意检查图书、期刊的版式设计是否有未经许可使用他人版式设计、或者抄袭、模仿他人版式设计的情况，以免引发版式设计侵权纠纷。比如——

案例94 英文版《游北京逛西城》著作权纠纷案

2005年12月，由北京市西城区旅游局（以下简称西城旅游局）组织策划、冷风撰写的《游北京逛西城》（上卷“漫步”、下卷“发现”）一书，在中国文联出版社出版发行。该书的版权页及封底注明：作者：冷风；装帧设计：朱高登。

2006年8月，西城旅游局（甲方）又与国防工业出版社附属的新时代出版社（乙方）签订《图书出版合同》，决定出版《游北京逛西城》一书的英文版。合同约定：甲方在合同有效期内将作品的中文本专有使用权授予乙方。乙方有权以各种版本形式独家出版发行，并享有作品的封面、版式设计权；甲方保证拥有授予乙方的权利，保证作品不侵犯他人著作权和其他权利。如发现有剽窃、抄袭等侵犯他人权益的行为，甲方承担全部责任并赔偿由此给乙方造成的经济损失，乙方有权终止本合同。甲方承认乙方对著作权归属和侵权事项已经尽到了明示的责任和义务等。

2006年11月，《游北京逛西城》的英文版《Visiting Beijing @ Strolling

Around Xicheng District》的《Strolling(漫步)》和《Discovery(发现)》两个分册出版发行,定价60元。该书版权页注明:策划:王建平;出版、发行:新时代出版社。封底注明:责任编辑:尹艳、刘华;装帧设计:彭建华、刘静琪、李姗。

2007年3月,退休高级美术师、《游北京逛西城》中文版的装帧设计人朱高登发现,英文版《游北京逛西城》的装帧设计者署名没有自己,遂向北京市海淀区人民法院提起诉讼,把国防工业出版社告上了法庭。

朱高登诉称:原告作为《游北京逛西城》中文版封面及版式原创设计者,在全书版式及图片修改和色彩运用方面有独特的表现形式,享有这些作品的著作署名权。被告附属的新时代出版社出版的英文版《游北京逛西城》一书,装帧署名为彭建华、刘静琪、李珊,没有原告。但该书不仅完全使用了此前原告加工的摄影图片或者添加的图片素材,且其版式更与原告图书极为相似。经比对,该英文版图书共计334页中有330页同中文版的版式完全相同或极为相似。经核实,《游北京逛西城》中文版的出版方中国文联出版社并未许可被告使用该书的版式设计。而被告在私自使用他人享有权利的图书版式时故意删掉原告的名字换上并未付出劳动的他人名字,严重侵犯原告的署名权。同时被告在使用原告设计的版式时,于《STROLLING(漫步)》卷的P140–141页对原告创造性设计的版式进行了原则性的破坏,严重歪曲了新华门的形象,这一行为侵犯了原告的保护作品完整权。故诉至法院,请求判令:1.被告就侵权之事在北京市公开发行的报纸、西城区政府网站向原告道歉,同时停止侵权,没有销售的换封面;2.被告赔偿复印费124元、精神损失赔偿9876元,共计1万元。

被告国防工业出版社辩称:版式设计的使用权、署名权,在10年之内归出版社,故原告诉被告没有依据。版式设计没有特殊性,不存在侵权事实。请求法院驳回原告的诉讼请求。

海淀区人民法院对该案进行了公开审理。在庭审中,法庭对中、英文版的《游北京逛西城》进行比对后，确认两者的封面设计并不相同，而两者的版式设计，虽然存在部分变化和不同，但就整体而言，应认为后者的版式是在前者的基础上，套用前者并进行进一步修改、设计而来的。同时，英文版《STROLLING(漫步)》卷的P140-141页因中英文标题摆放的不同，对新华门照片进行了剪切，造成新华门形象的破坏。另外，《游北京逛西城》一书是西城旅游局委托北京皮特曼中心创作的。原告朱高登的委托代理人刘云萍(笔名泠风)既是皮特曼中心的主要负责人，又是《游北京逛西城》中文版一书的作者，朱高登当时也在皮特曼中心工作。刘云萍向法庭表示，《游北京逛西城》一书的版式设计者就是朱高登。

据此，法院认为：《游北京逛西城》中文版一书注明，该书的装帧设计为朱高登，皮特曼中心的主要负责人刘云萍也作了相同的证明，而被告又不能提供相关证据证明一书的版式设计另有其人，依据证据规则认定，朱高登为《游北京逛西城》图书中文版装帧设计包括版式设计的设计人，享有装帧设计、版式设计的署名权。被告辩称，版式设计归出版社，但按照法律规定，出版社享有的是对其出版的图书版式设计的专有使用权，版式设计、装帧设计的署名权仍应属于实际设计者。

通过对英文和中文版两书的对比可知，英文版图书的版式设计是在中文版的基础上，套用中文版的相关图文设计格式和搭配，同时考虑英文和中文的字数差别等因素，进一步修改、设计而来的，二者具有很大的相同、相似性，故法院对被告辩称二者的版式设计并不相同的辩称不予采信。国防工业出版社在出版英文版图书时，应看到、接触了之前已出版的中文版图书，而中文版图书中已明确标明装帧设计为朱先生，其在出版英文版时以中文版的版式设计为基础进行修改、设计时，却在装帧设计者中将原告的署名去掉，仅署了后来设计者的名字，其行为具有过错，侵犯了原告的署名权，应承担相应的侵权责任。

原告还主张，被告在《Strolling(漫步)》卷第140－141页对新华门的照片进行了剪切，从而使其版式设计遭到了原则性的破坏，侵犯其保护作品完整权。但法院认为,保护作品完整权是指作者有权禁止他人歪曲、篡改和割裂其作品,并且此种歪曲、篡改和割裂会有损于作者的声誉。对于本案来说,被告进行照片的剪切和版式的重新安排是出于英文标题的排版问题而进行的修改,且这种修改并不会造成对版式设计者声誉的损害,故对原告有关被告侵犯保护作品完整权的主张,法院不予支持。

被告整本书套用并修改使用原告的版式设计,却未为原告署名,侵权情节较严重,达到了需对原告进行精神损害赔偿的程度,故考虑本案的实际情况对精神损害抚慰金予以酌定。

2008 年 3 月 20 日,海淀区人民法院对该案作出一审宣判:一、被告国防工业出版社在《中国新闻出版报》上刊登声明,向原告朱高登公开致歉,费用由被告负担;二、被告国防工业出版社立即停止侵权,在其未为原告朱高登在英文版《游北京逛西城》一书的封底“装帧设计”中添加署名前,不得继续销售;三、被告国防工业出版社赔偿原告朱高登合理支出 124 元及精神损失抚慰金 2000 元;四、驳回原告朱高登的其他诉讼请求。案件受理费 50 元由被告国防工业出版社负担。

本案是一桩侵犯版式设计作者署名权案例。作者朱高登虽然是中文版《游北京逛西城》一书的装帧设计者,但法院认定涉案的中、英文版《游北京逛西城》两书的封面并不相同,相同的是两书的版式设计。一般以为版式设计权归出版社,不存在个人对版式设计享有权利的问题。这是不对的。正如北京市海淀区法院指出的,出版社享有的是版式设计的专有使用权,版式设计的署名权仍应属于实际设计者,就如同作品的著作权可以归法人或其他组织享有,但实际创作者仍然享有署名权一样。国防工业出版社附属的新时代出版社在出版英文版《游北京逛西城》一书时,装帧设计者和责任编辑,可能以为通过合同约定,他们已经得到了《游北北京逛西城》一书包括封面、版式设计在内的全部专有使用权,以至于对该书的版式设计作部分的改动后即全部采用。但是,即使中国文联出版社将其版式设计权授予了新时代出版社,也并不包括实际创作者朱高登的署名权，因为署名权属于人身权利，永远属于作者自己，包括本人在内是不能授予他人的。因此，责任编辑在技术加工中，一定要注意检查有无使用他人版式设计的情况，防止侵犯他人版式设计权，包括版式设计实际创作者的署名权。

需要指出的是，在目前实际的出版工作中，发生侵犯版式设计权最多的是部分电子出版单位，如期刊数据库制作者。他们往往不经著作权人和出版者的许可，擅自将期刊全文收录，这种做法既侵犯作者著作权也侵犯出版者的版式设计权。比如——

案例95 重庆维普公司侵犯期刊版式设计权案

重庆维普资讯有限公司（以下简称维普公司）从1999年6月起，开展了期刊论文全文的加工制作和服务。他们不经期刊出版者许可，采取扫描录入的方式，将全国7000余种学术期刊的内文和字体设计、格式编排等一并原样收录，制成《中国期刊数据库》（起初名为《中文科技期刊数据库》）光盘，同时也以硬盘复制和互联网为媒介出版发行。

从2001年开始，全国陆续有2000余家期刊向法院起诉维普公司侵犯著作权。2002年12月，北京市第一中级人民法院对中国科学杂志社和中国工商杂志社等12原告的诉讼，作出第一批判决。

法院认定：12原告编辑出版的各类期刊是受著作权法保护的汇编作品，12原告是这些期刊的著作权人。被告维普公司未经许可亦未支付报酬，以营利为目的，将原告期刊的部分内容扫描录入制作成“数据库”，侵犯了原告汇编作品的著作权。被告维普公司亦将这些期刊的字体设计、格式编排等一并原样收录，无偿占有了原告付出的创造性劳动，构成对原告版式设计专有使用权的侵犯。故判令被告维普公司立即停止对12原告编辑出版的各类刊物的使用；并按国家规定的、汇编作品稿酬标准

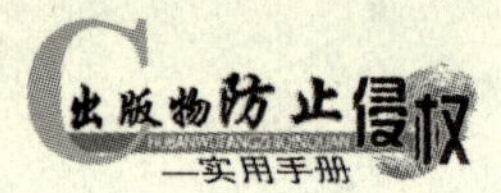

的上限，即每千字10元，分别赔偿12原告的经济损失共计181万元。维普公司不服上诉后，北京市高级人民法院认定侵权成立，但赔偿费计算有误，终审改判赔偿12原告共计53万元。2004年6月18日，北京市第一中级人民法院又对维普公司侵犯北大、清华等11家原告的14种期刊的汇编作品著作权及版式设计权，作出第二批判决，判令停止侵权，并分别赔偿11原告经济损失共计230万元。这回维普公司上诉后，北京市高级人民法院终审判决：驳回上诉，维持原判。

除了各类期刊数据库制作者外，公共图书馆或者大专院校建设的数字图书馆，也是侵犯出版者版式设计权的高发区。比如——

案例96 中国标准出版社诉世纪超星公司等侵权案

从1999年4月至2003年4月期间，中国标准出版社先后出版了《统计方法应用国家标准汇编：统计分析与数据处理卷》、《统计方法应用国家标准汇编：抽样检验卷》、《统计方法应用国家标准汇编：术语符号和统计用表卷》、《统计方法应用国家标准汇编：可靠性统计方法卷》、《质量管理标准汇编》、《信息分类与编码国家标准汇编：自然资源与环境卷（上册）》、《信息分类与编码国家标准汇编：自然资源与环境卷（下册）》、《信息分类与编码国家标准汇编：科学技术卷》、《信息技术词汇国家标准汇编》、《作者编辑常用标准及规范》等10种图书。其中有6种是标准出版社自己组织力量编写的，另有4种是标准出版社分别与中国标准研究中心和新闻出版总署科技发展司、图书出版管理司合作编写的。

这10种图书出版后，北京世纪超星信息技术发展有限责任公司（以下简称世纪超星公司）未经标准出版社许可，即将该10种图书制作成电子光盘，提供给其代理商北京超星数图信息技术有限公司（以下简称超星数图公司）销售。

2006 年 9 月 20 日，超星数图公司作为乙方，与作为甲方的对外经济贸易大学图书馆签订数字图书馆建设协议书。协议的主要内容是：甲方拟建设 1 个拥有海量图书数据并局限在校园网内供师生教学科研使用的数字图书馆，建设规模为 17.6 万种全文级图书数据；数字图书馆所使用的阅览器为超星图书阅览器 SSReader3.8 版或更新版；数字图书馆提供下载、OCR 识别、图像剪切等功能；甲方提供本项目运行所需的硬件设备与网络环境，负责本项目的日常管理，并保证局限在学校局域网内供师生教学、阅读使用数字图书馆，不将数据在互联网上公布；乙方负责提供 17.6 万种数字图书数据及相关书目信息，并负责安装和调试、版本进行升级与维护等服务。乙方数字图书数据库系统的项目经费为 35.2 万元，后又签订补充协议将该项目经费变更为 24.64 万元。

中国标准出版社发现此事后，即以世纪超星和超星数图两公司侵犯其汇编作品著作权、信息网络传播权及版式设计权为由，向北京海淀区人民法院提起诉讼，请求法院判令二被告立即停止侵权，赔偿经济损失 23.9 万元以及律师费、交通费、复印费共计 1.2 万元。标准出版社在提交诉状的同时还申请了证据保全。

海淀区人民法院受理该案后，立即对对外经济贸易大学图书馆内网中的超星数字图书馆涉案的 10 种图书电子版采取了证据保全措施。发现该 10 种图书电子版均存储于对外经济贸易大学图书馆服务器内，对外经济贸易大学图书馆内网用户可以在线浏览上述图书电子版，同时上述图书电子版亦均设置有全文下载按钮。法院将涉案的 10 种图书电子版进行了全文下载的证据保全。

2007 年 4 月 2 日，海淀区人民法院对该案作出一审宣判。

法院认为：世纪超星公司通过超星数图公司代理向对外经济贸易大学图书馆提供超星数字图书馆阅览器以及上述 10 种图书电子版，使对外经济贸易大学图书馆局域网用户可以在其个人选定的时间和地点获得上述 10 种图书电子版，故世纪超星已对上述 10 种图书电子版进行信息网络传播。世纪超星此举已侵犯了标准出版社对上述10种图书所享有的版式设计权和汇编作品著作权。

超星数图公司作为世纪超星之代理商,在并未审查世纪超星将上述10种图书电子版收录入超星数字图书馆是否已取得相关著作权人授权情况下,即向对外经济贸易大学销售涉案超星数字图书馆,其行为显然存在过错。超星数图明知被委托代理的事项违法仍然进行代理活动,其与世纪超星构成共同侵权。

据此,一审判决:一、世纪超星立即停止在超星数字图书馆中使用涉案的10种图书电子版,超星数图立即停止销售使用上述10种图书电子版的超星数字图书馆。二、被告世纪超星和超星数图赔偿原告中国标准出版社经济损失及诉讼合理支出共计16万元。驳回原告中国标准出版社的其他诉讼请求。

案件受理费6275元与证据保全费500元,均由二被告负担。

由于图书、期刊出版者对其出版的图书、期刊的版式设计享有专有使用权,因此,图书、期刊出版者一方面要注意防止侵犯其他图书、期刊出版者的版式设计权,另一方面,对于期刊数据库制作者和公共图书馆或者大专院校建设的数字图书馆侵犯自己的版式设计的行为,要像中国标准出版社和起诉重庆维普公司的几十家科技期刊一样,敢于拿起法律武器,坚决维护自己的合法权益。

二、核查版面编排中的图文搭配是否合理

眼下出版物讲究图文并茂。文字作品中除作者原有插图外,出版者为了追求艺术效果,有时还要另外增加一些配图。这些搭配在文字作品中的图片,是对文章的有益补充和烘托,能起到相得益彰的效果。但是,编辑在配图时,不能只考虑视觉效果,还要注意二者内容上的关联是否合理,防止出现负面效果。比如——

案例97 王海洋诉希望杂志社侵犯肖像权案

王海洋本是深圳大学师范学院表演系学生。2000 年底，她在一则广告中拍摄了自己的肖像照。2001 年 1 月，该肖像照发表在当月上半月刊的《女友》杂志上。广东《希望》杂志的编辑看到该照片后，将其用到了《希望》杂志 2001 年 2 月的下半月刊的第 38 页上。在该 38 页的版面设计上，王海洋的肖像照放在上半页，肖像照下端是标题非常显眼的一篇《我和艾滋病人有个约会》的文章，内容是写女记者涂俏采访一个男性艾滋病人“小路”的情况。

当王海洋和她周围同学看到该期《希望》杂志后，认为杂志这样的版面编排会使人产生王海洋是艾滋病人的误解。于是，王海洋随及向深圳市南山区人民法院提起诉讼，把希望杂志社告上了法庭。

深圳市南山区人民法院经过审理后，于 2001 年 8 月对该案作出一审判决。法院认为：广东希望杂志社在未征得王海洋同意的情况下，将王海洋的照片刊登在其出版的《希望》杂志中，并在照片的下面配发与艾滋病有关的标题，虽然文章的内容与王海洋无关，但该做法容易引起他人误会，已构成侵犯王海洋肖像权的行为。故一审判决：一、广东希望杂志社立即停止侵犯王海洋肖像权的行为；二、广东希望杂志社在其刊物上刊登向王海洋赔礼道歉的声明；三、广东希望杂志社赔偿王海洋因肖像权受侵害造成的精神损害赔偿金人民币 2 万元；四、驳回王海洋的其他诉讼请求。

广东希望杂志社不服一审判决，随即向深圳市中级人民法院提出上诉。2001 年 11 月 13 日，深圳市中级人民法院对该上诉案作出终审判决。终审判决指出：一审认定上诉人侵犯了被上诉人的肖像权是正确的。同时指出：上诉人广东希望杂志社在照片的下面配发与艾滋病有关的标题，虽文章的内容与王海洋无关,但容易引起误会而给王海洋造成不良影响。因此,终审认定,上诉人上诉请求理由不足,法院不予支持;一审判决认定事实清楚,适用法律正确。据此,终审判决:驳回上诉,维持原判。

本案是一起配图与文字作品搭配不合理的典型案例。明明是一篇《我和艾滋病人有个约会》的文章,却将另一个人的肖像照压在文章题头上。这样的版面设计,只能说明编辑太马虎,根本没有注意两者相互搭配会产生什么效果的问题。按道理,一切形式都是为内容服务的。什么样的文章配什么样的图,以及图的内容、颜色,都应当是有讲究的,绝不能无目的地随意搭配。

三、核查图片加工有无侵权

作品中无论是作者原有的插图或表格,还是编辑后加的配图,一般都需要编辑进行一定的设计和加工。这是书、报、刊任何一种出版物,为了适应自己特定的社会受众群体的需要,保持自己特有的风格和特色所必需进行的工作。但是这种加工,也要遵守著作权法的规定,不得侵犯作者的修改权和保护作品完整权。比如,出于媒体自身特色的考虑,图片或表格放在版面的什么位置,题头还是文中,图表是否要进行一定的放大或缩小,这样的加工都是允许的,不会破坏作品的完整性。但有的技术编辑常常按照自己的需要对图片的画面进行一些处理或修改,有的甚至只选取整幅图片中的某一部分。这一类的做法都会导致画面内容的改变,使作品的真实性受到损害,令处理后的图片与原图给受众留下不同的印象。这样的加工就侵犯作者的修改权和保护作品完整权,就可能引发侵权纠纷。比如——

案例98 张旭龙诉汤加丽、人民美术出版社侵权案

2001年3月28日，东方歌舞团舞蹈演员汤加丽与北京盘子艺术摄影坊执行总监张旭龙签订《拍摄协议》，双方决定合作拍摄汤加丽的人体艺术摄影。在写真摄影即将完成时，张旭龙为汤加丽出具《授权书》，同意汤加丽将他们合作拍摄的照片用于其个人写真集的出版发行及展览。据此，汤加丽于2002年7月，与人民美术出版社签约出版了《汤加丽写真》一书。该书出版后迅速畅销，获得极大成功。但此后，两人之间围绕该书的相关权利打了3场官司。其中第二场官司就涉及了图片加工的侵权问题。

在《汤加丽写真》一书的编辑加工过程中，出版社负责该书总体设计的图片编辑和责任编辑提出，拟对其中30多幅照片做一些修改裁切，要汤加丽征求张旭龙的意见。汤加丽当场托人给张旭龙打电话，请张旭龙到场作最后的定夺。张旭龙在电话中说他不过来了，定稿的事就由你们自己看着办吧。由于张旭龙在电话中许可由她们自己看着办，汤加丽和人民美术出版社以为获得了张旭龙的许可。于是，图片编辑和责任编辑就按照他们的设计理念，对9幅摄影中的人体部分进行了裁切，对另外27幅摄影中的背景和道具进行了裁剪（其中有3幅重复使用）。但是过后，张旭龙否认有电话许可的事实。

2003年11月19日，张旭龙向北京市朝阳区人民法院起诉汤加丽和人民美术出版社。诉称二被告出版的《汤加丽写真》一书，不但侵犯其署名权和获得报酬权，而且侵犯其享有的作品修改权和保护作品完整权，请求法院判决汤加丽和人民美术出版社公开赔礼道歉，并支付其应得报酬20万余元和承担案件受理费。

汤加丽则辩称，我是在征得张旭龙许可的情况下使用其摄影作品并

进行裁切的，作为《汤加丽写真》一书的汇编人，我依法享有署名权和作品的修改权，因此不存在侵犯张旭龙署名权和保护作品完整权的问题。

人民美术出版社针对该书在编辑加工过程中、对部分图片进行了裁切一事辩解说：我社对部分图片采用突破纸面的“出血”版设计，是国际通行的摄影作品版面设计方式之一，任何一家出版单位都会照此裁切，所以，不存在侵犯作品修改权的问题。

2004年4月26日，北京市朝阳区人民法院经公开审理后，对该案作出一审判决。法院判决书中指出：《汤加丽写真》一书为汇编作品。作为汇编人，汤加丽享有该书的汇编著作权。但汇编人行使著作权时，不得侵犯原作品的著作权，即未经原作品的著作权人许可，汇编人不得对原作品进行修改，更不能歪曲篡改原作品。汤加丽和人民美术出版社不能提供充分证据证明，他们对作品所做的改动征得了张旭龙的许可，因此，其擅自对涉案39幅摄影作品的部分人体、背景和道具进行剪裁，损害了张旭龙对其作品的构思和艺术追求，破坏了上述作品的完整性，侵犯了张旭龙对上述作品享有的保护作品完整权，应就此向张旭龙赔礼道歉。

据此，一审判决：1.汤加丽就其侵犯张旭龙39幅摄影作品完整权的行为在《中国摄影报》上刊登赔礼道歉声明；2.汤加丽支付张旭龙报酬10万元；3.驳回张旭龙的其他诉讼请求。此外，案件受理费5601元，张旭龙负担1000元，汤加丽负担4601元。

本案告诉我们，对作品中图片的加工，和文字作品的加工一样，只能做一些非实质性的处理。凡是涉及作品内容的加工修改，一定要得到作者的认可，而且这种认可应当是有证据支持的，无证据证明的认可是不能算数的。

另外，对图表的技术加工，除了确定图表在版面的编排方式之外，还要注意检查审核图表的说明文字、数据有无差错。既要注意图表本身的文字或数据有无错误，还要注意与正文的对应关系，要按照先正文，后图、表的顺序逐一进行检查核实工作。这类核查工作往往很繁琐，但却疏忽不得，一旦出差错，往往会惹出大麻烦。比如——

案例99 汤国基诉《现代女报》与《女性天地》名誉权纠纷案

2001年7月14日，汤国基以《东方女性》杂志社记者的身份采访了奥运体操冠军刘璇的母亲谢蔚平。采访结束后，经谢蔚平同意，汤国基与其合影。合影时，谢蔚平习惯性地将头偏向汤国基。此后，汤国基根据采访的内容撰写了有关刘璇与母亲生活琐事的文章，分别向《现代女报》社和《女性天地》杂志社投稿，随稿附上该合影照片，并在稿件尾部注明："本文所配照片，是作者采访之后与刘璇母亲的合影"。

2001年8月10日，《现代女报》社在其出版的刊物上刊登了汤国基写的《申奥大使刘璇母亲眼里的乖女》一文。文中将汤国基与谢蔚平的合影作为题图照片刊出，照片的文字说明为"刘璇的父母"。一个月后，《女性天地》杂志社也刊登了该文及照片，而且也将照片注明为"刘璇的爸爸妈妈"。不久，《女性天地》杂志社的责任编辑发现了这一错误，立即向汤国基写信致歉。同时，《女性天地》杂志社在其10月号A刊第9页右下角刊登了更正启事，声明向"《申奥大使刘璇母亲眼里的乖女》一文作者及刘璇的妈妈致歉"。但汤国基没有将《女性天地》杂志社写信道歉的事告知谢蔚平。

2001年11月，当刘璇的母亲谢蔚平得知这一失实报道的情况后，即以侵犯名誉权为由，将汤国基、《现代女报》社、《女性天地》杂志社一起告到了长沙市开福区人民法院。

谢蔚平在诉状中称：汤国基冒充其丈夫，造成恶劣影响，侵犯其名誉权；《现代女报》社和《女性天地》杂志社作为新闻媒体，不负责任发布捏造的事实，社会影响恶劣。要求上述三被告共同赔偿其精神抚慰金一百万元，并公开赔礼道歉。

在案件诉讼期间,《现代女报》社为了纠正错误,在2001年12月14日第一版右下角刊登更正启事,郑重向谢蔚平赔礼道歉。2002年5月20日,长沙市开福区人民法院对该案作出一审判决:认定汤国基投稿时对照片作了正确说明,无过错。同时判令《现代女报》社、《女性天地》杂志社,各赔偿谢蔚平精神抚慰金1万元。

2003年6月,即长沙市开福区人民法院的(2001)开民一初字第1373号民事判决书生效一年后,《申奥大使刘璇母亲眼里的乖女》一文的作者汤国基,又以侵犯名誉权为由,将《现代女报》社和《女性天地》杂志社以及谢蔚平一同告到了长沙市中级人民法院。

汤国基诉称:2001年7月,我采访了刘璇的母亲谢蔚平,并经其同意与之合影一张以供发稿之用。但在合影时,由于谢蔚平悄悄将头偏向我一侧,且紧紧靠近我,致使该照片在随文投稿(尽管我做了正确的说明)时被《现代女报》社和《女性天地》杂志社在刊登时错误注明为"刘璇的父母"和"刘璇的爸爸妈妈"。此后,谢蔚平却将我和两家报社告上法院,要求赔偿精神损失一百万元。由于谢蔚平在诉状中称我"冒充其丈夫"并经媒体报道之后,我成了众人嘲笑的对象。许多报刊、杂志都拒绝刊登我的稿件,使我经济上受到巨大损失,女友也因此与我分手,使我精神上受到严重的伤害。为此,要求三被告停止侵害,公开登报赔礼道歉并赔偿精神抚慰金一百万零一元,经济损失三十万元。

被告《现代女报》社和《女性天地》杂志社辩称:原告对我们的指责没有任何事实依据,他没有任何证据证明他所谓的损失与两被告有必然的因果关系。在被告谢蔚平起诉的名誉权案中,法院判决后,我们已经向其登报道歉,而且事后我们仍然采用了原告的来稿,可见原告在诉状中的所言都是虚假的。请求法院驳回原告的诉讼请求。

谢蔚平对于汤国基的起诉,除作出答辩外,还向法院提出反诉称:原告汤国基指控被告"不顾体统,乘其不注意紧紧靠近了他",这些言辞违背事实,侵犯了被告的名誉权,故要求原告汤国基停止侵害,公开登报赔礼道歉，赔偿经济损失1万元。同时判决其利用被告的肖像获得的利益归被告所有，并承担反诉费用。

长沙市中级人民法院经公开审理查明事实后，于2003年12月10日，对该案作出一审判决。

法院认为：被告《现代女报》社、《女性天地》杂志社在其公开出版发行的刊物上将所刊载的原告汤国基和被告谢蔚平的合影照片，错误地注明为刘璇的父母，是失实报道。被告《现代女报》社、《女性天地》杂志社存在过错。由于上述两被告公开发布错误信息，以致谢蔚平将原告汤国基和两报刊诉至法院，此纠纷经媒体公开报道后，必然引起不明真相的公众和报刊对原告汤国基的误解和猜疑，导致其名誉受损，外界的不信任亦会给以写稿为生活来源的原告的工作和生活上造成诸多困难，给其精神上及经济上造成损失，故《现代女报》社和《女性天地》杂志社的过错行为侵害了原告汤国基的名誉权，应承担相应的民事责任。原告汤国基认为被告谢蔚平在民事起诉状中的言词侵犯其名誉权，本院认为，谢蔚平的诉状并非公开发表，传播范围较小，尚未造成汤国基的社会评价下降的后果，且其主观上不存在过错，故其行为并未侵犯原告的名誉权。《女性天地》杂志社在发现工作失误后即已发布更正启事向原告赔礼道歉，但《现代女报》社至今仍未向原告道歉，且此行为尚不足以弥补原告的精神损害，还应给予适当的经济补偿。原告主张的经济损失，因无证据，不予支持。被告谢蔚平当庭反诉原告汤国基侵犯其名誉权和肖像权，本院认为，原告汤国基在其诉状某些过激的语言，仅是向司法机关的陈述，因没有公开发表，亦没有造成谢蔚平的社会评价下降的后果，未侵犯其名誉权。

据此，一审判决：1.被告《现代女报》社公开登报向原告汤国基赔礼道歉，并赔偿精神损害抚慰金5000元；2.被告《女性天地》杂志社赔偿原告汤国基精神损害抚慰金5000元；3.驳回原告汤国基的其他诉讼请求；4.驳回被告谢蔚平的反诉请求。

本案诉讼费300元由被告《现代女报》社和《女性天地》杂志社承担，反诉费100元由被告谢蔚平承担。

本案的教训是深刻的。一张照片的说明文字搞错，让两家刊物《现代女报》社与《女性天地》杂志社先后吃了两场官司，付出了4万余元的精神赔偿费。这种小错误惹出大麻烦的事，等于给媒体工作者们上了一课：出版物中小到一个字，大到一幅图，一旦出错就不得了，因此，一定要细心再细心，认真再认真，决不可有任何的疏忽和懈怠。

四、核查著录文字中的侵权隐患

我国从2005年10月1日起，实施新发布的GB/T 7714—2005《文后参考文献著录规则》（以下简称《著录规则》），代替GB/T 7714—1987。该《著录规则》非等效采用国际标准ISO 690和ISO 690-2，规定了各个学科、各种类型出版物的文后参考文献的著录项目、著录顺序、著录用的符号、各个著录项目的著录方法，以及参考文献在正文中的标注方法，是专供著者和编辑使用的文献著录规则。我们通常说的书名页、版本记录页、版权页以及作品目录、文中、页末、文后标注的各种注释、参考文献等，都属于著录的范畴。在编辑技术加工过程中，所有的著录文字都是要认真检查核对的。这些著录文字虽然属于作品的附属部分，但却是不能出错的，必须每一个字、每一个符号仔细地检查核对，保证准确无误。这是编辑技术加工的一项重要任务。同时，在对著录文字核查中，还要注意两种侵权隐患。

1. 注意掩盖在文后参考文献中的抄袭隐患

有的作者由于对著作权法律不了解，以为使用他人作品只要注明作者姓名、作品名称就属于引用，就可以不经作者许可，于是，将被使用作品名称和作者姓名在文后参考文献中列出。有的则是抄袭他人作品却故意将作者姓名、作品名称列入文后的参考文献，妄图以合理引用蒙混过去。因此,在对著录文字进行检查核对时,对文后参考文献列出的作者引用或参考过的作品,一定要进行认真的检查比对,凡是不符合著作权法有关合理引用的规定而又未经作者许可的,都属于抄袭侵权,必须要求作者在出版前取得原作者的许可授权,否则必须删除。这一点,我们在审稿一章中关于如何防止抄袭剽窃时已经讲过,在内容加工一节中有关抄袭与引用的鉴别也部分地涉及,这里不再重复。需要强调的是,如果在审稿时没有进行过这样的检查比对,那么在编辑加工中必须补上,否则,是无法有效防止抄袭侵权行为的。

2. 对没有必要的注明文字要去掉

对作品中的著录项目进行检查核对时,对于不是《著录规则》中规定"必须"或"应该"著录的项目,如果没有特殊需要,应当去掉。尤其是一些可能涉及著作权或其他知识产权权利的著录信息,应当坚决删除,免得惹来不必要的纠纷。比如——

案例100 董小军诉法律服务时报等侵犯著作权案

余姚市某镇政府干部邵建岳就是否与邵某存在亲子关系问题,与邵某、其前妻赵某15年来先后发生了近8次的民事诉讼。宁波日报社《民主与法制》记者董小军对该案非常关注,进行了跟踪采访,并到法院查阅了案件的原始资料。2003年春节过后,董小军与法院干部姜慧军合作,并由他执笔写成一篇题为《儿子是否我所亲生?》(以下简称《亲生》)的长篇特写。2003年3月,董小军以邮寄的方式,将该文投寄给《法律服务时报》,署名"记者/董小军 通讯员/姜慧军"。

法律服务时报社收到稿件后,认为篇幅过长,不适合刊用,但又感觉稿件中所写事实很有新闻价值,遂指派该报记者杨迎春赴当地重新采写。2003年4月4日,《法律服务时报》刊出了杨迎春采写完成的稿件,题目为《亲子鉴定未能启动十五年官司还是一团雾水》(以下简称《雾水》)。该文作者署名"本报记者杨迎春",文尾注明"本文案例信息提供董小军姜慧军"。

董小军看到《法律服务时报》上刊登的《雾水》一文后,对报社仅仅将其列为信息提供者,不向其支付报酬的做法不能接受。他认为该文完全是根据他提供的完整作品改写而成,是抄袭之作,侵犯了他的署名权、修改权、保护作品完整权。于是向北京市朝阳区人民法院提起诉讼,把法律服务时报社和杨迎春告上了法庭。要求法律服务时报和杨迎春赔礼道歉,赔偿经济损失7000元,并承担全部诉讼费用。

收到法院传票后,法律服务时报社在答辩中称:董小军邮寄投来的是时事新闻稿,因稿件篇幅过长不能被我报采用。但稿件所写事实有新闻价值,遂让杨迎春进行采写。在我报发文前,网上已刊出董小军的文章。又因确实收到过投稿,故我社在文尾注明董小军、姜慧军提供案例信息。我社没有侵权,不同意董小军的诉讼请求。

杨迎春则辩称:我是《雾水》一文的撰稿人,但属于职务行为,除署名权外,我没有其他著作权。该文与董小军的文章各自具有独立的著作权。董小军要求赔偿7000元没有依据。我不同意董小军的诉讼请求。

朝阳区人民法院对该案进行了公开审理。法院查明:《亲生》与《雾水》两篇文章均叙述了真实发生的同一民事案例。但《亲生》一文主要包含了法院的多次审理和判决结果,还有对法院每一次传唤、判决后对主人公带来的心理影响和内心感受的描写,以及法官访谈、法律界人士评论等,全文约有7000多字。而《雾水》一文也写了邵建岳经历的八次诉讼这一题材,但文章主要由案情概要与律师访谈两部分组成,全文约2800字。在庭审质证中,原、被告双方均认可两篇文章所使用的语言文字没有相同之处,文章中的被采访人也不相同。法院还查明,董小军曾将文字内容基本相同的稿件投给《民主与法制时报》网络版和《法律与生活》杂志,但所投稿件的题目以及董小军和姜慧军的署名情况略有不同。《民主与法制时报》2003年4月3日网络版和《法律与生活》杂志总第236期已分别予以刊发。另外,姜慧军作为共同作者,已书面向法院表示放弃本次诉讼权利,不主张对《儿子是否我所亲生?》一文的著作权。

2003年1月5日,朝阳区人民法院作出一审判决。法院认为,《亲生》一文的案例是现实生活中发生的真实事件,这一客观事实本身并不受著作权法保护。尽管董小军为发现上述事实付出了劳动,也无权垄断该信息,任何人均有权利以自己的方式表达该客观事实。杨迎春撰写的《雾水》一文,除包含对同一案件事实的叙述与概括外,还有其自行采访后撰写的内容。而且对同一案例的表达,其使用的语言文字与《亲生》一文没有相同之处。因此,应当认定,杨迎春的文章是使用相同素材创作的具有独创性的作品。法律服务时报刊发署名杨迎春《雾水》一文,没有侵犯董小军的署名权、修改权与保护作品完整权。对董小军以此提出的各项诉讼请求,本院均不予支持。据此,法院一审驳回了董小军的诉讼请求。

董小军对此不服,于2004年2月5日向北京市第二中级人民法院提出上诉。2004年3月9日,北京市第二中级人民法院经过审理后认为,一审判决认定事实清楚,适用法律正确,应予维持。故终审判决:驳回上诉,维持原判。

一、二审案件受理费各290元,均由董小军负担。

本案中的法律服务时报社在刊登杨迎春《雾水》一文时,特地在文尾注明"本文案例信息提供董小军、姜慧军"的字样,这完全是一种没有必要的著录行为。著作权法律和《著录规则》中均无这样的要求,报社何必要多此一举。至于表示感谢,可以采取的方法很多,打电话、写信都可以,为什么非要在作品中作这样的标注呢。结果招致一场两审才结束的官司,虽然以对方的败诉告终,但要耗费多少精力。我们不敢说这场诉讼完全由这一标注引发,但至少是起了导火线的作用。

此外,作品中的这类不必要的注明文字,有时候还会和作者及出版者的初衷相反,成为一种侵权行为存在的直接证据。比如——

案例101 陈正等诉山西人民出版社侵权案

2001年12月，山西大学文学院从事古代文学研究的教授阎凤梧先生与山西古籍出版社签订图书出版合同，约定，阎凤梧将其享有著作权的《全辽金文》一书的专有出版权，授予山西古籍出版社，有效期5年。

2002年8月，署名阎凤梧主编的《全辽金文》(全三册)一书正式出版。该书总字数215万字，印数3000套，定价298元。2005年5月，国内著名辽史专家陈述的子女陈正等5人，将阎凤梧和山西古籍出版社的主管单位山西人民出版社，告到了北京市海淀区人民法院。

陈正等5原告诉称：先父陈述先生是国内外著名的辽、金史学家，1982年3月，中华书局出版了父亲陈述先生辑校的辽代历史文献汇编《全辽文》一书。该书蕴含了陈述先生数十年的辛勤工作，包括对辽代碑刻拓印、抄录拓片、整理、破译残字、断句和注释等项工作。陈述先生于1992年1月5日逝世。5名原告是陈述先生的合法继承人。近期我们发现由山西古籍出版社出版、阎凤梧主编的《全辽金文》一书中的“全辽文”部分，竟然以陈述先生的《全辽文》为“底本”照抄照搬，非法使用了全书的44万8千字。其既未征得《全辽文》著作权人同意。也未取得《全辽文》出版者中华书局的同意和授权。而且《全辽金文》首页“凡例”中竟然将《全辽文》的编者陈述改为“陈衍”，严重侵犯陈述先生的署名权和著作权。请求法院判令二被告：1.共同赔偿原告经济损失16万1千元；2.共同赔偿原告精神损害金4万元；3. 向5原告公开赔礼道歉；4. 立即停止销售、销毁全部侵权书籍；5.支付诉讼律师费9千元。

阎凤梧主编的《全辽金文》一书，是全国高校古籍整理委员会列为重点、由“山西省古籍整理出版规划小组”专项资助的项目。它是由20余名学者组成的编委班子，历经两年多的辛勤努力而编成的一部比较完备的辽金文章总集。这样一项严肃的学科项目，怎么犯下抄袭40余万字的严重错误呢？在接到法院的传票后，无论阎凤梧先生还是出版社，都感到既沉痛又冤枉。沉痛的是，他们在全书首页的“凡例”中由于校对错误确实把陈述先生的名字错为“陈衍”，而冤枉的是，他们认为自己并没有抄袭陈述先生的著作。

辽代、金代是我国历史上北方游牧民族统治的王朝，由于当时战乱频繁，经济文化发展水平很低，留存下来的文史资料很少。在陈述先生之前，辑录辽代诗文的古文献有《辽文存》、《辽文萃》、《辽文补录》、《辽文续拾》等几种书籍。这些辽代诗文汇集，主要来自于辽、金、宋时期的史籍与地方志、金石录、大藏经和石拓本。20世纪30年代以后，陈述先生根据《辽文存》、《辽文补录》、《辽文萃》三本书，经过整理、点校后汇集成《辽文汇》一书，但因战乱未能出版。1982年，陈述先生在《辽文汇》的基础上又增补少量辽文，改名为《全辽文》，由中华书局出版。

从1999年底开始，以阎凤梧为主编的《全辽金文》编委班子在进行辽文的检索工作中，发现辑录辽代文章的几种旧典籍中，收录辽代文章最多的是《全辽文》。而且其他几种由于年代久远，不少字迹不清，行距又密，不利于标点，有的由于是木刻大字书籍，纸张脆，图书馆不准复印，只能手抄。《全辽文》一书由于出版时间不长，不但文章数量集中，而且便于复印、校勘和标点。于是编委会决定把《全辽文》辑录的文章全部复印下来，以《全辽文》为底本查找到原书或者原出处，然后将几种书籍相互对照确定其正误。其中如有文字差异，就写出校勘记——X字，X书作X字。至于注释，选择学术价值高的予以收录。

《全辽金文》一书的辽代部分，共收录作者228人，文810篇，其中有208名作者，698篇文章是依据《全辽文》一书注明的出处查找到原文的。而增收的其他20名作者，90余篇文章，是编委会从散落在东北、河北、山西一带的文化遗存中新搜集到的。因此，在《全辽金文》一书的编纂基本结束时，一部分编委对该书《凡例》中“辽代部分主要以中华书局点校本

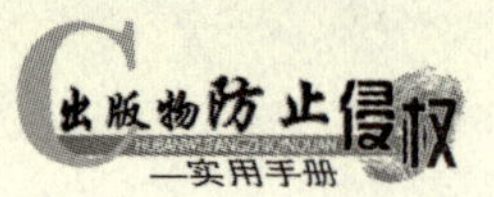

《全辽文》为底本”的表述，以及在书中698篇文章后均注明：“据中华书局本《全辽文》卷X收”，“据中华书局本《全辽文》卷X收，以XX出版社本《XX》校”（多为河北教育出版社本《辽代石刻文编》校）的作法不赞同。他们认为：整个《全辽金文》的编校，虽然以《全辽文》辑录的辽文为线索，与查找到的原始底本进行对校，但校勘记毕竟都是以原始底本为准；《全辽文》起到的只是一种工具的作用。因此，每篇文章的后边应当注明来自于何种原始文献，而不应当注明为中华书局本，更不应该在《凡例》中也这样写。但主编阎凤梧先生认为，中华书局是国家指定的全国古籍整理出版单位，陈述先生是当代著名辽、金史专家，他给我们本书的编纂起到了向导的作用。我们作为后人应当记住他的劳动。

如今，阎凤梧等编纂者们在面对陈述先生5个子女的诉讼指控和国家著作权法律的规定，他们不禁对当初的注明方法感到后悔。在向法院提交的答辩状中，山西人民出版社和阎凤梧共同辩称：1.二被告在《全辽金文》一书中将陈述先生的名字错署为陈衍，纯属工作失误，决无主观恶意，我们愿对此错误公开道歉；2.《全辽文》是在《辽文存》、《辽文萃》、《辽文补录》、《辽文续拾》等典籍的基础上校订、增补而成书，涉案的《全辽金文》则是在《全辽文》与上述四种及其他典籍的基础上校订、增补而成书，两者都是汇编作品，不存在抄袭侵权的问题。我们不同意陈正等5原告的诉讼请求。

海淀区人民法院经过审理查明事实后，于2005年12月21日对该案作出一审判决。法院认为：

《全辽文》一书是陈述针对相关古籍整理、注释完成的，其中包括古文原文，古文年代、出处，作者对古文背景等的解释、说明，及前人著作中对同一作品内容的不同记载等内容。《全辽文》虽然对于某些特定的内容可能会形成与其他作品相同的表达方式，但并不能否认该表达方式中凝聚了陈述创造性的判断和选择。《全辽文》构成了著作权法意义上的作品，陈述对《全辽文》享有相应的著作权。阎凤梧主编、山西人民出版社出版发行的《全辽金文》，大量使用《全辽文》中的内容，虽然该书"凡例"及具体引用处列出了《全辽文》一书，但其使用行为已超出了著作权法规定的合理使用他人作品的情形，其行为已侵犯了陈述的著作权。根据著作权法的有关规定，著作权属于公民的，公民死亡后，其法定继承人有权主张相关的著作权，故对5原告要求二被告停止侵权、赔偿损失的主张，本院予以支持。据此，一审判决：

一、二被告山西人民出版社和阎凤梧立即停止侵权，在删除侵权内容前不得出版发行《全辽金文》一书；二、二被告赔偿原告陈正等5原告财产损失、合理开支等共计32000元；三、二被告在一家全国发行的报刊上刊登声明，向原告陈正等5原告公开致歉、消除影响。四、驳回陈正等5原告的其他诉讼请求。

本案中法院认定，《全辽金文》一书侵权使用《全辽文》一书中汇编的698篇文章以及部分作者小传、注释、校记等，但据说698篇辽文中只有40多篇是陈述先生新增补的，其他全是从《辽文存》、《辽文萃》、《辽文补录》、《辽文续拾》等四部旧典籍中收录的。作者小传、注释、校记等的情况也是如此，属于陈述先生新增补的数量很少。按照著作权法的规定，凡属于陈述先生新增补的，如果未经著作权人、即陈述先生的后人许可就擅自使用，不管是否注明出处，都属于侵权行为。但是，对于大量的存在于旧典籍中的作品以及作者小传、注释、校记等，都是过了保护期的古代作品，陈述先生的《全辽文》可以使用，阎凤梧等编纂的《全辽金文》也可以使用；如果《全辽金文》的编者们没有在文后特别注明"据中华书局本《全辽文》卷X收"的字样，无论本案的原告还是法院，怎么能认定是抄袭《全辽文》一书的呢？因此，从防止侵权的角度出发，对于作品中这类不必要的注明文字，应当坚决去掉，不需要画蛇添足。

五、必须保证编校质量符合合同约定

我国著作权法第31条规定："著作权人应当按照合同约定期限交付

作品。图书出版者应当按照合同约定的质量、期限出版图书。图书出版者不按照合同约定的期限出版，应当依照本法第53条的规定承担民事责任。”著作权法这项规定中的图书质量，根据国家新闻出版总署颁布的《图书质量管理规定》的解释，包括内容、编校、设计、印制四项。这四项中除印制之外，其他三项都要在编辑加工中完成。如，内容加工要对图书内容作最后的把关审查；文字加工要通过对作品的加工修改，消除作品的文字性瑕疵；而技术加工则要进一步统一、核查图书在版式、编排、著录等方面的问题。由此可知，编辑加工的主要任务是保证出版高质量的优质图书。具体到文字加工、技术加工，主要是解决图书编校质量方面的问题，保证图书的编校质量达到与著作权人签订的合同约定的标准(一般都以国家规定标准为标准)，防止由于编校质量问题引发和作者的纠纷。

那么，国家规定的图书编校质量标准是什么呢？新闻出版总署在《图书质量管理规定》中的第五条规定：“差错率不超过万分之一的图书，其编校质量属合格。差错率超过万分之一的图书，其编校质量属不合格。”第十七条又规定：“经检查属编校质量不合格的图书，差错率在万分之一以上万分之五以下的，出版单位必须自检查结果公布之日起30天内全部收回，改正重印后可以继续发行；差错率在万分之五以上的，出版单位必须自检查结果公布之日起30天内全部收回。”该规定还指出：“图书编校质量差错率的计算按照本规定附件《图书编校质量差错率计算方法》执行。”

上述的图书编校质量标准，是文字加工必须达到的起码标准。出版者要创造优质图书，应当努力超过规定的标准。为此，编辑在文字加工中，要对每一个字、每一个标点符号，进行认真的审校订正，任何马虎和疏忽，都可能导致编校错误，影响图书的编校质量。一旦图书质量不合格，出版者不但会受到政府管理部门的处罚，同时，还可能由于违反和著作权人双方约定的图书质量标准而承担违约责任。比如——

案例102 刘黑石诉作家出版社图书编校质量违约案

2003年6月，自由撰稿人刘黑石携其创作的诗集《感悟人生》，找到作家出版社联系出版事宜。经双方初步洽谈之后，确定由刘黑石自费出版。刘黑石随及将两册书稿交付给作家出版社。

2003年10月16日，刘黑石在出版社草拟的图书出版合同文本上签字。合同的主要条款是：刘黑石将诗集《感悟人生》一书在中国大陆地区的图书形式的专有使用权授予作家出版社，授权期限为3年；刘黑石应于2003年10月16日前将已确定完成的全部誊清稿交付作家出版社，如刘黑石提供录有著作内容的电脑软盘或正文软片，也必须同时交付作家出版社至少一份完整清样；作家出版社应在收到全部稿件及附件后的3个月内出书；图书出版之前作家出版社要进行审校，保证图书的质量。另外，合同还约定：刘黑石向作家出版社交付管理费2.5万元、印制费5万元，作家出版社向刘黑石提供3000套(上、下册)图书，由刘黑石自办运输；刘黑石所交付的75 000元是作家出版社提供给刘黑石3 000套图书的成本价，即该3000套图书的每套成本价为25元。双方还约定作家出版社以8折优惠价向刘黑石出售用于非商业目的的部分图书。

刘黑石在合同上签字后，于当月的23日向作家出版社交付印制费5万元，28日又交付图书管理费2.5万元、编校费2千元。作家出版社在收到刘黑石的全部款项后，于12月11日在刘黑石已签字的合同上盖了章。

双方正式签订合同后，刘黑石没有再另外交付作家出版社文字书稿，作家出版社在刘黑石6月份交付的书稿上进行了审稿工作，并对书稿中的一些诗稿进行了删除。在书稿审校过程中，刘黑石又在2003年12月8日，向出版社要求添加了部分诗稿。

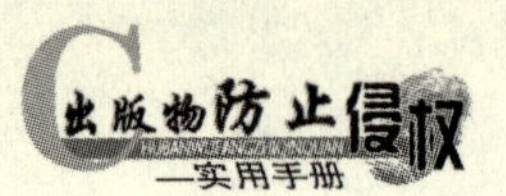

2004年4月,作家出版社出版了《感悟人生》(上、下册)一书。版权页记载版次为2004年4月第1版,印次为2004年4月第1次印刷,印数2000套,字数为300千字,定价为58元。

刘黑石发现该书存在着作者简介乱码、错别字、漏掉标点符号及该空行没有空行、不该空行却空行等诸多错误。对此,作家出版社将该2000套图书的作者简介以粘贴不干胶的形式做了修补,但刘黑石不满意,要求重印。

2004年7月2日,刘黑石与作家出版社签订《<感悟人生>补充协议》,商定将该书重印1000册,重印时版权页改为"2004年7月第2次印刷"。根据补充协议,作家出版社遂将《感悟人生》一书换页重新印刷1000套。但印出后,又出现了上、下册部分内容倒置的情况。作家出版社又进行了第三次印刷,将上、下册中内容倒置的错误做了更正。2004年9月份,作家出版社也未征求刘黑石的意见,将第三次印刷的600本图书邮寄给刘黑石,同时以"稿费"名义退还刘黑石1万元,作为其余400本书的折价款。对于第一次印刷的2000册图书,作家出版社坚持差错率仅为万分之零点二七,符合国家规定的编校质量标准,要求刘黑石按合同约定自行运输取走。

刘黑石坚持认为,第一次印刷的2000套图书不但差错严重,而且作者简介以不干胶粘贴,不符合图书质量标准,不同意接收。并说收到的600本书中,仍然错别字不少,也没达到合格标准。双方由此争执不下,处于僵持之中。

2006年9月,刘黑石向北京市朝阳区人民法院提起诉讼,把作家出版社告上了法庭。刘黑石在起诉书中,详细申述了双方签订出版合同的经过和作家出版社三次印刷均出现严重错误的情况,认为作家出版社不但延迟出版期限,而且至今未交付3000套图书,违反了合同约定,故诉请法院判令作家出版社赔偿因印刷错误给其造成的经济损失23.6万元。

作家出版社则辩称:双方签订的出版合同约定,在刘黑石交付电脑软盘和清样的三个月内出版图书，但是刘黑石至今未交付清样，所以该社不存在超期出版的事实。合同中未对图书质量问题做出约定，涉案图书中刘黑石列举的所谓错误的差错率并未超过万分之一，故该涉案图书符合图书质量要求。另外，该社已经交给刘黑石600套图书，并将400套图书作价1万元支付给了刘黑石，其余2000套图书存在该社库房，刘黑石拒绝领取，所以该社不存在未交付3000套图书的事实。该社未违反合同约定，故请求驳回刘黑石的诉讼请求。

朝阳区人民法院经过审理查明事实后，于2007年9月28日对该案作出了一审判决。法院认为：刘黑石在合同上签字的时间是2003年10月16日，合同约定刘黑石交付誊清稿的时间为该日前；同时，作家出版社是以刘黑石同年6月交付的书稿作为审稿依据。为此，法院认定刘黑石没有违约迟延交付书稿。上述时间亦可以证明，作家出版社提出的刘黑石多次增加诗稿内容，应以其最终确定的书稿为誊清稿的答辩意见不能成立。因为，从上述时间上看出，刘黑石交付过书稿，而诗稿的增加是经作家出版社许可的，否则是不能使用的。据此，应视为刘黑石交付誊清稿后，作家出版社准予刘黑石对诗稿进行了添加。不能以作家出版社的准予而认定刘黑石晚交清稿的事实。在此基础上，作家出版社于2004年4月出版了《感悟人生》(上、下册)一书，晚于合同约定的出版时间，作家出版社存在违约行为。但由于刘黑石没有就此行为向作家出版提出经济赔偿，故原审法院不予处理。

对于刘黑石提出的图书质量问题。因双方合同未对图书质量做出明确约定，因此应当以国家《图书质量管理规定》及《图书编校质量差错率计算方法》确定，差错率不超过万分之一的图书，应当属于可以发行的图书，即应认定为质量合格的图书。本案中，涉案图书的差错率均低于上述规定的标准，应属于可以发行的图书。为此，对刘黑石提出的该项请求，并以此提出的经济赔偿，原审法院不予支持。

由于合同约定的由刘黑石交付给作家出版社的7.5万元是提交给刘

黑石的 3000 套图书的成本价格，即每套书对价为 25 元。据此，作家出版社退还刘黑石的 1 万元，应折合为作家出版社应交付给刘黑石 3000 套图书中的 400 套图书。现作家出版社已邮寄给刘黑石 600 套图书。故作家出版社应再交付刘黑石合格图书 2000 套。

双方合同约定作家出版社交付给刘黑石的 3000 套图书需要刘黑石自行办理运输。但由于作者简介发生错误的原因，致使刘黑石没有提取涉案图书。现经修改粘贴后的 2000 套图书符合出版发行要求，在此情形下，刘黑石应继续按照合同的约定通过自办运输的方式提取该 2000 套存留在作家出版社的图书。现刘黑石拒不提取，故不能主张作家出版社未交付合同约定的图书而构成违约。

据此，朝阳区人民法院一审判决：驳回刘黑石的诉讼请求。案件受理费 4840 元，由刘黑石负担。

一审败诉后，刘黑石不服，又向北京市第二中级人民法院提出上诉。其上诉理由为：涉案图书三次印刷本均系质量不合格图书，经不干胶粘贴修补的图书无法发行；原审法院在判断差错率时采用的将原稿与图书进行比对的方式亦不正确；上诉人已在起诉状中要求被上诉人承担延迟出版的违约责任，原审判决对此不予审理于法无据。刘黑石同时向上诉法院提交一份证据：中国出版工作者协会校对研究委员会出具的《图书质量检查记录表》，该表证明，《感悟人生》第一次印刷本中存在的差错率为万分之一点五四，属于不合格图书。

北京市第二中级人民法院受理该上诉案后，经审理确认：涉案的《感悟人生》（上、下册）一书第一次印刷本的文字差错率为万分之一点五四；第二次印刷本的文字差错率为万分之一点一一；第三次印刷本的文字差错率和第二次印刷本的相同。其他事实，与一审法院查明的相同。

北京市第二中级人民法院指出：根据查明的事实，刘黑石在合同上签字的时间是 2003 年 10 月 16 日，合同约定刘黑石交付眷清稿的时间为该日前；同时，作家出版社是以刘黑石同年 6 月交付的书稿作为审稿依据。为此,本院认定刘黑石没有违约迟延交付书稿。作家出版社提出刘黑石多次增加诗稿内容,但是诗稿的增加系经作家出版社许可,否则不能使用。在此基础上,作家出版社于2004年4月出版了《感悟人生》(上、下册)一书,晚于合同约定的出版时间,构成违约。

关于涉案图书的质量问题,因双方签订的出版合同未对图书质量做出明确约定,因此应当以国家《图书质量管理规定》及《图书编校质量差错率计算方法》确定的标准,差错率超过万分之一的图书,应当属于质量不合格的图书。本案中,涉案图书三次印刷的图书的差错率均高于上述规定的标准,属于不能发行的质量不合格图书。刘黑石据此主张作家出版社应当承担赔偿经济损失的责任,本院予以支持。

关于涉案图书的交付问题,鉴于作家出版社三次印刷的涉案图书均为质量不合格的图书,刘黑石有权拒绝提取尚存在作家出版社的第一次印刷的2000套涉案图书;作家出版社虽已将第三次印刷的涉案图书600套邮寄给了刘黑石,但在刘黑石对其图书质量不予认可的情况下,亦不能视为已经交付。故,本院认定作家出版社未按照合同约定向刘黑石交付三千套图书,其行为构成违约。

因此,上诉人刘黑石要求被上诉人作家出版社赔偿因涉案图书质量不合格不能发行给上诉人造成的经济损失,其理由正当,本院予以支持。

2008年3月20日,北京市第二中级人民法院终审判决:一、撤销北京市朝阳区人民法院(2007)朝民初字第9147号判决;二、作家出版社赔偿刘黑石经济损失82000元;三、驳回刘黑石的其他诉讼请求。

本案中的作家出版社,对作者刘黑石自费包销的《感悟人生》一书,可能重视不够,导致图书经三次印刷之后,其编校质量仍然不合格,又延迟了出版期限,引发和作者的纠纷,导致他们吃官司并付出不小的代价。作为出版者,不管编辑出版的图书是作者包销,还是出版社自己发行,都要认真保证质量。就如同工厂一样,只要是你生产或加工的产品,你就必须保证其质量符合国家规定标准,否则,引发消费者的投诉后就要承担法律责任。

这个案子对出版者来说是一声敲响的警钟。它提醒出版者必须注意图书的质量，不管是内容、编校、设计、印制哪一方面的质量，都要高度重视，决不可疏忽大意。否则，就会像其他侵权行为一样，给自己造成严重的不可估量的后果。

第四节　装帧、封面设计注意事项

在我国，装帧设计一般是指对报刊、杂志和图书的装潢设计，包括封面、开本、书脊、封里和扉页等印刷物外观的设计。版式设计一般是指出版物内文版面格式的编排设计，包括对版心、排式、字体、字号、字间距、行距、标题、正文、图表安排、注释、书眉和页码设计以及其他版面因素的安排。封面设计则单指杂志和图书封面、封底、封里等的设计。在图书出版行业，通常把装帧设计理解为书籍的整体设计，它包括了版式设计、封面设计。在时下的四色彩印图书中，由于需要将文字、色彩、插图等组合成的版面进行特定设计，每一页的版面文字、色彩、插图摆放等都可能需要运用专门的美术软件加以设计制作。因此，在行业惯例中，如果彩色版面的设计与封面设计为一人，常统称为“装帧设计”，而如果封面设计另有其人，则分别署“封面设计 XX”、“版式设计 XX”。本节主要涉及的是装帧中的封面设计，或者说是书刊的外观设计，这包括封面、护封、腰封、护页、书脊、前勒口、后勒口、封套等一系列外包设计。在装帧设计中，以封面设计使用的图片和文字元素最多、最集中，其他如腰封、封套、书脊、前后勒口等使用的图片和文字元素比较少，有的可能只是一种单纯的颜色而已。

"人要衣装,书要包装"。书刊的装帧犹如人的穿着打扮,在当前的市场化大潮中,出版者对此无不予以高度的重视。现在的装帧封面设计中,使用图片、文字艺术元素之多,承载信息量之大,花样变化之多,令人叹为观止。由此而带来的负面效应是,发生侵权的风险也就越来越大。封面设计不但可能侵犯他人著作权,还可能侵犯他人商标权、肖像权,还可能因违反反不正当竞争法而侵权。为此,应当注意如下几个问题。

一、不得抄袭、模仿他人封面设计

封面设计是书刊装帧设计艺术的门面。书刊与读者见面,第一个回合就依赖于封面。在当今琳琅满目的书刊海洋中,书刊的封面能起到一个无声的推销员的作用。好的封面设计不仅能招徕读者,使其一见钟情,而且耐人寻味,爱不释手。在书刊出版者日益将封面设计作为一种市场竞争手段时,一些投机取巧行为也就出现了。有的设计者为了图省事,不经许可抄袭使用他人的封面设计,有的出版者"跟风"、"搭车",为了把自己装扮成畅销书刊的模样,就在封面设计上作文章,故意模仿畅销书刊的封面设计,以使读者真假难辨。这种抄袭、模仿他人封面设计的行为,是违反著作权法和反不正当竞争法的规定的,必然引发侵权纠纷而付出代价。比如——

案例103 商务印书馆诉南方出版社不正当竞争案

商务印书馆国际有限公司(以下简称商务印书馆公司)出版发行的《新华字典》,是我国使用范围广泛的综合性现代汉语规范字典之一,属于商务印书馆公司的知名品牌辞书。为了使《新华字典》走向世界,在进入

21世纪之前，该公司又组织力量将《新华字典》的全部内容用英文逐一解释后，于2000年6月出版了《汉英双解新华字典》，定价26.0元。公司还投入巨资，在全国各种媒体上对该书进行宣传报道，使得《汉英双解新华字典》在全国享有较高的知名度。到2002年初，销售量达到50余万册。

2003年12月，商务印书馆公司发现南方出版社出版发行的《新英汉双解词典》，使用了与他们的《汉英双解新华字典》相同图案的封面设计，只是个别颜色略有变化。于是，他们在销售该书的北京勤十诚书报刊发行有限公司（以下简称勤十诚公司）以29.80元一套的价格购买了《新英汉双解词典》。2004年4月，他们以此为证据向北京市朝阳区人民法院提起诉讼，把南方出版社和勤十诚公司告上法庭。

商务印书馆公司诉称：被告南方出版社出版发行的《新英汉双解词典》一书，使用了与原告出版发行的《汉英双解新华字典》相同图案的封面设计，只是个别颜色略有变化。由于该封面设计是我公司聘请专业设计人员精心设计的、以作为《汉英双解新华字典》区别于其他同类图书的特有包装装潢，因此南方出版社使用类似封面设计的行为，极易造成消费者的混淆，属借助我公司产品的品牌优势销售自己相关产品的不正当竞争行为。现我公司起诉要求南方出版社立即停止出版发行《新英汉双解词典》，赔偿经济损失4万元；勤十诚公司立即停止销售《新英汉双解词典》；南方出版社和勤十诚公司共同在《新闻出版报》上公开向我公司致歉，负担我公司为制止侵权的合理支出1000元。

被告南方出版社辩称：《新英汉双解词典》的封面是我社委托他人设计，我社对出版该书尽到了最大注意义务。《汉英双解新华字典》上市和宣传时间较短，并非知名商品。其封面设计为出版业所通用，并非其特有。涉案二书的封面设计存在很大差异，普通消费者施以一般注意力就不会混淆、误认。因此我社并未侵权，不同意商务印书馆公司的诉讼请求。

朝阳区人民法院于4月27日受理该案后，两次公开开庭进行了审理。在庭审中,法院对《汉英双解新华字典》和《新英汉双解词典》两书的封面、封底和书脊进行了比对,确认两书的相同点如下:底色均为红色;下半部分均有3条自封底下端经书脊延伸至封面右端呈放射状的彩色曲线,且颜色从下至上均由深至浅(《汉英双解新华字典》依次为红、橙、土黄;《新英汉双解词典》依次为深绿、绿、浅绿);距封皮上端约2厘米处均有一条横贯封面、书脊和封底的绿色直线;封面的绿色横线下均分行标明中文书名和英文书名,封面和书脊的中文书名"新华字典"和"新英汉双解词典"均为红色底衬、白色显示;封面的英文书名均为黄色字;距封面下端约1厘米处均以黑色字标注出版者名称;封底右下方均为书号和定价,左下方均为条形码;封底均有白色字体的内容简介。

审理还查明,《新英汉双解词典》的封面是南方出版社委托康笑宇设计,康笑宇承认在设计时参考了商务印书馆公司等辞书的封面设计。

据此,法院认为:《新华字典》是商务印书馆公司出版的知名辞书,《汉英双解新华字典》是对《新华字典》逐一对译而成,并沿用了"新华字典"的名称。在《汉英双解新华字典》出版之初,商务印书馆公司即开始采取多种方式对之进行宣传、报道,并发行至全国9个省市新华书店。因此,该书具有一定知名度。其封面、封底和书脊设计不同于其他辞书,属于特有的装潢。《新英汉双解词典》与《汉英双解新华字典》的封面、封底和书脊在底色、线条的位置、形状和颜色深浅变化、文字字体、颜色和排列方面均相同,应属于近似的表达,在整体上给人的视觉感受是同一的,一般公众施以通常注意力难以区分二者的差异,故应认定两书的封面、封底和书脊实质性相似。两书均为英汉双语的辞书类书籍,足以使读者发生误认,造成混淆的后果。《汉英双解新华字典》的出版时间早于《新英汉双解词典》,且《新英汉双解词典》的封面设计者明确表示参考了商务印书馆公司出版的辞书封面设计,因此作为专业出版单位的南方出版社应当知晓商务印书馆公司已经在先使用了该图书装潢,主观上存在过错,构成不正当竞争行为,理应承担停止侵权、赔偿损失的民事责任。

鉴于赔礼道歉是非财产性民事责任的方式，故商务印书馆公司无权要求南方出版社赔礼道歉。勤十诚公司能够证明所售侵权图书的合法来源，因此不应承担赔礼道歉和赔偿损失的责任，但应停止销售侵权图书。

2004年8月30日，朝阳区人民法院一审判决：一、南方出版社立即停止使用《新英汉双解词典》一书的封面、书脊和封底；二、南方出版社赔偿商务印书馆公司经济损失3万元；三、北京勤十诚公司立即停止销售南方出版社出版的含有涉案封面、书脊和封底的《新英汉双解词典》一书；四、驳回商务印书馆公司的其他诉讼请求。

商务印书馆公司和勤十诚公司服从一审判决。

南方出版社不服一审判决，向北京市第二中级人民法院提出上诉。北京市二中院受理上诉后，查明的事实与一审基本相同。据此，2004年12月7日，北京市第二中级人民法院终审判决：驳回上诉，维持原判。

类似本案中南方出版社这种借助他人书刊的名牌优势销售自己相关产品的不正当竞争行为，时下还有个名称叫“傍名牌”。这种“傍名牌”和小姐们“傍大款”全靠年轻漂亮不同，书刊要“傍名牌”，靠的是把自己的“相貌”打扮得和对方相同或相像，达到让它以假乱真的目的。要做到这一点，就全靠在装帧封面设计上做手脚。其实，玩这种把戏的风险很大，一是因为很容易被发现；二是遭到的处罚力度大，让你得不偿失。比如本案中，仅仅由于《新英汉双解词典》的封面与《汉英双解新华字典》构成相似，就被判赔3万元，还不算起诉费等别的开支，此外还要搭上出版社的名誉。因此，不管是有意还是无意，这种抄袭模仿他人封面设计的做法，必须坚决杜绝，以免引发不正当竞争侵权纠纷。

二、要明确约定封面设计的著作权归属

无论封面设计还是版式设计，一般都要由专业美术人员设计创作，这些设计创作者就是该封面设计或者版式设计的原作者。著作权法明确

规定，图书、期刊的版式设计权归图书、期刊的出版者享有。这就是说，图书、期刊的版式设计者与图书、期刊出版单位之间，不管是否有劳动雇佣关系，只要该版式设计由该图书、期刊第一次发表时使用，该版式设计的专有使用权即属于该图书、期刊出版者，原设计者只享有署名权。如果有未经许可使用或抄袭剽窃的问题，作者需有确凿的证据另寻法律途径解决。然而，封面设计则不是这样，著作权法并没有规定封面设计的著作权属于出版者。这也就是说，如果该封面设计是委托单位以外的人员创作，必须在双方签订的委托创作协议中，明确约定其著作权归图书、期刊出版单位享有，如果协议中没有作这样的约定或者是没有签订协议，那么，该封面设计的著作权仍然归受委托创作的作者享有。此外，如果受委托创作的作者是单位员工，该封面设计就属于职务作品。在作者将该封面设计交付单位后的两年内，单位享有优先使用权，但在两年之后，如果单位没有与该员工明确约定其著作权仍归单位享有，该封面设计的著作权就完全归作者享有，单位不再享有该项权利。比如——

案例104 北京出版社诉中国戏剧出版社侵权案

2006年7月，北京出版社出版了《家庭书架》（第一辑）丛书，一套共二十本，包括《三国演义》、《红楼梦》、《西游记》、《水浒传》、《唐诗·宋词·元曲》、《孙子兵法·三十六计》、《三字经·百家姓·千家文·千家诗·弟子规》、《老子·庄子》、《四书·五经》、《白话聊斋》、《全本周易》、《中国上下五千年》、《世界五千年》、《史记》、《资治通鉴》、《唐宋八大家散文》、《论语》、《诗经》、《三言二拍》、《左传·吕氏春秋·战国策》。每本定价19.90元，全套定价358元。在图书版权页记载：封面设计　刘畅。

2007年1月，中国戏剧出版社出版发行了《中国传统文化大系》丛书，一套也是二十本，其中17本的内容与《家庭书架》（第一辑）相同或近似，而且这两套丛书的封面设计也极为相似。但《中国传统文化大系》丛书采用了不同的销售策略，以每套定价640元上市，然后又以定价25%的折扣，即每套160元的价格批发销售。这一来，对《家庭书架》(第一辑)丛书造成了极大的冲击，导致其大量积压卖不出去。由此，北京出版社以侵犯著作权和搞不正当竞争为由，将其起诉到了北京市海淀区人民法院。

北京出版社诉称：我社于2006年出版的《家庭书架》(第一辑)丛书上市后，深受广大读者的喜爱，销路很好，每月能销售一万多套。但今年1月份，被告中国戏剧出版社出版发行了《中国古典文化大系》丛书，该丛书全套书只用1个书号，完全模仿我社《家庭书架》的封装设计，而且采取高定价、低折扣的销售手段，以低于我社50%的价格出售。由于两种书极为相似，导致广大读者认为是我社发行的书，造成我社的书籍销售量受到严重影响，损失惨重。被告以营利为目的，不惜违反《著作权法》和《反不正当竞争法》的行为，应受到法律惩处。请求法院依法判令被告：1.立即停止销售其模仿原告《家庭书架》(第一辑)出版发行的《中国传统文化大系》丛书；2.赔偿因其侵权行为给我社造成的经济损失100万元；3.承担本案诉讼费用。

被告中国戏剧出版社辩称：我社出版了20本书，有14本书的名称与原告图书名称一致。封面设计是作为美术作品受著作权法保护的，应由各自的设计人作为原告和被告，原告索赔无事实和法律依据，我们没有构成不正当竞争，请求驳回原告诉讼请求。

在该案审理过程中，北京出版社还申请北京市海淀区公证处对其购买《中国传统文化大系》丛书17本、付款200元的行为进行了证据保全公证。法院对涉案的两套丛书在装帧设计上存在的异同进行了比对，确认两套丛书的封面设计虽有一些不同，但整体设计风格相似或相近。

在庭审质证中，北京出版社声称该社委托刘畅等创作了《家庭书架》(第一辑)的20幅封面设计，对其享有相应的著作权，但未向法院提交该社与刘畅等人的委托创作合同或其他有关封面设计权属的证据,20本图书也只提交了5本予以佐证。

据此,法院针对原、被告双方争执的两个焦点问题指出:

一、有关著作权侵权的问题。根据北京出版社提交的5本图书的封面,将绘画、书法及相应的装饰图案结合在一起,构成了有审美意义的平面艺术作品,是受著作权法保护的美术作品。根据图书记载内容,相关封面设计的署名为刘畅,根据著作权法规定,如无相反证明,在作品上署名的公民为作者,故本院认定刘畅为相关封面设计的作者。

本案中,北京出版社主张该社委托刘畅创作了上述封面。而据著作权法规定,受委托创作的作品,著作权的归属由委托人和受托人通过合同约定,合同未明确约定或者没有订立合同的,著作权属于受托人。美术作品原件所有权的转移,不视为作品著作权的转移。虽然北京出版社已将带有涉案封面的图书出版,但由于该社在举证期限内未向本院提交相关证据,本院无法查实该社与作者之间有关著作权的约定内容,故无法认定该社享有其封面设计的著作权。

二、有关不正当竞争的问题。北京出版社、中国戏剧出版社均是经营图书出版的法人单位,属于同一行业的经营者。北京出版社、中国戏剧出版社先后出版了涉案的两套丛书,且图书的题材相同或近似,根据本院查明的事实,两套丛书在装帧设计方面风格相近,设计中采用的相关元素亦相近。中国戏剧出版社作为专业的出版单位,在出版图书时应有严格的审查程序,尤其是相近题材的项目。在北京出版社已有图书出版的情况下,中国戏剧出版社仍采用相似的装帧设计出版类似题材的图书,显然有跟风之嫌,长此与往,既不利于中国戏剧出版社的经营,也不利于图书事业的健康发展。但由于中国戏剧出版社在涉案图书显著位置多次标注了该社的名称,且两书在定价上存在较大差异,一般消费者在挑选图书时不会将其与北京出版社出版的图书相混淆。故对北京出版社的相关主张,本院不予支持。

据此,2007 年 11 月 26 日,海淀区人民法院一审判决:驳回原告北京出版社的全部诉讼请求。

案件受理费 13800 元,由原告北京出版社负担。

原告北京出版社不服一审判决,随及向北京市第一中级人民法院提起上诉。其上诉理由称:虽然我社在一审期间未提交与设计者的委托合同,但我社确实已经取得了《家庭书架》系列图书封面设计的著作权。中国戏剧出版社未经北京出版社同意在出版同类图书时剽窃了我社的封面设计,侵犯了我社的著作权。一审法院间接认可中国戏剧出版社的行为构成侵权,但未判决其承担责任是错误的。请求二审法院判令:一、撤销一审判决;二、中国戏剧出版社立即停止出版、发行和销售《中国传统文化大系》系列图书;三、中国戏剧出版社收回并销毁全部已经出版、发行的《中国传统文化大系》系列图书;四、中国戏剧出版社赔偿北京出版社经济损失 20 万元。

在上诉案审理期间,北京出版社向法院补交了其《家庭书架》系列图书 20 册的封面、扉页和版权页,以及该社与刘畅签订的委托创作合同。但未就《家庭书架》系列图书是知名商品以及中国戏剧出版社出版《中国传统文化大系》系列图书的成本情况提交证据。

2008 年 3 月 20 日,北京市第一中级人民法院对该上诉案作出了终审判决。法院认为:《中华人民共和国民事诉讼法》(简称《民事诉讼法》)的规定,当事人对自己提出的主张,有责任提供证据。《最高人民法院关于民事诉讼证据的若干规定》(简称《证据规则》)第三十四条规定,当事人应当在举证期限内向人民法院提交证据材料,当事人在举证期限内不提交的,视为放弃举证权利。《证据规则》第四十一条又规定,《民事诉讼法》规定的"新的证据",是指以下情形:(一)一审程序中的新的证据包括:当事人在一审举证期限届满后新发现的证据;当事人确因客观原因无法在举证期限内提供,经人民法院准许,在延长的期限内仍无法提供的证据。(二)二审程序中的新的证据包括:一审庭审结束后新发现的证据；当事人在一审举证期限届满前申请人民法院调查取证未获准许，二审法院经审查认为应当准许并依当事人申请调取的证据。《证据规则》第四十三条规定，当事人举证期限届满后提供的证据不是新的证据的，人民法院不予采纳。上述规定的目的在于保证人民法院正确认定案件事实，公正、及时审理民事案件，保障和便利当事人依法行使诉讼权利。

就本案而言，一方面，针对一审判决的认定，北京出版社在二审过程中提交了刘畅的证人证言、北京出版社与刘畅的委托创作合同欲证明其主张的《家庭书架》系列图书封面设计的著作权归属，同时提交了《家庭书架》系列图书20册的封面，欲证明作品的表现形式。但是，北京出版社在其向北京市海淀区人民法院提起侵权诉讼之前就应当知道这些证据是其主张著作权的基本证据且在诉前就已经形成，同时也是北京出版社完全有能力自行取得的证据，因此，这些证据不属于《民事诉讼法》和《证据规则》规定的"新证据"，二审法院不予采纳。北京出版社未在举证期间内提交上述证据是由其自身原因造成的，法律后果应由其自行承担。

关于中国戏剧出版社的行为是否构成不正当竞争一节，北京出版社在二审过程中主张其法律依据为《反不正当竞争法》第五条第二项和第十一条第一款，但从北京出版社提交的证据看，既不能证明《家庭书架》系列图书是知名商品，也不能证明中国戏剧出版社出版《中国传统文化大系》系列图书的成本情况，故其上述主张不能成立。

据此，终审法院判决：驳回上诉，维持原判。

本案涉及的是一个出版者普遍忽视的问题，即图书、期刊封面设计著作权的权属问题。我们说如今的出版者没有不重视其出版物的封面设计的，但却很少有同样重视封面设计的著作权权属问题的。不少人至今仍然秉持过时的旧观念，认为封面设计既然用在我的图书、期刊上，那著作权理所当然归我所有。这些出版者为了扮靓自己的书刊，可以不惜重金聘请高人为其设计封装，但却常常忽略在合同中与对方明确约定封面设计的权利归于自己。至于说如果是由本单位员工创作的封面设计，就更不屑于搞什么权利约定了，他们认为我的员工给我干的活，还能不归我使用？这些认识是否正确，本案的两次判决作出了最好的回答。在本案中，北京出版社败诉的原因是，无法及时向法院提交其委托他人创作的封面设计的著作权归属自己的证明，同样的道理，假如该封面设计为其本社的员工，也同样存在向法院提交该类证明的问题。因此，本案的教训，应当能引起图书、期刊出版者们的警惕，一定要注意书刊封面设计著作权的权属问题，千万忽视不得。

三、防止封面图片侵犯著作权、肖像权

封面设计作为一件完整的美术作品要防止侵权，封面设计中使用的图片元素也要防止侵权。图片作为美术或摄影作品，用到封面设计中与用到作品中是一样的，既可能侵犯他人著作权，又可能侵犯他人肖像权甚至隐私权。因此，对于使用到封面设计中的各类图片，必须进行侵权审查。具体审查方法，可参看第四章有关图片审查一节，这里不再重复。

四、防止封面图片、文字侵犯商标权

封面设计一般包括书名、编著者名、出版社名等文字，以及体现书的内容、性质、体裁的装饰形象、色彩和构图。即使没有任何色彩和图形的最简单的书刊封面，也少不了标注书名等的文字。这与商标的组成很相似。根据商标法规定，商标可以单独由文字或图形组成，也可以由文字、图形或两者的组合构成。其中，文字包括中文或外文。鉴于书刊封面与商标二者在构成上的相似性，对于封面设计和封面设计中的图片、文字等元素，必须注意防止侵犯他人商标权。

1. 防止封面图片侵犯商标权

在书刊的整体封面设计中，丰富多彩的绘画、摄影图形是设计者常用的装饰元素。对于这些图形装饰元素，除了防止侵犯他人著作权，还要

注意防止侵犯商标权。比如——

案例105 "彼得兔系列"图书侵犯商标权案

毕翠克丝·波特是英国著名童话作家，她在1902年到1913年间创作了"彼得兔"等一系列童话故事，并亲手绘制了童话故事中的所有插图。毕翠克丝·波特女士于1943年去世。根据我国《著作权法》的规定，其创作的童话故事和插图应当自1994年1月1日起进入公有领域。然而，毕翠克丝·波特作品的原出版商英国的费德里克·沃恩公司（以下简称沃恩公司），又于1993年6月，将该系列故事中的角色包括"彼得兔"文字及大部分插图，在中国申请了商标注册，并于1994年10月获得批准。

在波特作品进入公有领域以后，中国社会科学出版社于2003年4月，推出了由张润芳女士翻译的"彼得兔系列"丛书，一套四本，分别为《彼得兔的故事》、《汤姆小猫的故事》、《点点鼠太太的传说》和《平小猪的故事》。在社会科学出版社出版的该套"彼得兔系列"丛书中，不但在书中使用了波特作品原著的所有插图，还在书的封面、封底、书脊等位置上，使用了波特那幅最有名的"彼得兔小跑图"。结果，该套丛书出版发行后一个月，就被英国的费德里克·沃恩公司以侵犯其商标专用权为由，投诉到北京市工商行政管理局西城分局。北京西城工商分局经查证后，给中国社会科学出版社下达了罚款35万元，没收未售出图书2.3万册的处罚。中国社会科学出版社经向北京西城工商分局申述不侵权的理由不被接受后，他们遂以英国沃恩公司为被告，向北京市第一中级人民法院提起了"请求确认不侵权"的民事诉讼。接着，在申请复议无效的情况下，又以北京西城工商分局为被告，向北京市第一中级人民法院提起了行政诉讼。2004年12月，北京市第一中级人民法院行政庭和知识产权庭分别对这两起诉讼案作出判决：社会科学出版社的行政诉讼案被判败诉；而"确认不侵权”案则有9幅插图被判不侵权，而最具代表性的“兔子小跑图”等两幅，因不具备提起确认不侵权之诉的条件而被法院驳回，不予判决。

中国社会科学出版社对这两个一审判决均表不服，又分别向北京市高级人民法院提出上诉。2005年9月1日，北京市高级人民法院对其提起的行政上诉案作出终审宣判。

法院认为：“兔子小跑图”是进入公有版权领域的作品，将进入公有版权领域的作品申请注册为商标并不违反法律规定。沃恩公司经合法程序将“兔子小跑图”主线图注册为商标，已经取得该注册商标的专用权，应受到我国《商标法》的保护。社会科学出版社在其出版的“彼得兔系列”图书中对“兔子小跑图形”标志的使用方式，超出了正当使用的范围，侵犯了沃恩公司的商标专用权。但考虑其侵权行为的具体情况，应认定为尚不属于情节严重，故北京西城工商分局责令其停止侵权行为，没收其2.3万册图书的处罚并无不当，但罚款30余万元则显失公正，予以纠正。

在北京市高级人民法院终审宣判后，北京西城工商分局将35万元罚款退还了社会科学出版社，但涉案书没收和停止发行的处罚仍维持不变。

本案中的英国沃恩公司，其知识产权保护意识之强令人赞叹。他们在“彼得兔系列”图书的著作权保护即将过期之时，为了防止我国的出版单位不经许可出版该书，立即将其故事的主要角色的文字名称如彼得兔、汤姆小猫、点点鼠和平小猪，以及书中的大部分插图全部在我国申请了商标注册并获批准。而社会科学出版社在出版该系列图书过程中，只注意了其著作权保护期是否到期的问题，没有注意其著作权过了保护期后，还可能有商标权保护的问题，以至于丛书推出后，由于装帧封面设计中使用了人家已经申请了注册商标权的11幅插图等美术作品而被工商部门查处。虽然其使用的11幅插图中的9幅后被法院认定不构成侵权，但他们在封面设计和内文页码处使用的“兔子小跑图”，仍然被认定侵权。因此，对于装帧封面设计中使用的图形装饰元素，一定还要注意审核其是否有侵犯他人商标权的问题,避免发生类似社会科学出版社遭遇的情况。

2. 防止书、刊名称侵犯商标权

图片是封面设计中常用的装饰元素,但不使用图片的封面设计也不少见,而书名和杂志名,却为任何书、刊的封面设计所必不可少。我国著作权法没有规定保护书刊名称的著作权,所以书刊名称不存在侵犯著作权的问题,但却存在侵犯他人商标权的可能。比如——

案例106 《精品故事会》刊名侵犯商标权案

《故事会》杂志是由上海文艺出版社编辑出版的通俗类读物。该杂志从1963年7月创刊至今40多年间,一直受到读者的欢迎。是我国为数不多的享有国际知名度的大众读物。早在1989年,上海文艺出版社为了保护《故事会》的品牌优势,将"故事会"三个字申请了商标注册,注册号为第505955号,核定使用商品第16类"书刊杂志"类,有效期为10年,后获续展注册有效期至2009年11月29日。1996年,为了更好地保护《故事会》,上海文艺出版社将"说书佣"正像图案及镜像图案也申请了商标注册,注册号为第908350和1492791,核定使用商品同为第16类。上海文艺出版社于1997年12月5日更名为上海文艺出版总社后,继续将"说书佣"图案申请核准为注册商标。

从"故事会"三个字被核准为注册商标后,《故事会》杂志先后获得"读者最喜爱的十家杂志"、"全国百种重点社科期刊"、"首届中国期刊奖"、"第二届国家期刊奖"等一系列奖项。"故事会"商标也从1999年以来,一直被评定为上海市著名商标。

2002年8月,他们发现大众文艺出版社出版的《精品故事会》杂志,完全模仿"故事会"的封面设计,致使部分读者将《精品故事会》误认为是

《故事会》而购买。于是,2003 年 12 月 16 日,他们向杭州市中级人民法院起诉了大众文艺出版社及其运输商和销售商。

上海文艺出版总社诉称:被告大众文艺出版社出版的《精品故事会》的封面设计,在版式、图案、用色、字体尺寸、文字位置、人物造型、图案表达内容方式上,与我社《故事会》极其相似或一致。尤其“故事会”三个字,刻意模仿“故事会”商标的带有魏碑风格的行书字体,而且在大小、位置、排列方式、色彩等方面均一致。作为书名构成之一的“精品”二字,只有“故事会”字体的四分之一大小,且安置在不起眼的左上角,与“故事会”三字游离。在“说书俑”商标的所在位置安置了一个与“说书俑”大小、造型相仿的“渔童”图案,仿佛一个“说书俑”。被告大众文艺出版社以营利为目的,刻意仿冒“故事会”商标,在全国 10 多个省市大量销售侵犯我社商标权、著作权的《精品故事会》杂志。请求法院判令被告大众文艺出版社:1.收回尚未出售的《精品故事会》并予以销毁。2.销毁所有尚留存的《精品故事会》以及相应的纸型、菲林片。3.停止一切侵害《故事会》商标权、著作权以及相关邻接权的行为。4.在《中国新闻出版报》上刊登致歉声明。5.赔偿人民币 50 万元,并承担相关合理费用 1500 元及本案诉讼费用。

被告大众文艺出版社在书面答辩状及庭审中辩称:1.我社出版的《精品故事会》是对《故事会》的合理使用,不侵犯原告的商标权。《精品故事会》中的“故事会”仅仅说明杂志的内容而不是将其作为商标使用,没有混淆商品来源的故意。2.我社没有侵犯原告的版式设计专用权、汇编作品权等著作权。3.我社已及时停止了《精品故事会》的出版、发行,并追回已发行的精品故事会,既未获利也未给原告造成任何损害。请求驳回原告上海出版社的诉讼请求。

2004 年 9 月,杭州市中级人民法院两次开庭公开审理了此案。经过庭审质证和辩论,确认了原告上海文艺出版总社所诉事实基本属实。

法院认为:上海文艺出版总社是“故事会”注册商标的权利人,其合法权益应受国家法律保护。大众文艺出版社未经上海文艺出版总社许可,在其出版、发行的《精品故事会》杂志上使用了“故事会”三字,侵犯了上海文艺出版总社作为“故事会”注册商标权人的合法权益,应承担侵权的民事责任。大众文艺出版社使用的“渔童”图案,与上海文艺出版总社的“说书俑”图案注册商标,既不相同也不相近似,不侵犯上海文艺出版总社的注册商标专用权。依据大众文艺出版社2003年9月出版的五套《精品故事会》计算,由于其印数为每套12000册,每册售价5元,按杂志通常的利润情况,其获利应在9万元左右。再综合其他情节,包括上海文艺出版总社使用在《故事会》杂志上的“故事会”商标为公众所熟知、较为知名,《故事会》杂志历年来获得过多项奖项,为畅销杂志等情节,本院将合理确定赔偿数额。

据此,2005年4月5日,杭州市中级人民法院一审判决:一、大众文艺出版社立即停止侵害上海文艺出版总社“故事会”注册商标专用权的行为,销毁留存的《精品故事会》。二、大众文艺出版社在《中国新闻出版报》上刊登声明向上海文艺出版总社赔礼道歉。三、大众文艺出版社赔偿上海文艺出版总社经济损失20万元。四、货运公司立即停止运输《精品故事会》、销毁尚未发运的《精品故事会》。五、销售商立即停止销售、并销毁《精品故事会》。六、驳回上海文艺出版总社的其他诉讼请求。

大众文艺出版社不服一审判决,认为该社并没有侵犯“故事会”商标专用权,且一审判决确定的赔偿数额过高,适用法律不当,以此向浙江省高级人民法院提出上诉。

浙江省高级人民法院经过审理后,确认原审认定的事实属实。据此,高院认为:由于国家商标局在1989年就核准注册了“故事会”商标,因此,上海文艺出版总社对该商标在“书报杂志”类等核定商品范围内享有商标专用权,其合法权益依法受到我国法律保护。通过多年持续使用,《故事会》杂志及“故事会”商标多次获得诸多荣誉,已在公众中树立了良好的形象,因此应当认定“故事会”商标在“书报杂志”类商品范围内享有很高的知名度和显著性，其并非“书报杂志”类商品的通用词汇。大众文艺出版社在其出版、发行的《精品故事会》杂志上，突出使用“故事会”三字，且字体、排列等方式均与“故事会”商标近似，致使相关读者将其误认为系“故事会”商标权人上海文艺出版总社出版发行，该行为明显具有攀附“故事会”商标的主观故意，因此大众文艺出版社的行为已构成对上海文艺出版总社“故事会”商标专用权的侵犯，应承担停止侵权、赔偿损失和赔礼道歉等民事责任。虽然大众文艺出版社对于原审判决确定20万元赔偿数额持有异议，但并不能提供相应证据予以反驳，且由于原审法院在确定赔偿数额时，已综合考虑了大众文艺出版社发行《精品故事会》的册数、每册售价、杂志通常获利以及“故事会”商标的知名度等因素，符合法律规定，因此本院认为，原审判决确定20万元赔偿数额并无不当。至于大众文艺出版社认为商标侵权不应适用赔礼道歉民事责任的上诉理由，由于没有相应的法律依据，亦不予以支持。

2005年8月29日，浙江省高级人民法院终审判决：驳回上诉，维持原判。

本案是一起期刊名称侵犯商标权的典型案例。当前，在知识产权保护意识普遍增强的情况下，不少出版单位采取注册商标的手段来保护自己的商业信誉和品牌价值。有的对其畅销书单独注册一个商标，有的甚至注册多个商标，用在不同类别的书刊上。这种保护手段的运用，就会使一些侵权意识淡薄者掉进侵犯商标权的“陷阱”。本案中的大众文艺出版社就是如此。他们在自己的《精品故事会》杂志上，有意将“故事会”三字模仿《故事会》杂志名称字体形状，本想着要沾点《故事会》杂志的光，没想到人家那三个字早已作了商标注册，导致他们掉进了侵犯商标权的泥坑而不得不付出20万元的代价。因此，出版者在设计书刊封面的名称时，不能只想着沾傍别人名称的好处，还要有防止侵犯商标权的警惕。

3. 防止封面标注文字侵犯商标权

在书、刊的封面上，除了书、刊名称之外，为了吸引读者，有的出版者还喜欢印一些宣传文字。这类标示性文字，也同样可能涉及侵权问题。比如——

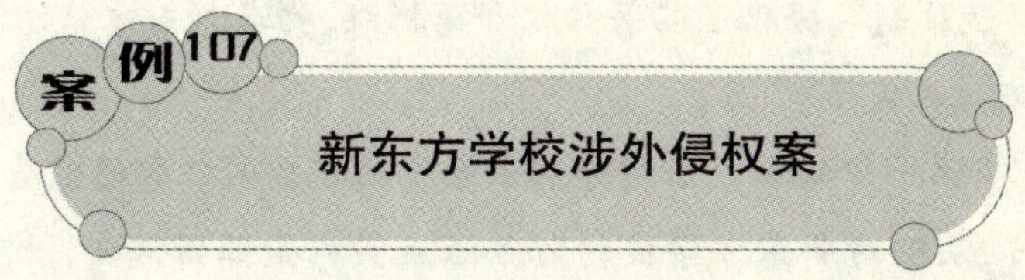

新东方是我国一所著名的从事出国英语培训的民营学校。从20世纪90年代开办以来，由于其办学理念正确，经营管理得法，办学规模不断扩大，成为国内最大的综合性外语培训机构。新东方学校在其办学过程中，由于长期使用美国两个机构的考试资料，双方之间发生了长达五六年之久的版权纠纷。美国教育考试服务中心（英文名简称ETS）作为TOEFL与GRE考试的主持、开发者，独立设计、创作完成了TOEFL与GRE考试题，并就53套TOEFL考试题与45套GRE考试题，在美国进行了著作权登记。美国研究生入学管理委员会（英文名简称GMAC）作为GMAC考试的主持、开发者，独立设计、创作完成了GMAC考试题，并就23套GMAC考试题在美国进行了著作权登记。另外，ETS与GMAC还分别就"TOEFL"、" GRE" 、" GMAC"商标在中国核准注册，核定使用的范围是盒式录音带、考试服务、出版物等。

1997年8月，ETS与GMAC分别与新东方学校签订协议，许可新东方学校以非独占性的方式复制协议所列的录音制品和文字作品（共20套试题），作为内部使用，不得对外销售，协议有效期为一年。但新东方学校却将该TOEFL和GRE、GMAC考试题以出版物的形式在校内和网络上向不特定人公开销售，而且在许可协议期满后没有再签订新的协议的情况下，照常使用该两种考试题。

2000年12月25日，这两家美国机构ETS、GMAC委托北京市正见永申律师事务所在新东方学校公证购买了"TOEFL系列教材"、"GRE系列教材"和"GMAT系列教材"。两家美国机构取得证据后，于2001年1

月4日，向北京市第一中级人民法院提起诉讼。他们指控新东方“未经同意，大量复制、出版和发行自己享有著作权和商标权的TOEFL、GRE、GMAT考试试题”，侵犯了其著作权和商标权，要求新东方赔偿其经济损失3000万元人民币。

北京市第一中级人民法院分别受理了两家美国机构的控告。2001年2月22日，法院对新东方学校的财务账册实施了证据保全，并委托北京天正会计师事务所对相关财务账册进行了审计，查明了新东方学校的培训和资料收入情况。从2002年5月29日起，连续三次开庭公开进行了审理。在庭审中经过比对：新东方销售的“TOEFL系列教材”、“GRE系列教材”和“GMAT系列教材”中被控侵权部分的内容，与两家美国机构设计、创作的考试试题内容一致。这些出版物的封面还醒目地标着“TOEFL”、“GRE”、“GMAT”的字样。

2003年9月27日，北京市第一中级人民法院经审理后对案件作出了一审判决。法院认为：TOEFL、GRE与GMAC三种试题由ETS主持开发设计，每一道试题均需多人经历多个步骤并且付出创造性劳动才能完成，具有独创性，属于中国著作权法意义上的作品，由此汇编而成的整套试题也应受到保护。新东方学校未经ETS与GMAC两家美国机构的许可，擅自复制ETS与GMAT享有著作权的TOEFL、GRE与GMAC三种考试题，并将试题以出版物的形式通过互联网渠道公开销售，其行为侵害了ETS与GMAT的著作权。另外，新东方学校在其发行的TOEFL、GRE与GMAT三种系列教材的封面上，均以醒目字体标明“TOEFL”、“GRE”、“GMAT”的字样，其使用商品类别与ETS与GMAT注册的商品类别相同，其标明的TOEFL、GRE与GMAC字样也与ETS与GMAC的注册商标完全一致，故新东方学校的行为构成对ETS注册商标专用权的侵犯。新东方学校应当承担法律责任。

据此，北京市第一中级人民法院一审判决：（一）被告新东方学校立即停止侵犯两原告ETS与GMAT的著作权的行为，并将所有的侵权资料和印制侵权资料的软片交法院销毁;(二)被告新东方学校立即停止侵犯两原告商标专用权的行为;(三)被告新东方学校在《法制日报》上公开赔礼道歉,消除其侵权行为造成的影响;(四)新东方学校赔偿两原告经济损失及合理开支总计1000余万元;(五)驳回两原告的其他诉讼请求。

一审宣判后,新东方学校不服,向北京市高级人民法院提出上诉。

北京市高级人民法院经过审理后，确认一审法院查明的事实属实，一审法院认定新东方学校侵犯两原告著作权的判决正确,应予维持。但同时指出，鉴于TOEFL、GRE和GMAT三种试题的特殊性质以及新东方学校利用这一作品形式的特别形式及目的,新东方学校在不使用侵权资料的情况下在课堂教学中讲解TOEFL、GRE和GMAT三种试题,应属于《著作权法》第22条规定的合理使用相关作品的行为,并不构成对他人作品的侵犯。

针对一审认定新东方学校侵犯两原告商标专用权的判决,北京市高级人民法院指出:在我国目前的社会状况下,出版发行属于国家管制的特殊行业,出版物属于特殊商品,对出版物的来源进行识别一般是通过出版物的作者和出版单位来实现的。本案中,虽然美国教育考试服务中心和研究生入学管理委员会在出版物、录音磁带上合法注册了TOEFL、GRE和GMAT三种商标,新东方学校在“TOEFL系列教材”、“GRE系列教材”、“GMAT系列教材”和“TOEFL听力磁带”、“GRE听力磁带”、“GMAT听力磁带”上突出使用了TOEFL、GRE和GMAT三种字样,但新东方学校对TOEFL、GRE和GMAT三种字样的使用，是在进行描述性和叙述性使用，其目的是为了说明和强调出版物的内容与TOEFL、GRE和GMAT三种考试有关，是为了便于读者知道出版物的内容,而不是表明出版物的来源,并不会造成读者对商品来源的误认和混淆。因此,一审认定新东方学校侵犯两原告的商标专用权的判决,应属不当,本院予以纠正。

据此,2004年12月27日,北京市高级人民法院终审判决:一、维持一审判决(一)(三)(五)项有关侵犯著作权的判决;二、撤销一审判决(二)(四)项有关侵犯注册商标权的判决;三、新东方学校赔偿两原告经济损失及合理开支总计640余万元。

本案中的新东方学校，不但在其复制发行的“TOEFL系列教材”、“GRE系列教材”和“GMAT系列教材”中,未经许可使用美国两家机构享有著作权的TOEFL、GRE与GMAC三种考试题,而且还在这些出版物的封面上,以醒目字体标明“TOEFL”、“GRE”、“GMAT”的字样,究其本意,是想告知读者知道这些“系列教材”是源自美国考试机构的,以显示其权威性。但由于这些字样与ETS与GMAC的注册商标完全一致,结果被一审法院判决侵犯商标权。虽然终审法院对此作了纠正,但这仍然应当引起出版者的注意,要防止封面上的标注文字侵犯商标权。